Gerhardt · Immanuel Kant

Volker Gerhardt

Immanuel Kant

Vernunft und Leben

Philipp Reclam jun. Stuttgart

Umschlagabbildung:
Immanuel Kant, Miniaturgemälde
von Johann Adam Breysig (1766–1831)
Staatsbibliothek zu Berlin – Preußischer Kulturbesitz /
Porträtsammlung.

Die Deutsche Bibliothek – CIP-Einheitsaufnahme

Gerhardt, Volker:
Immanuel Kant : Vernunft und Leben / Volker Gerhardt.–
Stuttgart : Reclam, 2002 (Universal-Bibliothek)
ISBN 3-15-018235-2

Universal-Bibliothek Nr. 18235

Gesamtherstellung: Reclam, Ditzingen. Printed in Germany 2002

ISBN 3-15-018235-2

www.reclam.de

Inhalt

Birgit Recki gewidmet

Vorwort

> Es ist niemals zu spät, vernünftig und weise zu werden; es ist aber jederzeit schwerer, wenn die Einsicht spät kommt, sie in Gang zu bringen.
>
> (Kant, 4,256)

Die kritische Philosophie Immanuel Kants ist eine Philosophie der menschlichen Welt. Das Besondere dieser Welt liegt darin, dass sie den Menschen nur unter der Bedingung seiner eigenen Leistung möglich macht. Wenn aber diese Einsicht dem Menschen selbst etwas bedeuten können soll, muss sie auch individuell zurechenbar sein: Jeder muss in der eigenen Leistung einen Beitrag zur Entwicklung der menschlichen Kultur und damit zur Bedingung seines eigenen Daseins erkennen können.

Trotz der ihm eigenen Konzentration auf die Sache kann man Kants philosophisches Werk der persönlichen Zurechnung nicht entziehen. Deshalb sind auch die individuellen Konditionen seiner schier unglaublichen Lebensleistung von philosophischem Interesse. Nimmt man dies auf, so kommt es zu neuen Einsichten in sein seit Generationen unablässig interpretiertes Werk. Es tritt etwas hervor, für das lange Zeit nur Sokrates zu stehen schien und für das sich erst nach Kierkegaard und Nietzsche ein Begriff anbietet. Das ist der *existenzielle* Charakter des Philosophierens. Erst wenn man ihn schon bei Kant ausgeprägt findet, versteht man, warum die dem modernen Wissen so stark verpflichtete kritische Philosophie nie darauf verzichtet hat, eine »Weltweisheit« zu sein.

Der Untertitel des vorliegenden Buches zielt in *erster* Linie auf den systematischen Zusammenhang von Vernunft und Leben. Es wird zu zeigen sein, dass Vernunft und Leben alles andere als Gegensätze sind. Kant benötigt den Begriff des *Lebens*, um den der *Vernunft* verständlich zu machen. Und wenn er daran geht, seine umwälzende und bis heute nicht angemessen gewürdigte Theorie des Lebens zu entwickeln, braucht er den Begriff der Vernunft, um dem Leben einen Grund in sich selbst zu geben.

Wenn dieser Zusammenhang besteht, darf er *zweitens* auch ganz individuell auf Kants eigene Existenz bezogen werden. Wir haben hier ein Dasein, das sich nicht nur der Analyse der Vernunft gewidmet, sondern auch deren Anspruch unterworfen hat. Trotz einer denkbar schlechten sozialen Ausgangslage und einer schwachen physischen Konstitution, trotz zahlloser Widerstände, schwerer Rückschläge und einer beharrlich zunehmenden Zahl von Gegnern ist es Kant gelungen, seinem Leben ein Werk von monumentaler Größe abzuringen. Er war noch keine 25 Jahre alt, als er sich die Ziele setzte, die er als 60-Jähriger planmäßig zu erreichen schien. Verständlich, dass später der Eindruck entstand, in Kant komme die Vernunft mit solcher Automatik zu sich selbst, dass er es nicht mehr nötig gehabt habe, wirklich zu leben.

Doch man braucht nur zu wissen, dass die kühne Behauptung in der Vorrede zum ersten Buch: »Ich habe mir die Bahn schon vorgezeichnet [...]« eine trotzige Behauptung gegen seinen Lehrer ist, der gerade dabei ist, ihm den wissenschaftlichen Weg zu verstellen – und man sieht, wie viel Wagnis und Verwegenheit in diesem Leben ist. Kants Biographie ist ein Beispiel dafür, dass Vernunft und Leben wechselseitig aufeinander angewiesen sind.

Um diese Doppelbindung zu verstehen, bedarf es tatsächlich der systematischen Doppelperspektive auf das allgemeine Verhältnis von Vernunft und Leben und ihrer besonderen Konstellation im Dasein Immanuel Kants. In ihm dürfen wir das Exempel eines Menschen sehen, der durch sein Werk zu überragender Geltung in der Sache kommt.

Selbstbewusste Individualität und ins Werk gesetzte

Universalität sind die Elemente der menschlichen Kultur. Erst in ihrer polaren Spannung können die Gestalten des humanen Daseins entstehen. Deren Einheit stammt aus Gegensätzen, die es praktisch immer wieder neu zu überwinden gilt. Auf ihr theoretisches Verständnis sind meine systematischen Interessen bezogen. Um ihretwillen wende ich mich den historischen Fragen zu.

Im Fall Kants geschieht dies freilich auch mit der Absicht, Rechenschaft darüber abzugeben, wie viel ich für meine systematischen Arbeiten von ihm gelernt habe. Vor 30 Jahren schrieb ich an einem Text, der eigentlich eine Kant-Interpretation werden sollte. Da ich mich aber mehr als 400 Seiten lang im Vorfeld aufhielt und für Kant am Ende nur noch 50 Seiten übrig blieben, musste ich den Anspruch zurücknehmen und sprach im Untertitel lediglich von der *Vorbereitung auf eine Interpretation Kants.* Nun kann ich das vorlegen, was ich damals unter dem Titel *Vernunft und Interesse* angekündigt, aber nicht zu Ende gebracht habe. Wenn ich heute von *Leben* statt von *Interesse* spreche, könnte das einen Zugewinn an Erkenntnis bedeuten.

Es bedurfte freilich der Ermahnung, den Vorsatz wirklich auszuführen. Dafür habe ich meiner Frau zu danken. Ohne ihre unbeirrte Erinnerung an ein gegebenes Versprechen wäre das Buch jetzt gewiss nicht geschrieben worden. Ich widme es ihr, obgleich ich dadurch nicht sicherstellen kann, dass sie mir in allem zustimmt.

Mein Dank gilt den Mitarbeitern, die mir bei der Korrektur des Textes geholfen haben, namentlich Jacqueline Karl, Nicole Krull, Jana Swiderski, Holger Sederström und Héctor Wittwer.

Hamburg/Berlin, am 21. Juli 2002 *Volker Gerhardt*

Einleitung
Wissenschaft und Weltweisheit
Ein neuer Zugang zu Kant

> Ich nenne einen solchen Gelehrten einen Cyclopen. Er ist ein egoist der Wissenschaft, und es ist ihm noch ein Auge nöthig, welches macht, daß er seinen Gegenstand noch aus dem Gesichtspunkte anderer Menschen ansieht. […] Das zweyte Auge ist also das der Selbsterkenntnis der Menschlichen Vernunft.
>
> (Kant, *R* 903; 15,395)

1. Präsenz im Vorder- und im Hintergrund. Die Philosophie der letzten beiden Jahrhunderte stand im Zeichen Kants. Zwar hat es, innerhalb wie außerhalb der Philosophie, bemerkenswerten Widerstand gegen sein kritisches Philosophieren gegeben. Doch im Abstand von sieben oder acht Generationen wird deutlich, dass eigentlich nur die Romantik eine bleibende Opposition zu erzeugen vermochte. An ihr haben sich die Geister, nicht aber der Geist geschieden, so dass Kant sogar bei seinen romantisch inspirierten Gegnern wie Hegel und Schopenhauer, Emerson und Nietzsche, Dilthey, James oder Heidegger wirksam bleiben konnte. Auch wenn Wissenschaft und Zeitgeist aus verständlichen Gründen immer wieder andere Akzente setzten, so ist Kant dennoch die bestimmende Figur im Hintergrund geblieben. Zur Selbstverständigung über die Gegenwart ist es unerlässlich, ihn immer wieder in den Vordergrund zu rücken.

Die philosophische Präsenz dieses Denkers ist vergleichbar nur mit der Wirkung eines Platon oder Aristoteles, die über Jahrtausende hinweg gegenwärtig geblieben sind. Dabei bleibt Kant Platon im Ansatz und Aristoteles im Verfahren treu. Schon Platons Schüler Aristoteles hatte die Notwendigkeit gesehen, die Einsichten seines Lehrers unter dem – damals neuen – Anspruch der Wissenschaft zu präzisieren. Kants eigener Einsatz ist ganz analog: Obgleich er weiß, wie sehr er dem sokratisch-platonischen Anfang des Philosophierens verpflichtet ist, vollzieht er die kritische Innovation ausdrücklich unter den Bedingungen der neuzeitlichen Wissenschaft. Das kommt in seiner zentralen Frage *Wie ist Metaphysik als Wissenschaft möglich?* zum Ausdruck.

2. Ein Philosoph der Wissenschaft. Der radikal ansetzende Versuch, die Philosophie auf das methodologische Erkenntnisniveau der modernen Wissenschaft zu heben, erklärt die fortdauernde Modernität Immanuel Kants. Sie hat seinem Werk über zwei Jahrhunderte hinweg eine breite Aufmerksamkeit gesichert und ist keineswegs auf die Kantianismen und Neokantianismen beschränkt geblieben. Sie hat unablässig Neugierige aus anderen Schulen angezogen und erklärte Gegner hervorgebracht. Vor allem durch die Gegnerschaft jener, die ihm, wie Hegel, Schopenhauer und Nietzsche, nahe stehen, ist die Wirkung Kants so lebendig geblieben. Auch im Übergang ins 21. Jahrhundert scheint es nicht möglich zu sein, die eigene philosophische Position ohne Rückgriff auf Kant zu beschreiben.

Entsprechend umfangreich ist die Sekundärliteratur. Wer nach einer Deutung der kantischen Schriften sucht, braucht längst eine Schrift über die Deuter.* Aus der Mas-

* Die habe ich zusammen mit Friedrich Kaulbach vor mehr als 20 Jahren mit einem ausführlichen Literaturverzeichnis zu geben versucht: *Kant* (1979, ^{2}1989). Im vorliegenden Text sind die Literaturhinweise auf das Nötigste beschränkt. Bibliographische Angaben zur Kant-Interpretation finden sich in einer thematisch gegliederten Aufstellung am Ende. Kants Texte werden unter Nennung der Band- und Seitenzahl nach der Akademie-Ausgabe (*AA*) zitiert. Bei der *Kritik der reinen Vernunft* (*KrV*) werden lediglich die

se der Publikationen ragen aber noch immer die Gesamtdarstellungen von Kuno Fischer, Karl Vorländer und Ernst Cassirer hervor. Souveränen Zugang zu einzelnen Fragen eröffnen die Arbeiten von Erich Adickes, Paul Menzer, Julius Ebbinghaus, Klaus Reich, Heinz Heimsoeth, Friedrich Kaulbach und Dieter Henrich. Wichtige Impulse haben Hermann Krings, Johannes Schwartländer, Gerold Prauss, Peter Rohs, Wolfgang Bartuschat, Otfried Höffe, Klaus Düsing, Rüdiger Bittner und Wolfgang Kersting gegeben. Zu erwähnen ist auch Josef Simon, der wiederholt auf die pragmatische Dimension des kritischen Denkens aufmerksam gemacht hat. Im englischen Sprachraum wären die Interpretationen von H. J. Paton, Lewis White Beck, Peter F. Strawson, Jonathan Bennett, Susan M. Shell, Henry E. Allison, Michael Friedman, Paul Guyer, Karl Ameriks, Onora O'Neill, Allen Wood und Patricia Kitcher zu nennen; in Frankreich haben George Vlachos, George Lebrun, François Marty, Susanne Gonnard-Fabre und Béatrice Longuenesse wichtige Arbeiten beigesteuert; aus Italien sind die minutiösen Studien von Giorgio Tonelli in bester Erinnerung, der zusammen mit Vittorio Mathieu wesentlich zum Ansehen der italienischen Kant-Philologie beigetragen hat.

3. Ein Gegenstand der Forschung. Die Schwierigkeiten im Vergleich der ersten beiden Auflagen der *Kritik der reinen Vernunft*, die Probleme mit dem Übergang von der *vorkritischen* zur *kritischen* Philosophie sowie die Bemühungen um die Sicherung von *Kants Nachlass* haben schon im 19. Jahrhundert eine Kant-Philologie entstehen lassen, die in Verbindung mit der noch immer nicht abgeschlossenen *Akademie-Ausgabe der Werke Kants* zu einem autochthonen Arbeitsfeld geworden ist. Aus der jüngeren

Seitenzahlen der Originalausgabe der ersten (*A*) sowie der zweiten Auflage (*B*) genannt. Verweise im vorliegenden Buch nennen das Kapitel und den Abschnitt (z. B. 4.15).

Forschung sind Rudolf Malter, Norbert Hinske, Reinhard Brandt, Lothar Kreimendahl und Werner Stark zu nennen. Ohne ihre Ergebnisse wäre die neue Maßstäbe setzende Biographie von Manfred Kühn nicht möglich gewesen.

Mit einem Wort: Der Philosoph der Wissenschaft, der niemals bloß auf Wissenschaft zielte, ist zum Gegenstand einer eigenen Wissenschaft, der *Kant-Forschung*, geworden. Von deren Erträgen kann hier bestenfalls nur im Ergebnis die Rede sein. Der Text müsste durchgängig auf hohen Fußnoten stehen, wenn man auch nur die wichtigsten Autoren gebührend berücksichtigen würde. Ich belasse es bei dem Hinweis auf die verlässlichen Einführungen von Ernst Cassirer, Friedrich Kaulbach, Otfried Höffe und – auch hier – Manfred Kuehn. Dessen Biographie kann man durchaus als Einführung in Kants Denken lesen.

4. Das Individuum hinter allen Fragen. Wenn im Folgenden ein weiterer Versuch einer Gesamtdarstellung gemacht wird, dann geschieht das in der Hoffnung, der Philosophie Immanuel Kants im Ganzen einige neue Einsichten abzugewinnen. Sie richten sich auf die enge Beziehung zur Tradition (hier vor allem zur Antike), auf die Verbindung zwischen Person und Werk, auf den fließenden Übergang zwischen vorkritischem Entwurf und kritischer Antwort, den existenziell-pragmatischen Ausgangspunkt, die tragende und treibende Achse zwischen Anthropologie und Transzendentalphilosophie, den lebensphilosophischen Grundzug, die basale Funktion der alltäglichen Verständigung, die Vereinbarkeit von Kritik und Metaphysik sowie auf die komplementäre Stellung von Glauben und Wissen. Gott steht im Hintergrund aller ernst zu nehmenden philosophischen Fragen Immanuel Kants. Daran ändert die kritische Einsicht in die Unmöglichkeit der Gottesbeweise nichts.

Wer diese Einsichten in ihrem Zusammenhang zu fassen sucht und dabei nicht vergisst, nach den Motiven zu fragen, deren Impuls ihnen allererst Bedeutung verleiht, steht an der Schwelle von der Wissenschaft zur Weisheit. Da dieser Übergang nicht anders als individuell sein kann, dürfen wir das Individuum nicht aus dem Auge verlieren, das die schier unglaubliche Energie aufbringt, sich diesen Zusammenhang durch eigene Anstrengung zu erschließen. Nur wenn wir das Denken nicht vom Denkenden trennen, bleibt sein genuin philosophischer Charakter gewahrt. Und nur dann haben wir selbst die Chance, das allgemeine Wissen in einen existenziellen Fundus zu überführen, aus dem sich selbstbestimmt leben lässt.

5. Der personale Kern des philosophischen Wissens. Wer aus Kants Denken eine von der Person abgelöste Lehre macht, kann viel, ja sogar sehr viel lernen. Die Philosophie hat sachliche Bestände, die man wie eine Erkenntnis aus Alltag, Technik oder Wissenschaft aufzeichnen, überprüfen, anwenden und unter Umständen auch weiterentwickeln kann. Ihr Charakter als Wissenschaft hängt daran, dass sie die Objektivität des Wissens kultiviert. Aber, und darin liegt ihr Pathos, sie individualisiert es auch. Wer in der allgemeingültigen Aufklärung über eine Sache, heiße sie nun »Handlung«, »Erkenntnis«, »Wissenschaft«, »Geist«, »Moral« oder »Recht«, bereits alles sieht, was philosophische Einsicht bieten kann, der hat ihren philosophischen Charakter verfehlt. Die Philosophie sucht nach dem Zusammenhang der Phänomene – einschließlich ihres Zusammenhangs mit uns selbst. Ihr geht es sogar vornehmlich um die Beziehung des Wissens zum Träger des Wissens. Die philosophische Erkenntnis hat einen personalen Kern, der unverzichtbar ist. Kant sucht ihn im Begriff der Metaphysik zu wahren.

Die Metaphysik konzentriert alle Probleme der Philosophie auf die ausdrückliche Frage nach dem Zusammenhang von Mensch und Welt. Wer glaubt, diese Frage könne veralten, sollte so folgerichtig sein, auch von der Philosophie seinen Abschied zu nehmen.

6. Kein Zurück zu Kant. Der vorliegende Text ist so geschrieben, dass er wie eine Einführung gelesen werden kann. Er soll auch von jenen verstanden werden, die Kant noch nicht aus eigener Lektüre kennen. Gleichwohl ist ein Buch entstanden, das sich nicht ausschließlich an Laien und Anfänger richtet. Die Ausarbeitung erfolgte in ständiger Auseinandersetzung mit vorherrschenden Interpretationen. Deshalb kann es nicht schaden, wenn auch Kant-Kenner und Kant-Gegner den Text zur Kenntnis nehmen. Sie nämlich sind es, die in Verteidigung und Angriff aus Kant einen »Schulphilosophen« gemacht haben.

Die Kant-Forschung hat immer wieder den Charakter einer Scholastik angenommen. Unter dem Titel des »Neukantianismus« ist daraus zeitweilig sogar ein Programm geworden, das zu folgenreichen Reputationsverlusten führte, so bedeutend einzelne Vertreter auch gewesen sind. Überragend sind die spekulative Kraft Hermann Cohens, das individuelle Gespür Wilhelm Windelbands, der Einfallsreichtum Paul Natorps, der historische Universalismus Ernst Cassirers, die methodologische Beharrlichkeit Heinrich Rickerts oder der Scharfsinn im Werk von Julius Ebbinghaus und Klaus Reich. Die damit verbundenen systematischen Impulse haben Phänomenologie, Anthropologie, Existenzialismus und Kritische Theorie stärker geprägt, als den Chronisten bewusst ist. Sie haben aber auch die Aufmerksamkeit für die überlieferten Texte der kritischen Philosophie verstärkt. So konnte sich eine akribische Philologie entfalten, die Kants Werk gesichert und seinen Nachlass weitgehend erschlossen hat.

Doch so wichtig und unverzichtbar die philologische Prüfung der Textgrundlage und die Aufklärung des historischen Umfelds auch sind: Man sollte nicht noch einmal in die Stimmung verfallen, in der sich nach Otto Liebmanns *Kant und die Epigonen* (1865) die Aufforderung *Zurück zu Kant!* verbreiten konnte. Der immer gebotene und immer richtige Einsatz für die Vernunft hat emphatisch von der *Gegenwart* auszugehen; er schwächt sich selbst, wenn er sich aus der Tradition motiviert, so unverzichtbar sie auch ist. Kant hat von seinen großen Vorläufern, heißen sie nun Platon, Aristoteles, Cicero oder Seneca, Newton, Leibniz, Hume oder Rousseau, wenig Aufhebens gemacht, auch wenn sie ihm ständig gegenwärtig waren. Und als er sich die Frage stellte, welches Zeitalter in der Geschichte der Menschen wohl das wichtigste sei, zögerte er keinen Augenblick, »das *gegenwärtige*« zu nennen.

7. Denken im Gegensatz. In Schulen lassen sich Traditionen pflegen und grundlegende Kenntnisse vermitteln; folglich sind sie für die Kultivierung des Denkens unerlässlich. Aber das Philosophieren als selbstständiges Denken aus eigenständiger Existenz bricht schon im Ansatz mit dem Reglement. Produktiv wird es erst, wenn es sich *gegen* die Schule richtet. Der Geist der Kritik, in dem sich das Philosophieren entfaltet, entsteht mit jedem Individuum neu. Deshalb darf auch Kant nicht nur zum Schulgebrauch gelesen werden. Wir haben vielmehr zu sehen, wie sich ein Mensch *seinen* Weg zur Wahrheit bahnt, die als Wahrheit nur gelten kann, wenn sie die Wahrheit *aller* denkenden Wesen zu sein beansprucht, und die dennoch *nur von Individuen* unter ihren jeweils gegebenen Bedingungen erfasst werden kann.

Im vorliegenden Buch versuche ich, die Spannung zwischen schulischer Vermittlung und individueller Aneignung produktiv zu machen, indem ich mich an den Duktus des kantischen Denkens halte und ihm gerade dadurch neue Einsichten abgewinne. Ich interpretiere die zentralen Lehrstücke der theoretischen und praktischen Philosophie auf neue Art und glaube zeigen zu können, dass sie konsequenter sind, als es die analytischen Rekonstruktionen der letzten vier Jahrzehnte vermuten lassen. So kommt es zur

Konzentration auf die tragenden Beweisstücke in Kants Werk, die ich einer um Anschaulichkeit bemühten Prüfung unterziehe.

8. Narrative Rekonstruktion und exemplarische Verdichtung. Mein Verfahren ist das einer *argumentierenden Nacherzählung*, das man auch unter den klingenden Titel einer *narrativen Rekonstruktion* bringen könnte. Ich versuche, Kants Einsichten aus ihrem historischen und systematischen Umfeld verständlich zu machen. Das schließt die freie Variation von Kants Sprachgebrauch ein und ist von der Bemühung getragen, dem alltäglichen Sprechen nahe zu bleiben. Die Verbindung von Vernunft und Leben sollte sich auch in der Sprache zeigen. So hat die Darstellung das ehrgeizige Ziel, gerade auch die schwierigen Passagen der Vernunftkritik verständlich zu machen. Mancher Beweisgang kann freilich nur in *exemplarischer Verdichtung* vorgetragen werden, weil anders das Buch nicht mehr handlich geblieben wäre.

Dem Ziel der Anschaulichkeit und Verständlichkeit kommt Kants Philosophie, so überraschend das nach dem landläufigen Vorurteil auch erscheinen mag, entgegen. Das schwierigste Lehrstück der ersten Vernunftkritik, die *transzendentale Deduktion* der reinen Verstandesbegriffe enthält mehr gesunden Menschenverstand als gemeinhin angenommen wird. Die *Deduktion* setzt nämlich das voraus, worum wir uns üblicherweise alle bemühen: Das ist die gelingende »Mittheilung«. Und das heißt: Man muss bereits erfolgreich *sprechen* können, ehe der Zweifel möglich ist, der durch das *Ich denke* ausgeräumt werden kann.

9. Auf der Suche nach Weisheit unter den Bedingungen der modernen Welt. Mit der schulmäßigen Eingrenzung droht in Vergessenheit zu geraten, dass Kant, nach eigenem Anspruch, immer auch ein »Weltweiser« zu sein versuchte. Würden sich »Schulphilosophie« und »Weltweisheit« zueinander verhalten wie Arbeit und Freizeit, wäre gegen ihre Trennung nichts einzuwenden. Sie ergänzen sich aber nicht wie Produktion und Regeneration. Sie bilden eine Einheit, bei der die Weisheit das umfassende Ziel und das Denken der Schule eine der Arbeitsteilung unterworfene Tätigkeit ist. Die Philosophie der Schule geht aus den Lebensfragen hervor, und ihre spezialisierten Antworten können nur so lange als philosophisch gelten, wie sie den Bezug zum Leben nicht verlieren. Philosophisch ist ein Wissen erst dann, wenn es auf Weisheit hin angelegt ist.

Niemand wird in Abrede stellen wollen, dass sich in Schulen auch ein Eigenleben entfalten kann. Es kann gute Gründe für sich haben, wenn sie eigene Traditionen und Terminologien ausbilden, vor allem dann, wenn sie mit den übrigen Wissenschaften in produktivem Austausch stehen. Eine Philosophie, die nicht auch Wissenschaft sein will, nimmt sich selbst aus dem Arbeitszusammenhang der Erkenntnis heraus. Aber ihre Bedeutung als Philosophie hat sie nur, sofern sie in der Lage ist, aus ihren spezialisierten Abstraktionen zu den Wert- und Sinnfragen der Menschen zurückzufinden. Ein Denken, dem das nicht gelingt, wird dem stets wachen Ressentiment gegen Logik, Vernunft und System hilflos ausgeliefert sein.

10. Tragik auf beiden Seiten. Nach Lage der menschlichen Dinge ist das Streben nach Weisheit stets ein riskantes und prekäres Unterfangen. Wem es dennoch glückt, dem Stand des Weisen nahe zu kommen, der hat nicht nur zahllose Zumutungen des Alltags abzuwehren, sondern wird, je mehr ihm dies gelingt, als Ausnahme beargwöhnt. Zu Kants Lebzeiten aber kommt ein epochaler Widerstand hinzu, der in nie zuvor geäußerter Grundsätzlichkeit das Element ablehnt, in dem die Weisheit sich bildet: Zeitgleich mit Kants Arbeit an seiner Vernunftkritik (und überdies in seiner nächsten Königsberger Nachbarschaft) wächst der Widerstand gegen die Vernunft als solche. Hamann und Herder leiten eine Gegenbewegung ein, die noch vor Ablauf des Jahrhunderts zur »Romantik«, zur mächtigsten, bis heute wirksamen Opposition gegen die Aufklärung anschwillt.

Das ist nicht ohne Tragik: Denn es ist Kant, der die von Shaftesbury, Rousseau und Hume geäußerten Bedenken gegen die Allmachtsphantasien der Vernunft in deren Selbstkritik überführt. Gerade weil er entdeckt, dass die Vernunft an ihre begrifflichen Opponenten, an Natur, Gefühl und Anschauung gebunden ist, unternimmt er das schwere Geschäft einer »Grenzbestimmung« der Vernunft. Seinen vorromantischen Widersachern geht das nicht weit genug. Sie wollen die leitende Funktion, die der Vernunft in der Kritik ihrer eigenen Maßlosigkeit immer noch bleibt, durch *Gefühl* und *Glauben* ersetzen. Ihre Tragik liegt darin, dass sie dies nicht einfach tun – was ihnen niemand verwehren würde; sie fühlen sich vielmehr ständig veranlasst, ihre Ansicht zu begründen. Und allein damit setzen sie die Vernunft, freilich ohne es zu merken, wieder in ihr Recht.

11. Die Einheit von Welt- und Selbstvertrauen. Schon der vorkritische Kant geht von der Auffassung aus, »daß [...] es nur auf mich ankommt«. Sein Philosophieren ist auf das Selbst des einzelnen Menschen gegründet. Alles theoretische und praktische Wissen bleibt notwendig an das Ich gebunden, und dies so sehr, dass er sich nicht scheut, seine kritische Philosophie als »transzendentalen Egoismus« zu bezeichnen. Nun kann man in noch so gründlichen Studien zeigen, dass alles, was immer im *Ich* sein kann, sich auf *Dinge* bezieht, über die man *mit seinesgleichen sprechen* kann; tatsächlich lässt sich dartun, dass ein *Ich* nur Bedeutung hat, sofern es sich auf die *Welt* bezieht. Und dennoch hatten schon die ersten Leser Kants mit dem Verdacht zu kämpfen, dass sich das Ich in seiner von Kant erwiesenen *Autonomie* überschätzt, überhebt und letztlich im Ganzen vom Ganzen isoliert.

Wann immer es misslingt, diesen Verdacht durch Hinweis auf den realen Zusammenhang der Dinge zu zerstreuen, tritt die *Weisheit* in ihr Recht. Sie ist nach Kant auf das Engste mit dem *Glauben* verschwistert. Wenn es anders nicht möglich ist, dann kann nur sie dem Individuum das Weltvertrauen retten, das es für sein Selbstvertrauen braucht. Das Dramatische dieser Denkfigur liegt darin, dass sie auch einer Menschheit, die sich selbst nicht mehr geheuer ist, ein reflektiertes Selbst- und Weltvertrauen sichern kann.

12. Die Programmatik des Philosophierens: selber denken. Eine Kant-Interpretation, die sich lediglich auf die schulphilosophischen Elemente des kritischen Denkens bezieht, mag zu einem genaueren Verständnis transzendentaler Argumente, hypothetischer Imperative oder rechtstheoretischer Deduktionen gelangen. Sie vermag aber in der Regel schon nicht mehr zu sagen, was ein Argument, ein Imperativ oder die Tatsache des Rechts für das Selbstverständnis des Menschen eigentlich bedeuten. Sie kann vor allem nicht erklären, warum die Philosophie nach wie vor als Orientierung für das eigene Dasein gesucht wird.

Die Philosophie kann solche Orientierung natürlich nicht in Form einer Handreichung geben. Sie kann sie nur in Aussicht stellen – und dies nur für den Fall, dass sich jeder selbst um sie bemüht. Deshalb lebt die Philosophie von der Emphase des Weiterdenkens. Kant hat das auf eine programmatische Formel gebracht, die keineswegs nur für die Aufklärung, sondern für das menschliche Leben im Allgemeinen und für die Philosophie im Besonderen gilt: Jeder habe sich, so sagt er, »seines Verstandes ohne Leitung eines anderen zu bedienen« (8,35). »Selbstdenken« ist der Weg und das Ziel in Philosophie und menschlichem Leben.

13. Abweichung vom Schema. Ohne viel Aufhebens wird im vorliegenden Buch von der üblichen Trennung zwischen vorkritischem und kritischem Denken abgewichen. Gewiss, die Unterscheidung ist wichtig, weil sie für Kant selbst bedeutsam war. Sie half ihm eine Wende kenntlich zu machen, die ihn Kraft gekostet hat und mit deren Folgen er bis zum Lebensende beschäftigt war. Er brauchte Mitstreiter für ein aufwändiges Vorhaben, das er selber nur im Umriss vortragen konnte. Diese Mitstreiter bedurften der Motivation im Geist einer neuen, einer »kritischen« Philosophie. Da Kant nicht auf das Verständnis von Kollegen rechnen konnte, hatte er der Jugend Ziele zu setzen. Das geschah mit dem Versprechen von etwas grundstürzend Neuem, in dem Vollzug einer radikalen Wende. Die kann man zwar programmatisch auf ein Buch oder einen dominierenden Einfluss beziehen, im Rückblick aber hat selbst das Plötzliche eine historische Dimension.

Es gibt viele Anzeichen dafür, dass Kant schon in seinen frühen Schriften »kritisch« gedacht hat. Wir finden tragende Gedanken der späten Jahre bereits in den vorkritischen Schriften entwickelt. Deshalb kommt es heute, da vielen das kritische Denken als unvermittelt, ja sogar gewaltsam erscheint, darauf an, die weit in die Biographie und damit auch ins 18. Jahrhundert reichende Vorgeschichte bewusst zu machen. Damit kann auch klarer werden, wie viele bis in die Antike zurückreichende Impulse Kants Philosophieren bestimmen. Wir deuten das im vorliegenden Buch nur an, ohne den Einflüssen im Einzelnen nachgehen zu können.

14. Kant überholt seine Kritiker. Wir brauchen, wie gesagt, kein »Zurück zu Kant« – dies schon deshalb nicht, weil wir so viel weiter gar nicht sind. Gleichwohl scheint der Abstand zu 1781, dem Erscheinungsjahr der *Kritik der reinen Vernunft*, gewaltig zu sein. Kant hat schon seinen Zeitgenossen Hamann und Herder, dann seinen zahlreichen romantischen Lesern den Anlass für abgründige Missverständnisse gegeben. Die geniale Überbietung seines Denkens durch Fichte, Schelling, Hegel und Schopenhauer hat das Verständnis seiner Werke nicht erleichtert. Die bis heute andauernden nachromantischen Eskapaden der philosophischen Schriftstellerei lassen den Eindruck entstehen, zwischen Kant auf der einen und Nietzsche, Heidegger, Adorno, Derrida, Foucault oder Rorty auf der anderen Seite lägen Welten.

Doch wenn man entdeckt, dass die revolutionäre Selbstauszeichnung der nachromantischen Denker durch ein und dieselbe Obsession veranlasst ist, nämlich durch ein Verlangen nach Überbietung der gesamten Überlieferung, erkennt man das Theatralische ihrer Sendung: Sie versuchen allesamt, die von Kant inaugurierte Revolution der Denkart noch ein Stück weiter zu drehen. Sie imitieren den Gestus des Paradigmenwechsels, so als ließe sich die kopernikanische Wende immer weiter steigern. Das hat zu beachtlichen formalen Veränderungen geführt, hat die individuellen Freiheitsgrade des Denkens erhöht und die Anarchie des Denkens zu einer neuen Konvention werden lassen. Wenn wir aber nach Fortschritten in der Sache suchen, hätten wir ganz andere Namen zu nennen. Dann müsste von Dilthey, Simmel oder Max Weber, von Peirce, Dewey oder Cassirer, von Russell, Wittgenstein, Whitehead oder Popper, von Quine, Strawson oder Davidson die Rede sein. Ich meine, dass man auch Bergson, Merleau-Ponty, Jaspers und Löwith nennen sollte, denen wir neue Zugänge zum Leben, zum Leib, zur Existenz und zum Mitmenschen verdanken. Achten wir auf den unter ihrem Einfluss neu formulierten Problembestand des Denkens, steht Kant unverändert auf der philosophiegeschichtlichen Tagesordnung.

15. »Philosophieren lernen«. Kant hat im Alter von 40 Jahren ein Programm des Philosophierens aufgestellt, das jede Philosophie überflüssig machen könnte – auch seine eigene. Es ist das Programm eines entschiedenen philosophischen Individualismus, der nur durch den sachlichen Gehalt der Einsichten und durch die existenzielle Verbindlichkeit des Lebens gezügelt werden kann. Alles, was Kant in der Sache vorträgt, steht unter dem Vorbehalt der Prüfung durch den Einzelnen. Ob etwas als Philosophieren gelten kann, hängt ganz allein an der gedanklichen Konsequenz, die ein Individuum darin für sich selber findet.

Mit Blick auf die Epigonen, die Kant an revolutionärer Dramatik überbieten wollen, ließe sich sagen, dass er sich hier schon selber überboten hat, noch ehe er mit der »kopernikanischen Wende« Aufsehen erregte. Tatsächlich ist die unscheinbare Aufforderung, nicht »Philosophie«, sondern »Philosophieren« zu lernen, bereits um einiges radikaler als der Neuansatz der Transzendentalphilosophie. Alle Unterweisung in den überlieferten Lehren des Denkens, so heißt es in der Vorlesungsankündigung zum Wintersemester 1765/66, diene nur dem Zweck, den Widerspruch gegen sie einzuüben (2,306; vgl. unten 2.20). Davon kann auch das vorliegende Buch nicht ausgeschlossen sein.

1. Programmatik des Philosophierens

Kritische Vorreden zu vorkritischen Texten

Ich habe gar nicht den Ehrgeiz ein Seraph seyn zu wollen mein stoltz ist nur dieser dass ich ein Mensch sey.

(Kant, 20,27)

1. Allein ich bilde mir ein. Schon in der ersten Zeile zur Vorrede zu seinem ersten Buch, das der Student der Mathematik und Naturwissenschaften, der klassischen Philologie und Philosophie – und beiläufig auch der Theologie – Immanuel Kant beziehungsreich mit dem Datum des 22. April 1747 versieht, dem Tag also, an dem er sein 23. Lebensjahr vollendet, ist vom »Urtheile der Welt« die Rede. Es ist, wie könnte es anders sein, das Urteil der *Menschenwelt*, das *forum externum* der Öffentlichkeit. Vor dieser allgemein menschlichen Instanz wird nichts Geringeres angerufen als die *Wahrheit*. Und der Drehpunkt zwischen Welt und Wahrheit ist nicht mehr und nicht weniger als das *Ich*, das sich hier in unübersehbarer Weise präsentiert:

> *Ich* glaube, *ich* habe Ursache von dem Urtheile der Welt, dem *ich* diese Blätter überliefere, eine so gute Meinung zu fassen, daß diejenige Freiheit, die *ich mir* herausnehme, großen Männern zu widersprechen, *mir* für kein Verbrechen werde ausgelegt werden. Es war eine Zeit, da man bei einem solchen Unterfangen viel zu befürchten hatte, *allein ich bilde mir ein*, diese Zeit sei nunmehr vorbei, und der menschliche Verstand habe sich schon der Fesseln glücklich entschlagen, die ihm Unwissenheit und Bewunderung ehemals angelegt hatten. Nunmehr kann man es kühnlich wagen das Ansehen der *Newtons* und *Leibnize* für nichts zu achten,

> wenn es sich der Entdeckung der Wahrheit entgegen setzen sollte, und keinen andern Überredungen als dem Zuge des Verstandes zu gehorchen. (1,7; Hervorhebung V. G.)

So weit der erste von 13 Absätzen, die Kant seinem ersten Buch voranstellt. Es ist üblich, diese Vorrede zu den *Gedanken von der wahren Schätzung der lebendigen Kräfte* als ein typisches Dokument der deutschen Aufklärung zu lesen, der sich ein selbstbewusster junger Autor mit der ganzen Energie seiner 23 Jahre hingibt. Und da die »Wahrheit«, die er in Aussicht stellt, genaugenommen schon drei Jahre zuvor als falsch erwiesen worden ist, kann diese Vorrede auch als Beispiel dafür dienen, dass da einer den Mund etwas zu voll nimmt und nicht nur sich, sondern auch die Aufklärung überschätzt. So sahen es die Zeitgenossen, sofern sie von dem Buch überhaupt Kenntnis nahmen. Wir haben heute Grund, es anders zu sehen.

2. Früher Spott und späte Erfüllung. Kants erstes Buch ist so gut wie ohne Resonanz geblieben. Das war sachlich kein Verlust. Denn der Vorschlag, den es zur Vermittlung einer großen Kontroverse vortrug, war bereits überholt. Der Autor hatte in seinem Eifer übersehen, dass es schon eine Lösung gab, die besser berechnet und überdies physikalisch ohne Einschränkung brauchbar war, freilich ohne annähernd so tiefsinnig begründet zu sein. Doch auch unabhängig vom sachlichen Fehlschlag des ersten Buches erscheint der Spott, mit dem ein kritischer Leser die Selbstüberschätzung des jungen Autors bloßstellt, vollkommen berechtigt:

> Kant unternimmt ein schwer Geschäfte,
> der Welt zum Unterricht,
> er schätzet die lebend'gen Kräfte,
> nur seine [eignen] schätzt er nicht.

Der kritische Leser ist Gotthold Ephraim Lessing. Sein Spott ist durch die Lebensleistung Kants gründlich widerlegt.[1] Doch man versteht Lessing gut. Denn was soll er von einem namenlosen Zeitgenossen halten, der sich anmaßt, Newton und Leibniz »für nichts« zu achten? Gewiss: Am Maßstab der Wahrheit müssen sich auch die größten Geister messen lassen. Ist es aber nötig, den Erkenntnisanspruch so eng mit dem Ich zu verbinden? Darf sich schon das Selbstbewusstsein eines Anfängers als Instanz der Wahrheit behaupten? Muss die Exposition eines Individuums noch vor jeder eigenen Leistung so maßlos sein? Selbst wenn das Erkennen strukturell nicht auf das Ich verzichten kann, hätte es doch Grund genug, ein wenig bescheidener aufzutreten.

Das mag Lessings kritische Option gewesen sein. Er konnte noch nicht wissen, dass im Fall des jungen Immanuel Kant die Präsentation des Ich nicht nur in einer reichen Begabung, sondern in biographisch unumgänglichen Zielen begründet war: Der junge Kant hätte zur Rechtfertigung nicht nur darauf verweisen können, dass Wahrheit ohne Selbstbewusstsein nicht zu haben ist; er hätte nicht nur auf der ingeniösen Idee beharren können, der sich seine Schrift – trotz einer historischen Unachtsamkeit – gleichwohl verdankt; er hätte am Ende sagen müssen, dass er die Exposition des eigenen Ich angesichts seiner großen Aufgaben einfach *nötig* hatte. Wer Großes will, darf nicht kleinmütig sein. Und wenn er schwach, kränklich und wenig belastbar erscheint und dazu noch von seinem akademischen Lehrer (in Verkennung der offenkundigen Begabung) gering geschätzt wird, hat er besonderen Anlass, sich vor seiner Aufgabe in eine maximale Position zu bringen.

3. Ein Individuum sucht seinen Weg. Aufschlussreich ist bereits das Motto des Buches, das Kant dem ersten Kapi-

1 So hat es Lessing selbst gesehen. Nach 1760 hielt er das Distichon zurück.

tel von Senecas *De vita beata* (I,3) entnimmt: »Nichts also ist mehr zu beachten, als dass wir nicht nach Art des Viehs der vorangehenden Herde folgen, indem wir als Weg wählen nicht, wo man gehen soll, sondern wo man geht« (1,7). Wer meint, der Individualismus sei eine Errungenschaft (oder ein Fluch) der Moderne, der wird nicht glauben wollen, dass hier ein antiker Autor angerufen wird. Tatsächlich aber ist es Senecas vorrangige Empfehlung, dass jeder Denkende seinen eigenen Weg einschlägt: »An fremden Vorbildern gehen wir zugrunde; wir werden gesunden, wenn wir uns von der Masse fernhalten« (*De vita beata* I,4). Dies gilt vor allem für die Praxis der eigenen Lebensführung;[2] es hat seine Gültigkeit aber auch für die Methode der Wahrheitsfindung: »Die Masse ist der schlechteste Interpret der Wahrheit« (II,2).

Mit seinem Motto beruft sich Kant somit auf eine alte Tradition eigenständiger Daseinsbewältigung, die ohne individuelle Wahrheitssuche gar keinen Sinn ergibt. Die Tradition können wir bis auf Sokrates zurückverfolgen. Der Vorwitz des jungen Kant, der manchen Interpreten noch heute verdächtig erscheint, ist daher ein Ausdruck philosophischer Ernsthaftigkeit, die sich ohne entschiedenes Selbstbewusstsein gar nicht entwickeln kann:

> Ich stehe in der Einbildung, es sei zuweilen nicht unnütze, ein gewisses edles Vertrauen in seine eigene Kräfte zu setzen. Eine Zuversicht von der Art belebt alle unsere Bemühungen und ertheilt ihnen einen gewissen Schwung, der der Untersuchung der Wahrheit sehr beförderlich ist. (1,10)

Es ist dieser Individualismus der Wahrheitsfindung, den Kant für sich in Anspruch nimmt. Und nachdem er betont hat, dass es für einen wahrhaft nach Erkenntnis streben-

2 »Glücklich also ist ein mit dem eigenen Wesen übereinstimmendes Leben« (Seneca, *De vita beata* III,3).

den Kopf weniger schlimm ist, sich »tausendmal bei einem Unterfangen verirrt« zu haben, als »nur immer die Heeresstraße« aller anderen einzuhalten, kommt er zu dem Bekenntnis:

> Hierauf gründe ich mich. Ich habe mir die Bahn schon vorgezeichnet, die ich halten will. Ich werde meinen Lauf antreten, und nichts soll mich hindern ihn fortzusetzen. (1,10)

4. Politiker der Theorie. Das klassische Pathos philosophischer Wahrheitssuche bezieht der junge Kant auf einen Streit, der die wissenschaftliche Welt seiner Zeit tatsächlich in zwei Lager gespalten hat. Es geht um das richtige Maß für die *physikalische Kraft*. Auf der einen Seite stehen die *Cartesianer*, die als Berechnungsformel $K = m \times v$ vorgeschlagen hatten. Auf der Gegenseite hat *Leibniz* mit seinen im deutschen Sprachraum tonangebenden Anhängern Position bezogen; sie halten die Formel $K = m \cdot v^2$ für zutreffend. Im zweiten Fall also steht die Geschwindigkeit v im Quadrat.

Damit ist ein Unterschied gesetzt, den zu beseitigen (oder mindestens zu erklären) eine erstrangige Herausforderung für das Denken darstellt. Wenn wir uns mit ein und demselben Geist auf ein und dieselbe Natur beziehen, dann kann entweder nur *eine* Formel richtig sein, oder die Formeln beziehen sich jeweils auf unterschiedliche Kräfte.

Kants Lösungsvorschlag zielt darauf, Descartes und Leibniz jeweils in einer begrenzten Perspektive Recht zu geben: Das von Descartes genommene *einfache* Produkt aus Masse und Geschwindigkeit beziehe sich lediglich auf unselbständige, nicht aus sich heraus wirkende und somit »tote« Kräfte. Dagegen sei die von Leibniz vorgeschlagene Formel, in der die *potenzierte* Geschwindigkeit zum Maß erhoben wird, auf Körper bezogen, die sich »in wirklicher und freier Bewegung« befinden. Diese Kraft wird die »lebendige« – die aus sich selbst wirkende – Kraft genannt.

Kants »kühnlich« gewagte Wahrheit besteht somit in der Ausgrenzung zweier verschiedener Kräfte: der »toten« der von außen bewegten Natur und der »lebendigen« aller aus sich heraus bewegten Wesen. Descartes hat Recht, sofern er seine Formel auf die rein äußerlich wirksamen mechanischen Kräfte beschränkt; hier gilt $K = m \cdot v$. Leibniz' Vorschlag hingegen hat nur für die Eigendynamik der Lebensvorgänge Gültigkeit; sie können, wie Kant meint, nach $K = m \cdot v^2$ berechnet werden. Der Streit, so könnte man sagen, soll durch einen »Kompromiss« geschlichtet werden, der beiden Seiten eine begrenzte Wahrheit zugesteht.

Der junge Kant versucht sich somit schon im ersten Auftritt als ein Politiker des Geistes, indem er jeder Theorie ihr eigenes Territorium zugesteht. Jede Wahrheit hat ihre Perspektive, die mit ihrem Standpunkt auch nur einen begrenzten Bereich umfasst. Wir erkennen schon hier die intellektuelle Strategie, mit der Kant später den Streit zwischen Empirismus und Rationalismus zu schlichten und die unlösbar erscheinende Dichotomie zwischen Natur und Freiheit zu klären versucht.

5. Auf dem Weg zu einer Philosophie des Lebens. Leider wissen wir inzwischen schon aus den Schulbüchern, dass weder Descartes noch Leibniz Recht behalten hat. Die Formel für die Berechnung der physikalischen Kraft lautet weder $K = m \cdot v$ noch $K = m \cdot v^2$, sondern $K = ½\, m \cdot v^2$. (Heute spricht man freilich statt von der Kraft [*K*] von der kinetischen Energie [*E*]). Die korrekte Formel mit dem halbierten Wert der Masse stammt von d'Alembert, der sie bereits 1743, also drei Jahre vor der Abfassung von Kants Schrift, in Paris publiziert hatte. Das war der Aufmerksamkeit des Königsberger Studenten entgangen, und so war er dem Irrtum früher verfallen, als er sich hätte träumen lassen. Er kommt mit seinem Vorschlag zur Beilegung einer »der größten Spaltungen, die jetzt unter den Geometern von Europa herrscht« (1,16), nicht nur zu spät, sondern verfehlt auch den physikalischen Sachverhalt.

Das kann man nur als misslich bezeichnen, so verständlich der Informationsrückstand angesichts des geringen zeitlichen Abstands und der räumlichen Entfernung auch gewesen sein mag. Und dennoch ist Kants Vorschlag bemerkenswert. Denn er versucht eine mathematische Konsequenz aus der Tatsache zu ziehen, dass wir die wirkenden Kräfte der Natur tatsächlich in zwei Kategorien einteilen können, nämlich in rein mechanisch angetriebene, »tote«, und in von sich aus bewegte, »lebendige Kräfte«. Die offenkundige, weil immer schon an uns selbst wahrgenommene Differenz zwischen der *fremd*bestimmten und der *selbst*bestimmten Bewegung soll bereits an den wirkenden Kräften selbst festgemacht werden. Kant sucht nach einem bereits physikalisch fassbaren Unterschied zwischen der (»von außen« erfahrenen) »toten« und der (nur »von innen« her zu begreifenden) »lebendigen Natur«.

Der 23-jährige Autor macht sich also auf den Weg zu einer Philosophie der natürlichen Kräfte, die in der Lage ist, auch noch das *Leben* erklären zu können. In Anerkennung der Eigentümlichkeit der mechanischen Kräfte sucht er nach den dynamischen Bedingungen der lebendigen Natur. Sein erstes Werk enthält den Keim zu dem, was die kritische Philosophie erst in der *Kritik der Urteilskraft* in Vorschlag bringen und woran sie sich bis ins *Opus postumum* hinein abarbeiten wird.[3] Das ist die *Philosophie des Lebens.*

3 In den späten Notizen, in denen er nach einem »Übergang« zwischen den physikalischen und den physiologischen Kräften sucht, kommt Kant auf seinen im ersten Buch gemachten Vorschlag zurück (vgl. im vorliegenden Band 6.17 f.). Zum Problem der »lebendigen Kräfte« und ihrer exakten Berechnung siehe: Schönfeld, 2000, 17 ff.

6. Schätzung der eigenen Kräfte. Lessings spöttisches Wort wird damit in einem ganz anderen Sinne wahr: Kant sucht nach einer »Schätzung der lebendigen Kräfte«, ist aber nicht wirklich in der Lage, sie auch nur annähernd zu finden, weil er es noch nicht versteht, *sich selbst* in methodisch angemessener Weise zu erkennen. Denn die Erkenntnis des Lebens hat darin ihre größte Schwierigkeit, dass sie immer auch eine *Selbsterkenntnis* ist. Erst viel später wird Kant entdecken, dass der Unterschied, den er sucht, nicht in einer objektiven Differenz gegebener Kräfte, sondern in unserer Einstellung zu ihnen zu finden ist. Die wahrhaft »lebendigen Kräfte« lassen sich erst erkennen, wenn wir sie als Ausdruck einer Zwecktätigkeit beurteilen, die wir nur von uns selbst her kennen. Insofern ist die Erkenntnis des Lebens an die Selbstreflexion gebunden, die sich bereits im ersten Buch in der maßlos erscheinenden Exposition des forschenden Ich ankündigt.

Doch bis zum kritischen Begriff des Lebens ist der Weg noch weit. Der junge Kant sucht zunächst einen direkten Zugang zu den lebendigen Kräften, die er als gegebene Größen neben den mechanischen Kräften begreift. Gleichwohl scheint ihm der Anteil der Selbstreflexion an der adäquaten Erkenntnis des Lebens bewusst zu sein. Denn in der Vorrede beschäftigt er sich mit nichts anderem als mit sich selbst – genauer: mit seiner Aufgabe als Wissenschaftler und Philosoph. Vor der Lösung der strittigen Fragen der Erkenntnis unserer Welt steht das Nachdenken über uns selbst. Man möchte schon aus der Kühnheit und dem alles mitreißenden Schwung, mit dem der 23-jährige Student das Programm der Erkenntnis umreißt, auf seine kommende Größe schließen. Die Dynamik – um nicht zu sagen: die Dramatik im Zusammenhang von Mensch, Welt und Wissenschaft – wird in der *Vorrede* zur *Wahren Schätzung der lebendigen Kräfte* bereits in vollem Umfang erkennbar.

7. Wahrheit als Vorteil für alle. Kants weitgesteckte Erwartungen an die Erkenntnis lassen sich auf *zwölf Punkte* bringen: Man braucht *erstens* und unter allen Bedingungen den *Weltbezug*, der uns die Orientierung in der von Menschen gebildeten Sphäre erlaubt (1,7). Dabei ist vorausgesetzt, dass die Welt des Menschen nicht von der *Natur* abgetrennt werden kann. Man benötigt *zweitens* das Streben nach *Wahrheit* als den zu gewinnenden und zu sichernden Ausdruck der verbindlichen Beziehung aller erkennenden Menschen auf die Tatsachen ihrer Welt (1,7f. und 10). An *dritter* Stelle steht die Leistung des *einzelnen Menschen*, der *Ich* zu sich sagt und dem es obliegt, die Beziehung zwischen Welt und Wahrheit herzustellen (1,7). *Viertens* ist festzustellen, dass die einzelnen Menschen ihr Maß niemals bloß an der Welt und an sich selber, sondern immer auch an der *Menschheit* haben (1,9 und 12). Das »Ich«, auf das Kant später auch theoretisch so großen Nachdruck legt, wäre ohne den Bezug zum »Wir« bedeutungslos. Dieses »Wir« aber meint bei ihm – von der ersten bis zur letzten Schrift: – *alle Menschen*.

> Das Vorurtheil ist recht für den Menschen gemacht, es thut der Bequemlichkeit und der Eigenliebe Vorschub, zweien Eigenschaften, die man nicht ohne die *Menschheit* ablegt. (1,8f.; Hervorhebung V. G.)

Dass von »Menschheit« nur unter der Bedingung der prinzipiellen Gleichheit von Menschen gesprochen werden kann, versteht sich von selbst. Kant sieht es als eine Folge des »Vorurtheils« an, wenn der Unterschied zwischen einigen wenigen und der Menge übersteigert werde, wenn man »gewisse Männer [...] zu einer unersteiglichen Höhe« erhebe (1,9). Der Nachteil einer solchen Unterscheidung zwischen einigen wenigen bedeutenden Exemplaren und der großen Masse liege auch darin, dass man die individuellen Unterschiede übersehe, die noch innerhalb der »Mittelmäßigkeit« bestehen (7,9). Wenn Kant also von Menschheit spricht, dann hat er die Differenzierung zwischen den Individuen im Blick, die er aber nicht so groß gemacht sehen will, dass sie wie eine Opposition erscheint. Das exponierte »Ich« hat sich somit – in aller gegebenen und gebotenen Unterscheidung – als Element unter seinesgleichen zu verstehen.

Die *fünfte* Prämisse, von der Kant in seiner ersten Vorrede ausgeht, ist am *Nutzen der Wissenschaft* orientiert. Es würde ihm nicht einfallen, die Erwartung auf einen praktischen Effekt der Erkenntnis als unwissenschaftlich anzusehen. »Erfolg« (1,8) ist das selbstverständliche Ziel der Wissenschaft; die »Entdeckung der Wahrheit« verspricht immer auch einen praktischen Gewinn, der allen zugute kommt:

> Nach so großen Bemühungen, die sich die größten Männer um die Freiheit des menschlichen Verstandes gegeben haben, sollte man da wohl Ursache haben zu befürchten, daß ihnen der Erfolg derselben mißfallen werde? (1,8)

8. Selbsterkenntnis und Öffentlichkeit. In der Menschheit sind die Individuen als *gleich und frei* verbunden. Das ist der *sechste* Punkt: *Gleichheit* und *Freiheit* sind Bedingungen nicht nur des Handelns, sondern auch der Individualität in einer sich zu sich selbst verhaltenden Gattung (1,8 und 1,10). Bedingung aber können sie nur sein, wenn eine *Sphäre der Öffentlichkeit* ausgebildet ist, in der die Menschenwelt allererst zu sich selber kommt (1,8 und 1,10f.). Damit haben wir *siebtens* die Sphäre, in der die Suche nach *Wahrheit* erfolgt. Eine Trennung zwischen szientifischer und politischer Öffentlichkeit ist nicht erkennbar.

Verdienst und *Ruhm* sind *achtens* die Auszeichnungen, um die es im öffentlichen Leben geht (1,8); dabei spielt die

Eitelkeit eine unübersehbare Rolle (1,10). Auch das unterstreicht die Funktion, welche die sich auszeichnende Individualität in der Erwartung auf ein menschheitliches Philosophieren hat.

Die Wirksamkeit in der Öffentlichkeit ist *neuntens* an *Rhetorik* gebunden (1,11); sie wird von Kant als legitimes Mittel zur Weckung von Aufmerksamkeit anerkannt und als das von ihm praktizierte Verfahren eingestanden. Von Bedeutung ist *zehntens*, dass Wahrheitssuche und praktische Anwendung zum Nutzen der Menschen im Medium der *Geschichtlichkeit* erfolgen (1,9). Kant ist sich über die *historische* Abfolge von Erkenntnissen und Theorien im Klaren; er stellt sich bewusst in eine Geschichte der Erkenntnis und weiß von seinem epochalen Standpunkt. Die Geschichtlichkeit der Menschenwelt ist *elftens* ohne die *Gesellschaftlichkeit* der Bedingungen und Ereignisse der menschlichen Welt nicht zu denken (1,9).

Das Medium der Vermittlung aller dieser Faktoren ist schließlich *zwölftens* der reale *Gegensatz* der weltlichen Kräfte. Wahrheitsstreben, Theorieentwicklung und wissenschaftliche Arbeit überhaupt vollziehen sich in *Oppositionen*, in die Individuen und Schulen gleichermaßen eingebunden sind. Und um das Wichtigste am Ende noch einmal zu nennen: Die Verbindung zwischen alledem stiftet überall dort, wo etwas als *Problem* erfahren wird, nichts und niemand anderes als das *Ich*, in diesem Fall: *Immanuel Kant.*

9. Theorie des Himmels und der Erde. Das nächste Buch Immanuel Kants folgt acht Jahre später und wird noch weniger beachtet als das erste. Denn als es ausgeliefert werden soll, macht der Verleger Bankrott. So erreichen nur die Belegexemplare ihr Ziel – den Autor selbst. Die eigentliche Auflage verbleibt in der Konkursmasse, wird vergessen und vermutlich eingestampft. Wäre der Autor nicht 35 Jahre später zu einer Berühmtheit geworden, die ein Interesse an seinen frühen Schriften aufkommen lässt, wäre eines der bedeutendsten Bücher philosophischer Naturbetrachtung, die *Allgemeine Naturgeschichte und Theorie des Himmels* von 1755, wohl auf ewig vergessen.

Die Thesen des Buches sind noch 1795, als die von einem Schüler geschriebene Kurzfassung in Umlauf kommt, eine Sensation. Denn es stellt sich heraus, dass Kant schon 1755 eine Hypothese über die kosmische Natur der Galaxien vertreten hat, die man inzwischen als eine Entdeckung des französischen Astronomen Laplace feiert, obgleich 1761 auch der Mathematiker Lambert ähnliche Überlegungen entwickelt hat.[4] Laplace hatte 1775 seine Deutung der so genannten Nebelsterne vorgetragen, konnte sie als riesige, spiralförmig angeordnete Sternhaufen deuten und damit die These verbinden, dass unser Sonnensystem selbst Teil eines solchen Spiralnebels ist, von dem wir lediglich einen Teil als »Milchstraße« am nächtlichen Himmel sehen. Diese »Nebularhypothese« hatte Laplace mit der Vermutung verbunden, dass unser Weltall vormals aus rotierenden Gasnebeln bestanden hat, aus denen sich allmählich – durch das Zusammenspiel von zentripedalen und zentrifugalen Kräften – die um sich kreisenden Scheiben aus zahllosen Sonnensystemen gebildet haben.

Eben dies ist die These des 30-jährigen Kant. Er setzt im »leeren Raum« des Alls nichts anderes als unendlich fein verteilte Materie voraus, die aus ihrer eigenen Gesetzlichkeit – und aus nichts sonst! – in eben den Zustand gelangt, in dem sich das Weltall zum Zeitpunkt der Beob-

4 Kant verweist 1763 selbst auf Lamberts *Kosmologische Briefe* von 1761 und vermerkt, dass der »berühmte« Autor hier »sechs Jahre« nach der Publikation (der unbekannt gebliebenen eigenen Theorie) »eben dieselbe Theorie von der systematischen Verfassung des Weltbaues im Großen [...] vorgetragen hat« (2,68). Lambert legt in einem Brief an Kant Wert auf die Feststellung, er habe den Gedanken zur Deutung der Milchstraße als Galaxie schon bei einer Betrachtung auf freiem Feld im Jahre 1749, also mehr als zehn Jahre vor der Publikation seiner Briefe, gehabt. Vgl. Lambert an Kant vom 13. November 1765 (10,53).

achtung befindet. Erst das Urknalltheorem hat diese Beschreibung Kants durch ein anderes Modell ersetzt, oder besser: ergänzt. Denn seine Darstellung trifft noch heute in wesentlichen Teilen zu. Gesetzt, sein Buch wäre bekannt geworden, ohne dass der Autor noch irgendetwas anderes geschrieben hätte, hätte er einen unverlierbaren Platz in der Geschichte der Astronomie.

10. Gebet mir Materie. In der Vorrede, die erneut mit »Ich« beginnt und am Anfang eine jedem Psychologen vermutlich höchst verdächtige Häufung des ersten Personalpronomens enthält, macht der 30-jährige Autor klar, dass er sich mit einer Aufgabe befasst, welche »die Kräfte der menschlichen Vernunft zu überschreiten« scheint (1,221). Kant bewegt sich also schon hier an den »Grenzen« menschlicher Erkenntnis. Sein Denken ist auf die Extreme aus; sein Philosophieren geht aufs Ganze. Das ist mehr, als nur einfach nach »dem Ganzen« wie nach einem großen Gegenstand zu fragen. Denn das Subjekt gehört dem Ganzen zu, und es weiß, dass es mit ihm steht und fällt. Daher wappnet sich der junge Autor für seine Unternehmung, als ziehe er wie ein allein auf sich gestellter Rittersmann in einen großen Kampf: »Ich empfinde die ganze Stärke der Hindernisse, die sich entgegensetzen, und verzage doch nicht« (1,221).

Bedenkt man, dass Kants Kosmologie schon am Anfang mit der Behauptung aufwartet, die Berufung auf Gott sei für die Erklärung der Bewegungen des Himmels und der Erde überflüssig, dann weiß man, dass die existenzielle Zurüstung auf das Unternehmen nicht übertrieben ist. Ein Autor, der schon in der Vorrede erklärt: *»Gebet mir Materie, ich will eine Welt daraus bauen!«* (1,230; im Original gesperrt), mag heute nur als größenwahnsinnig erscheinen. Damals musste er mit dem Vorwurf der Gotteslästerung rechnen. Deshalb erklärt er gleich zu Beginn, er habe sich auf seine »gefährliche Reise« erst begeben, als er sich »in

Ansehung der Pflichten der Religion in Sicherheit gesehen habe« (1,221). Im Bewusstsein der Übereinstimmung einer rein mechanischen Erklärung des Weltbaus mit der redlichen Gesinnung des Glaubens aber gelange er zu der »unerschrockenen Gelassenheit«, mit der er sein »System« vorträgt:

> Ich nehme die Materie aller Welt in einer allgemeinen Zerstreuung an und mache aus derselben ein vollkommenes Chaos. Ich sehe nach den ausgemachten Gesetzen der Attraction den Stoff sich bilden und durch die Zurückstoßung ihre Bewegung modificiren. Ich genieße das Vergnügen ohne Beihülfe willkürlicher Erdichtungen unter der Veranlassung ausgemachter Bewegungsgesetze sich ein wohlgeordnetes Ganze erzeugen zu sehen, welches demjenigen Weltsystem so ähnlich sieht, das wir vor Augen haben. (1,225 f.)

11. Die Eigenständigkeit der Welt. Attraktion und Repulsion, Anziehung und Zurückstoßung, sind die beiden mechanischen Kräfte, aus denen das gesamte Geschehen des Kosmos erklärt wird. Von Gott stammt lediglich die Materie, die sich, sobald es sie gibt, aus eigener Kraft bewegt. Sie braucht nur sich selber »frei überlassen« zu bleiben, dann entsteht aus dem Chaos alle Ordnung ganz von selbst. Die schon das Chaos regierende »blinde Mechanik«, das ist die noch heute jeden Ordnungsdenker provozierende These, bringt »anständige Folgen« (!) hervor.

Die Kühnheit dieses Entwurfs wird nur noch durch die Verwegenheit überboten, mit der Kant die Sachwalter des Glaubens ins Unrecht setzt: Sie unterschätzen die Größe Gottes, wenn sie ihm unterstellen, er müsse ständig – gleichsam mit »fremde[r] Hand«! – in das Weltgeschehen eingreifen (1,223). Die Theologen geraten, wie die griechischen Atomisten, in Gefahr, die Vernunft aus der Unvernunft herzuleiten (1,227). Überdies wäre es der Würde

Gottes nicht angemessen, eine in sich gar nicht funktionsfähige Natur geschaffen zu haben. Es würde noch weniger zu ihm passen, wenn alles durch »Zufall und von ungefähr« (1,227) geschehe. Zur Ehre Gottes gereiche es vielmehr, dass er eine ganz auf das Gesetz gegründete Welt geschaffen hat, die seinen Ruhm vermehre, je »selbst genugsamer«, je eigenständiger sie ist. So ist es schon hier die *Freiheit* im Umgang mit der *Notwendigkeit*, die auf Gott verweist.

Und diese Freiheit nimmt sich der junge Kant heraus. Er tut dies in dem Bewusstsein, dass die Allgegenwart Gottes dort am deutlichsten hervortritt, wo ein freies Geschöpf sich seiner eigenen Kräfte bedient. Und in diesem durch das Selbstvertrauen gestärkten Gottvertrauen gesteht Kant dem großen Newton zu, die mathematische Hälfte der Naturerklärung vorgetragen zu haben. Wir dürfen ergänzen, dass der Magister Kant nun auch noch die ein wenig größere philosophische Hälfte hinzufügt.

12. Ein größeres Problem: die Geschichte und … Die Kühnheit Kants tritt noch in einem anderen Punkt hervor: Die Vorrede dient der Einleitung in eine Kosmologie, die das Geschehen im All (die Erde und ihre Bewohner eingeschlossen) physikalisch zu erklären sucht. Dabei rückt sie alles, als sei dies schon selbstverständlich, in eine historische Perspektive. »Allgemeine Natur*geschichte*« lautet der erste Teil des Titels, und der zweite – »Theorie des Himmels« – macht klar, dass kein Gegenstand ausgeschlossen ist. Der Autor hätte wahrlich allen Grund, seine Leser vor der unüberbietbaren Größe des Unternehmens erschauern zu lassen. Stattdessen redet er sein Thema klein, um eine größere Aufgabe ins Bewusstsein zu rücken. Denn die Bewegungsvorgänge der Sonnen und ihrer Planeten lassen sich aufgrund weniger Gesetze einfach erklären, sofern nur erst Materie vorhanden ist. Aber bei den unscheinbaren Vorgängen des *Lebens* sei dies ganz anders:

> Kann man [...] wohl von den geringsten Pflanzen oder Insect sich solcher Vortheile rühmen? Ist man im Stande zu sagen: *Gebt mir Materie, ich will euch zeigen, wie eine Raupe erzeugt werden könne?* (1,230)

Kant schließt nicht aus, dass man eines Tages auch zu einer positiven Auskunft kommt. Aber die Schwierigkeit einer Antwort ist ungleich größer. Er untersteht sich daher zu sagen:

> [...] daß eher die Bildung aller Himmelskörper, die Ursache ihrer Bewegungen, kurz, der Ursprung der ganzen gegenwärtigen Verfassung des Weltbaues werde können eingesehen werden, ehe die Erzeugung eines einzigen Krauts oder einer Raupe aus mechanischen Gründen deutlich und vollständig kund werden wird. (1,230)

13. ...: das Leben. Die philosophische Auszeichnung einfacher Lebensformen vor der unendlichen Größe und Erhabenheit des Alls könnte man als gezielte Provokation verstehen. Kant spricht sowohl den Physikern wie auch den Theologen den Vorrang ab, wenn er die Probleme der Kosmologie als vergleichsweise gering ansieht und die weitaus größere Herausforderung in den unscheinbaren Vorgängen des Lebens behauptet. Man kann seine Aussage aber auch als Prognose über den mutmaßlichen Gang der Forschung ansehen: Auf die Physik hat die Biologie zu folgen. Heute fällt es uns leicht, Kant so zu deuten. Die Schwierigkeit ist nur, dass es zu seiner Zeit das Fach mit dem Namen »Biologie« noch gar nicht gibt. Wir müssen konzedieren, dass er seiner Zeit weit voraus gewesen ist. Er hatte freilich, wie wir dem Grundriss seiner naturtheoretischen Vorlesungen entnehmen können, seinen Plinius gelesen und war über die *Histoire naturelle* Buffons bestens informiert.[5] Die Ent-

5 Dazu: Jensen, 2003.

wicklung der Chemie hat er, nach dem Urteil seiner medizinischen Universitätskollegen, sein Leben lang mit größter Aufmerksamkeit verfolgt.[6]

Doch wie immer die historischen Voraussetzungen sind: Auf die Erkenntnis der Kosmologie muss die Erkenntnis des Lebens folgen. Bedenken wir, dass Kant die erste Aufgabe durch sein Buch als im Prinzip erledigt ansieht,[7] dann wissen wir, dass danach für den anspruchsvollen Denker die *Theorie des Lebens* auf der Tagesordnung steht. Dabei brauchen wir weder Naturgeschichte noch Himmelsmechanik gering zu schätzen: Die unendliche Weite des Alls und die unvorstellbare Masse der Himmelskörper versprechen gewaltige Abenteuer der Erkenntnis. Davon handelt das Buch, dessen Vorrede wir lesen. Doch Entfernung und schiere Größe bieten geringere Probleme als das, was in nächster Nähe des Menschen geschieht. Und am schwierigsten ist das zu entdecken, was *im* Menschen wirksam ist! Dies aber ist letztlich immer auch – das Leben. »Geist«, so wird Kant später sagen, »ist das belebende Princip im Gemüthe« (5,313).

14. Die Notwendigkeit Gottes. Wenn Kant so großen Wert darauf legt, dass man durch die mechanische Erklärung des Weltbaus nicht zum »Atheisten« werden muss (1,226), dann tritt neben die Erklärung des Weltalls und die Erkenntnis des Lebens noch ein drittes großes Thema, nämlich ein adäquates Verständnis *Gottes*.

Wir erfahren bereits in der Vorrede dreierlei: *Erstens* wird klargestellt, dass Gott kein innerkosmisches Wesen

6 Nach Metzger, in: R. Malter (Hrsg.), *Immanuel Kant in Rede und Gespräch*, 1990, 351 (diese unentbehrliche Sammlung wird künftig zit. als: Malter, 1990).

7 Wie sehr Kant davon überzeugt ist, mit der eigenen Leistung die Kosmologie zum Abschluss gebracht zu haben, zeigt sich wenige Seiten später, wo er behauptet, alle »Schwierigkeiten«, die der Durchführung der Kosmologie entgegenstehen, »vernichtet« zu haben. Es sei die Aufgabe, in der man »am leichtesten und sichersten bis zum Ursprunge gelangen kann« (1,229).

ist. Er kann schlechterdings nicht nach Art einer physikalischen Größe vorgestellt werden. Damit hat er auch keinen bestimmten Ort in Raum und Zeit. Folglich kann er auch nicht durch eine Wissenschaft, die nur auf empirische Dinge in Raum und Zeit bezogen ist, erschlossen werden.

Auf Gott stoßen wir vielmehr erst, wenn wir das Ganze des Weltbaus bedenken: Wenn wir sehen, dass in der unendlichen Zerstreuung der Materie, ja selbst im Chaos, notwendige Gesetze herrschen; wenn wir hinzunehmen, dass die voneinander unabhängigen und ganz sich selbst überlassenen Dinge allesamt nach eben der Regelmäßigkeit verfahren, die auch das Ganze bestimmt; und wenn wir schließlich erkennen, dass die Regelhaftigkeit der sich selbst überlassenen Teile die »Ordnung und Wohlanständigkeit« begründet, dann muss auf einen »ersten Ursprung« geschlossen werden, in dem alles, was immer geschieht, seinen Grund hat. Dieser Ursprung kann nur als ein »allgenugsamer höchster Verstand« (1,227) gedacht werden. In ihm hat das »sich selbst genugsame« All seine notwendige Entsprechung. Das ist die *zweite* Einsicht in die Stellung Gottes. Gott ist sich selbst genug; darin liegt seine Größe, und an ihr haben die sich selbst erschaffende Welt und der sich selbst beherrschende Mensch ihr Maß.

Die Entsprechung von faktischer Ordnung und intellektuellem Grund gilt für jedes Wesen, das sich selbst in dieser Ordnung nur durch eigene Gründe bestimmen kann. Ein Wesen, das selbst Zwecke braucht, um sich in der Ordnung zu halten, kann die Ordnung nicht ohne vernünftige Zwecksetzung begreifen. Also kann der Mensch, wenn er denn die Welt begreifen können möchte, auf den Begriff Gottes nicht verzichten. Das ist die *dritte* Einsicht, die schon zu erkennen gibt, dass der Gedanke an Gott umso stärker hervortreten muss, je stärker der Mensch auf seine eigenen Zwecke setzt. Dabei tritt das Göttliche, wie in jedem einzelnen Teil der Welt, gerade darin hervor, dass ein Mensch den von ihm begriffenen Plan des Ganzen »von selber zu erfüllen« trachtet (1,223). Denn nur wo diese Selbsttätigkeit in Erscheinung tritt, kann die Vernunft wirksam sein. Eine Konsequenz dieser Überlegung ist, dass Gott überall dort anwesend ist, wo ein vernünftiges Wesen wirksam ist. Und Gottes Dasein ist hinreichend dadurch bewiesen, dass die Welt kein Chaos ist (1,228).

15. Erkenntnis und Existenz. Kants nächste größere Schrift ist allein dem Problem der Gotteserkenntnis gewidmet. Sie erscheint 1763, acht Jahre nach der *Theorie des Himmels* und trägt den Titel: *Der einzig mögliche Beweisgrund zu einer Demonstration des Daseins Gottes*; sie setzt erneut mit einer ausführlichen Vorrede ein. In deren erstem Satz hält Kant fest, welche »die wichtigste aller unserer Erkenntnisse« ist (2,65). Auch wenn keine Gefahr besteht, dass diese exponierte Feststellung übersehen wird, setzt er sie, als einzige im Buch, fett: »**Es ist ein Gott**«. Und das geschieht mit der Behauptung, dass diese Erkenntnis niemals wirklich unsicher werden könne.

Wenn dies so ist: Warum dann der Aufwand eines ganzen Buches, um das zweifelsfreie Dasein Gottes zu demonstrieren? Weil, so lautet Kants Antwort, »ein der Nachforschung gewohnter Verstand« einfach die »Begierde« hat, möglichst vollständige und zudem deutliche Erkenntnisse zu haben, die ihm erlauben, mehr über den Gegenstand der Erkenntnis zu wissen. Die Kehrseite dieser Begierde ist die »frechste Zweifelsucht« (2,160). Um dem einen gerecht zu werden und dem anderen zu begegnen, bleibt dem Philosophen nichts anderes übrig, als sich »auf den bodenlosen Abgrund der Metaphysik [zu] wagen« (2,66). Der Philosoph nimmt also ein Interesse daran, für die Sicherung der Erkenntnis einzutreten, selbst wenn er dabei genötigt ist, sich an den Grenzen des Wissens zu bewegen. Es ist nicht damit getan, etwas nur zu erkennen, sondern es gehört zu den impliziten Bedingungen der Philosophie, für sie etwas zu riskieren. Im Einsatz für die Erkenntnis hat der Philosoph tatsächlich etwas zu wagen. Für Kant ist das Philosophieren ein Abenteuer der Erkenntnis. Dabei geht es letztlich um die eigene Existenz.

Vielleicht ist es zunächst nur ein bislang für sicher gehaltener Bestand von Einsichten, den Kant mit seinem Vorstoß bis zum »bodenlosen Abgrund der Metaphysik« riskiert; es kann aber sehr schnell auch die Gewissheit einer ihm Halt gebenden Überzeugung sein. Vielleicht setzt er damit auch nur seinen guten Ruf oder seine akademischen Chancen aufs Spiel. Doch was es auch immer sei, worin er sich im Einsatz für das Wissen gefährdet: In jedem Fall ist er in seinem Dasein betroffen. Sein »Dasein« aber, seine »Existenz«, so wird es alsbald im Buch mit Blick auf Gott ausgeführt, ist seine »absolute Position« in der Welt (2,73).

16. Unbedingtheit als Abenteuer. Eine »absolute Position«, das wird die Entdeckung der kritischen Ethik sein, hat außer Gott nur der einzelne Mensch. Unter der Prämisse der Vernunftkritik muss man sogar sagen, dass es Gewissheit über das Unbedingte nur in der vernünftigen Selbsterfahrung des Menschen gibt – die freilich ihr Korrelat in einer von Gott garantierten Welt benötigt. Denn der Sinnzusammenhang, den wir zum Handeln brauchen, kann nur gedacht werden, wenn er ein Fundament in einem Ganzen hat, das den Namen Gottes trägt. Diesen Sinn kann man verfehlen, zumal die Wissenschaft keine zwingenden Beweise vortragen kann. Wie sollte sie auch das, was sie als *ganze* fundiert, an einem ihrer *Teile* »beweisen« können?

Erst vor dem Hintergrund eines Absoluten, das man auch verfehlen kann, versteht man die Metaphorik des unüberbietbaren Abenteuers, mit der sich der noch nicht 30-jährige Kant mit seinem philosophischen Vorhaben dem Leser präsentiert:

> Ein finsterer Ocean ohne Ufer und ohne Leuchtthürme, wo man es wie der Seefahrer auf einem unbeschifften Meere anfangen muß, welcher, so bald er irgendwo Land betritt, seine Fahrt prüft und untersucht, ob nicht etwa unbemerkte Seeströme seinen Lauf verwirrt haben, aller Behutsamkeit ungeachtet, die die Kunst zu schiffen nur immer gebieten mag. (2,66)

Bilder wie diese kehren bei Kant immer wieder. Sie häufen und steigern sich in der Selbstdarstellung der Vernunftkritik.[8] Gewiss tritt in ihnen eine individuelle Disposition des Verfassers hervor, der einfach nicht klein von den großen Aufgaben der Erkenntnis zu denken vermag und sich in kühnen Vergleichen Mut zu den unvermeidlichen Abenteuern machen muss.

17. Methode als Daseinssicherung. Erst vor dem existenziellen Hintergrund versteht man die eigentümliche Ambivalenz, mit der sich Kant in dieser Vorrede methodologisch abzusichern versucht: *Einerseits* spielt er die Beweiskraft seiner Überlegungen herunter: Er will das Dasein Gottes nicht etwa zwingend beweisen, sondern möchte es nur »demonstrieren«. Er möchte es überzeugend dartun. Der »Beweisgrund« soll jedem so vor Augen stehen, dass er der Existenz Gottes gewiss sein kann, auch ohne eine zwingende logische Herleitung oder gar ein empirisches Beweisstück geboten zu bekommen. Kant möchte, so würden wir heute sagen, die Existenz Gottes auch unter den Konditionen der Wissenschaft plausibel machen, so dass jeder für sich selbst erkennen kann, was ihm Gott bedeutet.

Aber auch diese »Demonstration« will Kant nicht etwa vollständig vor Augen führen. Ihm genügt es, wenn er wenigstens den »Beweisgrund« zu einer Demonstration dar-

8 Dazu noch immer unübertroffen: Sommer, 1977.

tun kann. Seine Behutsamkeit geht so weit, dass er auch noch die verwendeten Begriffe unter Vorbehalt stellt. Sie seien, so sagt er, lediglich »Merkmale der Sachen«; sie sind durch keine »Definitionen« festgelegt (2,66). Schließlich bekennt er, »nur die erste[n] Züge eines Hauptrisses« skizzieren zu wollen. Es sei nicht beabsichtigt, ein »System« zu entwerfen. Somit erhält das Ganze den Charakter exemplarischer Vorläufigkeit.

Doch so bescheiden dies alles klingt: *Andererseits* rechnet Kant schon im Vorhinein mit denen ab, die sich auf die Größe seines (angeblich so bescheidenen) Entwurfs nicht verstehen: Wer nämlich nicht in der Lage ist, einen »kühnen Blick auf das Ganze des Versuchs« (2,67) zu werfen, wer die ins Auge gefasste »Verknüpfung im Großen« nicht akzeptiert, wer den »Werth des Ganzen« nicht richtig einzuschätzen weiß und stattdessen nur kleinlich nach irgendwelchen Fehlern im Detail Ausschau hält, der verkennt die dem göttlichen Gegenstand angemessene Architektur und verwandelt den gerade angefangenen Bau in – »Trümmer« (2,67).

Der Philosoph also zeigt sich darin, dass er den Entwurf eines »Hauptplans« zu fassen versteht. Dabei wäre die »ängstliche Sorgfalt« unangebracht, mit der man erst beim Abschluss eines Systems einzelne »Baustücke« zu prüfen hat. So weit aber ist Kant noch lange nicht. Es dauert noch etwa 20 Jahre, bis er von der Aussicht spricht, ein solches System in absehbarer Zeit zum Abschluss bringen zu können. Man kann sich nur wundern, wie dieser großzügig auf Größtes gerichtete Philosoph jemals zum Vorbild einer kleinteilig und kleinmütig den wissenschaftlichen und alltäglichen Wortgebrauch zergliedernden sprachanalytischen Philosophie hat werden können.

18. Jeder hat seinen eigenen Maßstab. Auch eine Vorrede, wenngleich nicht zu einem Buch, sondern nur zu seinen Lehrveranstaltungen, ist Kants *Nachricht von der Ein-*

richtung seiner Vorlesung in dem Winterhalbenjahre von 1765 – 1766.[9] In dieser kleinen, auf eigene Kosten herausgegebenen Schrift sucht er den erhofften Hörern zu erklären, was er unter Philosophie versteht. Und spätestens hier wird deutlich ausgesprochen, was dem existenziellen Humanitätsprogramm seines Philosophierens von Anfang an zu Grunde liegt: Die großen Ziele des Denkens setzen eine wachsende Entfaltung individueller Fähigkeiten voraus, die allen zugute kommen, sofern die individuelle Konsequenz mit gemeinsamen Anstrengungen verbunden wird. Deren Minimum liegt in einer guten, auf die Bedingungen des Einzelnen bezogenen *Erziehung*. Das aber heißt: Die Philosophie als Wissenschaft geht notwendig mit der pädagogischen Bemühung um die Jugend einher. Die Philosophie ist ein mit jedem Individuum neu einsetzendes, daher im Ganzen niemals abzuschließendes Unternehmen.

Achten wir nur auf die in der *Nachricht* gegebene Bestimmung der Philosophie, dann ist sie durch *konstitutive Individualität* und (mit ihr) durch *existenzielle Freiheit* ausgezeichnet. Zur Begründung reicht Kant ein einziges Argument: In allen Wissenschaften (wie »Geschichte, Rechtsgelahrtheit, Mathematik u. d. m.«) gibt es einen »gemeinschaftliche[n] Maßstab«. In der Philosophie hingegen gibt es ihn nicht; hier hat »ein jeder seinen eigenen« (2,308). Also hat jeder durch eigene Bemühungen sein eigenes Maß zu finden. Dass damit nicht nur die Individualität, sondern tatsächlich auch die Existenzialität gemeint ist, geht aus der illustrativen Ergänzung hervor, die Kant seiner Begründung beifügt:

9 Als Universitätslehrer hat Kant von seinem zweiten Semester an mehrfach seine Veranstaltungen öffentlich in einer selbst finanzierten Druckschrift angekündigt. Die hier besprochene ist die bekannteste. Wir kommen noch auf seine erste Ankündigung eines *Collegii über physische Geographie* aus dem Frühjahr 1757 zu sprechen. Auch die kleine Schrift *Neuer Lehrbegriff der Bewegung und Ruhe* (vom 1. April 1758) und der 1759/60 folgende *Versuch über den Optimismus* sind Veranstaltungsankündigungen.

> Imgleichen wird man deutlich einsehen, daß es der Philosophie sehr unnatürlich sei eine Brodkunst zu sein, indem es ihrer wesentlichen Beschaffenheit widerstreitet, sich dem Wahne der Nachfrage und dem Gesetze der Mode zu bequemen, und daß nur die Nothdurft, deren Gewalt noch über die Philosophie ist, sie nöthigen kann, sich in die Form des gemeinen Beifalls zu schmiegen. (2,308)

19. Gegen Spielwerk und falschen Pomp. Die Abgrenzung vom Zeitgeistgerede, das Kant teils belustigt, teils verbittert, fällt stets entschieden aus. An Lambert schreibt er Silvester 1765:

> Sie klagen mein Herr mit Recht über das ewige Getändel der Wizlinge und die ermüdende Schwatzhaftigkeit der itzigen Scribenten vom herrschenden Tone, die weiter keinen Geschmak haben, als den, vom Geschmak zu reden. (10,56)

Doch anders als Lambert sieht Kant darin keine ernstzunehmende Gefahr für die Wissenschaft, sondern lediglich eine »Euthanasie der falschen Philosophie«. Ebenso deutlich ist, dass Kant es ablehnt, die Philosophie als bloßes Mittel zu vorgegebenen Zwecken zu betreiben. Dann nämlich wäre sie eine »Brodkunst«, mit der man – wie mit Handel oder Handwerk – seinen Lebensunterhalt bestreiten kann. Das läge unter ihrer Würde. Die Philosophie aber hat über der Not des puren Bedürfnisses zu stehen, obgleich die einen Denker nötigen kann, sich der herrschenden Meinung anzupassen. Wenn aber weder die Selbsterhaltung noch eine äußere Macht bestimmen kann, was ein Philosoph sich zur Aufgabe setzt, und wenn ihm für seine ganz auf ihn selbst gegründete Tätigkeit kein allgemeiner Maßstab mitgegeben werden kann, dann bleibt nur das *Kriterium seiner eigenen Einsicht.*

Wenn nun diese individuelle Einsicht nicht beliebig oder unerheblich sein soll, dann muss sie auf jene Momente des Daseins bezogen sein, die dem Einzelnen – kraft seiner eigenen Einschätzung – *wichtig* sind. So steht die Philosophie nicht nur in der formalen Verantwortung des Individuums, sondern auch unter den sachhaltigen Bedingungen der individuellen Existenz. Ziehen wir von ihr die innere Gewalt der »Nothdurft« und die äußere der gesellschaftlichen Unterdrückung ab, dann bleibt nur jener Impuls, den wir uns selbst – im Interesse an uns selber – geben. In diesem Impuls ist auch das Dasein eines Menschen »absolut«, das heißt: Es erfüllt die Kriterien der Existenz.

Wo diese Kriterien gelten, da erstirbt das »läppische Spielwerk« der falschen Philosophen von selbst. Die »wahre Weltweisheit« des gründlichen Denkers, der weiß, dass es der Mut seines eigenen Verstandes ist, den er unter dem Wahlspruch des *sapere aude* einzubringen hat,[10] wird die Schwarmgeister des Tiefsinns schon von selbst vertreiben. Kant hält nichts davon, die seichten Denker »mit dem Pomp der strengen Methode« zu Grabe zu tragen, sondern setzt darauf, dass die ernstgenommene Weltweisheit schon von selbst eine »crisis« erzeugt, die nur eine »*revolution* der Wissenschaften« zur Folge haben kann (an Lambert, 31. Dezember 1765; 10,54).

20. Erneut: »Philosophieren lernen«. Für den existenziellen Impuls des philosophischen Denkens hat Kant eine schlichte Formel gefunden, deren Opposition gegen Schulen und herrschende Lehren so frappierend ist, dass man

10 Die später von Kant im Aufklärungsaufsatz von 1786 berühmt gemachte Formel wird ihm 1759 in einem Brief von Hamann zugerufen, als der ihn überreden will, den von Kant offenbar erwogenen Plan einer Physik für Kinder im Sinne Hamanns (und das soll heißen: in einem nicht mechanistischen Sinn, also gar nicht) auszuführen: »Haben Sie Herz, so sind sie auch ein Philosoph für Kinder. *Vale et sapere AUDE.*« (10,21) Kant übersetzt das »Wage zu wissen« später mit: »Habe Muth dich deines eigenen Verstandes zu bedienen!« (8,35; vgl. 5.10)

vergessen hat, nach ihren Implikationen zu fragen. Der nunmehr 40-jährige Kant konstatiert, der studierende Jüngling solle nicht »Philosophie«, sondern »Philosophiren« lernen (2,306). Wer sich um die Philosophie bemühe, der solle »nicht *Gedanken*, sondern *denken* lernen; man soll ihn nicht *tragen*, sondern *leiten*, wenn man will, daß er in Zukunft von sich selbst zu gehen, geschickt sein soll« (2,306).

Damit ist zunächst nur gesagt, worauf es im Studium ankommt: Man soll vor allem *selber denken* lernen. Alles, was man den Studenten vorträgt, soll nicht mehr als eine »Veranlassung« (!) sein, »*selbst* nachzudenken« (2,307). Das schließt natürlich nicht aus, dass es die Philosophie in Form überlieferter Lehren gibt. Kant kündigt ja selber an, dass er die Lehren der Metaphysik nach einem anerkannten »philosophischen Verfasser«, nämlich Alexander Gottlieb Baumgarten, vorträgt. Dies aber geschieht wesentlich, um die Studenten zu lehren, »wider ihn zu urtheilen« (2,307). Die gesamte Tradition des Denkens wird im Studium nur gebraucht, damit man ihr zu *widersprechen* lernt! Die Überlieferung hat die Funktion, die Eigenständigkeit des Einzelnen zu evozieren. Noch nicht einmal Nietzsche hat es gewagt, die Historie so entschieden auf einen einzigen Zweck zu konzentrieren: Die Geschichte wird nur als Übungsmaterial für den Widerspruch benötigt. Im eigenen Einspruch gegen sie bildet sich die Eigenständigkeit des individuellen Denkens, das die Bedingung des Wissens und der Weisheit ist.

Was aber heißt das für die sachlichen Ziele des eigenen Denkens? Kommt es nur noch darauf an, man selbst zu sein – um schließlich den Anderen Anlass zu bieten, auch ihrerseits durch Widerstand zur eigenen Selbständigkeit zu finden?

Wäre das wirklich alles, könnte man auch gleich auf alles verzichten: Denn dem Denken ist es stets um eine *Sache* zu tun. Auch das Selbstdenken hat nur Sinn, sofern es *etwas* klärt. Und schon die Absicht des Nachdenkens bringt einen »Maßstab« mit, der nicht beliebig sein kann, wenn Denken seinen Sinn behalten soll.

Auf dieses Bedenken gibt erst das kritische Philosophieren eine befriedigende Antwort. Der Ankündigung der Vorlesungen können wir nur entnehmen, dass sich Kant in seinen Lehrveranstaltungen mit großen sachhaltigen Themen befasst – ohne auch nur den Verdacht aufkommen zu lassen, seine didaktische Provokation zur individuell-existenziellen Selbständigkeit gefährde die Lehrbestände des philosophischen Wissens. Doch seine weitreichende Aufforderung zum »Selbstdenken«, bei dem die ganze Überlieferung der Philosophie nur als Reizmittel für den intellektuellen Widerspruch dienen soll, belegt, wie weit bereits der vorkritische Kant in seinem kritischen Anspruch geht. Kants didaktische Funktionalisierung der Geschichte schließt nicht aus, dass der durch eigene Anstrengung zur Selbständigkeit gelangte Denker in der Überlieferung auch sachliche Kontinuitäten erkennt. Anders könnte weder vom Wachstum des Wissens noch von der Entfaltung der Kultur die Rede sein.

21. Auf dem Weg zu einer neuen Wissenschaft. Der sachhaltige Teil der Vorlesungsankündigung scheint weniger kühn zu sein als die pädagogische Eröffnung. Kant liest *Metaphysik* nach Baumgarten und *Logik* nach Meier. Die *Ethik* kündigt er ebenfalls nach Baumgarten an, will aber die »Versuche« Shaftesburys, Hutchesons und Humes einbeziehen, obgleich sie »unvollendet und mangelhaft« sind (2,311). Eine Überraschung ist dann lediglich der vierte und letzte Teil, in dem er eine Vorlesung in einem Fach vorstellt, das er selbst erfunden hat: der *Physischen Geographie* (2,312).

Kant berichtet, aus welchem Motiv er dieses Fach gleich zu Beginn seiner Lehrveranstaltungen in der zweiten Hälfte der 50er-Jahre angeboten hat: Er habe seine jungen

Hörer davon abbringen wollen, dass sie zu früh, ohne Erfahrung und sachliche Kenntnis, »vernünfteln«. Deshalb habe er das zusammengetragen, was an Wissen über die Erde zur Verfügung steht, damit sie das Terrain kennen lernen, auf dem sie mit Nutzen für sich und andere tätig werden können. Im Zeitalter der so genannten »Globalisierung« muss man den ingeniösen Einfall nicht kommentieren. Es ist nur zu ergänzen, dass Kant, wenn er das Wissen über unseren Globus in praktischer Absicht vor Augen führt, die Globalisierung offenbar bereits für eine Tatsache hält. In der *Friedensschrift* 30 Jahre später macht er sie ausdrücklich zur Prämisse seiner Theorie der Politik (8,357). 1765/66 heißt es, die in historischer Zusammenstellung vorgetragene *Physische Geographie* sei »das eigentliche Fundament aller Geschichte« (2,312).

Die für den Winter 1765/66 bereits zum wiederholten Mal angekündigte Vorlesung im neuen Fach[11] enthält aber nicht mehr bloß die erdkundlichen Kenntnisse im engeren Sinn, sondern sie bezieht die »*moralische* und *politische* Geographie« mit ein. Kant entwirft das Projekt einer globalen Landes-, Staaten- und Menschenkunde, in deren Horizont das erscheint, was inzwischen »Geopolitik« genannt wird. Und er tut dies nicht allein, um seinen jungen Zuhörern Perspektiven für ihre praktische Tätigkeit zu eröffnen, sondern um die *Kenntnis vom Menschen*, der ein Erdenwesen ist, auch theoretisch abzurunden.

22. Auf dem Weg zur Selbstbestimmung des Menschen. Wer die *Allgemeine Naturgeschichte und Theorie des*

11 Die erste Vorlesung fand im Winter 1757/58 statt. Aus dieser Zeit ist ein handschriftlicher Entwurf Kants erhalten. Im Übrigen kennen wir den Inhalt aus Nachschriften. Mit der kritischen Edition der *Physischen Geographie* im Rahmen der *AA* ist frühestens im Jahre 2005 zu rechnen. Bis dahin müssen wir uns mit der von Kant noch selbst in Auftrag gegebenen, aber wohl nicht mehr von ihm kontrollierten Bearbeitung aus dem Jahr 1800 (*AA* 9) begnügen.

Himmels gelesen hat, erkennt sofort, dass die neue Wissenschaft von den menschlichen Lebensbedingungen auf der Erde eine unmittelbare Konsequenz der Kosmologie darstellt. In ihr fragt Kant nach der Beschaffenheit des Planeten Erde, der in mittlerer Entfernung um die Sonne kreist, um daraus Konsequenzen für das Selbstverständnis des Menschen zu ziehen, der hier definitiv zu leben hat. Deshalb ist die *Physische Geographie* ein disziplinäres Brückenstück zur *Lehre vom Menschen*, auf die bereits der 30-jährige Kant seine Himmelskunde zulaufen lässt.

Das belegt die erste öffentliche Ankündigung der Vorlesung über die *Physische Geographie*, die Kant bereits 1757 drucken lässt.[12] Zwar zieht er hier noch eine (später aufgegebene) Trennungslinie zwischen »physischer« und »politischer« Geographie. Aber die ganze Betrachtung ist auf die »vernünftige Neubegierde eines Reisenden« bezogen, damit er seine Aufmerksamkeit lenken und seine Pläne überdenken kann (2,3). Der praktische Nutzen also steht im Vordergrund. Und Kant ist sich nicht zu schade, für diesen praktischen Effekt ein ganzes »System« einer neuen Wissenschaft zu entwerfen, für die er 1757 einen Plan entwickelt, dessen Gliederung und Umfang nur in Erstaunen setzen kann. Der 33-jährige Privatdozent setzt sich selbst für eine akademische Nebenbeschäftigung die höchsten Ziele. Für ihn beginnt die Wirksamkeit des Wissens erst außerhalb der Universität.

15 Jahre später erfolgt mit den Vorlesungen über *Anthropologie* die zweite akademische Innovation. Sie zieht die pragmatischen Konsequenzen aus der *Physischen Geographie* und fragt, nachdem die ökologischen Bedingungen geschildert sind, was daraus für die Lebensführung des Erdbewohners folgt. Noch ehe Kant darangeht, seine eigene Ethik zu entwickeln, sucht er mit der doppelten,

12 *Entwurf und Ankündigung eines Collegii der physischen Geographie* (1757); 2,1–12.

gleichsam aristotelischen Leidenschaft für Empirie *und* System, die Naturbedingungen des Menschen zu erfassen. Man muss sich klar machen, was das heißt: Der Mensch wird als Lebewesen geschildert, ehe begründet werden kann, warum er sich dort, wo ihn das Leben nicht mehr automatisch leitet, nur auf seine Vernunft verlassen kann. Dieser zeitliche und systematische Konnex ist zu beachten, wenn der kritische Kant Anthropologie und Ethik aus methodologischen Gründen so entschieden trennt.

Der Aufwand an Energie für die neuen Fächer lässt sich nur erklären, wenn man akzeptiert, dass sie beide auf das Engste mit seinem zentralen philosophischen Interesse verbunden sind. Diese Verbindung setzt auf nichts, was dem Menschen verborgen ist. Sie tritt vielmehr von selbst hervor, wenn wir erkennen, dass es in allem um ein *Verständnis des Menschen* geht, der als lebendiges Wesen in den Kreislauf der Natur eingebunden ist und dennoch mit seiner aus ihm selbst stammenden Selbsttätigkeit so offenkundig aus allem Geschehen herausragt – zumindest für ihn selbst.

Also steht hinter *Kosmologie*, *Physischer Geographie* und *Anthropologie* auf der einen, *Metaphysik*, *Logik* und *Ethik* auf der anderen Seite nur *ein* Interesse. Und diesem Interesse an der *Selbsterkenntnis des Menschen* gibt Kant noch in der vorkritischen Zeit ein ausdrücklich *praktisches Fundament*. Es liegt in der »Bestimmung« des Menschen durch sich selbst, also, wie er später sagen wird, in der »Selbstbestimmung« des vernünftigen Wesens. Wer aber nicht vergisst, was Kant in seiner ersten Schrift über die »lebendigen Kräfte« zum Ausdruck bringen will, der erkennt in der Selbstbestimmung eine elementare Kraft des Menschen. Auch sie gehört, mitsamt der sie auslösenden, tragenden und leitenden Vernunft, dem Leben zu. In der Schnittmenge von Kosmologie, Geographie und Anthropologie liegt das *Leben*, dem Kant – auch in seinen kritischen Schriften – nicht zu entkommen sucht. Im Gegenteil: Erst in einem kritisch geläuterten Begriff des Lebens finden alle Bestimmungen des Menschen zu ihrem sie durchdringenden Element.

23. Anthropologia transscendentalis. Wie wichtig Kant die wissenschaftliche Lehre vom Menschen ist, dafür gibt es bereits in der Vorlesungsankündigung von 1765 ein bemerkenswertes Indiz, das wegweisend für sein kritisches Denken ist. Im Abschnitt über die *Ethik* heißt es, dass noch vor der Unterscheidung zwischen Sein und Sollen die Methode erläutert werde, »nach welcher man den *Menschen* studiren muß« (2,311). Dabei gehe es nicht allein um die jeweils »veränderliche«, also um die empirische »Gestalt« des Menschen, obgleich auch die »von den Philosophen fast jederzeit verkannt worden« (!) sei. Es komme vielmehr auch auf die »*Natur* des Menschen« an. Diese Natur, »die immer bleibt«, gebe nämlich zu erkennen, zu welcher »Vollkommenheit« sich der Mensch entwickeln könne.

Die Natur des Menschen wird somit als Bedingung eingeführt, aus der sich die »Vorschrift seines Verhaltens« herleiten lässt. Damit ist sie die Voraussetzung für seine »physische und moralische Vortrefflichkeit«. Kant hält diesen Gedanken für derart neu, dass er behauptet, er sei »den Alten gänzlich unbekannt gewesen« (2,312). Vor dem Hintergrund solcher Erwartungen verstehen wir, warum er seine von allen empirischen Zutaten gereinigte Transzendentalphilosophie als »Anthropologie«, genauer: als *anthropologia transscendentalis* bezeichnen kann:

> Allein in ansehung des bescheidnen Urtheils über den Werth seiner eignen wissenschaft und der Mäßigung des Eigendünkels und *egoismus*, den eine Wissenschaft giebt, wenn sie allein im Menschen residirt, ist etwas nöthig, was dem gelehrten humanitaet gebe, damit er nicht sich selbst verkenne und seinen Kräften zu viel Zutraue.

> Ich nenne einen solchen Gelehrten einen Cyclopen. Er ist ein egoist der Wissenschaft, und es ist ihm noch ein Auge nöthig, welches macht, daß er seinen Gegenstand noch aus dem Gesichtspunkte anderer Menschen ansieht. Hierauf gründet sich die humanitaet der Wissenschaften, d. i. die Leutseeligkeit des Urtheils [...].
> (*R* 903; 15,394 f.)

Dann folgt die methodologische Ergänzung:

> Das zweyte Auge ist also das der Selbsterkenntnis der Menschlichen Vernunft, ohne welches wir kein Augenmaas der Größe unserer Erkenntnis haben. [...]
> Nicht die Stärke, sondern das einäugigte macht hier den Cyclop. Es ist auch nicht gnug, viel andere Wissenschaften zu wissen, sondern die Selbsterkenntnis des Verstandes und der Vernunft. *Anthropologia transscendentalis.* (*R* 903; 15,395)

Unter den Bedingungen des kritischen Denkens legt Kant größten Wert auf die Unterscheidung zwischen (empirischer) *Anthropologie* und (apriorischer) *Transzendentalphilosophie*. Sie werden später so entschieden getrennt, dass auch die *Anthropologie in pragmatischer Hinsicht*, die bei der Erfahrung ansetzt, aber zu vielen normativen Konsequenzen für das menschliche Handeln führt, zwischen beiden nicht vermitteln kann. Und dennoch gibt die Bemerkung in der Ankündigung von 1765 einen Wink für die Verknüpfung beider Disziplinen: Der Begriff der »*Natur* des Menschen« kann, ja, muss so allgemein verstanden werden, dass er auch noch seine intelligiblen Leistungen umfasst. Dann gehören auch Vernunft und Verstand, Urteilskraft und Wille zur Natur des Menschen. Die aber muss zumindest insofern als empirisch begriffen werden, als sie die Empfindlichkeit, Bedürftigkeit und Endlichkeit des Menschen einschließt. So gesehen, enthält auch die rein apriorisch verfahrende, auf Vernunft, Verstand und Urteilskraft bezogene Transzendentalphilosophie einen anthropologischen Kern. Man könnte demnach – mit Kant gegen Kant – die *anthropologia transscendentalis* zur Grundwissenschaft der Vernunftkritik erklären.

24. Der elegante Stilist. Kants letzte Vorrede aus der vorkritischen Zeit ist ein literarisches Kabinettstück, in dem sich der Autor dafür entschuldigt, dass er ein Buch veröffentlicht, das besser nicht geschrieben worden wäre. So gibt er seiner vernichtenden Kritik am modischen Spiritualismus des »Geistersehers« Emanuel Swedenborg, der seine Zeitgenossen (und ihn selbst) beschäftigt hat, eine ironische Pointe: Es lohne nicht, sich mit der Geisterseherei zu befassen; sie sei so überflüssig wie das vorliegende (von Kant geschriebene) Buch. Wer Swedenborgs Unsinn ernst nehme, werde bestraft, spätestens durch die Kritik, mit der Kant seine kostbare Zeit vertan hat. Warum aber soll der Leser es besser haben als er?

Der stilistische Übermut, mit dem Kant seine Gedanken präsentiert, kann nur jene überraschen, die sonst nichts von ihm lesen. Gewiss sind einige Partien in den ersten kritischen Schriften nicht leicht zu verstehen. Die neuen und nicht zuletzt auch deshalb so schwierigen Gedanken werden in viel zu langen Satzperioden entwickelt. Da hat man, wie ein witziger Kopf bemerkte, einfach nicht genügend Finger, um in einem Satz jeweils die Stellen festzuhalten, an denen der Gedanke durch einen Einschub unterbrochen wird.[13] Aber die Prägnanz und die Anschaulichkeit der Darstellung sind gleichwohl auch dort bewundernswert. Kant hält sich als Schriftsteller an seine Einsicht, dass Begriffe ohne Anschauung leer sind.

13 Der Geheime Finanzrat Wlömer begründet so seinem alten Schulfreund Kant, warum er dessen Schriften nicht lesen könne. Die Bemerkung wird am 6. Dezember 1825 von Zelter in einem Brief an Goethe berichtet (Malter, 1990, 342).

Und wer, wie zu empfehlen ist, die Lektüre der *Kritik der reinen Vernunft* vom Ende her beginnt, wird in kraft- und bedeutungsvollen Bildern in den kritischen Gedanken eingeführt.

Der Leser der vorkritischen Schriften wird Kant in jedem Text als einen geistvollen und anmutigen, um Bilder, Anspielungen und belebende Ablenkung bemühten Autor kennen lernen. Wie sorgfältig ist die *Naturgeschichte und Theorie des Himmels* komponiert. Wie treffend sind die eingestreuten Verse von Pope und Haller ausgewählt. In seinen Zeitungsbeiträgen – ganz gleich, ob er seinem Königsberger Publikum das Erdbeben von Lissabon zu erklären oder den Dessauer Schulversuch des *Philanthropinum* nahe zu bringen sucht – vermag er Anteilnahme, ja Begeisterung zu wecken. In seinen Abhandlungen zu den philosophischen Fragen der Metaphysik, der Logik oder der Moral grenzt er sich bewusst vom »ledernen Stil« der Schulphilosophie ab.

Spätestens mit den *Beobachtungen über das Schöne und Erhabene* (1764) gilt Kant als »eleganter« Autor – seine mit der Mode gehende Kleidung und seine wohlgesetzte Rede haben ihm schon längst den Titel des *magister elegans* eingebracht. Nicht ohne Grund trägt man ihm 1768 die Professur für Dichtkunst und Rhetorik an. Aus der Tatsache, dass er das Angebot – ohne eine vergleichbare akademische Stellung zu haben – ablehnt, wird man schließen dürfen, dass ihm der Stil zwar wichtig, aber nicht die Hauptsache ist.

25. Der Übermut vor dem großen Schweigen. Man muss den kleinen »Vorbericht« zu den *Träumen eines Geistersehers* aus dem Jahre 1766 lesen, um zu erkennen, in was für einer ausgelassenen Stimmung der Verfasser ist. Es kann kein Zweifel sein, dass er vor den Damen, die ihn veranlasst haben, sie über den Aufsehen erregenden Geisterseher aufzuklären, nun selbst den Helden spielt. Er sucht die schmeichelhafte Aufmerksamkeit für den Hellseher auf sich selber umzulenken.

Gewiss hat Kant auch sachliche Gründe, um der Geisterseherei mit übermütiger Rhetorik entgegenzutreten: Wenn die Dreistigkeit der geistlichen Schwindler den Zeitgenossen die Köpfe verdreht, dann darf sich die Widerlegung nicht mit nüchternen Argumenten begnügen. Gerade wenn man in der Sache nur auf Selbstverständlichkeiten der alltäglichen Erfahrung verweisen kann, wenn eigentlich nur ein klarer Kopf vonnöten ist, um dem Spuk ein Ende zu setzen, muss man spektakuläre Mittel aufbieten, um auch jene zu erreichen, die durch ihre Begeisterung für die Schwärmerei hinreichend zu erkennen geben, dass sie keineswegs klug und nüchtern sind. Der rhetorische Überschwang macht also das Alltägliche interessant und zeigt, dass die wirklichen Sensationen nur mit den eigenen Sinnen zu erleben sind.

Darauf läuft denn auch die Konsequenz hinaus, die Kant nach der eingehenden Kritik der Visionen Swedenborgs seinen Lesern nahe legt: Bei aller Liebe zur spekulativen Metaphysik (2,367) habe man sich einzugestehen, dass diese Wissenschaft nur zur Kritik der Erkenntnisleistungen tauge. Die Metaphysik sei »eine Wissenschaft von den *Grenzen der menschlichen Vernunft*« (2,368), die sich in allem auf die »Selbsterkenntnis« zu stützen habe. Nur sie bringe uns auf den »niedrigen Boden der Erfahrung und des gemeinen Verstandes« zurück. Und für seine durch die Spekulation so leicht verführbaren Leser fügt er hinzu, dass nur auf dem durch Selbsterkenntnis gesicherten »Boden der Erfahrung« das Glück erfahren werden kann:

> […] glücklich! wenn wir denselben als unseren angewiesenen Platz betrachten, aus welchem wir niemals ungestraft hinausgehen, und der auch alles enthält, was uns befriedigen kann, so lange wir uns am Nützlichen halten. (2,368)

Biographisch gesehen klingt das wie ein Bekenntnis zum Leben in Königsberg; hier ist der Ort, wo der Autor alle Erfahrungen machen kann, die ihm das Glück bedeuten. In *philosophischer* Hinsicht jedoch benennt es nicht mehr und nicht weniger als die Aufgabe, der sich jeder, der zur Vermehrung des Wissens beitragen will, zu stellen hat: Alle philosophischen Unternehmungen haben in der »Sphäre des Menschen« zu bleiben. Die Metaphysik, in die Kant, wie er gesteht, »das Schicksal« hat, »verliebt zu sein« (2,367), muss zur »*Begleiterin der Weisheit*« werden (2,369). Sie kann nur so lange als Wissenschaft gelten, als sie an den »Gesichtskreis der Menschen« gebunden bleibt (2,370).

Dieser »Gesichtskreis« aber ist seinerseits auf die *Erfahrung* bezogen. Wo die *Erfahrung* fehlt, fehlt nicht nur der Sinn; hier ist, wie Kant betont, auch keine *Entscheidung* möglich (2,371 f.). Wo sie nicht möglich ist, kann auch nicht *gehandelt* werden. Ohne Handlung aber findet der Mensch nicht zu sich selbst; er verfehlt seine »Bestimmung«, die er im *jetzt* gegebenen Leben zu suchen hat – ganz gleich, welche Erwartungen er mit einem ewigen Leben verbindet. Also hängen alle Wissenschaften und alle Metaphysik, jede Handlung, jede Tugend und alle mögliche Weisheit an dem »Subjecte, was lebt« (2,370). Kants Philosophieren ist emphatisch auf den sich selbst erlebenden und sich selbst bestimmenden Menschen gegründet. Diese im Gang der Jahre immer klarer hervortretende Prämisse seines vorkritischen Denkens wird zur ausdrücklichen Voraussetzung seiner kritischen Philosophie. Die Selbstbestimmung gibt es freilich nur, um diesen wichtigen Punkt nicht zu vergessen, unter der *Kondition des Lebens*.

Alles in allem zeigen die Vorreden (von denen wir nur eine Auswahl behandelt haben), dass sich Kant von seiner ersten Veröffentlichung an auf einem Weg befindet, den er, nach einigem Suchen, nur *kritisch* fortsetzen kann. Der

Satz, mit dem er die *Kritik der reinen Vernunft* beschließt: »Nur der kritische Weg ist noch offen«, hätte auch schon 1747 gesprochen und 1766 bekräftigt werden können. Das Neue im Jahre 1781 ist, dass die *Kritik* nunmehr ihre metaphysische Voraussetzung im tätigen Individuum benennen und zu deren Analyse eine neue Methode, die *Transzendentalphilosophie*, anbieten kann. Doch zuvor ist zu fragen, welches Leben hinter diesem großen Vorhaben steht.

2. Ein Leben für das Werk

Das Abenteuer des Erkennens

> Die Lebensgeschichte des Immanuel Kant ist schwer zu beschreiben. Denn er hatte weder Leben noch Geschichte.
>
> (Heinrich Heine)

1. Abenteuer der Existenz. Es ist eine unter Kennern weit verbreitete Meinung, dass sich über Kant keine »spannende Biographie« schreiben lasse. Denn sein Leben, so heißt es, sei »gleichmäßig und einförmig« verlaufen (Höffe, 1983, 19). Das ist eine zutreffende Bemerkung, wenn wir Spannung vom Wechsel der Orte und der Positionen abhängig machen. Aber kann es dann auf dieser Erde überhaupt etwas Spannendes geben? Muss nicht ein Kosmonaut alle Zurückgebliebenen für Nesthocker halten? Wissen wir nicht längst, dass sich die wahren Abenteuer im Kopf ereignen? Was sind die Flugkilometer eines Piloten gegen einen Spaziergang auf dem Mauerstreifen oder gegen einen ungestörten Blick auf den bestirnten Himmel über uns?

Bedenken wir nur, was Kritiker dem anfangs kaum lebensfähigen, stets klein und schwächlich gebliebenen Immanuel Kant an inneren Spannungen, an Ausschweifungen der Phantasie, an exzessiven Verdrängungen und – bei alledem – an eiserner Willenskraft zuschreiben, dann wandelt sich das Bild: Das in dem vermeintlich so idyllischen Königsberg anscheinend so gleichförmig verlaufende Leben ergibt ein Psychogramm aus stärksten Gegensätzen. Mit einem Mal wirkt das so gleichmütig und heiter erscheinende Porträt des Philosophen wie eine Maske, hinter der einer sein wahres, von Ehrgeiz, genialischem Anspruch, polemischer Lust, satirischem Schalk, chinoiser

Höflichkeit und schrecklich enttäuschtem Liebesverlangen dauerhaft verzerrtes Gesicht verbirgt.[1] Selbst der kenntnisreiche Verfasser der ersten wirklich kritisch nach den Quellen gearbeiteten Biographie spricht von Kant als einem *deadpan* – einem Mann mit der Maske eines Toten, einem »Pokerface« (Kuehn, 2001, 64).

Nehmen wir hinzu, dass Königsberg damals alles andere als eine Idylle war und dass die den religiösen, ethnischen, militärischen, ökonomischen und technischen Veränderungen besonders krass ausgesetzte, in wenigen Jahren von der Mitte an den Rand gedrängte alte Hauptstadt Preußens eine Stadt in der Krise, mindestens in starkem Wandel war, dann erkennen wir im Urteil über das gleichförmig ereignislose Leben des Philosophen nichts als eine Gedankenlosigkeit. Bei Heinrich Heine, der vielleicht den größten Anteil an der Legende von der monströsen Philisterhaftigkeit des Königsberger Philosophen hat, kommt die Selbstverteidigung des vagabundierenden Dichters hinzu, der stets geneigt ist, die Sesshaften verächtlich zu machen. In diesem, bloß die äußere Bewegung zum Kriterium erhebenden Urteil schließt der umhergetriebene Nietzsche sich Heine an. Und so hält sich bis heute der Verdacht, der »Chinese von Königsberg« habe deshalb auf das »Ding an sich« nicht verzichten können, weil er im Grunde ohne eigenes Leben war.

2. Mutmaßungen über eine Existenz. Über die Wünsche und Leiden des jungen Immanuel Kant wissen wir so gut wie nichts. Als die Mutter, die sich um den schwächlichen Knaben besonders sorgen muss, stirbt, ist er 13 Jahre alt. Noch im hohen Alter spricht er von dem schmerzlichen Verlust durch den Tod der offenbar besonders liebenswürdigen, klugen und gebildeten Frau. Den Tod des im

1 So bei G. und H. Böhme, *Das Andere der Vernunft*, Frankfurt a. M. 1983, 83ff.

Rückblick ebenfalls stets mit höchster Achtung erwähnten Vaters hält der 22-Jährige im Familienbuch mit der Bemerkung fest, Gott habe den Verstorbenen »in diesem Leben nicht viel Freude genießen lassen«. Die Schule wird dem Sohn durch das harte und sture Reglement im *Collegium Fridericianum* zeit seines Lebens verhasst: »ihn überfiele Schrecken und Bangigkeit, wenn er an jene Jugendsklaverei zurückdächte« (Vorländer, 1974, 10). In Kants ungewöhnlich starken öffentlichen und privaten Werben für eine Schulreform im Interesse einer freien, dem Schüler Raum lassenden Erziehung erkennen wir auch eine seelische Nachwirkung der pietistischen Tyrannei.

Im Übrigen können wir nur ahnen, was es heißt, den wichtigsten Universitätslehrer, der andere, angeblich begabtere Kandidaten fördert, mit einem gegen alle akademischen Üblichkeiten geschriebenen Buch einfach zu überspielen. Wir wissen nicht, wie riskant die Kollaboration mit den russischen Besatzern Königsbergs wirklich ist; man weiß nur, dass die Offiziere der Zarin Elisabeth für fast sieben Jahre einen am französischen Lebensstil orientierten Luxus verbreiten, an dem der junge Kant ausgiebig, vielleicht sogar ausschweifend partizipiert. Die Übung dazu hat er durchaus, wenn es denn stimmt, dass er sich durch Billardspielen ein Zubrot zum Studium verdiente.

Wir können nur vermuten, welche Anfeindungen damit verbunden waren, in einer auf den Handel mit England setzenden Hafenstadt für die Unabhängigkeit der amerikanischen Provinzen einzutreten. Aber wir können uns vorstellen, welche Entschiedenheit nötig war, sowohl gegenüber der königstreuen Administration wie auch gegenüber den aristokratischen Freunden Partei für die Französische Revolution zu ergreifen – und dies auch, nachdem die *terreur* offenkundig wurde und die preußischen Truppen sich an dem Versuch beteiligten, den Aufstand der

Nachbarn niederzuschlagen.[2] Da mag äußerlich vieles »gleichförmig« gewesen sein; doch die vorgefundenen und selbst erzeugten Gegensätze lassen auf ein spannungsreiches Leben schließen.

Weitere Indizien gibt es, wenn man unterstellt, dass Kant nicht nur zu denken, sondern auch zu fühlen vermochte: Was hat es für einen Menschen bedeutet, den Pietismus der Eltern als eine Gunst der frühen Jahre in bester Erinnerung zu halten und ihn zugleich als den in der Schule erfahrenen Zwang nachhaltig abzulehnen? Was heißt es für einen Menschen, in einem von religiösen Eiferern beherrschten Umfeld zu einem kühl über die Religion disponierenden Denker zu werden, der sich selbst als Rektor einer der Amtskirche verpflichteten Universität dem Gottesdienst verweigert, der aber nicht nur gläubig bleibt, sondern auch über tiefe Einsichten in das Wesen des Christentums verfügt? Und schließlich: Wissen wir, wie ein überzeugter Aufklärer sich fühlt, der aus nächster Nähe zum ersten Angriffsziel der wirkungsmächtigsten Opposition gegen die Aufklärung wird?

Die deutsche Romantik nimmt ihren Anlauf in Königsberg in einer sich über Jahre erstreckenden Invektive gegen Kant. Der aber tut so, als sei er ungerührt, setzt, nach erster Enttäuschung kühl disponierend, eine Maschinerie der Gegenkritik in Gang und hat den Mut, dem obskurantistischen König, der den religiösen Glauben per Dekret durchsetzen will, öffentlich entgegenzutreten. An dem bigotten Nachfolger Friedrichs II. zeigt sich, was aus Gefühlen werden kann, wenn sie zur politischen Herrschaft kommen. Also konzentriert Kant auch hier seine Kräfte auf das Wesentliche und überlässt die weitere Kritik an

2 »Es war eine Zeit in Königsberg, wo jeder, der von der französischen Revolution nicht etwa günstig, sondern nur glimpflich urtheilte, unter dem Namen eines *Jacobiners* ins schwarze Register kam. Kant liess sich dadurch nicht abschrecken [...].« So urteilt sein ihm keineswegs wohlgesonnener medizinischer Universitätskollege Metzger (Malter, 1990, 351).

Hamann und Herder der wachsenden Schar seiner Schüler. Die Amtsenthebung unter Aberkennung aller Pensionsansprüche scheint unabwendbar; andere sind wegen kleinerer Vergehen längst inhaftiert. Kant, schon ein ehrwürdiger Greis auf der Schwelle zum 70. Lebensjahr, kommt mit einem königlichen »Rescript« davon, das, im Wiederholungsfall, strenge Strafen androht. Und trotzdem hat er noch vor dem Tod des Königs die Stirn, ihn und seinesgleichen im Vorspruch zum *Ewigen Frieden* als ahnungslose Praktiker zu karikieren.

Man braucht nur wenig Phantasie, um sich klar zu machen, dass mit alledem einiges mehr zu bewältigen ist, als üblicherweise von einem Universitätsprofessor erwartet wird. Und man sagt gewiss nicht zu viel, wenn man es nicht bei der Feststellung belässt, dass große Fragen von Philosophie, Religion und Politik im Spiele sind. Es geht in allem auch um die existenziellen Entscheidungen eines Mannes, der sein Dasein an eine ihn ganz und gar fordernde Aufgabe bindet. Für Kant ist noch selbstverständlich, was der Philosophie des späten 20. Jahrhunderts gänzlich befremdlich schien: Dass Philosophieren nicht primär der gehobenen Unterhaltung, sondern der Arbeit an Problemen dient, die sie mit allen Menschen teilt.

3. Ein Leben im praktizierten Widerspruch. Gewiss, es geht nicht immer gleich um Leben und Tod. Kant ist nicht, wie Platon, auf einem Sklavenmarkt feilgeboten worden. Er hat nicht, wie Sokrates, vor Gericht gestanden; er musste nicht, wie Aristoteles, aus politischen Gründen fliehen und wurde nicht, wie Cicero, von Soldaten erschlagen, die seinen aufgespießten Kopf der Menge präsentieren. Kant wurde nicht, wie der von ihm bewunderte Seneca, zum Suizid gezwungen. Er musste alt, halbblind und völlig kraftlos werden, um mit wachsender Ungeduld auf seinen Tod zu warten. Am Ende kann er sich noch nicht einmal dagegen wehren, zum Objekt gaffender Neugier zu werden: Es gehört zum Programm von weither anreisender Besucher, sich durch Augenschein davon zu überzeugen, dass der greise Denker auch im Zustand der Demenz die Form zu wahren versteht.

Es liegt nichts daran, Kants Leben nachträglich zu dramatisieren. Aber man muss sich eingestehen, dass es schon rein äußerlich ein schweres, umkämpftes, auch gegen selbst erzeugte Widerstände geführtes Leben ist. Die ersten 40 Jahre bringen Entbehrungen, Enttäuschungen und nur mäßigen Erfolg. So hat Kant schon früh unter den Folgen des ruinösen Wettbewerbs zwischen den Zünften der Riemer und Sattler zu leiden, ein Kampf, der das Handwerk seines Vaters brotlos macht (Kuehn, 2001, 29 ff.). Er ist nicht nur aus finanziellen Gründen genötigt, das Studium abzubrechen und Hauslehrerstellen anzunehmen; seine Begabung erzeugt Widerstände ausgerechnet bei dem jungen Professor, den er am meisten bewundert. So ist ihm der direkte Übergang vom Studium zur universitären Lehre verwehrt. Als ihm acht Jahre später die Publikation der großangelegten *Theorie des Himmels* endlich zur akademischen Anerkennung verhelfen soll, macht der Verleger noch vor der Publikation des Buches Bankrott; niemand nimmt das Werk des Außenseiters zur Kenntnis. Ihm wird eine zusätzliche Prüfungsarbeit über das Feuer (*De igne*, 1755) abverlangt, ehe er endlich als Magister auf eigene Rechnung lehren darf. Darauf ist er, nach unseren Kriterien, zehn Jahre stellungslos. Dann kann er ein armseliges Amt als Unterbibliothekar versehen, ehe er, Jahre später, endlich auf die Professur berufen wird, die seinen Neigungen entspricht.

Seine Berufung wird von angesehenen Wortführern der akademischen Philosophie als Fehlbesetzung kritisiert, und Kant gibt den Kritikern scheinbar recht, indem er die ersten elf Jahre im Amt nichts Nennenswertes publiziert. Er tritt lediglich als öffentlicher Anwalt der Rousseauistischen Reformpädagogik hervor, was sein wissenschaftliches Ansehen nicht gerade fördert. Und dann folgt ein dickleibiges Buch in einer den Zeitgenossen unverständlichen Sprache. Es ist sein Angriff auf alle Spielarten der damaligen Philosophie; es soll die »*crisis*« dieser Wissenschaft offenkundig machen und eine »*revolution*« einleiten. Aber die Folge ist Ratlosigkeit – selbst bei den Freunden. Die spärlichen öffentlichen Reaktionen dokumentieren die Grenzen des Verstehens um diesen Mann und sein Werk. Die Bewegungen, die das beim verkannten Autor auslöst, sind, zumindest existenziell, gravierender als jeder Ortswechsel von hier nach da.

Im Errichten von Widerständen macht das Kollegium seiner Universität keine Ausnahme. Doch Kant hat sich schon als Magister durch eine – nicht anders als exzessiv zu nennende – Geselligkeit von der Professorenschaft abgegrenzt. Er verkehrt in den Adelshäusern der Stadt und bevorzugt hohe Amtsträger, Offiziere und Kaufleute. Es gibt Anhaltspunkte dafür, dass er wesentliche Einsichten seiner praktischen Philosophie dem englischen Großkaufmann Joseph Green verdankt, mit dem er mehr als 20 Jahre lang fast täglich mehrere Stunden zusammen ist. Und was dies für Kants Verhältnis zu den Universitätskollegen bedeutet, macht seine Bemerkung klar, er habe jeden Satz des von den Philosophen als unverständlich abgetanen Buches mit Green diskutiert.

Alles dies geschieht, bevor sein revolutionäres Denken für öffentliche Aufmerksamkeit sorgt und den 60-Jährigen in den Mittelpunkt von Kritik, Polemik und Panegyrik rückt. Von da an wird jedem deutlich, dass die gleichmütig geordnete Lebensweise die souverän inszenierte Bedingung für seine aufrührerischen Leistungen ist. Nur so kann er den Widerstand durchhalten, den er der Universität, den Konfessionen, der verheuchelten Politik und vor allem den tonangebenden philosophischen Schulen entgegensetzt. Der temperierte Lebensgenuss, um den sich Kant in seiner alles andere als reizarmen gesellschaftlichen Umgebung bemüht, hat ihm den archimedischen Standpunkt zu sichern, von dem aus er die Welt bewegt.

4. Gleichförmigkeit als Errungenschaft. Natürlich wird man schnell mit Kants Denken fertig, wenn man ihn zum schrulligen Exemplar einer verschrobenen Professorenphilosophie stilisiert. Da lässt sich dann behaupten, hier habe einer aus seiner Pedanterie ein System gemacht. Aber schon die Verlogenheit, die man bei so viel Durchtriebenheit unterstellen müsste, ließe den Systematiker interessanter erscheinen, als ein Pedant sein darf. Wenn Nietzsche nachgewiesen hätte, dass »Leben« nichts mit »Erleben« zu tun hätte, könnte man über seine Kant-Kritik reden. Doch da er das Gegenteil beweisen will, kämpft er nicht gegen den Kant, den er aus dessen Werken hätte besser kennen sollen, sondern gegen ein *Alter ego*, dem er nicht gewachsen ist.

Wenn wir das Leben Kants im Licht seiner Lebensleistung sehen, erkennen wir selbst noch in der Gleichförmigkeit des äußeren Daseins eine Errungenschaft seiner besonders gefährdeten Existenz. Kant konzentriert sein Leben, um sein Werk zum Abschluss zu bringen. Dieses Werk aber ist der unerhörte Versuch, aus eigener Kraft eine Umwälzung der Wissenschaft herbeizuführen. Die revolutionäre Attitüde, mit der die Denker des 19. und 20. Jahrhunderts aufgetreten sind, haben ihr Vorbild in Kant, der jedoch – im Unterschied zu seinen Epigonen – die Umwertung der Werte nicht in Aussicht stellt, sondern im Werk und an sich selbst vollzieht. Einen radikaleren Umstürzler kann man sich kaum denken, zumal er sich selbst aus seiner ganz und gar auf sachhaltige Probleme bezogenen »Wende« nicht ausgeschlossen hat. Kant wäre gewiss auf das Äußerste befremdet gewesen, wenn man ihm die im Neukantianismus zum Stereotyp gewordene Trennung zwischen individueller Praxis und wissenschaftlicher Theorie angesonnen hätte.

Er wäre freilich auch befremdet, würde seine Person zum Exempel seiner Theorie gemacht. Alle Kraft des philosophierenden Individuums verbraucht sich in der Sache des Denkens. Die Nüchternheit ist das Pathos des Wissenden. Zwar sehen wir beim jungen wie beim alten Kant, welche existenziellen Energien er in die Lösung gedanklicher Probleme investiert; wir erkennen die Anzeichen einer tiefen Enttäuschung über den Unverstand, mit dem seine Zeitgenossen auf die Vernunftkritik reagieren. Es ist auch nicht schwer, in der mit allen Mitteln der Ironie, der Polemik und der Strategie des Systems betriebenen Verbreitung des eigenen Werks den Geltungsanspruch des um sein Ansehen kämpfenden Autors wahrzunehmen. Kant ist ein leidenschaftlicher Denker. Aber diese Leidenschaft hat ihr Ziel gerade darin, in einem *Werk* zur Geltung zu kommen. Unter den Bedingungen des Wissens kann eine Person nur durch ihren sachlichen Beitrag wirksam werden. Die Kultur des Menschen zeigt sich darin, dass er in seinen über die Sache vermittelten Leistungen wächst.

Die Bedeutung dieser Einsicht aber kann nur sichtbar werden, wenn wir, ihr scheinbar entgegen, auf das Schicksal des Einzelnen reflektieren. Man muss auf das Individuum sehen, um erkennen zu können, dass es nicht nur *seinesgleichen*, sondern auch *seine eigene Sache* braucht, um das zu sein, was es ist. Also stellen wir uns nicht gegen Kant, wenn wir von seinem Leben sprechen, das er selbst – sofern es sich nicht in der Gegenwart des Handelns und Sprechens erfüllt – ganz in den Dienst des Denkens stellt. Auf dieses Denken kommt es an. Aber es erreicht uns in seiner ganzen Bedeutung nur, wenn wir auch auf das Individuum sehen, dem wir es verdanken.[3]

3 Zur Biographie und zur Tatsache, dass Kant wirklich ein Leben gelebt hat: Gerhardt, 2000. Siehe vor allem aber Kuehn, 2001.

5. Kein harmloser Anfang. Immanuel Kant wird am 22. April 1724 in Königsberg als viertes von neun Kindern eines mit den Jahren immer kärglicher lebenden Riemermeisters geboren. Vier der Geschwister sterben früh. Immanuel (auf dem Taufschein steht »Emanuel«) ist seit der Geburt von schwächlicher Konstitution. Er überlebt durch die besondere Fürsorge der Mutter, die er verliert, als er 13 Jahre alt ist. Aus den Berichten der mit Kant in seinen letzten Lebensjahren vertrauten Biographen Wasianski und Jachmann wissen wir, dass sich die tiefe Erschütterung durch den Tod der Mutter nie verliert (Malter, 1990, 12ff.). Es steht überdies zu vermuten, dass die merkwürdigen Umstände des Todes der Mutter, die sich bei der Krankenpflege einer im Fieber liegenden Freundin ansteckt und innerhalb weniger Stunden stirbt, beim Sohn eine Scheu vor allzu nahem Umgang mit anderen Menschen begünstigen.

Dass der auffällig begabte Immanuel Kant das streng pietistische Gymnasium *Fridericianum* besuchen kann, verdankt er kirchlichen Würdenträgern. An die Schulzeit erinnert er sich noch als hochbetagter Mann mit Schrecken. Die Ausbildung in den klassischen Sprachen, in Mathematik und Theologie ist solide, aber der militärförmige äußere Zwang, verbunden mit dem aller Innerlichkeit zuwiderlaufenden Gewissensdruck, lassen Kant zeitlebens zum Gegner religiöser und pädagogischer Disziplinierung werden. Bei seiner Mutter, die selbst unter pietistischem Einfluss stand, hatte er eine freie, innige Form der Selbsterkundung der Seele kennen gelernt. Daran wiederum hält er selbst, wie viele seiner nachgelassenen Notizen belegen, zeitlebens fest.

Die komplexe Beziehungslage zu Religion und Kirche wird dadurch gesteigert, dass es wiederum pietistische Geistliche sind, die Kant von 1740 an den Besuch der Universität ermöglichen. Sie scheinen aber wesentlich dem Vater verpflichtet zu sein. Denn als dieser 1746 stirbt, bricht der Sohn seine Studien der Theologie, Logik, Metaphysik, Physik sowie der alten Sprachen augenblicklich ab. Die Tatsache, dass der Vater – wie schon die Mutter – ein Armenbegräbnis ohne kirchlichen Beistand erhält, spricht zwar nicht für nackte Not, gibt aber eine gewisse Vorstellung davon, wie dürftig das Leben im elterlichen Haus gewesen ist.

Kant verlässt die Universität ohne Examen. Gleichwohl bringt er sein Studium zu einem unerhörten Abschluss, denn er überreicht der Fakultät eine als Buch gedruckte wissenschaftliche Abhandlung, die gar nicht für sie gedacht ist. Sie wendet sich direkt an das wissenschaftliche Publikum, nimmt aber Fragen auf, mit denen sich Kants Lehrer, der in Königsberg als weltberühmt geltende Martin Knutzen, befasst. Doch dessen Name kommt im Text gar nicht vor. Es handelt sich um die mit einer so kühnen Vorrede einsetzenden *Gedanken von der wahren Schätzung der lebendigen Kräfte*, die Kant schon im Sommer 1746 dem Dekan übergibt, obgleich sie das Datum seines Geburtstags vom 22. April 1747 trägt; überdies ist das Buch auf Deutsch geschrieben. Aus beidem spricht ein demonstrativer Verzicht auf eine Prüfungsleistung, die eine termingerechte lateinische Abhandlung erfordert hätte. Kant verlässt den akademischen Raum mit der öffentlichen Erklärung seiner Unabhängigkeit und begründet damit, warum er sich nunmehr sein Brot als Hauslehrer außerhalb Königsbergs verdient.

6. Der lange Umweg zur akademischen Lehre. Es gibt Hinweise darauf, dass sich Kants souveräner Abgang von der Universität vor allem gegen den damals hochberühmten, mit Newton und Leibniz in eine Reihe gestellten Martin Knutzen richtet. Ihm hatte Kant in seinen logischen und metaphysischen Studien den Vorzug gegeben. Knutzen war ein moderater Wolffianer, der sich an Locke orientierte, ausgedehnte empirische und mathematische Interessen verfolgte und 1744 Aufsehen mit einer astronomischen Prognose erregte. Damals wusste nur der Mathematiker Euler, dass Knutzens sensationelle Vorhersage auf der Verwechslung zweier Himmelskörper beruhte (Kuehn, 2001, 78 ff.). Oder hatte Kant doch Kenntnis davon? Hat er sie gar zur Sprache gebracht? Wir wissen es nicht. Wir können nur auf die Enttäuschung schließen, die sich bei Kant einstellt, als Knutzen ihm die Kommilitonen Buck und Weitenkampf vorzieht.

Von Kant ist dazu kein Wort überliefert. Selbst sein Schweigen scheint dem Motto zu folgen, das er sich damals wählt: »Gib dem Unglück nicht nach, sondern trete ihm umso mutiger entgegen« (*Tu ne cede malis, sed contra audentior ito*; Vorländer, 1974, 26; vgl. 8,379). Er zieht sich für acht Jahre auf Hauslehrerstellen in ländlichen Pfarreien und Adelshäusern zurück.

Offenbar gelingt es ihm in der Zeit als Hauslehrer, seine Ausbildung im Selbststudium fortzusetzen, so dass er 1755 nicht nur sein zweites Buch, die *Allgemeine Naturgeschichte und Theorie des Himmels*, publizieren, sondern sein Studium auch formell durch die Dissertation *De igne*[4] abschließen kann. Noch im selben Jahr legt er die Abhandlung *Principiorum primorum cognitionis metaphysicae nova dilucidatio* vor, die ihn nach damaligem Brauch befähigt, eine Professur zu übernehmen. Damit ist er »habilitiert«, auch wenn die akademischen Konventionen damals noch etwas anders sind als heute: Wirklich »habilitiert« war man, wie der Begriff sagt, erst durch die Berufung auf eine Professur. Die lässt bei Kant bis zum Jahre 1770 auf sich warten. 1756 folgen in kurzem Abstand die *Monadologia physica*[5] – eine geometrische Anwendung eines zen-

4 *Meditationum quarundam de igne succincta delineatio* (*AA* 1). Die Abhandlung wird in einer säuberlichen Reinschrift bei der Fakultät am 17. April eingereicht; das *Examen rigorosum* findet am 13. Mai statt; die Promotion erfolgt am 12. Juni 1755.

5 *Metaphysicae cum geometria iunctae usus in philosophia naturali, cuius specimen I. continet monadologiam physicam* (*AA* 1).

tralen metaphysischen Gedankens von Leibniz auf Probleme der mechanischen Naturphilosophie –, eine Schrift über die *Theorie der Winde*[6] und eine Abhandlung über den *Neuen Lehrbegriff der Bewegung und Ruhe* (1758; *AA* 2).

Man braucht nicht viel Phantasie, um sich vorzustellen, welcher Anstrengung und Beharrlichkeit es bedurfte, um – aus beengten Verhältnissen kommend, kleinwüchsig [»pygmäenhaft«], flachbrüstig und gesundheitlich labil – als »Hofmeister« zur vollen Zufriedenheit dreier Dienstherren tätig zu sein und gleichzeitig drei wissenschaftliche Abhandlungen, die eine von großem Umfang und bedeutendem Inhalt, zu verfassen. Die häusliche Ausbildung der Kinder in den Familien Andersch, von Hülsen und Keyserling beschränkte sich nicht auf den Unterricht in einzelnen Fächern, sondern ist mit zahlreichen Aufgaben der Betreuung, mit der Begleitung zum Tanzen, Reiten, Fechten oder bei der französischen Konversation verbunden und bringt gesellschaftliche Verpflichtungen gegenüber den Familien mit sich. Die Anhänglichkeit, die ihm seine Schüler auch noch nach Jahren beweisen, etwa dadurch, dass sie ihre jüngeren Geschwister und ihre Kinder dem Magister und späteren Professor Kant in Königsberg zur Obhut empfehlen, belegt, dass der Hauslehrer sich mehr als bloß Achtung verschaffen konnte.

7. Erderschütterung und Vernunft. Die gesellschaftliche Anerkennung, die sich Kant in jenen Jahren erwirbt, kommt auch in zwei 1754 in den *Wöchentlichen Königsbergischen Frag- und Anzeigungs-Nachrichten* erschienenen Beiträgen über die Erdrotation und das Erdalter zum Ausdruck.[7] Kant plaudert hier in gelehrter und gleichwohl

6 *Neue Anmerkungen zur Erläuterung der Theorie der Winde* (*AA* 1).
7 *Untersuchung der Frage, ob die Erde in ihrer Umdrehung* […] *einige Veränderung* […] *erlitten habe* (8. und 15. Juni 1754); *Die Frage, ob die Erde veralte, physikalisch erwogen* (6 Folgen vom 10. August bis 14. September 1754; *AA* 1).

unterhaltsamer Weise über aktuelle Probleme der zeitgenössischen Wissenschaft. Welche innere Anteilnahme in diesen mit leichter Feder geschriebenen Texten steckt, tritt 1756 hervor, als er zweimal noch in derselben Zeitung[8] – und dann in einem selbst finanzierten Privatdruck[9] – zu den geologischen Hintergründen des ganz Europa erschütternden Erdbebens von Lissabon Stellung nimmt.

Wer aus diesen Abhandlungen den Schluss zieht, jenes Erdbeben, das Voltaire zum Gegner der *Theodizee* hat werden lassen, das dem rousseauistischen Stimmungsumschwung der Aufklärung Bahn bricht und dem wir, wortgeschichtlich gesehen, den »Pessimismus« verdanken – das Erdbeben, mit dem wohl längsten seelischen Nachbeben überhaupt –, wer also meint, dieses Beben habe Kant nur geologisch interessiert, der kann auch getrost bei der Ansicht bleiben, der Philosoph habe ein gleichförmiges, spannungsloses, ereignisarmes Leben geführt. Doch man höre nur, wie er seine Leser auf seine geologische Betrachtung einstimmt:

> Wir wohnen ruhig auf einem Boden, dessen Grundfeste zuweilen erschüttert wird. Wir bauen unbekümmert auf Gewölber, deren Pfeiler hin und wieder wanken und mit dem Einsturze drohen. Unbesorgt wegen des Schicksals, welches vielleicht von uns selber nicht fern ist, geben wir statt der Furcht dem Mitleiden Platz, wenn wir die

8 *Von den Ursachen der Erderschütterungen bei Gelegenheit des Unglücks, welches die westlichen Länder von Europa gegen das Ende des vorigen Jahres betroffen hat*, in: *Königsbergische wöchentliche Frag- und Anzeigungs-Nachrichten*, 24. und 31. Januar 1756. Im selben Organ folgen am 10. und 17. April 1756 weitere *Fortgesetzte Betrachtungen der seit einiger Zeit wahrgenommenen Erderschütterungen*.

9 *Geschichte und Naturbeschreibung der merkwürdigsten Vorfälle des Erdbebens, welches an dem Ende des 1755sten Jahres einen großen Theil der Erde erschüttert hat*, Königsberg 1756. Die Arbeit erscheint im März, woraus abzulesen ist, mit welcher Intensität sich Kant in den ersten vier Monaten nach dem Beben von Lissabon mit dem Naturereignis beschäftigt.

Verheerung gewahr werden, die das Verderben, das sich unter unseren Füßen verbirgt, in der Nachbarschaft anrichtet. (1,419)

Im Anschluss daran spricht Kant von der »Wohlthat der Vorsehung«, dass sie uns nicht ständig mit der Furcht vor solchen Schrecknissen beschäftigt. Denn wir könnten auch durch die größte Sorge nichts zu deren Verhinderung beitragen; so werde wenigstens »unser wirkliches Leiden« nicht über Gebühr durch die Furcht vor dem möglichen Leiden vergrößert. Doch die unabwendbaren »schrecklichen Zufälle«, die eine unserer Erkenntnis prinzipiell verschlossene Zukunft bereithält, sind kein Argument gegen größtmögliche Vorsicht.

Und eben hier spricht Kant, dessen Ängstlichkeit gegenüber physischer Erschütterung offenbar so groß ist, dass er es für bemerkenswert hält, dass die Menschheit nicht starr vor Angst, sondern aus Mitgefühl tätig ist, von der *Vernunft*. Die Vernunft bietet uns die Chance, die Ursachen der Katastrophen zu ermitteln. Mit der Ursachenerkenntnis aber geht die Erwartung einher, dass man sich vor den Wirkungen besser schützen kann. So könnte die Erklärung der Erdbeben, wie Kant sie bietet, die Folge haben, dass man beim Wiederaufbau Lissabons die Straßenzüge nicht parallel, sondern quer zum Tejo führt. Denn Beben breiten sich in Richtungen aus, die den Hauptlinien der Flüsse und Gebirge folgen. Und sofern die Gebäude quer zu diesen Linien stehen, sind sie weniger einsturzgefährdet.

Damit haben wir an einer literarisch ziemlich entlegenen und dennoch persönlich entscheidenden Stelle *drei Funktionen der Vernunft*, die auch in den subtilsten Leistungen der Transzendentalphilosophie gegenwärtig bleiben: Die Vernunft leitet *erstens* die menschliche Erkenntnis an, um sie auf *Ursachen und Gründe* zu führen. Das ist ihre *theoretische* Aufgabe. Durch die Erschließung möglicher Wirkungen eröffnet die Vernunft *zweitens* die Chance zu *vorbereitenden und vorbeugenden Handlungen.* Das ist ihre *technisch-pragmatische* Leistung. In alledem aber rät sie uns *drittens* an, auch *wirklich etwas zu tun.* Das ist ihre in der Pointe selten verstandene, mit Theorie und Technik eng verbundene *praktische* Funktion, die Kant allein auf die *eigene Einsicht* zu gründen sucht. Später wird er sagen, dass es die *Vernunft* ist, die den Menschen in Stand setzt, seinem Leben eine Form zu geben.

8. Metropole an der Grenze. Die Stadt Königsberg, die Kant nach seinen Jahren als Hauslehrer nur für kurze Aufenthalte in der Umgebung verlässt, erscheint aus der Perspektive Berlins randständig und wenig attraktiv. Der junge Kronprinz Friedrich, der 1740 als Friedrich II. den Thron besteigt, urteilt 1739 über die Stadt, die 100 Jahre zuvor noch die Hauptstadt Preußens gewesen war, sie könne »besser Bären aufziehen als zu einem Schauplatz der Wissenschaft dienen«. »Müßiggang und Langeweile sind«, so fährt er fort, »die Schutzgötter von Königsberg; denn die Leute, die man hier sieht, und die Luft, die man hier atmet, scheinen einem nichts anderes einzuflößen.«[10] Kant bewertet dies 60 Jahre später völlig anders:

> Eine große Stadt, der Mittelpunkt eines Reichs, in welchem sich die Landescollegia der Regierung desselben befinden, die eine Universität (zur Cultur der Wissenschaften) und dabei noch die Lage zum Seehandel hat, welche durch Flüsse aus dem Inneren des Landes sowohl, als auch mit angränzenden entlegenen Ländern von verschiedenen Sprachen und Sitten einen Verkehr begünstigt, – eine solche Stadt, wie etwa *Königsberg* am Pregelflusse, kann schon für einen schicklichen Platz zu

10 Zit. nach: Weis, 1993, 24.

Erweiterung sowohl der Menschenkenntniß als auch der Weltkenntniß genommen werden, wo diese, auch ohne zu reisen, erworben werden kann. (7,120f.)

Der Unterschied in der Bewertung zeigt natürlich den Abstand zwischen den Temperamenten, Erfahrungen, Erwartungen sowie dem sozialen Stand der urteilenden Personen. Doch das Königsberg nach 1770, über das Kant spricht, ist nicht mehr der enge und verschlafene Ort, den der Prinz 1739 verspottet hat. Die Hansestadt mit einem bedeutenden Hafen, mit dem weiten polnischen, baltischen und russischen Hinterland hat sich gerade in der Zeit Kants rasch entwickelt. Der Handel ist in Umfang und Reichweite gewachsen, und die Verarbeitung von Gütern hat sprunghaft zugenommen. So zählt das 1784 erschienene *Handbuch der Geschichte und Erdbeschreibung Preußens* – von einem Schüler Kants verfasst – eine Reihe neuer »preußischer Manufakturen« auf: »Die wichtigsten Fabriken zu Königsberg sind gegenwärtig Wollmanufacturen, Leder, Strumpf, Tobacks, Fayanz und Baumwollenfariken.«[11]

Mit der industriellen Produktion ist auch die Bevölkerung gewachsen; zwischen 1720 und 1780 ist sie um fast ein Drittel auf 60000 Einwohner angestiegen. Keine andere Stadt Preußens verfügt über so gute Geschäftsverbindungen zu England; keine andere hat einen so hohen Fremdenanteil: Polen, Russen, Litauer, darunter viele jüdischer Herkunft, bevölkerten die Stadt. Außerdem gibt es so auffällig viele Zigeuner, dass Kants Schüler und Kollege Christian Jakob Kraus sich zu einer wissenschaftlichen Studie über die Zigeuner veranlasst sieht, der ersten, die überhaupt konzipiert wird.[12] Kants jüngster Biograph nennt Königsberg »multikulturell« (Kuehn, 2001, 59).

11 Ludwig von Baczko, *Handbuch der Geschichte und Erdbeschreibung Preußens*, Dessau/Leipzig 1784.

12 Dazu: Röttgers, 1993.

Kants Umgebung ist somit alles andere als ereignisarm. Drei Feuersbrünste 1764, 1770 und 1775 fügen der Stadt schweren Schaden zu, anders als die Besetzung durch die russischen Truppen, die Königsberg fast die gesamte Zeit des Siebenjährigen Krieges hindurch wie Treuhänder verwalten. 1756 muss Kant sein erstes Gesuch um eine Professur für Logik und Metaphysik in der Nachfolge des früh verstorbenen Martin Knutzen an den »Allerdurchlauchtigsten Großmächtigsten König«, seinen »Allergnädigsten König und Herrn« Friedrich II. richten; sein zweites erfolgloses Bewerbungsschreiben um die Nachfolge Kypke ist 1758 an die »Allerdurchlauchtigste Großmächtigste Kayserin Selbstherrscherin aller Reussen«, an die Zarin Elisabeth, adressiert. Seine nächste Bewerbung ist dann 1765 wieder an Friedrich geschrieben. Und man sage nicht, der Wechsel der politischen Herrschaft habe damals wenig bedeutet. Für die Königsberger sind es unerhörte Begebenheiten, die zu Verzicht, Vorsicht und Verstellung nötigen. Der König nimmt den Bürgern die kluge Kooperation mit den russischen Besatzern derart übel, dass er die Stadt nie wieder besucht.

9. Ein Freund unter Freunden, die keine sind. In dem politisch und ökonomisch bewegten, von religiösen Streitigkeiten erschütterten, von familiären Skandalen unterhaltenen und von beachtlichen persönlichen Eitelkeiten herausgeforderten städtischen Umfeld behauptet sich Immanuel Kant mit Zielstrebigkeit und Geschick – manchmal sogar, wie wir sehen werden, mit rücksichtsloser Entschiedenheit. Er gilt als der »elegante Magister« und ist, noch bevor er ein Amt innehat, eine gefragte Person in der Königsberger Gesellschaft. Er verfügt über beste Kontakte zu den russischen Besatzern und gibt ihnen Unterricht in Mathematik und Physik, den er, nach dem Wiedereinzug der preußischen Armee, in deren *École militaire* fortsetzt. Dazu wird er gelegentlich in einer Generalsequipage abgeholt.

Es ist schwer vorstellbar, dass man diesen Aufwand bei einem nur auf die Schulphilosophie eingeschränkten Privatdozenten getrieben hätte; kaum denkbar ist ferner, dass ein bloßer Buchgelehrter ein so großes Ansehen in der Königsberger Adels- und Geschäftswelt hätte genießen können. Spätestens seit 1765 ist er mit dem in Königsberg residierenden englischen Kaufmann Joseph Green befreundet. Mit ihm ist er in den folgenden 20 Jahren fast täglich zusammen, wenn er nicht seiner ständigen Einladung in das Haus des Grafen Keyserling nachkommt. Mit dem Grafen und seiner jüngeren, philosophisch-literarisch hochgebildeten Frau ist er eng befreundet. Sein Schüler und späterer Kollege Kraus berichtet im Ton höchsten Erstaunens über die Sicherheit und Ungezwungenheit, mit der sich Kant in der Adelsgesellschaft bewegt. Das wird durch weltläufige Besucher Königsbergs, wie den Astronomen und Geographen Bernoulli, bestätigt (Malter, 1990, 146f.).

Zur Freundschaft mit dem prinzipienstrengen, ihm schon seit 1755 bekannten Junggesellen Green kommt es, nachdem Kant den Begleiter seiner ersten Privatdozentenjahre, Johann Daniel Funk, verloren hat. Funk war ein stadtbekannter Leichtfuß, der seine unterhaltsamen juristischen Vorlesungen eher nebenher anbot und sich ansonsten auf guten Wein und amouröse Abenteuer verstand. In seiner Gesellschaft verbrachte Kant viel Zeit und trug nicht wenig zur ausgelassenen Unterhaltung bei. Spät abends, so sagt er selbst, habe er Mühe gehabt, den Weg nach Hause zu finden.

Funk stirbt 1764; mit Green kommt Kant vermutlich 1765 durch einen Streit über die Kolonialpolitik der Briten in engere Verbindung. Kant tritt für die Unabhängigkeitsbestrebungen der amerikanischen Siedler ein, Green verteidigt die Politik seines Königs. Der in einer Anekdote überlieferte Streit (Malter, 1990, 134) hätte eine lebenslange Feindschaft begründen können. Doch es wird eine

Freundschaft daraus, die Kants Lebensweise verstetigt, ihm die Bedeutung von »Maximen« bewusst macht und ihm zu einem Vertrauten verhilft, der nicht nur sein Geld verwaltet, sondern alle privaten, politischen und philosophischen Fragen mit ihm berät. Jeden Sonntag ist er mit Green bei dessen Teilhaber Motherby zu Gast, für dessen Kinder Kant nach Art eines Paten sorgt.

Als Green 1786 stirbt, ist Kant über Tage hinweg nicht fähig, das Bett zu verlassen. Erst danach gründet er einen eigenen Hausstand und lädt zu seiner eigenen Tischgesellschaft ein. Die Anekdoten über Kants skurrile Lebensweise stützen sich sämtlich auf diese späten Jahre, in denen Green ihm fehlt. Da konnte er dann seine Tischrunde mit dem Ausspruch eröffnen: »Meine Freunde, es gibt keinen Freund.«[13]

10. Gesellige Geselligkeit. Führt man sich die zahlreichen Schriften Kants, einschließlich der Notizen und Entwürfe vor Augen, liegt der Schluss nahe, dass er den größten Teil des Tages schreibend verbracht haben muss. Die Akademie-Ausgabe seiner Werke umfasst mehr als 30 voluminöse Bände; die darin enthaltenen Vorlesungsnachschriften beruhen auf Notizen, mit denen Kant die vorgeschriebenen Lehrbücher auf das Mehrfache ihres Umfangs füllte. Geht man jedoch den Tagesablauf des Professors durch, dann fragt man sich, wann er eigentlich die Zeit hatte, auch nur einen Bruchteil dessen zu schreiben, was uns überliefert ist:

Kant lässt sich morgens um 5 Uhr durch seinen Diener wecken, trinkt ein, zwei Tassen Tee und raucht eine (mit den Jahren immer größere Mengen Tabak fassende) Pfeife, bei der er »meditiert«. Dann hat er vielleicht noch eine Stunde zum Schreiben, ehe die Vorlesungen beginnen, die

13 In der *Vorlesung über Ethik* schreibt Kant diesen Satz dem Sokrates zu (vgl. *VorEth*, 218); in der *Tugendlehre* der *Metaphysik der Sitten* (7,152 und 358) bezieht er ihn auf Aristoteles (vgl. Diogenes Laertios, V,1,21).

er über Jahre hinweg täglich von 7 bis 11 zu halten hat. Danach bleiben maximal zwei weitere Stunden für die Arbeit an seinem einfachen Schreibtisch unter dem Porträt Rousseaus. Der Rest des Tages ist der Geselligkeit und dem Spaziergang vorbehalten. Kommt er am Abend früh genug nach Hause zurück, bleiben vielleicht noch ein oder zwei Stunden für das Schreiben. In diesem Tagesplan sind die akademischen Verpflichtungen im Dekanat und im Senat, dem Kant von 1780 bis 1801 kontinuierlich angehört, nicht berücksichtigt.

Rechnen wir die vier Stunden täglicher Vorlesungen hinzu, dann führt Kant eine ganz und gar der Mitteilung und dem Gespräch hingegebene Existenz. Denken und Sprechen entfalten sich bei ihm in aktiv wahrgenommenen sozialen Bezügen. Ihn »monologisch« zu nennen, ist nicht nur ein philosophischer Irrtum, sondern auch eine Ahnungslosigkeit gegenüber seiner durch und durch geselligen Lebensform. Die »ungesellige Geselligkeit«, die er dem Menschen attestiert, tritt eben nur in Gesellschaft hervor, und man ist versucht, den alle Zeit gesprächigen Immanuel Kant von dieser Diagnose auszunehmen.

Dazu ist man auch deshalb geneigt, weil ein nicht geringer Teil seiner Vorlesungen selbst einen eher geselligen Charakter hat. Kant spricht unterhaltsam über Themen, die zur praktischen Weltkenntnis beitragen. Hier sind vor allem die seit 1757 gelesenen *Collegii* über *Physische Geographie* und die 1772 aufgenommenen Vorlesungen über *Anthropologie* zu nennen. Zu ihnen finden sich auch Hörer aus anderen Fakultäten und aus dem städtischen Publikum ein. So trocken und ermüdend der alte Kant seine Pflichtstunden über Logik und Metaphysik zuweilen mit leiser Stimme abspult, so lebendig ist er noch in späten Jahren, wenn er über die Erdgeschichte, die gemeinsame Herkunft der menschlichen Rasse oder über Pädagogik doziert.

Für Kants gesellschaftliche Begabung spricht, dass man seine Leutseligkeit rühmt (die er mit »Humanität« übersetzt), seinen Witz genießt und seinen Rat in vielen technischen und lebenspraktischen Dingen sucht. Bei Tisch kann er so lebhaft über die Zubereitung der Speisen sprechen, dass man witzelt, er werde noch eine »Kritik der Kochkunst« verfassen. Man müsse, so seine Redewendung, »dem Körper die Ehre geben«, was für ihn bei Tisch auch die Bedeutung haben soll, dass möglichst keine philosophischen Probleme erörtert werden. Gleichwohl zielt die Geselligkeit auf die Kultur des Menschen: Durch sie wird das »Gleichgewicht der Lebenskräfte« über den Bereich der Physiologie hinaus in den der »Menschheit« erweitert (5,333).

11. Eine Frau im literarischen Zirkel. Zum Leben gehören die Attraktion und Repulsion der Geschlechter. Manche Biographen, wie etwa Arsenji Gulyga, haben viel über Kants Liebesleben gerätselt. Anlass dazu hat vor allem ein reizendes Briefchen gegeben, das Kant von der jungen Frau seines um einige Jahre älteren Freundes erhalten hat:

> Wehrter Freünd Wunderen Sie sich nicht daß ich mich unterfange an Ihnen als einen großen Philosophen zu schreiben? Ich glaubte sie gesteren in meinen garten zu finden, da aber meine Freündin mit mir alle *alleen* durchgeschlichen, und wir unseren Freünd unter diesem Zirckel des Himmels nicht fanden, so beschäfftigte ich mich mit Verfertigung eines Degen Bandes, dieses ist ihnen gewidmet. Ich Mache ansprüche auf Ihre gesälschafft Morgen Nachmittag, Ja Ja ich werde kommen, höre ich sie sagen, nun gutt, wir erwarten sie, dan wird auch meine Uhr aufgezogen werden, Verzeihen Sie mir diese erinnerung Meine Freündin und Ich überschicken Ihnen einnen Kuß *per. Simpatie* die Lufft wird doch woll im Kneiphoff dieselbe seyn, damit unser Kuß nicht die *Simpatetische Krafft* verliret, Leben Sie Vergnügt und Wohl. (Brief an Kant, 12. Juni 1762; 10,39)

Die liebreizende Botschaft stammt von der damals 33-jährigen Maria Charlotta Jacobi, die mit dem 22 Jahre älteren Johann Konrad Jacobi, einem vielbeschäftigten Kaufmann, verheiratet ist. Der Mann kümmert sich rührend um das Wohl des jungen Magisters, und die Frau nimmt daran Anteil. Was den Brief so anzüglich erscheinen lässt, ist die Erwähnung des Aufziehens der Uhr. In Lawrence Sternes *Tristram Shandy* beginnt mit dem sonntäglichen Ritual des Aufziehens der Uhr die Annäherung der Eheleute, der Tristram seine Existenz verdankt. Sollte die »Jacobin«, deren Charme ihr den Beinamen einer »Prinzessin« einbringt, wirklich die damals gewiss allen vertraute literarische Passage assoziieren, dann will sie vielleicht nur mit ihrem Wissen renommieren. Schließlich gehört sie mit ihrem Mann, mit Kant, dem Münzmeister Goeschen, dem Oberstleutnant von Lossow, dem Buchhändler Kanter sowie dem Kriegsrat, Bürgermeister und Schriftsteller von Hippel (als gelegentlichem Gast) zu einem »literarischen Zirkel«. Das war eine jener »gelehrten Gesellschaften«, die viel zur Verbreitung der Aufklärung beigetragen haben. Ihre Existenz belegt, dass man sich in Königsberg auf der Höhe der Zeit bewegt, und es kam der Freundin gewiss darauf an, dem studierten Philosophen vorzuführen, wie viel sie bei den Sitzungen verstand.

Ob der Brief mehr enthält, als die Worte sagen, lässt sich nicht entscheiden. Die »Jacobin« lässt sich sechs Jahre später in einem von ihr mutig betriebenen, von der ganzen Stadt aufgeregt verfolgten Prozess von ihrem Mann scheiden und heiratet im Jahr darauf den ihr im Alter näher stehenden Münzmeister Goeschen. Kant ergreift die Partei des betrogenen, aber selbst keineswegs treuen Ehemannes; Einladungen in das Haus der Neuvermählten lehnt er ab. Für seine Beziehung zu der jungen Frau kann das viel, muss aber gar nichts bedeuten (Kuehn, 2001, 165ff.).

Sicher ist lediglich, dass Kant sich in der Mitte der 60er-Jahre mit seiner Beziehung zum anderen Geschlecht beschäftigt. In den *Beobachtungen über das Gefühl* des *Schönen und Erhabenen* (1764), einem durchweg heiteren, ganz im Stil des Rokoko geschriebenen Buch über den Geschmack und eine ihm entsprechende Lebensführung, widmet er sich ausführlich dem »Gegenverhältnis« von Mann und Frau (2,228 ff.). Schon die Gründlichkeit, mit der zwischen »hübschen«, »angenehmen« und »reizenden« Frauen unterschieden wird, lässt erkennen, dass er über eine praktisch geschulte Wahrnehmung verfügt (2,236). Noch in den Notizen zum Spätwerk geht er möglichen Gründen für die Differenz der Geschlechter nach.

Die um 1765 entstandenen *Bemerkungen* in seinem Handexemplar der *Beobachtungen* nehmen das Thema der Frau so nachdrücklich auf, dass es nicht abwegig ist, auf eine existenzielle Frage zu schließen. »Ein Man der zu leben weiß – – was wird der vor eine Frau heyrathen?« (20,50) Die Frage scheint sich ihm konkret zu stellen. Und vielleicht ist auch eine bestimmte Person im Blick, wenn er vorsorglich notiert: »Ihrer Schwatzhaftigkeit Nutzen«. Natürlich hat er ein Argument dafür, warum die Frauen allgemein schwatzhafter sein müssen als die Männer: Sie haben schon mit den Neugeborenen unablässig im Gespräch zu bleiben. Auch dies wertet Kant als Indiz für eine engere Beziehung zum Leben: »Das Frauenzimmer ist näher an der Natur« (20,50).

12. Melancholie: Gleichgewicht auf einer Haaresspitze. Die »menschliche Gesundheit«, so sagt Kant im Alter von 72 Jahren, ist ein »unaufhörliches Erkranken und Wiedergenesen«. Es ist ein »Gleichgewicht«, das »auf einer Haaresspitze schwebt« und das man sich nur durch Tätigkeit erhalten kann – es sei denn, man möchte »lebendigen Leibes« verfaulen (8,414). »Seele« ist nach dieser Reflexion nichts anderes als die selbstbewusste Tätigkeit, wobei das Bild von der »Haaresspitze« jedem zu erkennen gibt, wie riskant die Tätigkeit ist. Wenn der Begriff des »Existenziellen« einen Sinn hat, dann ist er hier erfüllt.

Am 17. April 1779 berichtet Hamann von einem Besuch bei Kant, der in wenigen Tagen in sein 56. Lebensjahr trete. Er habe ihn »voller Lebens- und Todesgedanken gefunden«. Hamann bezieht sich auf ein Datum zwei Jahre vor der Veröffentlichung der *Kritik der reinen Vernunft*, einer Zeit, in der Kant noch vor großen systematischen Problemen steht. Trotzdem dürfte die melancholische Stimmung in den Apriltagen vor dem Tag, der für ihn einen hohen Symbolwert hat, keine Ausnahme gewesen sein. Kant weiß schon 1764 genau, wovon er spricht, als er ein Porträt des Melancholikers verfasste. Wir finden es in den *Beobachtungen*, die man heute als ein Buch über »Lebenskunst« oder »Lebensart« annoncieren würde:

> Der Mensch von melancholischer Gemüthsverfassung bekümmert sich wenig darum, was andere urtheilen, was sie für gut oder für wahr halten, er stützt sich desfalls blos auf seine eigene Einsicht. Weil die Bewegungsgründe in ihm die Natur der Grundsätze annehmen, so ist er nicht leicht auf andere Gedanken zu bringen; seine Standhaftigkeit artet auch bisweilen in Eigensinn aus. Er sieht den Wechsel der Moden mit Gleichgültigkeit und ihren Schimmer mit Verachtung an. [...] Er hat ein hohes Gefühl von der Würde der menschlichen Natur. Er schätzt sich selbst und hält einen Menschen für ein Geschöpf, das da Achtung verdient. Er erduldet keine verworfene Unterthänigkeit und athmet Freiheit in einem edlen Busen. [...] Er ist ein strenger Richter seiner selbst und anderer und nicht selten seiner sowohl als der Welt überdrüssig. (2,221)

Mit Blick auf sich selbst hätte Kant vermutlich nur um eine Differenzierung gebeten, die wir in der Nachschrift zur *Anthropologie*-Vorlesung finden: Er sei kein Melancholiker, sondern nur der »zur Melancholie Gestimmte«; er befinde sich nicht im Zustand der Melancholie, sondern habe bloß den »Hang zu diesem Zustande« (7,288). Etwas weiter geht er in einer späten Bemerkung im *Streit der Fakultäten* (1798): »Ich habe wegen meiner flachen und engen Brust, die für die Bewegung des Herzens und der Lunge wenig Spielraum läßt, eine natürliche Anlage zur Hypochondrie, welche in frühen Jahren bis an den Überdruß des Lebens gränzte.« (7,104) Es sei ihm jedoch, so schreibt er, gelungen, den Lebensüberdruss zu überwinden. Er habe ihn einfach durch eigene Tätigkeit auf Distanz gebracht. Man werde nämlich »des Lebens mehr froh [...] durch das, was man im freien Gebrauch desselben *thut*, als was man *genießt*«. So sei ihm zwar die »Beklemmung« geblieben, weil die körperliche Ursache nicht zu beheben gewesen sei: »Aber über ihren Einfluß auf meine Gedanken und Handlungen bin ich Meister geworden durch Abkehrung der Aufmerksamkeit von diesem Gefühle, als ob es mich gar nicht anginge« (7,104). Das ist ein Beispiel für selbstbestimmte Lebensführung.

Kant verfügte noch über ein anderes Verfahren, sich das Unangenehme des Daseins fern zu halten. Davon berichtet ein früher Brief, worin er die Klage über die Beschwernisse der Lehrtätigkeit auf die folgende Weise beschließt:

> Gleichwohl vor den Ort wo ich mich befinde und die kleine Aussichten des Uberflußes die ich mir erlaube befriedige ich mich endlich mit dem Beyfalle womit man mich begünstigt und mit den Vortheilen die ich daraus ziehe, und träume mein Leben durch. (28. Oktober 1759; 10,19)

»Und träume mein Leben durch ...« – ein denkwürdiges Geständnis für einen so weltoffenen, tatkräftigen und in vielem außerordentlich entschiedenen Mann, der im selben Zusammenhang davon spricht, dass er der »Schlangen« und »donnernden Stimmen«, die ihm entgegenstehen, nicht achtet. Die barocke Metapher vom Leben als Traum kann vieles bedeuten; wir nehmen sie hier als Hinweis darauf, dass sie einem Leben unter dem Anspruch der Vernunft nicht entgegensteht.

13. Unterwegs zur Kritik. Die großen Jahresdaten in Kants wissenschaftlicher Entwicklung sind 1769, 1781 und 1785: 1769 bringt ihm, wie er gesteht, »großes Licht«; von da an beginnen die kritischen Arbeiten im engeren Sinn, die 1781 mit der Publikation der *Kritik der reinen Vernunft* zu einem ersten Abschluss kommen. 1785 erscheint mit der *Grundlegung zur Metaphysik der Sitten* das erste kritische Werk zur praktischen Philosophie. Mit diesem Buch ist der systematische Durchbruch zur Autonomie der Vernunft vollzogen. Danach, so hat man den Eindruck, ergibt sich für Kant alles weitere wie von selbst: Die nachfolgenden Werke, vor allem die *Kritik der praktischen Vernunft* (1788) und die das Terrain des Lebens erschließende *Kritik der Urteilskraft* (1790), entstehen scheinbar mühelos in schier unglaublich dichter Folge. So könnte man es für ganz natürlich halten, dass der öffentliche Siegeszug der kritischen Philosophie erst mit der *Grundlegung* beginnt. Kant aber hatte damals schon Jahre des ungeduldigen Wartens auf die erste sachliche Reaktion hinter sich. Keine zehn Jahre später sind die meisten seiner jungen Leser schon dabei, über ihn hinauszugehen; als 1797 die *Metaphysik der Sitten* erscheint, hat sich für viele der »Weise von Königsberg« schon überlebt. Im Wechsel der Generationen erscheint das Leben schneller, als es ist. Die Gegenwart weiß selten, was sie an ihren Philosophen hat.

Der Anlauf zur Vernunftkritik ist lang. Er beginnt, wie wir gesehen haben, bereits mit der ersten Schrift über die *Wahre Schätzung der lebendigen Kräfte*. Die 50er-Jahre führen zu einer naturphilosophischen Konsolidierung. Kant erarbeitet sich eine gut gesicherte Position zwischen spekulativer Physik und rationaler Metaphysik. Er hängt keiner der damals vorherrschenden Schulen an, auch nicht, wie gern gesagt wird, der des von Friedrich II. im Triumphzug nach Halle zurückgeholten Christian Wolff. Zwar ist er gehalten, nach Lehrbüchern zu lesen, die vornehmlich aus der Wolffschen Schule stammen; das führt aber umso eher zur Pointierung seiner unabhängigen Position. In dem 1759 mit einem subalternen Konkurrenten ausgetragenen Streit über den Optimismus zeigt sich auch, wie wenig Kant mit dem synkretistischen Empirismus eines Christian August Crusius zu tun hat. Gegen den Magister Weymann, der die Pietisten der Stadt auf seiner Seite hat, ergreift Kant Partei für Leibniz und Mendelssohn und lehnt den berechnenden Pessimismus seines Gegenübers ab.[14]

Während Kant in den ersten Jahren seiner Lehrtätigkeit vergleichsweise wenig veröffentlicht, entfaltet er im Lauf der 60er-Jahre eine beachtliche publizistische Produktivität. Den Anfang macht die Betrachtung über *Die falsche Spitzfindigkeit der vier syllogistischen Figuren erwiesen von M. Immanuel Kant* (1762). Hier schränkt er die Reichweite logischer Schlüsse ein, die weder zu Existenzaussagen gelangen, noch davon ablenken können, dass die Realität auf dem Gegeneinander widerstreitender Kräfte beruht. Den Beweis dafür führt er in dem *Versuch den Begriff der negativen Größen in die Weltweisheit einzuführen* (1763). Mit dieser originellen Schrift bewegt sich Kant ein großes Stück auf die Realitätskonzeption der Vernunftkritik zu und legt den Grund zu seiner Kritik der Gottesbeweise.

Die erste Probe seiner Kritik an der rationalen Theologie gibt er, wie bereits erwähnt, im *Beweisgrund zu einer Demonstration des Daseins Gottes* (1763; vgl. im vorliegenden Band 1.15). Seine Kritik an der Reichweite der Syllogistik,

14 Vgl. *Versuch einiger Betrachtungen über den Optimismus* (1759; *AA* 2).

verknüpft mit dem ontologischen Erfordernis realer Gegensätze, hätte Kant schon hier nötigen können, sämtliche Gottesbeweise für unzulänglich zu erklären. Doch zu dieser Konsequenz gelangt er erst in der *Kritik der reinen Vernunft*. Es ist müßig, darüber nachzudenken, warum er so weit nicht bereits 1763 gegangen ist. Angesichts des damals besonders heftig tobenden Streits zwischen Orthodoxen und Pietisten war es schon mutig genug, es bei der Destruktion der ontologischen Beweisformen zu belassen und nur der kosmologischen Demonstration den Status eines Arguments zuzugestehen.

Auf dem Weg zur Vernunftkritik ist Kant auch mit der bei der Berliner Akademie eingereichten Preisschrift zur *Untersuchung über die Deutlichkeit der Grundsätze der natürlichen Theologie und Moral* (1764). Im Wettbewerb unterliegt er der von Moses Mendelssohn vorgelegten Abhandlung. Bedenkt man, dass dem jüdischen Denker später die Aufnahme in die Akademie verweigert wird, löst die Entscheidung des Preisgerichts noch heute Befriedigung aus. Kants rasch geschriebener Text erfreut durch die klare Trennung zwischen mathematischer und philosophischer Methode; eine Philosophie *more geometrico* lehnt er ab. Die Mathematik verfahre »synthetisch«; sie bildet sich ihre Begriffe selbst. Die Philosophie aber habe »analytisch« anzusetzen. Ihr Verfahren basiere auf der »Zergliederung« gegebener Begriffe.

Wegweisend ist ferner, dass Kant erstmals ausdrücklich zwischen (erkenntnis-)theoretischer und (moralisch-) praktischer Untersuchung trennt. Auf diese Weise ist er der Position autonomen Handelns näher, als der Sprachgebrauch zu erkennen gibt. Seine Terminologie steht zwar unter dem Einfluss der englischen Sensualisten; der *moral sense* scheint die ganze Last der Begründung zu tragen. In Wahrheit aber erfüllt das »moralische Gefühl« bereits hier die Funktion einer ethischen Didaktik. Deshalb kann auch unter den Bedingungen der Vernunftkritik weiterhin von diesem Gefühl die Rede sein, ohne die Leistung der reinen Vernunft zu schmälern. Bei der Behandlung der kritischen Ethik wird sich zeigen, dass auch der moralische Rigorismus Kants auf sinnliche Momente angewiesen bleibt (vgl. 5.20; 6.11).

14. Die Iden des März. 1764 veröffentlicht Kant die bereits erwähnten *Beobachtungen*, eine meisterliche Behandlung aller schöngeistigen Gegenstände, die das aufgeklärte Publikum jener Jahre beschäftigt. Die Schrift lässt es geradezu als Selbstverständlichkeit erscheinen, dass Kant, der damals als Magister und Privatdozent noch immer ohne feste Einkünfte ist, die frei gewordene *Professur für Poetik und Rhetorik* angetragen wird. Das Angebot unterstreicht den Ruf, den er als Kenner der lateinischen Literatur, als Verfasser von Sinngedichten und als Rhetor genießt; es lässt überdies erkennen, welche Rolle der bewusste Umgang mit der Sprache in seiner akademischen Arbeit spielt. Man darf aber auch unterstellen, dass seine philosophischen Gegner es nicht ungern gesehen hätten, wenn der ärgerlich eigenständige, keiner Schule anhängende Denker seine Zeit hinfort mit Dichtungstheorie und Dichtungspraxis hätte zubringen müssen.

Doch Kant lehnt den Ruf ab. Er weiß, welche Anforderungen bei allen öffentlichen Anlässen der Universität auf den Inhaber des Lehrstuhls für Dichtkunst zukommen. Obgleich er Poesie und Rhetorik nicht verachtet, ist er sich doch sicher, dass seine Profession keine andere als die eines Philosophen sein kann. Um seine unsicheren Einkünfte aus Kolleggeldern, Privatstunden und der Beaufsichtigung einzelner Studenten aufzubessern, bewirbt er sich 1765 mit Erfolg auf die Position als *Subbibliothecarius* der Universitätsbücherei. Das ist, nicht zuletzt wegen der überschaubaren Buchbestände, wirklich nur eine Nebentätigkeit, aber gewiss kein angemessenes Amt für einen großen Denker. Tatsächlich muss er noch fünf weitere

Jahre warten, ehe er 1770 – nach Ablehnung von Rufen nach Erlangen und Jena – das *Ordinariat für Logik und Metaphysik* in Königsberg übernehmen kann. Am 31. März 1770, kurz vor Vollendung seines 46. Lebensjahres und für damalige Verhältnisse überdurchschnittlich spät, erhält Kant einen Lehrstuhl für Philosophie. Das hohe Alter des endlich Berufenen ist ein Maß für die Widerstände, die er zu überwinden hatte.

Die Berufung hat Kant mit Sicherheit nicht »durchgeträumt«: Am 15. März 1770 stirbt der seit langem erkrankte Mathematiker Langhansen. Am 16. März schlägt Kant in einem Brief an den zuständigen Minister vor, man möge die frei gewordene Stelle entweder dem Schwiegersohn des Verstorbenen, dem Inhaber der Professur für Moral, Christiani, oder aber dem Professor für Logik und Metaphysik, Buck, übertragen (10,90). Buck sei früher schon einmal Extraordinarius für Mathematik gewesen; außerdem habe er seine Professur für Logik und Mathematik zur Zeit der russischen Besatzung erhalten, obwohl Kant auf der Liste vor Buck platziert gewesen sei. Da Langhansens Stelle auch für Theologie ausgewiesen und überdies mit dem finanziell begünstigten Inspektorat über das *Collegium Albertinum* verbunden sei, bringe der Wechsel für beide Kollegen einen Vorteil, und er, Kant, könne die frei werdende Professur einnehmen.

Am 19. März wiederholt Kant seinen Vorschlag in einem Gesuch an den König (10,92), und bereits am 31. März ergeht die *Cabinetsordre*, die Kant auf die Professur für Logik und Metaphysik beruft (10,93). Buck ist damit umgesetzt. Sein Einspruch ändert an der Entscheidung nichts. Er war einer jener Kommilitonen, die Knutzen Kant vorgezogen hatte. Nun muss er Knutzens Stelle für den damals zurückgesetzten Immanuel Kant räumen. Das Leben – kein Traum.

Die wichtigste Veröffentlichung vor dieser Entscheidung sind die *Träume eines Geistersehers* (1766). In diesem philosophisch viel zu wenig beachteten Buch macht sich Kant mit polemischer Lust über die okkulten Qualitäten eines damals für Sensationen sorgenden Spiritisten her, erläutert zugleich aber, indem er »eine sehr ernsthafte Sprache« gebraucht (2,349), worin die lebenspraktische Aufgabe wissenschaftlicher Arbeit besteht. Er legt dar, warum das Prüfen der Argumente »aus dem Gesichtspunkte anderer« zu erfolgen habe (ebd.) und nennt den Geist das »Principium dieses Lebens« (2,351). Hier legt er das Bekenntnis ab, in die Metaphysik »verliebt« zu sein, und nennt sie eine »Wissenschaft von den *Grenzen der menschlichen* Vernunft« (2,368). Als Voraussetzung einer nach den Grenzen des Wissens suchenden Wissenschaft wird die »Selbsterkenntniß« ausgezeichnet.

Eine Probe dieser Selbsterkenntnis folgt in der kleinen, den eigenen Leib als notwendigen Bezugspunkt einer jeden Erkenntnis exponierenden Schrift *Von dem ersten Grunde des Unterschiedes der Gegenden im Raume* (1768; *AA* 2). Danach, so scheint es für seine zahlreichen Gegner, ist Kant als Autor bereits am Ende. Im Rückblick aber erweist sich die beiläufige Studie über die Raumerfahrung als wichtiger Beleg für die Verbindung zwischen Anthropologie und Transzendentalphilosophie. Denn ohne Bezug zu unserem eigenen, sich selbst bewegenden und sich auf sich selbst beziehenden Körper ließe sich gar nicht verstehen, was der Begriff des Raumes eigentlich meint.

15. Promotion mit Herz. Zur Übernahme der Professur hat Kant nach dem damaligen Brauch noch einmal eine *Dissertation* vorzulegen und zu verteidigen. Dies geschieht mit der schon auf die Vernunftkritik vorausweisenden Abhandlung *De mundi sensibilis atque intelligibilis forma et principiis*[15], die er im Frühjahr ausarbeitet und am

15 Eine Übersetzung findet sich in der Kant-Ausgabe von Wilhelm Weischedel, Bd. 3: *Von der Form der Sinnen- und Verstandeswelt und ihren Gründen* (1959).

21. August 1770 im großen Hörsaal der Universität verteidigt. Bei der Verteidigung gegen die drei von der Fakultät bestellten *Opponenten* sekundiert ihm als *Respondent* der Studiosus der Medizin und Philosophie Marcus Herz, der noch im selben Jahr Königsberg verlässt, sein Medizinstudium in Berlin und Halle fortsetzt und sich 1774 nach erfolgter Promotion als Arzt in Berlin niederlässt.[16] Dort wird er zu einem der führenden Köpfe der Berliner Aufklärung; der Salon seiner Frau Henriette ist ein Treffpunkt der Berliner Gesellschaft.

Dass Kant seine Thesen von einem Juden verteidigen lässt, löst bei den Fakultätskollegen Empörung aus. Doch er steht zu dem jungen Mann, dem er in seltenen, dann aber ungewöhnlich langen Briefen nach Berlin das Programm der langsam entstehenden Vernunftkritik erläutert. Ein in Königsberg begonnenes Gespräch wird über die Distanz hinweg fortgesetzt. Die Briefe an Herz sind heute die wichtigste Quelle über die Probleme auf dem Weg zur *Kritik der reinen Vernunft*, die im ersten Brief vom Februar 1772 unter dem Titel »Grenzen der Sinnlichkeit und der Vernunft« angekündigt wird. Veröffentlichungen, die uns Aufschluss über die Entwicklung seines Denkens zwischen 1770 und 1780 geben könnten, haben wir nicht. Der spät (und auf eigene Initiative) berufene Professor, der in den Jahren zuvor als Magister so fleißig publizierte, scheint das Schreiben nicht mehr nötig zu haben. Wenn wir von der nur fakultätsintern verteilten Dissertation absehen, dauert es vom *Raumaufsatz* (1768) bis zur *Kritik der reinen Vernunft* (1781) mehr als 12 Jahre, bis wieder etwas aus Kants Feder erscheint.

Man glaube nicht, dies sei damals nicht aufgefallen. Lavater fragt schon 1774 scheinbar besorgt in einem Brief, ob Kant denn »der Welt gestorben« sei (8. Februar 1774;

16 Über Leben und Werk von Herz berichten E. Conrad, H. P. Delfosse und B. Nehren in ihrer Einleitung zu: M. Herz, *Betrachtungen aus der spekulativen Weltweisheit*, Hamburg 1990.

10,149). Die in Halle und Leipzig tonangebenden Theorationalisten, die auch in Königsberg in der Mehrheit sind, oder die vornehmlich von Göttingen aus wirkenden Vertreter des skeptischen Empirismus halten Kant wegen seiner philosophischen Unabhängigkeit ohnehin für unzuverlässig; er gilt ihnen als schlecht geschult, weil er sich nicht in der üblichen Weise mit den gängigen Themen befasst. Für die Schulphilosophen der 70er- und 80er-Jahre ist Kant ein Außenseiter; für sie bestätigt sich jetzt nur, was sie schon vorher wussten: dass seine Berufung eine Fehlentscheidung war. Das Urteil bleibt ihm nicht verborgen.

Unter solchen Bedingungen lebt ein anspruchsvoller Mensch »gleichmäßig und einförmig« nur, wenn er über große Kraft verfügt. Der Berufungsvorgang im März 1770 ist ein exemplarischer Beleg für Kants Aufmerksamkeit für die äußeren Konditionen des Daseins. Es ist ihm höchst bewusst, was um ihn vor sich geht. Aber er kann die Widrigkeiten des Daseins scheinbar unberührt ertragen, weil er sich seiner eigenen Leistungen sicher ist. Der Gleichmut seiner Lebensführung ist kein Reflex idyllischer Konditionen, sondern eine existenzielle Errungenschaft, in der sein Werk die größte Rolle spielt, obgleich es lange Jahre lediglich vor ihm liegt.

16. »Rousseau hat mich zurecht gebracht.« Kants Rückzug musste jedem unverständlich sein, der sich am Fortgang der laufenden Diskurse orientierte und auf die epistemischen Fragen im Anschluss an Leibniz, Locke und Berkeley, Hutcheson, Hume und Adam Smith bezogen blieb. Kant ist diesen Denkern näher, als seine publizistische Abstinenz vermuten lässt. Auch seine Bewunderung für Rousseau bleibt bis zu seinem Eintreten für den Dessauer Schulversuch (1776/77; *AA* 2) ohne öffentliche Resonanz, obgleich ihn die Kulturkritik des Außenseiters in seiner Lebensauffassung berührt, ja verändert: »*Rousseau* hat mich zurecht gebracht«, so gesteht er es in den *Bemerkungen* von 1765:

> Ich bin selbst aus Neigung ein Forscher. Ich fühle den gantzen Durst nach Erkentnis u. die begierige Unruhe darin weiter zu kommen oder auch die Zufriedenheit bey jedem Erwerb. Es war eine Zeit da ich glaubte dieses allein könnte die Ehre der Menschheit machen u. ich verachtete den Pöbel der von nichts weis. *Rousseau* hat mich zurecht gebracht. Dieser verblendende Vorzug verschwindet, ich lerne die Menschen ehren u. ich würde mich unnützer finden wie den gemeinen Arbeiter wenn ich nicht glaubete daß diese Betrachtung allen übrigen einen Werth ertheilen könne, die rechte der Menschheit herzustellen. (20,44)

Kant protokolliert die persönliche Bedeutung einer Lektüre, die ihn für die lebenspraktischen Defizite einer bloß auf die Schulen bezogenen Denkart empfänglich macht:

> Wenn ich in die Werkstatt des Handwerkers gehe so wünschte ich nicht daß er in meinen Gedanken lesen konnte. Ich scheue diese Vergleichung er würde die Große Ungleichheit einsehen in der ich mich gegen ihn befinde. Ich nehme wahr daß ich nicht einen Tag ohne seine Arbeitsamkeit leben könne daß seine Kinder zu nützlichen Leuten erzogen werden. (20,102)

Von den negativen Folgen des Vergleichs will er sich befreien. Das Philosophieren hat sich den lebenspraktischen Aufgaben zu stellen, in denen die Wissenschaft mit dem Handwerk verbunden ist. Dabei steht das Kriterium der Nützlichkeit für Kant nicht im Widerspruch zur Humanität. Pragmatisches und Praktisches treten erst dort auseinander, wo kein Raum für die menschliche Würde bleibt, wo der »Marktpreis« dem Gebot der Vernunft widerspricht. Da sich die Humanität auf das freie und gleiche Wollen aller Menschen gründet, ist der Nutzen für das Menschengeschlecht ein Ziel, das ihm die Richtung seines Denkens vorgibt:

> Weñ es irgend eine Wissenschaft giebt deren der Mensch bedarf so ist es die so ihn lehrtet die Stelle geziemend zu erfüllen welche ihm in der Schöpfung angewiesen ist und aus der er lernen kan was man seyn muß um ein Mensch zu seyn. (20,45)

Ein Maß für die Vernunftkritik ist damit gesetzt. Die mit der *Kritik der reinen Vernunft* vollzogene Wendung bezieht sich nicht nur auf das Problem der adäquaten Begründung unserer Erkenntnis, dem dann die Anlage der praktischen Philosophie zu folgen hat. Die »Revolution der Denkart« ist selbst Indiz für eine veränderte Einstellung zur Welt, die in dem, was sie dem Menschen bedeutet, immer auch Ausdruck seines Willens ist. In einer stoisch anmutenden und gleichwohl hochmodernen Bemerkung aus derselben Zeit wird dieser Wandel auf eine knappe Formel gebracht:

> Ich der ich gewis weis daß ich keine übel erleide als die ich mir selbst zuziehe u. es nur auf mich ankommt durch die Güte der gottlichen Anordnung glücklich zu seyn werde niemals gegen sie murren. (20,68)

Ich [...] *weiß daß* [...] *es nur auf mich ankommt* – das ist die praktische Prämisse der theoretischen Philosophie, die Kant 16 Jahre später in einer ersten Fassung präsentiert. Er benötigt noch fünf weitere Jahre, um auch das moralisch-praktische Denken auf diese Einsicht zu gründen. Die Bedeutung dieser frühen Stelle liegt nicht zuletzt darin, dass sie keinen Widerspruch zwischen dem entschiedenen Anspruch auf Selbstbestimmung und einem kindlich anmutenden Gottvertrauen aufkommen lässt.

17. »Das Jahr 69 gab mir großes Licht.« Für Kant selbst ist das entscheidende Datum nicht die Berufung auf die Professur, sondern das Jahr davor: 1769. Dieses Jahr brachte ihm, wie er später bekennt, »großes Licht« (*R* 5037; 18,69).[17] Unter dem Einfluss der Schriften Rousseaus, durch Mendelssohns *Phaedon* (1767) verstärkt auf Platon aufmerksam gemacht und in Auseinandersetzung mit den skeptischen Einsichten David Humes schickt Kant sich an, die »Grenzen der Sinnlichkeit und der Vernunft« neu zu bestimmen. Schon 1769 wird ihm klar, dass der Mensch seine sinnliche Wahrnehmung nicht von der Beschaffenheit seiner Natur trennen kann. Folglich muss das, was wir den von uns erkannten Dingen an sinnlichen Qualitäten zuschreiben, mit den eigenen Leistungen zu tun haben.

Raum und Zeit scheinen Qualitäten zu sein, die gar nicht den Dingen selbst zukommen. Vielleicht sind sie nur »Zutaten« des Menschen, der sich gar keine Dinge außerhalb von Raum und Zeit vorstellen kann? Ist es nicht erst der Mensch, der alles, was immer er sich vorstellt, auf den *jetzt* gegebenen Zeitpunkt und auf seinen *hier* eingenommenen Standort bezieht? Und könnte dies nicht auch für weitere Bestimmungen unserer Erfahrungswelt gelten? Hatte Hume nicht die das ganze Universum zusammenhaltende Kausalität zu einer bloßen Beigabe durch den Menschen erklärt, zu der es nur durch unsere Gewohnheit kommt?

Das sind die Fragen, die Kant nun auf alle Gebiete der menschlichen Erkenntnis ausweitet, um nach den Gründen für die in den Erfolgen der Wissenschaften so unab-

17 Dazu: Kuehn, 1983; Kreimendahl, 1991; Reich, 1935; Schwaiger 1999, 88 und 91.

weisbar gewordene Koinzidenz von menschlichem Wissen und gegenständlicher Welt zu suchen. Doch schon der Ansatz seiner Frage zeigt, dass sie nicht bloß auf die *intelligible Verfassung* des Wissens, sondern immer auch auf dessen *praktischen Gebrauch* bezogen ist. Mit dem Gebrauch aber steht auch das Wesen in Frage, das ihn nicht nur zu veranlassen und zu beachten, sondern auch zu verantworten hat.

Somit geht es Kant von Anfang an immer auch um das *menschliche Handeln*. Seine Grenzbestimmung der Sinnlichkeit und der Vernunft ist bereits im Ansatz auf die *Grundsätze des technischen und des moralischen Tuns* bezogen. Er kommt auf die Praxis nicht erst bei den nachgeordneten Problemen der so genannten Anwendung. Es ist vielmehr so, dass schon das *Denken* als ein *Handeln* zu begreifen ist und damit bereits bei Problemen der Praxis ist, lange bevor sie uns zu bewussten Entscheidungen nötigt. Überdies ist der Mensch auch in der Moral auf die Fähigkeiten des Empfindens, Fühlens, Wollens und Denkens angewiesen, ohne die keine Erkenntnis möglich wäre. Also liegt es nahe, sowohl in theoretischer wie auch in praktischer Hinsicht nach den *Bedingungen der menschlichen Welt* zu fragen.

Kant vermutet, dass diese Bedingungen erst *in den menschlichen Leistungen*, also erst *im* Erkennen, Bewerten und Entscheiden wirksam werden. Träfe dies zu, wäre alles, was immer wir begreifen, an die Konditionen des menschlichen Handelns gebunden. Wie streng und sachlich wir auch immer sind: Stets und in allem haben wir eine Welt vor Augen, die so, wie wir sie erkennen und behandeln, nur in Bezug auf diese unsere Fähigkeiten möglich ist. Damit wäre die Welt das Insgesamt der Dinge, die der Mensch macht. Und sie wäre zugleich das Ganze, das uns als ihrem Teil entspricht.

Der Begriff der Welt erhält damit einen nicht alltäglichen Sinn: Diese unerhört große, unvorstellbar alte und immer wieder neue Welt, dieser Inbegriff des Gegebenen und Überdauernden, des Fremden und Fernen, worin der Mensch sich selbst als eine ephemere Existenz wahrzunehmen hat, wäre gleichwohl das, woran er in subtiler Weise seinen eigenen Anteil hat.

18. Der existenzielle Impuls der Vernunftkritik. Die Vermutung einer durch die Eigenleistung des Menschen geschaffenen »konstituierten« Welt muss im Jahre 1769 noch ziemlich roh gewesen sein. Denn in der rasch geschriebenen Dissertation *De mundi sensibilis* lässt Kant sie nur für die *Anschauung* der Dinge, nicht aber für den *Begriff* von ihnen gelten. Es widerstrebt ihm offenbar, die Welt als ein bloßes Produkt unseres Verstandes anzusehen. Zwar ist er davon überzeugt, dass unsere Vorstellungen nicht einfach Wirkungen der erkannten Gegenstände sein können; aber den naheliegenden Umkehrschluss, dass die Vorstellungen die Ursache der erkannten Gegenstände sind, hält er für abwegig. Und so sucht er nach einer Lösung, die sowohl die Einseitigkeit einer Ableitung unserer Vorstellung aus gegebenen Dingen wie auch die Umdeutung der Dinge in bloße Vorstellungen vermeidet.

Die Bemühung um diese Fragen hinterlässt, wie Kant sagt, eine »Dunckelheit«. Die schwindet wohl auch nicht, als er sich elf Jahre später an die Veröffentlichung wagt und dann bis an sein Lebensende nicht nur die theoretischen, praktischen und ästhetischen Konsequenzen untersucht, sondern immer wieder mit der Fundierung und Revision der Lösung beschäftigt ist. Aber er nennt schon 1772 den Titel des Werkes, dessen erster Teil »die Quellen der *Metaphysic*, ihre Methode u Grentzen« behandeln und deren zweiter Teil »die reinen *principien* der Sittlichkeit« enthalten soll. Der Titel lautet: »Critick der reinen Vernunft« (10,132). Dabei schließt die Vernunft, so rein sie auch immer gedacht werden mag, den *Willen* und den *Zweck* des Menschen ein.

Der praktisch-rousseauistische Impuls des großen Vorhabens findet Rückhalt in einer Stimmung des Zeitgeistes, die in London schon in den 40er-Jahren verbreitet ist und die Kant aus seinem »literarischen Zirkel« kennt. Im Juli 1771 findet sie besondere Aufmerksamkeit, denn in der *Königsberger gelehrten Zeitung* erscheinen *Nachtgedanken eines Skeptikers*, in denen sich ein ungenannter Autor der Verzweiflung über die grund- und sinnlose Existenz des Menschen überlässt. Das namenlose »Ich« des Textes erfährt das Leben als Schiffbruch auf hoher See. Mit knapper Not hat es sich im »endlosen Ozean« des Lebens auf ein unwirtliches Eiland gerettet. Vielleicht könnte es sich aus seiner Lage befreien; aber ihm fehlt bereits das Vertrauen in die eigenen Kräfte. So befindet es sich in »höchster Verzweifelung« über die Welt und über sich selbst. Auf die erste Frage »Wo bin ich?« kann es ebenso wenig Auskunft geben wie auf die zweite: wer oder was es denn eigentlich selber sei?

Kant dürfte gewusst haben, wer sich hinter der Klage des verzweifelten Ich verbirgt: Es ist Johann Georg Hamann, der hier freilich nicht im eigenen Namen spricht, sondern nur einen Text von David Hume so übersetzt hat, dass man den wahren Autor nicht gleich erkennt. Es handelt sich um die *Conclusion* am Ende des ersten Buches von Humes *Treatise of Human Nature* (1749). Man braucht nur den Verfasser und den Titel des Buches zu nennen, um zu erkennen, dass es sich hier um mehr als eine literarische Mode handelt. Das Wissen von der Unzulänglichkeit der eigenen Kräfte gehört selbst zu den Bedingungen der menschlichen Existenz. Hamann hatte dieses Bewusstsein schon 1759 mit der Selbsterkenntnis des Sokrates in Verbindung gebracht.[18]

18 J. G. Hamann, *Sokratische Denkwürdigkeiten*, Amsterdam [i. e. Königsberg] 1759.

Das hat ihm Kant schon damals eingeräumt. Nur war er nicht damit einverstanden, bei der Suche nach einem Ausweg aus der konstitutionellen Krise des Menschen allein auf den *Glauben* zu setzen. Kant bleibt Sokrates (und wohl auch Hume) näher, wenn er versucht, das Selbstvertrauen des Menschen durch die *Vernunft* zu stärken. Die Vernunft schließt den Glauben nicht aus. Dass sie jedoch im Vorfeld lebensbedeutsamer Entscheidungen unverzichtbar bleibt, folgt für Kant aus dem Umstand, dass die Vernunft auch der Urheber unserer existenziellen Verunsicherung ist. Ohne Vernunft wären wir nicht in der Lage, uns unsere Verzweiflung vor Augen zu führen; ohne sie könnten wir aber auch nicht verstehen, was Hoffen oder Glauben heißt. Folglich ist zu klären, was es mit diesem abgründigen Vermögen auf sich hat, das dem menschlichen Dasein Aussichten gibt und Aussichten nimmt. Die »Vernunftkritik« ist daher auf alle Leistungen und alle möglichen Abwege der Vernunft bezogen.

19. Einheit von Forschung und Lehre. Alle Anzeichen deuten darauf hin, dass Kant ab 1770 seine Kräfte auf das Vorhaben der Vernunftkritik konzentriert. Aber das bedeutet nicht, dass er sich ausschließlich auf sein eigenes Werk konzentrieren kann. Zwar gibt er 1772 die Tätigkeit als *Subbibliothecarius* auf, dafür übernimmt er 1776 erstmals das Amt des Dekans, das er dann bis 1791 noch fünfmal bekleidet. 1780 wird er ständiges Mitglied des Senats seiner Universität und zweimal, 1786 und 1788, amtiert er als Rektor. Der Forscher, als der Kant sich ausdrücklich versteht, hat also mit den akademischen Würden eine nicht unbeträchtliche zusätzliche Last zu tragen.

Die Lehre fordert den weitaus höchsten Einsatz. Kant hat die vorgeschriebenen Vorlesungen über *Logik* und *Metaphysik* zu halten und arbeitet sie kontinuierlich aus; auch die Kollegien über *Mathematik*, *Physik* und *Psychologie* sind turnusmäßig anzubieten. Seit 1772 kommt die von ihm universitätsfähig gemachte und dann mit wachsendem Erfolg im Wechsel mit der *Physischen Geographie* wiederholte *Anthropologie*. »Ich lese in diesem Winter«, so schreibt er Ende 1773 an Marcus Herz, »zum zweyten mal ein *collegium privatum* der *Anthropologie*, welches ich ietzt zu einer ordentlichen *academischen disciplin* zu machen gedenke« (10,145). Der Schüler, der ihm dazu durch eine Rezension von Ernst Platners *Anthropologie für Aerzte und Weltweise*, später auch durch seine medizinischen Schriften Anregungen gibt, macht es dem Lehrer in Berlin nach und bietet dort seit Winter 1778 ebenfalls ein Collegium über *Rationale Anthropologie* an.

Es gelingt Kant tatsächlich, das Fach zu etablieren; schon bald werden in Göttingen und Leipzig Vorlesungen unter diesem Titel gehalten. Zu seinen Obliegenheiten gehören aber auch *Natürliche Theologie*, *Naturrecht*, *Moral* und *Pädagogik*. Auf Anordnung der Regierung muss er 1774 sogar eine Vorlesung über *Mineralogie* aufnehmen; erst als die Universität dagegen mit dem Hinweis protestiert, dass es in Ostpreußen gar keine Bergwerke gebe, wird das Rescript wieder zurückgezogen. Wer weiß, dass die akademische Lehre keineswegs bloß repetitive Mühe, sondern ein offenes Experimentierfeld eigenen Denkens ist, das zu Klarheit, Anschaulichkeit und Ergiebigkeit verhelfen kann und überdies die Lebendigkeit des Wissens erfahren lässt, wird begreifen, wie Kant bei der gewaltigen Last der Lehre sein kritisches Denken so produktiv voranbringen konnte. In einem Rückblick aus dem Jahre 1797 kommt er zu folgender Bewertung:

> Ich habe viele Jahre vorher ehe ich mit der Critik der reinen Vernunft anhebend eine neue schriftstellerische Laufbahn einschlug in meinen Vorlesungen über Logik Metaphysik Moral und Anthropologie Physik und Rechtslehre den Autor den ich mir zum Leitfaden wählete, nicht blos commentirt sondern gesichtet gewogen

> zu erweitern und auf mir besser scheinende Principien zu bringen gesucht auf solche Weise sind meine Vorlesungen fragmentarisch theils gewachsen theils verbessert worden aber immer mit Hinsicht auf ein dereinst mögliches System [...]. (13,538 f.)

Was Kant hier beschreibt, wird Jahrzehnte später mit Blick auf die Universitätsreform Wilhelm von Humboldts unter den Titel der »Einheit von Forschung und Lehre« gebracht. Die Verbindung ist nicht zufällig, denn die späte Schrift über den *Streit der Fakultäten* (1798) hat das Bewusstsein von der Krise der alten Universität vertieft und wichtige Impulse für deren Erneuerung im 19. Jahrhundert gegeben. Vergessen wir aber nicht, dass Kant in seinen Vorlesungen auch zu einer direkten Ansprache seiner Zuhörer fähig war:

> Ach, wie oft rührte er uns bis zu Tränen, wie oft erschütterte er gewaltsam unser Herz, wie oft erhob er unseren Geist und unser Gefühl aus den Fesseln des selbstsüchtigen Eudämonimus zu dem hohen Selbstbewußtsein der reinen Willensfreiheit, zum unbedingten Gehorsam gegen das Vernunftgesetz [...]. (Jachmann, in: Malter, 1990, 219)

Jachmann, der rückblickend die Wirkung Kants in den Vorlesungen Anfang der 80er-Jahre beschreibt, fügt an: »Seine Zuhörer verließen gewiß keine Stunde seiner Sittenlehre, ohne besser geworden zu sein.«

20. Eigener Hausstand und weltläufige Interessen. Erst 1784, also drei Jahre nach der Publikation der *Kritik der reinen Vernunft*, erwirbt Kant ein eigenes Haus, in dem er seit 1786 seine eigene Mittagstafel hält. Die vielen Anekdoten, die sich auf Kants eigenen Haushalt, seine Gäste und den Umgang mit seinem Diener Lampe beziehen und in denen der Philosoph so pedantisch, ja, ordnungswütig erscheint, berichten von einem Mann jenseits der heutigen Pensionsgrenze. Es sind die Jahre, in denen Kant zu einer Berühmtheit geworden und vielfältigen äußeren Ansprüchen ausgesetzt ist, ohne sein System abgeschlossen zu haben. Also hat er mit seinen Kräften hauszuhalten. Umso erstaunlicher ist, wie entspannt er offenbar auch fremde Besucher empfängt. So berichtet der russische Schriftsteller Nikolai M. Karamsin in seinen *Briefen eines russischen Reisenden* von einem Besuch, zu dem er sich erst am Tag zuvor angemeldet hatte:

> Gestern Nachmittags war ich bey dem berühmten Kant, einen scharfsinigen und feinen Metaphysiker, der Malebranche und Hume und Leibniz und Bonnet stürzte – Kant, den einst der jüdische Sokrates, der verstorbene Mendelssohn, den alles zermalmenden Kant, nannte. [...] Er nöthigte mich sogleich zum Sitzen und sagte: »Meine Schriften könen nicht jedermann gefallen. Nur wenige lieben die tiefen metaphysischen Untersuchungen, mit welchen ich mich beschäftigt habe.« Wir sprachen erst eine halbe Stunde über verschiedne Gegenstände: von Reisen, von China, von Entdeckungen neuer Länder etc. Ich musste dabey über seine geographischen und historischen Kenntnisse erstaunen, die allein hinreichend schienen, das ganze Magazin des menschlichen Gedächtnisses zu füllen, und doch ist dies bey ihm nur Nebensache. (Malter, 1990, 346)

Es ist bekannt, dass Kant wenig Interesse für Schmuck, Meublement und Zeremoniell aufgebracht hat. Seine Wohnung ist schlicht, für die Besucher offenbar zu schlicht gehalten; in seinem Haus gibt es nur ein Bild (das Rousseau darstellt) und, was die Zeitgenossen besonders wundert, keine Tapeten. Auch sein Verhältnis zur bildenden Kunst und zur Musik scheint wenig entwickelt. Angesichts seiner innovativen, die Phänomene bis heute erfassenden Theorie der Kunst muss uns das noch immer in Erstaunen setzen. Seine reiche Phantasie kompensiert die fehlende Erfahrung im Umgang mit den Werken der Kunst.

Umso auffälliger ist sein stets waches Interesse am politischen Geschehen. In den Gesprächen mit den Kaufleuten Green und Motherby, den Generälen Meyer, von Lossow und von Brünneck, dem Kriminalrat, Polizeidirektor und Bürgermeister Theodor Gottlieb von Hippel, dem Kriegs- und Domänenrat Johann Georg Scheffner, dem Bankdirektor Ruffmann oder dem Herzog von Holstein-Beck bildet die Politik den zentralen Gegenstand – insbesondere in der Zeit des amerikanischen Unabhängigkeitskrieges und während der Französischen Revolution. Es macht Kant offenbar nichts, mit seinen entschieden republikanischen Ansichten allein zu sein. Er ficht mit desto größerem Nachdruck für sie.

Auch bei der stehenden Einladung in das städtische Palais des Kurländischen Reichsgrafen Heinrich Christian von Keyserling, der aus dem russischen Staatsdienst ausgeschieden war und sich 1772 in Königsberg niedergelassen hatte, wird über Politik in ihren theoretischen und praktischen Aspekten gesprochen. Der Graf hatte selbst eine Studie über das *Jus publicum* geschrieben, mit Rücksicht auf die Zeitumstände aber nicht veröffentlicht. Im Gespräch mit ihm schärft Kant sein politisches Urteil, das er in den kleinen Schriften der 80er- und frühen 90er-Jahre,[19] vor allem aber in seinem publizistischen Glanzstück *Zum ewigen Frieden* (1795; *AA* 8) auch philosophisch zur Geltung bringt.

Für die Französische Revolution tritt Kant so entschieden ein, dass manchem seiner Freunde bange um ihn wird.

19 *Idee zu einer allgemeinen Geschichte in weltbürgerlicher Absicht* (1784); *Beantwortung der Frage: Was ist Aufklärung* (1784); *Über den Gemeinspruch: Das mag in der Theorie richtig sein, taugt aber nicht für die Praxis* (1793) – alle in *AA* 8.

Auch nach der Hinrichtung Ludwigs XVI., die Kant als illegitim kritisiert, bleibt er bei seiner Parteinahme für den Aufstand in Paris. Wird er auf seine grundsätzliche Ablehnung eines Rechts auf Revolution angesprochen, entgegnet er, dass sich der französische König 1789 durch die Einberufung der Nationalversammlung selbst seiner Macht entledigt habe. Von seiner Schrift *Zum ewigen Frieden* ist man in Frankreich so angetan, dass sich gleich drei Übersetzungen als Raubdruck vertreiben lassen. Diese Folge seiner Berühmtheit scheint er vorausgesehen zu haben, als er 1785 eine kleine Abhandlung *Von der Unrechtmäßigkeit des Büchernachdrucks* (*AA* 8) veröffentlichen lässt.

21. Ein neuer Reiz in den Gemütern: Hamann und Herder. Immanuel Kant ist in Königsberg nicht der Einzige, von dem Impulse für das europäische Denken ausgehen. Johann Georg Hamann und sein – anfangs von Kant begeisterter – Schüler Herder dürften wohl die einflussreichsten Wegbereiter der Romantik im deutschen Sprachraum sein. So geht der Epochenkonflikt zwischen Aufklärung und Romantik auf Gegensätze in Königsberg zurück. Hinter ihnen stehen tief sitzende Unterschiede in der Lebensweise der Protagonisten. Als der zweimal wirtschaftlich gestrandete Hamann von seinem ihm freundschaftlich verbundenen Handelsherrn zur Wiederaufnahme ordentlicher Geschäfte überredet werden soll, ist Kant beteiligt und erregt Hamanns Argwohn, weil er sich so gut mit dem Kaufmann versteht.

Gegenüber Kant und der Aufklärung sieht sich Hamann berufen, als Anwalt des *Glaubens* und des *Gefühls* aufzutreten. Deshalb sucht er schon 1758 zu verhindern, dass Kant ein Physikbuch für Kinder schreibt; statt des Studiums der Natur empfiehlt er eine gründlichere Lektüre der Bibel. Der Glaube, so meint Hamann, werde bereits benötigt, wenn es um die Gewissheit unseres Daseins geht: »Unser eigenes Daseyn und die Existentz aller Dinge ausser uns muss geglaubt und kann auf keine andere Art ausgemacht werden.«[20] So ebnet er die Differenz zwischen »Glaube« und »Überzeugung« einfach ein. Kants Unterscheidung zwischen »Meinen«, »Wissen« und »Glauben« (*B* 848 ff.) hält er für kalt und abstrakt. Wirklich verbunden sind sich beide Männer, denen es, trotz aller Gegensätze in den Auffassungen von Leben und Denken, gelingt, im Gespräch zu bleiben, wohl nur in ihrer gemeinsamen Bewunderung des Sokrates.

1774 gibt es einen regen Gedankenaustausch über Johann Gottfried Herders *Älteste Urkunde des Menschengeschlechts.* Herder hatte in Königsberg als Gehilfe beim Buchhändler Kanter begonnen, war 1762 zum Theologiestudium zugelassen worden und durfte bei Kant unentgeltlich hören. Von den naturphilosophischen Vorlesungen schwärmte er, die Metaphysik war ihm von Anfang an fremd. Wir verdanken ihm hellsichtige Mitschriften von Vorlesungen aus jener Zeit (*AA* 24 ff.). Es heißt, er habe die Ausführungen des bewunderten Privatdozenten in Verse gefasst, von denen dieser wiederum so begeistert war, dass er sie in der Vorlesung »mit lobpreisendem Feuer« rezitierte (Malter, 1990, 63). Noch 1766 hat Herder die *Träume eines Geistersehers* enthusiastisch besprochen. Doch in den Briefen der nachfolgenden Jahre ist eine Abkühlung erkennbar, an der Hamann als Mentor Herders seinen Anteil hat. Als Kant Herders *Ideen zu einer Geschichte der Menschheit* kritisch-ironisch rezensiert, ist Herder so verletzt, dass man in Weimar von einer »Todfeindschaft« spricht. Gleichwohl kommt er im Rückblick auf seine Studienzeit bei Kant erneut ins Schwärmen:

20 Hamann, *Sokratische Denkwürdigkeiten* (1759), Sämtl. Werke II, Wien 1950, 73.

Ich habe das Glück genossen, einen Philosophen zu kennen, der mein Lehrer war. Er, in seinen blühendsten Jahren hatte die fröhliche Munterkeit eines Jünglings, die, wie ich glaube, ihn auch in sein greisestes Alter begleitet. Seine offene, zum Denken gebaute Stirn, war ein Sitz unzerstörbarer Heiterkeit und Freude; die gedankenreichste Rede floß von seinen Lippen; Scherz und Witz und Laune standen ihm zu Gebot, und sein lehrender Vortrag war der unterhaltendste Umgang. [...] Er munterte auf und zwang angenehm zum Selbstdenken.[21]

»Angenehmer Zwang zum Selbstdenken« ist ein schönes Oxymoron für Kants philosophische Wirksamkeit, das auch mit Blick auf seine Schriften, in Sonderheit die kleineren Arbeiten der »vorkritischen« und der »kritischen« Periode gilt. Bei Herder hat das Selbstdenken im Namen von Gemüt und Gefühl zu einer scharfen Abkehr von der Vernunftkritik geführt. Dabei hat er historische, sprachtheoretische und organische Zusammenhänge exponiert, die tiefe Spuren hinterlassen haben. Kants Geschichts- und Kulturphilosophie sowie seine späte Theorie des Lebens sind Herder verpflichtet. Allerdings gibt es in den Schriften des einstigen Schülers vieles, bei dem man nur den schwärmerischen Überschwang abziehen muss, um bei Einsichten zu sein, die der Lehrer selbst einst vorgetragen hat.[22] Sieht man, wie viel Leben selbst noch von der »reinen Vernunft« vorausgesetzt wird, erkennt man, dass Kant weder auf das Gefühl noch auf den Glauben verzichten kann, dann steht hinter dem epochemachenden Konflikt zwischen aufgeklärter Vernunftkritik und vorromantischer Herzenskündigung ein durchaus tragisch zu nennendes Missverständnis.

21 Herder, *Briefe, die Fortschritte der Humanität betreffend*, 21. Brief (1792); *Briefe zur Beförderung der Humanität*, Berlin/Weimar 1971, II,350.

22 Das gilt insbesondere für die von Herder rezensierten *Träume eines Geistersehers*, in denen Kant seine Theorie des Lebens skizziert (vgl. 2,327 ff.).

Vielleicht hat Herder in seiner Empfindsamkeit den Punkt erfasst, der die epochale Wirkung Kants im Übergang von der Aufklärung zur Romantik – wenn nicht erklären, so doch – verstehen lassen kann:

> Durch Kant ist ein neuer Reiz in die Gemüter gekommen, nicht nur das Alte zu sichten, sondern auch, wohin insonderheit der Zweck der Philosophie gehet, die eigentlich menschlichen Wissenschaften, Moral, Natur- und Völkerrecht, nach strengen Begriffen zu ordnen.[23]

22. Vorboten eines schweren Konflikts. Der in England seit Shaftesbury und in Frankreich mit dem Auftritt Rousseaus wieder einmal neu verhandelte Konflikt zwischen Verstand und Gefühl, Wissen und Glauben, Philosophie und Religion bleibt in Deutschland lange Zeit auf theologische und konfessionelle Kontroversen beschränkt. Hamann, mit der englischen Debatte wohl vertraut, gibt ihm eine philologisch-philosophische Pointe. Während die religiösen Erörterungen weitergehen und zwischen Spalding und Schleiermacher Kants großen Einfluss erkennen lassen, gelingt es Hamann und Herder, den Streit in die Philosophie zu tragen. Das ändert freilich wenig daran, dass er bekenntnishafte Züge behält und somit, vom Kirchenzwang befreit, seine existenzielle Dramatik verschärft.

Es beginnt schon 1769 mit der missionarischen Forderung des späteren Sturm-und-Drang-Predigers Johann Caspar Lavater an den klugen Moses Mendelssohn, er möge durch Übertritt zum christlichen Glauben demonstrieren, dass er tatsächlich an denselben Gott glaube. Wenn seine philosophischen Aussagen über die Gleichursprünglichkeit der monotheistischen Religionen ernst gemeint seien, könne er auch die praktischen Konsequenzen

23 21. Brief (s. Anm. 21), II,351 ff.

ziehen, ohne etwas für sein Seelenheil fürchten zu müssen. Daran schließt sich 15 Jahre später der auf nur leicht erhöhtem Niveau ausgetragene *Spinozismusstreit*, in dem der frühromantische Eiferer Jacobi dem verstorbenen Lessing nachsagt, gar kein gläubiger Christ gewesen zu sein. Der Autor des *Nathan* habe noch kurz vor seinem Tod bekannt, ein Anhänger des jüdischen Philosophen Spinoza – und somit ein Pantheist – zu sein. Damit gerät auch der mit Lessing befreundete Mendelssohn (der gute Geist der *Ringparabel*) in Verdacht. Der aber ist durch den Streit mit Lavater schon so in Mitleidenschaft gezogen, dass er diese zweite Zumutung nicht überlebt. Er stirbt 1786.

Kant ist sich bewusst, dass es in dem seit 1785 geführten *Pantheismus-* oder *Spinozismusstreit* immer auch um seine Lehre geht. Johann Erich Biester, der Sekretär des Preußischen Unterrichtsministers von Zedlitz, dem die erste *Kritik* gewidmet ist, fordert ihn von Berlin aus mehrfach zu einer Stellungnahme für die *Berlinische Monatsschrift* heraus. Kant aber hat erst seine *Grundlegung* (1785) abzuschließen. Dann bezieht auch er, meisterlich distanziert, Position im Streit. In einer Abhandlung, die zu seinen besten gehört,[24] weist er die religiöse Überformung des philosophischen Denkens zurück, indem er zeigt, wie eng das Verlangen nach praktischer Gewissheit mit dem Aufklärungsanspruch der theoretischen Vernunft verbunden ist. Er rechtfertigt die Metaphysik aus dem Bedürfnis nach lebenspraktischer »Orientierung« und weist ihr einen Platz in den Wissenschaften zu. Nur die Beibehaltung der Metaphysik erlaubt eine klare Trennung zwischen Philosophie und Theologie.

Zu diesem Zeitpunkt liegen fünf schwere Jahre hinter dem Autor der *Kritik der reinen Vernunft*. Er hat ein Werk geschrieben, das die Philosophie verändern wird. Aber die Reaktion ist Schweigen. Rezensionen lassen auf sich warten. Und als endlich die ersten Besprechungen zu

24 *Was heißt: Sich im Denken orientiren?* (1786; *AA* 8).

lesen sind, geben sie nur das Unverständnis der vermeintlich kundigen Leser zu erkennen. Selbst von Moses Mendelssohn ist zu hören, dass ihm das Buch Kopfzerbrechen mache. Der erste Rezensent, Christian Garve, ein erfahrener Autor, dessen Text bei der Redaktion durch den Herausgeber der *Göttingischen Gelehrten Anzeigen* verkürzt und vergröbert wird, entschuldigt sich in einem Brief an Kant: »Ich gestehe Ihnen, ich weiß kein Buch in der Welt, das zu lesen mir soviel Anstrengung gekostet hätte« (13. Juli 1783; 10,329). Manche glauben auch nur, das Buch verstanden zu haben, und lehnen es ab. Die Gegnerschaft aber bleibt nicht auf die gelehrten Organe beschränkt. Kant wird zur Figur des öffentlichen Spotts. Mindestens zwei populäre Romane machen sich über den »Despotismus« des kritischen Denkens lustig.

Wer weiß, was es heißt, Jahrzehnte lang auf ein Werk konzentriert gewesen zu sein, mit Intensität und Gründlichkeit etwas Neues ausgearbeitet zu haben und dann dem geballten Unverständnis seiner Zeitgenossen gegenüberzustehen, der wird die Enttäuschung des Autors begreifen. Doch auch hier hält sich Kant an die Einsicht, dass es auf ihn selber ankommt. Deshalb baut er ohne Zögern an seinem System und sucht seine Darstellung zu verbessern. Er ist sich allerdings auch nicht zu schade, Rezensenten aus seinem eigenen Schulzusammenhang zu mobilisieren.[25] Und wann immer er Zeit hat, hilft er seinem Werk mit einer Polemik gegen seine Gegner nach. Eine Kostprobe aus den *Prolegomena* von 1783, einer im Aufbau wesentlich veränderten systematischen Zusammenfassung der *Kritik der reinen Vernunft*, mag genügen:

> Ich bin dem gelehrten Publicum auch für das Stillschweigen verbunden, womit es eine geraume Zeit hindurch meine Kritik beehrt hat; denn dieses beweiset

25 Dazu erstmals Kuehn, 2001, 268f. und 329ff.

doch einen Aufschub des Urtheils und also einige Vermuthung, daß in einem Werke, was alle gewohnte Wege verläßt und einen neuen einschlägt, in den man sich nicht sofort finden kann, doch vielleicht etwas liegen möge, wodurch ein wichtiger, aber jetzt abgestorbener Zweig menschlicher Erkenntnisse neues Leben und Fruchtbarkeit bekommen könne, mithin eine Behutsamkeit, durch kein übereiltes Urtheil das noch zarte Pfropfreis abzubrechen und zu zerstören. (4,380)

Nicht selten findet Kant auch deutlichere Worte über seine zahlreichen Gegner: »Aber niemand ist blinder, als der nicht sehen *will*« (8,438). Gleichwohl kann er einem Besucher, der ihn 1789 auf seine »Feinde« anspricht, sagen: »Sie werden sie kennen lernen, und Sie werden finden, dass sie allzumal gute Menschen sind« (Malter, 1990, 347).

23. Der Zensurkonflikt: »Mit Kantens schädlichen Schriften muß es auch nicht länger fortgehen.« Wie stark Kant in die Zeitläufte seines Jahrhunderts eingebunden ist, belegt der Zensurkonflikt mit dem Preußischen König, dem bigotten und von seinen geistlichen Beratern abhängigen Friedrich Wilhelm II. Der Nachfolger Friedrichs II. macht 1786 seinen Antrittsbesuch in Königsberg und wird vom damaligen Rektor der Universität, Immanuel Kant, feierlich begrüßt. Der neue König behandelt den Philosophen »mit Ehrerbietung«, wie es heißt. Dafür spricht, dass Kant kurz darauf in die Berliner Akademie aufgenommen wird und eine Gehaltszulage erhält. Doch die in der Umgebung des Königs um sich greifende religiöse Schwärmerei sowie die bald offen zu Tage tretende politische Reaktion ändern die Lage schnell.

Am 7. Juli 1788 wird Kants Gönner Freiherr von Zedlitz durch den neuen Justizminister und »Chef des geistlichen Departements« Johann Friedrich Wöllner abgelöst.

Schon eine Woche später ergeht das so genannte *Religionsedikt*, das ein offener Angriff auf die geistigen Freiheiten ist. Der Ungeist des *Spinozismusstreits* wird zum politischen Programm. Kant sieht darin einen Anschlag auf die menschliche Vernunft und warnt in einem Aufsatz *Über die [jetzt so überhandnehmende] Schwärmerei und die Mittel dagegen* (1790)[26] vor der politisch-religiösen Reaktion. Auch den im September 1791 in der *Berlinischen Monatsschrift* gegen einen an Leibniz festhaltenden Kritiker gerichteten Aufsatz *Über das Mißlingen aller philosophischen Versuche in der Theodizee* (*AA* 8) darf man als öffentlich-versteckte Antwort an den Berliner Staatsklerus lesen. Der bleibt nicht untätig, scheut aber den offenen Konflikt mit dem berühmten Philosophen.

Kant dagegen tritt weiterhin provozierend auf und lässt im Herbst 1793 eine wohlvorbereitete Schrift erscheinen, deren Titel eine Kampfansage ist: *Die Religion innerhalb der Grenzen der bloßen Vernunft* (*AA* 6). Die Schrift enthält seine kritische Religionslehre, vertieft die Ansicht vom individuellen Charakter des Glaubens, rechtfertigt die Arbeit der Gemeinden, sofern sie – vom Staat getrennt – auf die wechselseitige Unterstützung ihrer Glieder gerichtet sind, entfaltet seine Lehre vom »radikal Bösen« und gibt einen Prospekt von der parallelen Entwicklung von Glauben und Pflichtgefühl. So erscheint die christliche Religion als Wegbereiter einer individuellen Kultur der Vernunft.

Mit alledem aber wehrt Kant den neuen Dogmatismus der herrschenden Kirchenlehre ab und richtet sich vornehmlich gegen den Wunderglauben. Der religiöse Aberglaube, so meint er, finde seine Nahrung in »gottesdienstlichen Bewerbungen«, »Anrufung heiliger Namen« und allen möglichen »Observanzen«; echte und reine religiöse

26 Sein Schüler Borowski kürzt den Titel für die Veröffentlichung in seiner Schrift über Cagliostro ab.

Gesinnung hingegen beruhe auf der »thätigen Gesinnung eines guten Lebenswandels« (6,168). Da jedermann in Preußen weiß, dass der König von einem »guten Lebenswandel« weit entfernt ist, ist auch Friedrich Wilhelm II. persönlich herausgefordert.

Es kann kein Zweifel sein: Kant provoziert den Konflikt. 1790 hatte er noch die Ansicht vertreten, man solle der religiösen Repression am besten mit Schweigen begegnen. Selbst 1792 glaubt er noch, man könne auf Wöllner persönlich Einfluss nehmen. Doch dann erfährt er über Kiesewetter, wie die »harten Zuchtmeister« in Berlin das Recht beugen, und entschließt sich zum öffentlichen Widerspruch.

Das Interesse des Publikums ist groß. Schon nach wenigen Monaten ist eine zweite Auflage der Religionsschrift nötig. Die Zensurbehörde muss handeln, wenn sie nicht inkonsequent erscheinen will. Noch vor der Entscheidung des Kabinetts hat Kant Nachrichten aus Berlin, die ihn das Schlimmste befürchten lassen: In einem Brief an Biester, der mit seiner Zeitschrift inzwischen nach Jena ausgewichen ist, hält er es für möglich, dass nunmehr »das Ende Ihrer und meiner Schriftstellerei« nahe ist. Vermutlich kennt er den Satz, den der König an Wöllner geschrieben hat: »Mit Kantens schädlichen Schriften muß es auch nicht länger fortgehen.« Am 1. Oktober 1794 ergeht die *Cabinetsordre* in Form eines königlichen *Rescripts*, in dem Kant der »höchsten Ungnade« des Monarchen versichert wird. Das Schreiben schließt mit einer Strafandrohung:

> Wir verlangen des ehsten Eure Gewißenhafteste Verantwortung; und gewärtigen uns von Euch, bey Vermeidung Unsrer Höchsten Ungnade, daß Ihr Euch künftighin Nichts dergl. werdet zu Schulden kommen lassen, sondern vielmehr, Eurer Pflicht gemäß, Euer Ansehen u. Eure Talente dazu anwenden, daß Unsere Landesväterl. *Intention* mehr als bisher erreicht werde; widrigen-

falls Ihr Euch bei fortgesetzter *Renitenz* unfehlbar unangenehmer Verfügungen zu gewärtigen habt.

(11,525 f.)

Kant antwortet darauf mit einem Schreiben, das er vier Jahre danach in der Vorrede zum *Streit der Fakultäten* veröffentlicht (7,7). Sein Brief rechtfertigt seine theoretische Position, lenkt jedoch in der Praxis ein; als Philosoph beharrt er auf seinem Standpunkt, als Universitätslehrer gelobt er Gehorsam. Es gibt Interpreten, die in diesem Schreiben einen Sieg des »Untertanen« über den »Freigeist« erkennen wollen; Kant, so meinen sie, habe als Aufklärer versagt. Sie vergessen, dass er den Konflikt im Interesse seiner philosophischen Einsicht provoziert und von dieser Einsicht auch in der Antwort nicht abrückt. Im Übrigen verspricht Kant nur, sich als Bürger an die Gesetze zu halten.

24. Der Kampf um den Abschluss seines Werks. Nach Green und dem Grafen stirbt 1791 auch die Gräfin Keyserling. Erst von da an zieht sich der Philosoph in die Einsamkeit seiner Produktion zurück. Die Anfälle von Melancholie häufen sich; die Verdauungsstörungen, über die er immer ausführlicher spricht, belasten ihn sehr. Gleichwohl liest Kant noch bis zu seinem 74. Lebensjahr und publiziert neue Schriften, von denen einige wie die *Friedensschrift* (1795), die *Rechtslehre* der *Metaphysik der Sitten* (1797) oder der *Streit der Fakultäten* (1798) bedeutende Wirkungen nach sich ziehen. Die *Tugendlehre*, ebenfalls 1797 erschienen, führt bis heute ein Schattendasein, obgleich sie in ihren konkreten Bestimmungen den individuellen Ansatz der kritischen Ethik deutlicher erkennen lässt als die *Kritik der praktischen Vernunft*.

Die Bilanz der späten Publikationen ist gewaltig. Sie erscheint unglaublich, wenn man hinzunimmt, dass Kant in diesen Jahren seinen einsamen Kampf um das letzte Werk beginnt. Seit 1792 macht er sich Notizen zu einem Buch, das sein Hauptwerk werden soll. Es kann auch keinem Zweifel unterliegen, dass es, im Fall des Gelingens, etwas wirklich Neues geworden wäre. Denn Kant sucht nach einem »Übergang« zwischen Idealität und Realität. Er will zeigen, wie man von der apriorischen Naturerkenntnis zur empirischen Naturwissenschaft gelangt (6.18); und sollte ihm dies glücken, hätte er am Beispiel der Wissenschaft gezeigt, wie das auf reine Begriffe gegründete Gesetz in empirische Gegebenheiten übergeht.

Am Ende der *Kritik der reinen Vernunft* gibt Kant der Hoffnung Ausdruck, die »menschliche Vernunft« könne »noch vor Ablauf« des gegenwärtigen Jahrhunderts »zur völligen Befriedigung« gebracht werden. 1781, ja, noch in der zweiten Auflage von 1787, ist er von seiner eigenen Leistung derart überzeugt, dass er wirklich glaubt, der »kritische Weg« könne in kurzer Zeit zur Lösung der Jahrtausende alten Fragen der Metaphysik führen.

In der Tat sucht Kant in den nachfolgenden Jahren mit beispielloser Energie seine Vorhersage zu bestätigen: 1783 erscheinen die *Prolegomena*, die »einleitende Vorbemerkung« zur Metaphysik als einer soliden Wissenschaft; 1785 folgt die *Grundlegung* der Ethik, deren systematische Ausführung drei Jahre später in der *Kritik der praktischen Vernunft* (1788) vorliegt; 1786 kommt das Werk über die *Metaphysischen Anfangsgründe der Naturwissenschaft* heraus; 1790 liegt mit der *Kritik der Urteilskraft* die Neubegründung der Ästhetik vor – verknüpft mit einer wahrhaft revolutionären Theorie des Lebens. Das kritische System kann damit als abgeschlossen gelten; die vielen Publikationen davor und danach führen nur einzelne Systemteile aus; sie wenden auf einzelne Lebensbereiche an, was im Prinzip ausgearbeitet ist.

Doch Kant sieht es anders. Dabei dürfte eine Rolle spielen, dass ihm das Ungenügen seiner in wenigen Jahren sprunghaft gestiegenen Zahl von Anhängern nicht entgeht. Die *Aetas Kantiana*, das Zeitalter Kants hat begonnen, aber die produktiven Köpfe unter den Schülern sind entschieden dabei, über den Lehrer hinauszugehen. Da er jedoch das Problem erkennt, das Reinhold, Fichte, Salomon Maimon und alsbald auch Schelling und Hegel umtreibt, versucht er sich selbst am Aufweis der Verbindung von individueller Erscheinungsform und universeller Geltung. Wann immer es seine abnehmenden Kräfte erlauben, arbeitet er an einem Manuskript, das die Lösung eines offengebliebenen Problems bringen soll.

Aber er kommt zu keinem tragfähigen Ergebnis mehr. Das bereitet ihm, wie er 1798 schreibt, einen »Tantalischen Schmerz«. Das Heroische seiner Lage ist ihm bewusst. Er hat das Ziel vor Augen und ist – im Alter von 74 Jahren – »bis zur höchsten Ungedult« gespannt. Aber sein Geist versagt ihm den Dienst. Die Unfähigkeit zu denken erfährt er als eine »völlige Lähmung der Lebenskraft«. Sie nötigt ihn, mit dem Gedanken immer wieder von neuem einzusetzen. Alltägliche Notizen mischen sich ein; Triviales, Absonderliches steht neben der kühnsten Abstraktion. So findet sich unmittelbar neben dem Anlauf zu einer großen These: »Die höchste Macht die höchste Weisheit in Einer Person« die Anweisung an die Köchin: »Die am Himmelfarthstage durch Versaltzung des Butterfisches früh morgendes fehlgeschlagene Kocherey muß nicht mehr vorkommen.«

Das Werk wird nicht beendet. Kant sucht gegen den Verfall der Kräfte anzuschreiben, kommt aber zu keiner systematischen Lösung mehr. Die hinterlassenen 13 Textkonvolute, die heute unter dem Titel *Opus postumum* über tausend Druckseiten der Akademie-Ausgabe füllen, gehören zur wertvollsten Hinterlassenschaft der jüngeren Philosophiegeschichte. Hier hat einer der bedeutendsten Philosophen, der glaubte, unmittelbar vor der Vollendung einer Epoche des Denkens zu stehen, gegen seinen Willen vorgeführt, dass sich das Denken nicht zwingen lässt.

Kants *Opus postumum* ist ein erhabenes und zugleich erschütterndes Dokument der endlichen Größe des menschlichen Geistes.

25. »Ich werde zu sterben wissen.« Wenn das Wort einen Sinn hat, dann ist es nicht anders als »heroisch« zu nennen, wie Kant den Verfall seiner Kräfte erträgt. Er will am »Marasmus« sterben, und das heißt: auf natürliche Weise: durch den allmählichen Verfall der Kräfte. Damit kommt die Ergebenheit in die Natur zum Ausdruck, die zu Kants moralischem Selbstanspruch nicht in Widerspruch steht. Über den Tod seines Vaters hatte er im März 1746 bemerkt: »er starb an einer gänzlichen Entkräftung, die auf den Schlag, der ihn anderthalb Jahre vorher befiel, erfolgte«. Das ist der Tod, den er herbeisehnt. In seinem Brief an Lichtenberg vom 1. Juli 1798 spricht er davon, dass er im »75sten Lebensjahr« stehe – »obgleich bey noch nicht völlig eingetretener Hinfälligkeit« (12,247). Dass er den Tod vornehmlich in einer moralischen Einstellung wahrnimmt, hat er in einer Mitteilung vor den Freunden zum Ausdruck gebracht:

> Meine Herren ... ich fürchte nicht den Tod, ich werde zu sterben wissen. Ich versichere es Ihnen vor Gott, dass, wenn ich's in dieser Nacht fühlte, dass ich sterben würde, so wollte ich meine Hände aufheben, falten und sagen: Gott sei gelobt! Ja, wenn ein böser Dämon mir im Nacken säße und mir ins Ohr flüsterte: Du hast Menschen unglücklich gemacht! dann wäre es etwas anderes. (Malter, 1990, 473)

Die letzte gemeinsame Mittagsmahlzeit im Hause Kants findet am 5. Juli 1798 statt. Im Jahr 1799 nehmen die geistigen Kräfte des Philosophen rapide ab. Seinen Freunden sagt er: »Meine Herren, ich bin alt und schwach. Sie müssen mich wie ein Kind betrachten« (Malter, 1990, 473).

Dieser Satz spricht den selbstbestimmten Verzicht auf die Selbstbestimmung mit Würde aus, eine Selbstbestimmung, die von ihrer unverfügbaren Naturbedingung weiß. Wasianski, der Kant in seinen letzten Jahren betreut und dazu eine Weile lang auch Kants alte Schwester verpflichtet, berichtet von fixen Ideen, die offenkundig machen, dass die geistige Kontrolle fehlt.

Nach einem Sturz auf der Straße, wo ihm Passanten aufhelfen müssen, stellt er seine Spaziergänge ein. Sein Zeitbewusstsein gerät durcheinander. Wenn sein Diener mit dem Kaffee die Treppe heraufkommt, ruft Kant wie ein Matrose im Mastkorb: »Ich sehe Land!« Seine Ungeduld nimmt zu, er verdächtigt ihm nahestehende Personen und wird verdrießlich. Auch an der Natur und am Wechsel der Jahreszeiten hat er keinen Gefallen mehr. Als man ihn im Frühling 1802 auf die Blütenpracht aufmerksam macht, erwidert er: »Das ist ja alle Jahre so, und gerade ebenso.« Nur über den Gesang einer Grasmücke in seinem Garten kann er sich immer wieder freuen.

Schließlich nimmt auch seine Sehkraft ab, Besuche werden ihm unangenehm, und am 8. Oktober 1803 wird er zum ersten Mal in seinem Leben ernstlich krank. Er scheint sich zwar noch einmal zu erholen, doch dann setzt ein rapider Verfall der Kräfte ein, zumal Kant weiterhin allen Ärzten und Arzneien misstraut: »Ich will sterben, nur nicht durch Medizin.« Dieser Wunsch wird erfüllt: Er stirbt am Vormittag des 12. Februar 1804 an vollkommener Entkräftung. Seine letzten Worte sollen »Es ist gut« gewesen sein.

3. Was kann ich wissen?

Grundzüge der theoretischen Philosophie

> Jetzt erschien die Kritik der Vernunft und bestimmte dem Menschen in der Welt eine durchaus *active* Existenz.
>
> (Wilmans bei Kant, 7,70)

1. Die Fragen der Philosophie und ihre Systematik. Die Philosophie kommt durch Fragen in die Welt, die sich letztlich auf eine einzige zurückführen lassen. Diese umfassende, alle anderen einbindende Frage lautet: *Was ist der Mensch?* (9,25) Da diese letzte Frage nicht von irgend einem Wesen, sondern vom Menschen selbst – und zwar an sich selbst – gestellt wird, hat sie einen praktischen Sinn: Denn wer wissen will, wer er selber ist, will nicht nur wissen, wie er *ist*, sondern immer auch, was er (sich und anderen) *bedeutet*. Damit bewegt er sich auf dem Terrain der Lebenspraxis, in der es ihm um Wirksamkeit und Geltung geht.

Die Suche nach Wesen, Wert und Zweck des eigenen Daseins führt nach Kant auf drei Teilfragen, mit denen sich die Disziplinen des philosophischen Denkens bilden. Die erste lautet: *Was kann ich wissen?* (*B* 833 und 9,25) Alle Versuche, darauf eine Antwort zu geben, gehören zur *theoretischen Philosophie*, zu der man einerseits die Theorien von *Erkennen* und *Wissen* und andererseits alles das zu rechnen hat, was wir über die allgemeinsten Gegenstände: über das *Sein*, über *Wirklichkeit*, *Möglichkeit* und *Notwendigkeit*, über die *Natur* oder über *Gott* aussagen können.

Die nächste Frage: *Was soll ich tun?* bringt die *praktische Philosophie* auf den Weg. Sie ist primär auf die *Moral* gerichtet, bezieht aber auch das *Recht*, die *Politik*, die *Gesellschaft* und mit ihr *Kultur* und *Geschichte* ein. Hier geht es um die *Gründe*, aus denen Menschen handeln und in denen sie etwas als für sie wichtig verstehen. Hier wird auch der Grund für die Leistungen des Erkennens gelegt. Der »Primat der praktischen Vernunft«, von dem Kant spricht (5,119ff.), setzt den *Primat der Praxis*, den Vorrang aller praktischen Daseinsfragen voraus. Es ist, wie sich zeigen wird, kein Vorrang des faktischen Geschehens, sondern des an uns selbst erlebten, als zweckmäßig und sinnvoll erfahrenen, stets in Mitteilung eingebundenen und von uns selbst verstandenen menschlichen Daseins. Auch deshalb gründet die Transzendentalphilosophie, obgleich sie nach unbedingten Bedingungen für unser Erkennen sucht, in einer Anthropologie, das heißt: in der Selbsterfahrung der menschlichen Natur.

Die dritte Teilfrage lautet: *Was darf ich hoffen?* Auch sie hat wesentlich mit der praktischen Bewältigung des Daseins zu tun, selbst wo sie in *Religion* und *Kunst* darüber hinauszugehen scheint. Denn ihre Pointe hat sie in der Aussicht auf ein kommendes Glück. Hoffnung schwingt in der Belebung und in aller Begeisterung mit; sie liegt aber auch in der kontemplativen Ruhe und in der Sicherheit des Glaubens. In jedem Fall ist sie von größter praktischer Bedeutung. Und die tritt anschaulich hervor, wo immer die Hoffnung auf den Gang des Lebens bezogen ist, also auf die Entfaltung der eigenen Fähigkeiten, auf die Entwicklung im Wechsel der Generationen sowie – alles in allem – auf die Bildung der Kultur.

Damit haben wir Kants Kanon der philosophischen Probleme beisammen. Wenn die folgende Darstellung mit der Antwort auf die Frage *Was kann ich wissen?* beginnt, hält sie sich an die zeitliche Abfolge der drei Kritiken und kommt am Ende, wie Kant es vorschlägt, auf die integrale Frage *Was ist der Mensch?* zurück.

2. Der kritische Zustand der Vernunft: Von der Diagnose zum Programm. »Die menschliche Vernunft«, so beginnt Kant die *Vorrede* zur ersten Auflage der *Kritik der reinen Vernunft*, »hat das besondere Schicksal [...] durch Fragen belästigt« zu werden, »die sie nicht abweisen kann, denn sie sind ihr durch die Natur der Vernunft selbst aufgegeben«. Und dennoch übersteigen diese Fragen »alles Vermögen der menschlichen Vernunft«. So gerät sie *durch sich selbst*, wenngleich »ohne ihre Schuld«, in endlose Streitigkeiten – *mit sich selbst* (*A* VII f.). »Ohne ihre Schuld« heißt hier: Sie kann nicht anders.

Dieses innige und gleichwohl gegensätzliche Selbstverhältnis ist das Kennzeichen der menschlichen Vernunft. Sie hat ihre Einheit in Widersprüchen und findet nur im Streit zu sich selbst. Nichts an ihr ist einfach, eindeutig oder harmlos. Alles an ihr ist in Bewegung: Wo sie das Konkrete hat, will sie die Abstraktion; hat sie den abstrakten Begriff, verlangt sie nach dessen Bestätigung in der Konkretion, weil sie selbst auf dem Sinn ihrer Einsicht besteht. So treibt sie aus eigenem Anspruch notwendig über das gerade Erreichte hinaus. Man würde ihr Unrecht tun, wenn man sie als »kalt«, »leblos«, »seicht« oder »abgehoben« bezeichnete. Denn ihr Zustand ist permanent kritisch; sie verunsichert sich fortwährend selbst – gerade indem sie nach Sicherheit strebt. Sie stürzt sich »in Dunkelheiten«, sucht das »Wagnis« und wird von widerstreitenden »Bedürfnissen« angetrieben – allein dadurch, dass sie Einheit und Vergewisserung in einem sucht. Kurz: Die Vernunft ist ein »Kampfplatz [...] endloser Streitigkeiten« – und dies umso mehr, als sie unablässig von sich selbst verlangt, den durch sie selbst eröffneten Kriegsschauplatz zu verlassen.

In Kants *Vorrede* ist es die *Metaphysik*, die als »Kampfplatz« (*A* VIII) bezeichnet wird. Das liest sich, als sei es abwertend gemeint. Aber es ist die Metaphysik, in die Kant das »Schicksal« hat, verliebt zu sein (2,367). So hat er es 1766 beschrieben, und so ist es immer geblieben. 1781 präsentiert er den Versuch, sie als »Wissenschaft« zu begründen. Also will er das Schicksal bezwingen und seiner Geliebten zur Anerkennung unter geregelten Verhältnissen verhelfen. Das aber kann nicht dadurch geschehen, dass er den »Kampfplatz« verlässt. Es wäre auch illusionär, auf ihm einfach Ruhe und Ordnung stiften zu wollen. Denn dazu bedürfte es eben *der* Vernunft, von der die Streitigkeiten ausgehen. Und an dieser Vernunft hält Kant mit aller Emphase fest.

Es ist daher ein ingeniöser Vorschlag, aus dem vermeintlichen Defizit der Vernunft ihr *Programm* zu machen: Die alle Zeit »kritische«, sich fortgesetzt destabilisierende, sich gerade durch ihr Verlangen nach Sicherheit zwangsläufig verunsichernde Vernunft soll sich als *Kritik* und damit als *Instanz der Selbstkritik* etablieren. Die diagnostizierte Schwäche der Vernunft wird zu ihrem selbstbewusst anerkannten Vorzug umgedeutet. Kant analysiert die geschichtliche Lage, stellt die destruktiven Bedingungen einer fortgesetzt gegen sich selbst arbeitenden Vernunft heraus und entdeckt eben darin die Voraussetzungen einer neuen Produktivität. Es ist die *Krise*, die schon 1765 hoffnungsvoll erwähnte *crisis* (10,57), der die Vernunft ihre überlegene Rolle verdankt – vorausgesetzt, sie überwindet den »Despotismus« des Dogmatismus und lässt den »Indifferentism« der Skepsis hinter sich (4,8). Auch deshalb hat Kant Grund, alle Klagen über den »Verfall« und die »Seichtigkeit« seines Zeitalters zurückzuweisen. Selbst wenn die Klagen sachlich berechtigt wären, gibt doch die bewusst erfahrene *Krise* der *Kritik* ihre Chance. Das ist der Hintergrund für das oft zitierte, aber bis heute zeitlich immer noch zu eng verstandene Diktum: »Unser Zeitalter ist das eigentliche Zeitalter der Kritik, der sich alles unterwerfen muß.« (*A* XII) Zur Radikalität dieser These gehört, dass vom Augenblick ihrer Äußerung an das »Zeitalter« stets die jeweilige Gegenwart ist. Keine Epoche, die diesen Satz versteht, kann hinter ihn zurückfallen wollen.

3. Antagonism. Solange die Vernunft den Widerstreit mit sich selbst durch »Selbstkritik« zu lösen sucht, darf man auf Fortschritt durch vernünftige Einsicht hoffen. Das ist die Erwartung der kritischen Philosophie. Die Geschichte wird nicht dämonisiert, die Gegenwart nicht simplifiziert und die Zukunft nicht trivialisiert. Die Vernunftkritik ist kein Projekt, das man nur gut bedenken, klug absprechen und umsichtig verwirklichen muss, um am Ende (durch jedermann überzeugende Leistungen) die Aufklärung auf Dauer zu stellen. Kant geht vielmehr von den im Entwicklungsgang des Menschen gesteigerten intellektuellen Widersprüchen aus: Sie müssen von jedem, der sie als drückend empfindet, ausgetragen und aus eigenem Anspruch entweder überwunden oder ausgehalten werden. Nur dann besteht Hoffnung, die treibenden Gegensätze einem Verfahren zu unterwerfen, in dem man mit ihnen – selbstbestimmt – umgehen kann.

Hinter dieser Erwartung steht Kants Einsicht in die *Produktivität der Gegensätze* überhaupt. Die hatte er schon in seiner Kosmologie von 1755 fruchtbar gemacht, indem er alle Bewegungen der Materie aus dem Zusammenwirken von Attraktion und Repulsion erklärte. Mit der Einführung der »negativen Größen« in die »Weltweisheit« im Jahre 1763 hat er die formalen Mittel zum Umgang mit den metaphysischen Gegensätzen bereitgestellt. Drei Jahre nach der Publikation der *Kritik der reinen Vernunft* rühmt er in einem Aufsatz den »Antagonism« der gesellschaftlichen Kräfte, der schuld an allen Konflikten und Kriegen sei, aber dennoch allem Fortschritt und jeder Ordnung zu Grunde liege (8,20). Ja, Kant dankt (!) der Natur für die »Unvertragsamkeit« und »Zwietracht« der Menschen, denn erst durch sie komme es zur »Anspannung« jener Kräfte, ohne die es niemals auch nur zur kleinsten gemeinsamen Anstrengung der Menschen käme:

> Alle Cultur und Kunst, welche die Menschheit ziert, die schönste gesellschaftliche Ordnung sind Früchte der Ungeselligkeit, die durch sich selbst genöthigt wird, sich zu discipliniren [...]. (8,22)

Die Interpreten beziehen diese Einsicht in der Regel nur auf den gesellschaftlichen Zusammenhang. Von hier aus konnte Kant dann auch als ein Vorläufer des Marxismus erscheinen, weil es so schien, als habe er dem »Klassenantagonismus« schon vorab eine allgemeine soziologische Fassung gegeben. Doch Kants »Antagonism« ist auf das ganze Feld des natürlichen Geschehens und auf alle Formen des menschlichen Handelns bezogen. Der zur Selbständigkeit gelangte Mensch (der schon des Widerstands bedarf, um sich aufrichten zu können) braucht in allem die Herausforderung durch seinen Widerspruch. »Selbst Gifte dienen dazu, andere Gifte, welche sich in unseren eigenen Säften erzeugen, zu überwältigen und dürfen daher in einer vollständigen Sammlung von Heilmitteln (Officin) nicht fehlen.« (*B* 771) Mit Blick auf das von ihm entworfene System der Vernunft hofft Kant, dass sich mit der Zeit die anfänglich gegebenen »Unebenheiten« in »Wirkung und Gegenwirkung« abschleifen. Die Widersprüche, von denen zunächst »große Gefahr« droht, werden sich als Bedingungen des Fortschritts erweisen (*B* XLIV).

Was aber das Wichtigste ist: Es gibt kein in historischer Reichweite liegendes Ziel der Vernunft, das von Gegensätzen frei wäre. So optimistisch Kant mit Blick auf die Leistungen der Vernunftkritik auch erscheint: Er verspricht kein Ende des Kampfes, keine Versöhnung der Gegensätze, noch nicht einmal die erhoffte Ruhe nach überstandenen Mühen. Die Ruhe brächte den »Todesschlaf durch Philosophie« (8,416). Wir haben also zu klären, welches Ziel die kritische Philosophie verfolgt.

4. Der Kampf der Schulen. Die Vernunft wächst mit ihren Widersprüchen. Aus dieser Einsicht wird im viel zu selten gelesenen Schlussteil der *Kritik der reinen Vernunft*, in der *Methodenlehre*, ein Modell für die Geschichte der Philosophie entwickelt. Schon in der *Vorrede* heißt es von der Vernunft:

> Anfänglich war ihre Herrschaft, unter der Verwaltung der *Dogmatiker*, *despotisch*. Allein, weil die Gesetzgebung noch die Spur der alten Barbarei an sich hatte, so artete sie durch innere Kriege nach und nach in völlige *Anarchie* aus und die *Sceptiker*, eine Art Nomaden, die allen beständigen Anbau des Bodens verabscheuen, zertrennten von Zeit zu Zeit die bürgerliche Vereinigung. (*A* IX)

Auf die *Dogmatik* und die *Skeptik* folgt die *Kritik*. Das ist ein *dialektisches* Schema, das Kant wie einen großen, über die Generationen hinweg geführten *Dialog* veranschaulicht. Die Geschichte der Philosophie erscheint als ein vielstimmiger Diskurs, in dem sich despotischer Dogmatismus und anarchischer Skeptizismus gegenüberstehen. Und da der Skeptiker als habitueller »Indifferentist« zu gelten hat, dem alles »gleichgültig« ist (*A* X), müsste alles im »Chaos« enden – wenn nicht die *Kritik* den in der *Krise* herrschenden Gegensatz zum Prinzip ihres eigenen Handelns annehmen würde.

»Handeln« ist hier wörtlich zu nehmen: Der Kritiker handelt, um etwas zu bewirken. Die kritische Vernunft ist eine *tätige* Vernunft, und dies nicht dadurch, dass sie sich, wie alles im Leben, irgendwie bewegt; sie will auf etwas hinaus; sie will die Tyrannei der Schulen hinter sich lassen, und sie mag nicht länger mit ansehen, wie die Zweifler alles lassen, wie es ist. Der Skeptiker, so heißt es später, legt »alles ungebraucht zur Seite« (8,415).

Das findet die kritische Vernunft unerträglich. Sie drängt zur Tat. Deshalb stellt sie sich der gelehrten »Gleichgültigkeit« entgegen, setzt an die Stelle des herrschenden »Leichtsinns« die »Urteilskraft« (ein dem Leben zugewandtes Vermögen, das sich nicht mit »Scheinwissen« begnügt) und nimmt »das beschwerlichste aller Geschäfte, nämlich die Selbsterkenntnis« auf – um darauf »Entscheidungen« zu gründen. Dazu setzt sie einen »Gerichtshof« ein, der die »grundlosen Anmaßungen« von Dogmatismus und Spektizismus freilich nicht durch »Machtsprüche« abfertigt, sondern durch ihr eigenes Prinzip, also nach den Gesetzen der Vernunft entscheidet (*A* XI).

Die Vernunft, so können wir das Bild von der Einsetzung des Gerichtshofs deuten, muss endlich reif und erwachsen werden, um nach ihrer eigenen Einsicht über sich selbst entscheiden zu können. Sie hat sich ihrer Aufgabe der Klärung und Prüfung zu stellen, darf sich dabei selbst nicht ausnehmen und hat einzusehen, dass sie nicht endlos theoretische Unterscheidungen treffen kann, ohne sich selbst dem Prinzip der Unterscheidung zu unterwerfen. Die Vernunft muss durch den Gebrauch der Urteilskraft Position beziehen; sie hat selbst praktisch zu werden. Schon das theoretische Urteil macht Unterschiede, die sinnlos wären, wenn nicht das Leben ein solches Trennen und Entscheiden verlangte. Insofern merkt man der Vernunft noch in ihren höchsten theoretischen Leistungen ihren ursprünglich praktischen Auftrag an. Der aber besteht, weil die Bedürftigkeit, Verletzlichkeit und Endlichkeit des Lebens nichts anderes übrig lässt.

5. Lebensgrund und Lebenspraxis. Die Vernunft, so unbedingt sie sich in ihren eigenen Einsichten auch präsentiert, hat ihren Grund im Leben. Nur so lässt sich ihre eigene Lebendigkeit verstehen, die in ihren Leistungen offenkundig wird und die Kant in seinen Analysen nie verhehlt. Schon in der *Einleitung* zur ersten *Vernunftkritik* stellt er heraus, dass die »reine speculative Vernunft« wie ein »Glied [...] in einem organisirten Körper« zu betrachten ist, in dem alle anderen Glieder »um aller anderen und alle um eines willen da sind« (*B* XXIII).[1] Bereits die »Träume« eines Geistersehers hatte Kant 1766 mit dem Aufweis der »organischen« Einbindung der Vernunft zerstört (2,329). Die Berufung allein auf »immaterielle Principien« erschien ihm als eine »Zuflucht der faulen Vernunft« (2,331).

Wenn Kant von der »Vernunftkritik« spricht, dann meint er einen theoretischen Selbstbezug mit praktischen Folgen. Tatsächlich hat die »Kritik« praktische Aufgaben, auch wenn sie nur mit den Mitteln der Theorie bewältigt werden kann. Schon indem sie *kritisch* wird, ist die Vernunft darauf aus, die herrschenden Gegensätze durch bewusste Konfrontation wirksamer zu machen. Dabei ist sie von ihrem eigenen »Interesse« geleitet, das mit dem »Interesse des Menschen« zusammenfällt.

Auf dieses Interesse braucht man nicht eigens, etwa nach Art einer humanitären Deklaration, zu setzen. Denn die Vernunft, der wir Zwecke und Ziele verdanken, verfolgt in ihrem bloßen Gebrauch das Ziel, Zustände zu sichern, in denen sie Zwecke und Ziele vorgeben kann. Sie ist *ursprünglich praktisch* und muss – allein aus dem Interesse, ihre theoretische Tätigkeit zu sichern – praktisch bleiben. Und diese Praxis zielt darauf, unter den Bedingungen der Krise so kritisch zu sein, dass sich Chancen eröffnen, die Krise zu überwinden. Von dieser Hoffnung leben wir, auch wenn sie sich nie erfüllen sollte.

Damit haben wir auch eine erste Antwort auf die Frage, was die Vernunft auf Dauer erreichen kann: Nichts, was einen definitiven Zustand der Ruhe und der gesicherten Besitzstände verspricht! Die Vernunft wird keine endgültigen Siege erringen. Ohne die Herausforderung durch den Gegensatz käme das vernünftige Denken zum Erlie-

1 Dazu Dörflinger, 2000, 7 und 18 ff.

gen. Somit gibt es auch nur einen *kritischen Weg* und kein kritisch gesichertes Ziel. Der »Kanon« der Vernunft zeigt an, was im Einzelnen zu tun ist; ihre »Architektonik« entwirft den Plan, nach dem zu bauen ist; ihre »Systematik« gibt dazu die Anleitung nach Prinzipien (*B* 823). Und was immer sie erreicht, ist bloß eine Etappe in der »Geschichte der Vernunft«, deren Ende offen bleibt (*B* 880).

Erst wenn man das bedenkt, wird klar, warum Kant, der die *Vorreden* zu beiden Auflagen der *Kritik der reinen Vernunft* mit einer Betrachtung über die *Geschichte der Vernunft* beginnt, unter diesem Titel das ganze Werk beschließt. Und wenn es im letzten Absatz heißt: »Der *kritische* Weg ist allein noch offen«, dann bedeutet dies, dass es zum »kritischen Weg« auch deshalb keine Alternative gibt, weil nur er in eine Zukunft führt, für die es vernünftige Gründe geben kann.

6. Die Kritik zieht in den Krieg. In der *Methodenlehre* der *Kritik der reinen Vernunft* malt Kant sein Modell vom dialektischen Aufstieg der Philosophie in kräftigen Bildern zu einem großen Kriegspanorama aus und schickt seine kritische Philosophie wie eine Armee in die Schlacht. Hier kann und muss die Vernunft »polemisch« sein. Dazu gehören der Angriff und die geschickte Verteidigung; dazu gehört auch, dass sie mit Waffen kämpft, deren Wirksamkeit zwar erwiesen, deren Rechtmäßigkeit aber noch nicht allgemein gesichert ist. Genauer: Der Philosoph darf mit Behauptungen operieren, die nach menschlichem Ermessen (*kat' anthropon*) überzeugend sind, ohne tatsächlich schon *kat' aletheian* als wahr erwiesen zu sein (*B* 767).

Hier also ist jeder Kämpfer auf sein eigenes Urteil angewiesen, und er hat dafür nur den existenziellen Kompass der »Wahrhaftigkeit«. Der ergibt sich daraus, dass der Philosoph das Gebot »Du sollst nicht lügen« in seine Weisheitslehre »innigst aufgenommen« haben muss. Deshalb reicht es nicht aus, nur im »Ton der Wahrhaftigkeit«

zu sprechen, sondern es muss aus eigener Überzeugung geschehen (8,422). Die »Wahrhaftigkeit«, mit der die Vernunft in den Kampf zieht, hat ihren Rückhalt in der individuellen Einstellung des Menschen. Wer dies bezweifelt, möge sagen, wie anders sich »Wahrhaftigkeit« und eine »innigst aufgenommene« Weisheitslehre verstehen lassen. Schon in seiner vorkritischen Zeit hatte Kant den »Weg der Aufrichtigkeit« gefordert, auf dem die »ernstliche Beschäftigung« in einer »ernsthaften Sprache« zum Ausdruck kommt (2,349).

Die *Polemik* kann aber nur etwas ausrichten, wenn sie mit der entsprechenden *Disziplin* ausgeübt wird, die letztlich *Selbstdisziplin* auf der Basis der *Selbsterkenntnis* zu sein hat (*A* XI). Obgleich Kants Kriegsmetaphorik große und zahlreiche Truppen suggeriert, kann man nicht davon absehen, dass die Vorkämpfer der kritischen Vernunft stets nur einzelne Individuen sind. Die aber haben die besten Chancen, sich zu disziplinieren, weil sie, noch ehe sie sich für den Kampf rüsten konnten, von der Vernunft gedemütigt worden sind. Sie hatten einen inneren Kampf zu kämpfen, der sie auf die offene Feldschlacht mit den feindlichen Truppen vorbereitet hat. Hier haben wir eine existenzielle Einübung in die Bewährung in der Welt.

7. Disziplin: gelingende Arbeit an sich selbst. Die Demütigung des Menschen durch seine eigene Vernunft ist eine wesentliche Voraussetzung für die Entschiedenheit im Kampf. Kant beschreibt sie in bewegenden Worten und macht zugleich bewusst, wie aus der Enttäuschung die Entschlossenheit erwächst, sich die eigene Zuständigkeit nicht nehmen zu lassen:

> Es ist demüthigend für die menschliche Vernunft, daß sie in ihrem reinen Gebrauche nichts ausrichtet und sogar noch einer Disciplin bedarf, um ihre Ausschweifungen zu bändigen und die Blendwerke, die ihr daher

kommen, zu verhüten. Allein andererseits erhebt es sie wiederum und giebt ihr ein Zutrauen zu sich selbst, daß sie ihre Disciplin *selbst* ausüben kann [...].

(*B* 823; Hervorhebung V. G.)

Die Vernunft kennt also ihren Kriegszustand bereits aus den Kriegslisten, den »Blendwerken« gegenüber sich selbst, und sie weiß, dass sie nur eine Chance hat, Vernunft zu sein und zu bleiben, wenn sie ihre Selbständigkeit wahrt. Es ist die *Selbstkritik*, die ihr das »Zutrauen« zu sich selber gibt. Also wirkt in ihrer Selbstdisziplin das stärkste nur denkbare Motiv für den Kampf gegen die Widersacher der Vernunft: die *conservatio sui*, die Selbsterhaltung.[2]

Das »Selbst«, auch wenn wir es als »Seele« fassen, ist keine ontologische »Substanz« und erst recht kein empirischer Gegenstand. Die »Selbsterhaltung« sichert also weder einen physischen noch einen metaphysischen Bestand; es bleibt nichts, das sich rein für sich (als identisch mit sich) auszeichnen könnte; man hat nur funktionale Konstanten in wechselnden Bezügen. Und die wiederum können nur in wiederkehrenden Merkmalen eines wechselnden Geschehens hervortreten. »Disciplin« ist das Bemühen, einer solchen *Konstanz* eine durch (gut begründete) Zwecke angeleitete *Konsequenz* zu geben.

So kommt der Mensch zu seiner Personalität und die Vernunft zu ihren prozessualen Vorgaben. Sie hat auf Konsequenz in ihren eigenen Bemühungen zu achten. Das aber heißt: Sie hat die Gegensätze *als Gegensätze* auszutragen. Dazu bedarf es eines *Verfahrens*, das die Widersacher anerkennt und auf deren Billigung setzt. Also braucht sie *Regeln* für den Umgang mit ihren eigenen Widersprüchen. Da sie aber nicht nur *verhandeln*, sondern auch *entscheiden* können muss, ist sie als *Instanz* gefor-

2 Dazu: Sommer, 1977.

dert, die verbindliche Urteile fällen kann. Und damit sie sich als diese Instanz Respekt erwirbt, muss sie nicht nur über den Parteien stehen, sondern muss auch durch den Ernst ihrer Wahrheitssuche überzeugen. Kurz: Sie muss sich der *Form* und der *Materie* nach disziplinieren.

»Form« bezieht sich auf die Anwendung der Verfahrensregeln der Vernunft; »Materie« meint die Sicherung ihrer praktischen Wirksamkeit, also die Beschränkung auf die Fragen, die wirklich entscheidbar sind. Auch darin zeigt sich ihre Zugehörigkeit zum Leben. Dass die Vernunft *urteilen*, das Ganze wie auch das mögliche Ende *erschließen* und zu einer *Entscheidung* kommen muss, ist aber nicht nur der Endlichkeit des Daseins geschuldet, sondern bringt zugleich den Lebenswillen der Vernunft zum Ausdruck. Und ihre Sonderstellung gegenüber dem Leben rührt daher, dass sich dessen Zusammenhang nur durch Vernunft erkennen lässt. In dieser Erkenntnis kann die Vernunft nicht anders als »autonom« genannt werden.

8. Die Zukunft der Vernunft ist politisch. Für die hier in dürren Worten geschilderte Vision einer erfolgreichen Vernunftkritik verwendet Kant die anspruchsvollsten Bilder. Er spricht von der Gesetzmäßigkeit einer »bürgerlichen Verfassung« oder vom »Gerichtshof« und setzt in beiden voraus, dass es gelingt, den Krieg der Parteien in ein geordnetes Verfahren zu überführen. Das Ziel der Vernunftkritik liegt in einem *gesellschaftlichen Zustand*, in dem alle bedeutenden Streitfragen nach allgemein anerkannten Regeln – und das heißt: *öffentlich* – beraten und entschieden werden können. Schon der vorkritische Kant konzipiert den *mundus intelligibilis* nach dem Vorbild einer »großen Republik« (2,341). Die Vernunft soll sich so entfalten können wie die Bürger in einem Staat, in dem die Rechte eines jeden anerkannt sind (*B* 766). Das ist das Ideal der kritischen Vernunft. Und wir sehen, dass es viel, sogar sehr viel in Aussicht stellt – nicht jedoch das

Ende aller Streitigkeiten und auch nicht das Ende aller Mühen.

Denn Disziplin ist fortgesetzte Arbeit an sich selbst. Kant wird nicht müde, den Arbeitsaufwand der Vernunftkritik zu betonen. Ja, dass die Vernunft zwischen dem Stumpfsinn des Dogmatismus und dem Leichtsinn des Skeptizismus so lange untätig bleiben konnte, hat damit zu tun, dass sie sich der bürgerlichen Arbeitswelt entzogen hat. Ihr gravitätisches Gebaren hat ihr »leichtsinniges Spiel mit Einbildungen« verhüllt und lange Zeit nicht erkennen lassen, dass sie nur mit »Begriffen und Worten« umgeht, anstatt sich auf die »Sachen« zu beziehen (*B* 738).

Das Wichtigste aber dürfte sein, dass die Vernunft in einem bürgerlichen, d. h. für Kant: in einem *politischen* Zustand sich endlich selber stabilisieren kann. Die Sphäre, in der sie sich nach ihrem eigenen Prinzip entfalten kann, ist die gleichsam unter öffentlichen Gesetzen stehende Welt. Die ganze Welt ist nach dem Vorbild eines politischen Entscheidungsraums konzipiert. Und in dieser Analogie versteht man besonders gut, warum die Vernunft nie zur Ruhe kommt. Wer im politischen Zustand das Ende aller Streitigkeiten erwartet, hat nicht verstanden, worum es im politischen Leben geht. Kant will sagen, dass es im Streben nach Erkenntnis nicht anders ist.

Also gilt auch für die Vernunft, dass sie, wie die Individuen selbst, aus dem Gegensatz lebt, den sie sich erzeugt. Und sobald sie davon weiß, hat sie – aus Interesse an sich selbst und somit aus einem vernünftigen Grund – für Umstände zu sorgen, in denen sie sich in und mit ihrem Gegensatz entfalten kann. In dieser Absicht hat sie sich *öffentlich* nach Art eines *politischen Gemeinwesens* zu organisieren, auch wenn sie keinen formellen Gesetzgeber und keine Einheit stiftende Regierung braucht. Kant deutet bereits die ungehinderte Arbeit der Wissenschaft mit ihrer Vielzahl an Interessen, Disziplinen und Theorien nach dem Modell der Politik (*B* 767).

In der Parallele zur Politik verliert sich der Verdacht, die Vernunft könne sich mit der Schaffung eines für sie günstigen Klimas übernehmen. Wer es für möglich hält, dass es öffentliche Gesetze und eine für alle Bürger geltende Verfassung gibt, der muss auch der Vernunft zugestehen, dass sie sich »ein System der Vorsicht und der Selbstprüfung« errichte, um nach ihrem eigenen Prinzip öffentlich und frei zu verfahren (*B* 739). Nirgendwo räumt Kant der Vernunft die Machtvollkommenheit ein, sich eigene Welten zu schaffen. Stets bleibt sie auf Gegebenes der Natur und der Geschichte angewiesen; das Leben ist eine gleichermaßen äußere wie innere Kondition ihrer Tätigkeit. Die »Selbstgebärung« des Verstandes (»ohne durch Erfahrung geschwängert zu sein«) wird ironisch beiseite getan (*B* 793); also kann auch von »Selbstschöpfung« keine Rede sein. Aber am Beispiel politischer Verfassungen (7,91) sehen wir, dass die vernünftige Tätigkeit etwas schaffen kann, das dem Leben eine Ordnung gibt, die – Freiheit vorausgesetzt – zu weitergehender Produktivität befähigt.

9. Das Interesse der Vernunft. Die Vernunft hat »Bedürfnisse« (*B* 21; 611) und sie hat »Interessen« (*B* 694 f.; 772). Ihre Bedürfnisse zeigen an, wie eng sie mit der *Natur* verbunden ist. Die Natur stattet ihre Individuen mit elementaren *Trieben* aus, ohne die sie gar nicht lebensfähig wären. Die Triebe äußern sich in *Bedürfnissen*, die auf *Befriedigung* drängen. So wirkt auch in der Vernunft der »Trieb«, sich zu betätigen. Sie hat das »Bedürfnis« nach Erkenntnis, und dazu gehört natürlich das Verlangen, im Erkennen so weit wie möglich zu gehen. Ihre Neigung, alle Grenzen zu überschreiten und selbst dort noch etwas zu erkennen, wo gar keine Erfahrung möglich ist, entspringt ihrer »Naturanlage« und damit ihrem »Bedürfnis«.

Das »Interesse« der Vernunft ist ein Indiz für ihre gesellschaftliche Einbindung. Die Vernunft berücksichtigt, dass sie in ihrer Tätigkeit nicht nur zufällig auf die Vernunft anderer stößt, sondern in allen ihren Leistungen mit ihresgleichen als Gegenüber zu rechnen hat. Deshalb geht die »Existenz der Vernunft« mit der Freiheit des Menschen einher (*B* 767), wobei, wie wir noch sehen werden, Freiheit bei Kant immer auch ein Anzeichen für eine soziale Kondition des Handelnden ist (vgl. 4.11). Interessen bilden sich dort, wo verschiedene Bedürfnisse miteinander zu vermitteln sind. Deshalb kommen sie in der Sicherung von Ausgangslagen und möglichen Beständen zum Ausdruck. Von daher nimmt die Vernunft zum Beispiel ein »Interesse« an der Existenz Gottes oder an der Unsterblichkeit der Seele (*B* 769).

Ihr vorrangiges Anliegen aber ist auf ihre Eigenständigkeit gerichtet. Sie will als ihr eigener Herr auftreten und keiner anderen Instanz unterworfen sein. Und so fordert sie »völlige Freiheit« für die Ausübung ihrer Tätigkeit, ohne dass sich »fremde Hände« einmengen (*B* 772). Das bürgerliche Pathos in diesem Verlangen ist unüberhörbar. Kant identifiziert das Interesse der Vernunft mit dem Interesse des nach Freiheit und Mündigkeit strebenden Menschen. Auch deshalb liegt es nahe, den stets gesellschaftlich gedachten Handlungsrahmen der Vernunft nach dem Modell einer republikanischen Verfassung zu konzipieren (*B* 766 ff.).

Es könnte verdächtig erscheinen, dass Kant von der Vernunft so spricht, als sei sie ein selbstständiges Wesen, das »Ausschweifungen« liebt, über seine Verhältnisse lebt, sich mit größtem Aufwand selber täuscht und am Ende nur durch eine strenge Selbstdisziplin gerettet werden kann. Glaubt man den Interpreten, insbesondere jenen, die ihn als Kronzeugen ihrer »Rationalitätstheorien« heranziehen,[3] dann müsste gerade Kant aus der Vernunft eine

3 So P. F. Strawson, *Individuals*, London 1959, und die ihm folgende analytische Tradition.

frei schwebende Kraft gemacht haben, die von ihrem überempirischen Status her eher »göttlich« als »menschlich« zu nennen wäre. Daneben gibt es Leser, die in Kants Rede von der Vernunft als einem »Vermögen« einen Psychologismus erkennen.[4] Als psychologisches Vermögen wäre sie nach Art einer empirischen Fähigkeit konzipiert, die kaum in der Lage sein dürfte, auch nur die rein logischen Operationen des Denkens auszuführen, geschweige denn die alle konkreten Gegebenheiten überschreitenden Schlüsse zu vollziehen.

Beide Lesarten gehen fehl. Die Vernunft zeigt sich zwar nur in Leistungen, die menschlichen Individuen entweder zugehören oder von ihnen ausgehen. Richtig ist auch, dass diese Individuen durch und durch empirisch sind. Deshalb müssen es ihre Leistungen aber nicht ebenfalls sein – jedenfalls nicht in allen ihren Momenten. So können sie auch *logische* Merkmale zeigen, die in ihrer (wie Kant sagt) »Allgemeinheit« und »Notwendigkeit« nicht anders als »intelligibel« genannt werden können. Dieser nicht in die Alltagssprache übernommene Ausdruck kommt vom lateinischen Verb *intelligere*, was so viel wie »einsehen« oder »verstehen« heißt.

Der Begriff des *Intelligiblen* weckt metaphysische, wenn nicht gar theologische Assoziationen. Das ist auch gar nicht falsch. Denn »Welt« oder »Gott« sind keine empirischen Begriffe. Sie können nur durch Einsicht verständlich sein. Das Gleiche gilt aber auch für Begriffe wie »Einheit«, »Zusammenhang«, »Ganzes« oder »Teil«. Und bei ihnen erkennt man sofort, dass sie bereits im Alltagsverständnis unverzichtbar sind. Das *Intelligible* (als spezifische Leistung unserer Vernunft) ist ein Moment eines jeden begrifflichen Umgangs mit den Dingen und mit uns selbst. Schon das »Selbst« ist ein intelligibler Begriff.

4 So E. Tugendhat / U. Wolf, *Logisch-semantische Propädeutik*, Stuttgart 1983.

»Intelligibel« ist einfach das, was nur durch *Einsicht* ermittelt werden kann. Was man aber *einsieht*, kann nur in der Form von *Begriffen* erfasst werden, die, im Fall der Vernunft, durch »Schließen«, also durch logische Operationen auf der Basis eines intuitiven Verstehens erfasst werden können. Die damit verbundenen Leistungen vollziehen sich natürlich in einem nicht-empirischen Raum, auch wenn in dem Raum, in dem sie angeregt und mitgeteilt werden, alles empirisch ist. Das »Intelligible« hat nach Kant nur Sinn, wenn es sich auf etwas real Gegebenes oder Gemachtes bezieht; und wann immer wir etwas als gegeben oder gemacht erkennen, haben wir schon etwas »Intelligibles« ins Spiel gebracht. Insofern ist jede Erkenntnis ein Amalgam aus reiner Vernunft und sinnlicher Erfahrung.

Auch nach unserem heutigen Kenntnisstand ist Kant im Recht, wenn er die Vernunft (und mit ihr den Verstand)[5] als »intelligibles« Vermögen bezeichnet, sofern er damit meint, dass sie in der spezifischen Form einer Leistung nicht auf bloße Naturbedingungen zurückgeführt werden kann. Weder die Vernunft- noch die Verstandesbegriffe, also weder die »Ideen« noch die »Kategorien« noch irgendwelche anderen Begriffe lassen sich auf empirische Bedingungen reduzieren; es sind im Gegenteil erst die »intelligiblen« Formen, die es uns erlauben, etwas Empirisches – sei es als Gegenstand oder als uns umfassende Welt – in Begriffe zu fassen.

5 Ich unterscheide hier noch nicht zwischen »Verstand« und »Vernunft«, sondern gebrauche zunächst – mit Kant – den Begriff der Vernunft als Bezeichnung für das gesamte »obere« Erkenntnisvermögen, dem auch der Verstand zugehört. Erst bei der Analyse der Erfahrungserkenntnis kommt die von Kant zugrunde gelegte Unterscheidung zum Tragen, die sich auf folgende Formel bringen lässt: Der Verstand begreift die Dinge, und die Vernunft versteht die begriffenen Dinge in ihrer Verbindung mit uns selbst. Folglich umfasst die Vernunft auch die Leistungen des Verstandes.

10. Mensch und Vernunft. Die Funktion der Intelligibilität lässt erkennen, welches Problem sich Kant auflädt, wenn er Mensch und Vernunft so weitgehend in eins setzt, wie er dies durchgängig tut. Der Mensch, ein Lebewesen, das gelegentlich auch als »Thier« bezeichnet wird, ist stets ein Naturprodukt und insofern empirisch. An dieser empirischen Konstitution ändert sich auch nichts durch die Arbeit, die der Mensch in seine eigene Erziehung und Entwicklung investiert. Denn die »Cultivierung« aus eigener Kraft bleibt bei aller Eigenleistung des Menschen ein empirisches Geschehen. Schließlich ist auch die Staatenbildung (einschließlich der Entwicklung zur Republik) ein geschichtlicher Vorgang. Somit besteht die Gefahr, dass die Vernunft allein durch die von Kant fortwährend gezogene Parallele zu den psycho-sozialen Phänomenen selbst als eine empirische Wirkungsgröße erscheint.

Gesetzt jedoch, Kant könnte diesen Verdacht zerstreuen, so wäre mit seiner Verknüpfung von Mensch und Vernunft außerordentlich viel gewonnen. Denn dann wäre die Vernunft nicht länger von den Erscheinungen des menschlichen Daseins ausgegrenzt, sondern sie nähme unmittelbar Anteil an der Dynamik des Lebens. Sie wäre, obgleich in ihrem methodologischen Status als *intelligibel* ausgezeichnet, *mit ihren Leistungen* zum Element des realen Geschehens geworden. Außerdem würde in dieser Nähe die von Kant durchgängig hervorgehobene Analogie zwischen den organischen und den intelligiblen Funktionen offensichtlich.

Die Analogie liegt strenggenommen schon darin, dass man von der Vernunft wie von einem selbstständig handelnden Wesen spricht. Schon der Titel *Kritik der reinen Vernunft* setzt voraus, dass die Vernunft etwas tut, was wir nur von lebendigen Wesen kennen: nämlich sich so auf sich selbst zu beziehen, dass daraus von diesem Wesen selbst etwas gelernt werden kann. Genaugenommen kennen wir diesen Vorgang nur aus der Selbstkritik des Menschen.

Und so kann es auch nicht verwundern, dass Kant das ganze Buch hindurch Mensch und Vernunft so eng zusammenrückt, dass sie oft gar nicht unterscheidbar sind. Schon in den *Vorreden* identifiziert er das »Interesse« von Mensch und Vernunft. In den schwierigen Partien der transzendentalen *Deduktion* geht es zwar in der Hauptsache um den »Verstand«; für den aber braucht er ständig die Personalpronomina »Ich« und »Wir«. In den Hauptstücken der transzendentalen *Dialektik* scheint die Vernunft gänzlich mit dem seine Grenzen überschreitenden Menschen zu verschmelzen. Die »Zügellosigkeiten« der Vernunft sind Ausdruck der konstitutionellen Unersättlichkeit des Menschen. Schließlich wird in den vier Abschnitten der *Methodenlehre*, in denen die Konsequenzen aus dem ganzen kritischen Unternehmen gezogen werden, die Zukunft der Vernunft mit der Zukunft des Menschen gleichgesetzt.

11. »Anthroponomie«. Aufs Ganze gesehen könnte man zu dem Urteil kommen, dass die *Transzendentalphilosophie* nur als Teil einer *Anthropologie* begründet werden kann. Nur müsste man gleich hinzufügen, dass es sich um eine Anthropologie handelt, die vornehmlich die intelligiblen Leistungen des Menschen zu begreifen hat. Schon deshalb könnte sie keine rein empirische Wissenschaft sein. Denn der Mensch ist sich notwendig mehr als ein Ding unter Dingen. Wäre dies anders, so wüsste er nichts von sich – noch nicht einmal von seiner körperlichen Dinglichkeit, die schon deshalb nicht alles sein kann, *weil* er von ihr weiß. Das hat Kant bereits in den vorkritischen *Träumen* anschaulich gemacht (2,332).

Erst mit dem Wissen von sich und von anderem (und dies vor stets mitbewussten Anderen) wird der Mensch zum Menschen. Deshalb definiert Kant ihn auch in Übereinstimmung mit der Tradition als *animal rationale*, als »vernünftiges Wesen« (vgl. unten 6.6). Also kann man vom Menschen *als Menschen* nur etwas verstehen, wenn man sein Wissen nach Herkunft, Reichweite und Struktur zu begreifen sucht. Und eben das geschieht in den kritischen Untersuchungen zur *Transzendentalphilosophie*. Insofern antwortet die *Kritik der reinen Vernunft* nicht nur *auch*, sondern *wesentlich* auf die Frage: *Was ist der Mensch*?

Zu den *logischen* Leistungen des menschlichen Erkennens kommen die *normativen* Elemente seines Handelns, Sprechens und Denkens hinzu. Logische Form und praktische Norm lassen sich – mit Blick auf den Selbstbegriff des Menschen – ohnehin nicht voneinander trennen.[6] Überdies sind sie durch eine rein empirische Wissenschaft noch nicht einmal angemessen zu beschreiben. Die Beschäftigung mit intelligiblen Relationen fordert selbst eine intelligible Konzeption von Wissenschaft. Deshalb nimmt man der *Transzendentalphilosophie* nichts von ihrem methodologischen Status, wenn man sie als eine *philosophische Anthropologie* beschreibt. Kant selbst hat mit dem Begriff der »Anthroponomie« (6,406)[7] einen Hinweis darauf gegeben, wie – trotz entschiedenster Abgrenzung von einer rein empirischen Anthropologie – ein intelligibler Zugang zum Menschen eröffnet werden kann, der den (ihn selbst schon normierenden) Tatbestand normativer »Selbstgesetzgebung« berücksichtigt.

12. Die »kopernikanische Wendung«. Kant hat seine philosophiehistorische Innovation durch einen Vergleich mit der Leistung des Nikolaus Kopernikus illustriert: Der Astronom sei bei der Erklärung der Himmelsbewegungen nicht weitergekommen, solange er bei der überlieferten Auffassung blieb, dass die Sterne sich um die Erde drehen. Deshalb habe er versucht, »ob es nicht besser gelingen

6 Gerhardt, 1999, 380 ff.
7 Wichtige Aufschlüsse dazu finden sich bei Wenzel, 1992.

möchte, wenn er den Zuschauer sich drehen und dagegen die Sterne in Ruhe ließ« (*B* XVI). Nach diesem Verfahren, so Kant, könne man es auch in der Metaphysik versuchen. Denn da sei die Lage ganz ähnlich:

> Bisher nahm man an, alle unsere Erkenntniß müsse sich nach den Gegenständen richten; aber alle unsere Versuche über sie *a priori* etwas durch Begriffe auszumachen, wodurch unsere Erkenntniß erweitert würde, gingen unter dieser Voraussetzung zu nichte. Man versuche es daher einmal, ob wir nicht in den Aufgaben der Metaphysik damit besser fortkommen, daß wir annehmen die Gegenstände müssen sich nach unserem Erkenntniß richten [...]. (*B* XVI)

Das »Versuchen« ist hier terminologisch gemeint; Kant spricht in der Folge auch vom »Experiment«: Die Vernunft macht ein Experiment mit sich selbst (*B* XXI). Sie ändert selbst den Standpunkt der Betrachtung ihrer selbst und prüft, ob die bisher von ihr unterstellte Abhängigkeit der Erkenntnis von den Gegenständen nicht genau umgekehrt gesehen werden muss – nämlich als Abhängigkeit der Gegenstände von der Erkenntnis. Das heißt: Eine methodologische Aktivierung der Vernunft führt zur These der durchgängigen und grundlegenden Aktivität der Vernunft!

Dieser Selbstversuch gelingt. Jedenfalls ist Kant der Überzeugung, zeigen zu können, dass sich die menschliche Erfahrung nicht nach den Gegenständen richtet, sondern dass es umgekehrt die *Anschauung* und die *Begriffe* des Menschen sind, die den Gegenständen der Erfahrung ihre epistemische Bestimmtheit geben: Es ist der Mensch, der durch die aktiv eingebrachten Formen seiner Erkenntnis die Bedingungen dafür setzt, was als Gegenstand betrachtet und gedacht werden kann. Die von Kant mit Seitenblick nicht nur auf Kopernikus, sondern auch auf Thales und Galilei inaugurierte methodologische »Revolution der Denkart« kann sich also dadurch bestätigt sehen, dass es stets und in allem die »Denkungsart« des Menschen ist, die das präformiert, was immer »Ding«, »Gegenstand« oder »Wirklichkeit« genannt wird.

Kants »kopernikanische Wende«,[8] in der sich der Mensch bewusst wird, dass er selbst die *allgemeine* Struktur der Erfahrung vorgibt (die er dann jeweils *konkret* in der Welt zu machen hat), ist ein selbstreferenzieller Akt. In ihm tritt die praktische Seite der (Selbst-)*Kritik der reinen Vernunft* anschaulich hervor. Überdies hat der Akt selbst eben die Struktur, die in seiner Konsequenz als Merkmal der menschlichen Weltbeziehung aufgedeckt werden kann. In dieser Selbstbezüglichkeit liegt nicht erst für uns, sondern schon für Kant ein *Merkmal des Lebens*. Entsprechend geht er davon aus, dass die von ihm eröffnete »gänzliche Revolution« der »bisherigen Verfahren der Metaphysik« auf eine »ganz abgesonderte, für sich bestehende Einheit« aller Erkenntnisprinzipien führt, »in welcher ein jedes Glied wie in einem organisierten Körper um aller anderen und alle um eines willen dasind« (*B* XXIII; vgl. oben 3.4).

Die Erkenntnis steht demnach nicht allein in einem lebendigen Zusammenhang mit ihrem Träger, dem Menschen, sondern sie bildet in sich selbst eine lebendige »Einheit« mit »Gliedern« und folglich auch mit inneren wie äußeren Zwecken. Zu diesen Zwecken gehört der »Nutzen« des Wissens, den Kant in den *Vorreden* mehrfach betont. Davon sind natürlich die Vernunftkritik, die Transzendentalphilosophie und das spekulative Wissen nicht ausgeschlossen. Der Philosoph »bleibt immer [!] ausschließlich [!] Depositär einer dem Publicum ohne dessen Wissen nützlichen Wissenschaft« (*B* XXXIV). Das belegt – gerade auch in seiner *prinzipiellen* Anlage – den *pragmatischen* Ansatz des Unternehmens der Vernunftkritik.

8 Zur Problematik des Begriffs: Gerhardt, 1987.

Unabhängig davon ist es von einiger Wichtigkeit, das *organische* Moment in Kritik und System der Vernunft anzuerkennen. Andernfalls verstehen wir nicht, wie es Kant möglich ist, von Erkenntnisbedingungen nur »im« Menschen (ja sogar nur »in mir«; *B* XVII) auszugehen, ohne zugleich anzunehmen, dass sie damit von den äußeren Daseinsbedingungen isoliert sind. Nur ein lebendiges Wesen hat etwas »für sich«, um es eben damit in einer bestimmten Weise für sein Verhalten in der Welt zu nutzen. Der Abschluss eines Vorgangs im Inneren eines Organismus ist immer zugleich dessen Aufschluss für eine Aktivität des ganzen Wesens in der Welt. Mit der vermeintlichen Isolation ist tatsächlich eine Transformation in einen Kontext vollzogen, durch den ein partikularer Akt selbst zum Glied in einer Lebenskette wird. Dazu hat Kant bereits in den vorkritischen *Träumen* die grundlegenden Aussagen gemacht (2,324 ff.). Nur mit Blick auf die »lebendige«, die »innere Kraft« des Geistes, der – anders als Magen oder Gehirn – keinen lokalisierbaren Sitz im Inneren eines Körpers hat (und deshalb auch gar nicht in die nach Analogie der Einverleibung gedachte »Subjektivität« eingeschlossen werden kann), lässt sich die als extrem schwierig geltende Textpassage der *Deduktion* verstehen.

13. Mit der Erfahrung fängt alles an. Nachdem Kant in den *Vorreden* kenntlich gemacht hat, dass Erfahrung und Wissen auf Bedingungen »in mir selbst« (*A* XIV), also »im Menschen« gründen, liegt ihm in der *Einleitung* daran, den zeitlichen Vorrang der sinnlichen Eindrücke herauszustellen. Nach der Zeit geurteilt, hebt alle Erkenntnis mit den von außen kommenden Reizen an. In der ersten Auflage spricht Kant davon, dass der »rohe Stoff sinnlicher Empfindungen« die »erste Belehrung« sei, die der Verstand erhalte. Sie erweise sich als so »unerschöpflich [...], dass das zusammengekettete Leben aller künftigen Zeugungen an neuen Kenntnissen [...] niemals Mangel haben wird« (*A* 1). Der Erfahrungszusammenhang wird selbst als etwas Lebendiges gedeutet, das ins Ungewisse fortgeht, aber seinen Ausgangspunkt in den Sinnen haben muss.

In der zweiten Auflage ist Kant noch stärker darum bemüht, den realistischen Ansatz seines Denkens herauszustellen, um dem Vorwurf seiner ersten Rezensenten, er rede nur einem neuen Idealismus das Wort, gleich zu Beginn entgegenzutreten. Deshalb heißt es mit Nachdruck:

> Daß alle unsere Erkenntnis mit der Erfahrung anfange, daran ist gar kein Zweifel; denn wodurch sollte das Erkenntnißvermögen sonst zur Ausübung erweckt werden, geschähe es nicht durch Gegenstände, die unsere Sinne rühren [...]. *Der Zeit nach* geht also keine Erkenntnis in uns vor der Erfahrung vorher, und mit dieser fängt alle an. (*B* 1)

Kant muss klar gewesen sein, dass dies sogar noch für das Bewusstsein der Zeit zu gelten hat. Auch die aller Erfahrung zugrunde liegende Anschauung der Zeit braucht den empirischen Vorlauf der Zeit – womit nur illustriert ist, wie weit sich Kant bei dem, was er im Folgenden einer transzendentalen Analyse unterzieht, auf die leibliche Disposition des Menschen verlässt. Denn die *Sinnlichkeit*, der hier der zeitliche Vorrang zugesprochen wird, ist ohne *Sinnesorgane* nicht möglich. Die aber sind ihrerseits an den *Leib* gebunden, der seinerseits ein sich selbst organisierender Teil des äußeren *physischen Daseins* ist.

Man braucht nur ohne intellektualistisches Vorurteil an Kants kritische Untersuchung heranzugehen, um zu erkennen, dass alles, wovon er in der Analyse der reinen intellektuellen Leistungen spricht, auf das Engste mit der Sinnlichkeit und der leiblichen Verfassung des Menschen verbunden ist. Weil der Mensch ein Lebewesen ist, kann, ja, muss die Vernunft in allen ihren Funktionen selbst als Teil des Lebenszusammenhangs begriffen werden. Wie aber kann dann von »reinen« Leistungen der Vernunft die Rede sein?

Zunächst ist zu sehen, dass es nur deshalb sinnvoll ist, von »reinen« Formen der Vernunft zu sprechen, *weil* sie Teil der Lebensfunktionen des Menschen sind. Die von keinen empirischen Konditionen modifizierbare Allgemeinheit ist Ausdruck ihrer unter *allen* Bedingungen gleichbleibenden Gültigkeit. Die »reinen Formen der Anschauung« ordnen *alle* Vorgaben der leiblich vermittelten Sinnlichkeit des Menschen. Die »Form« zeigt sich nur am Material, und das ist stets empirisch. Die dogmatische Metaphysik hat dies nicht beachtet; deshalb ist sie auf Abwege geraten. Demgegenüber beharrt Kant auf der Bindung der Vernunft an die Instanzen sinnlich vermittelter Erfahrung. Die von ihm auf den Weg gebrachte kritische Metaphysik spricht somit immer auch für das Leben, das sie nicht nur organisiert, sondern auch repräsentiert.

14. »Transzendental« ist das, was sich auf »Apriorisches« bezieht. Die *Einleitung* in die *Kritik der reinen Vernunft* exponiert, was die »reinen« Formen des Erkennens sind, in welchen Zusammenhängen sie sich zeigen und welche philosophische Disziplin für sie zuständig ist. In einem ersten Gedankengang wird vorgeführt, dass es »im menschlichen Erkenntniß«, also unter den empirischen Bedingungen des Daseins, »reine Urtheile *a priori*« gibt. Das sind solche, die »allgemein und nothwendig« sind. Als Beispiel gilt der Satz, »dass alle Veränderung eine Ursache haben müsse« (*B* 5). Von dieser Aussage gibt es keine Ausnahme (insofern ist sie *allgemein*), und sie ist in sich zwingend, weil man keine Veränderung ohne Ursache denken kann (und insofern ist der Satz *notwendig*). Beide Attribute aber könnten dem Satz nicht zukommen, wenn die in ihm zum Ausdruck gebrachte Erkenntnis einfach aus der Erfahrung abgeleitet wäre. Denn die Erfahrung erlaubt lediglich eine komparative Allgemeinheit, d. h. sie ist auf jene Fälle beschränkt, in denen Veränderungen zusammen mit Ursachen wirklich vorgekommen sind. Auch wenn es dabei keine Ausnahme gegeben haben sollte, so sind diese wirklich wahrgenommenen Fälle für alle Individuen höchst begrenzt. Die kurze Lebensdauer und die eingeschränkte physische Reichweite des einzelnen Menschen lassen es nicht zu, dass jemand tatsächlich »alle« Fälle kennt.

Wie man sieht, spielen auch hier die Konditionen des Lebens hinein. Und man kann es geradezu als ein Kriterium für die *Allgemeinheit* und *Notwendigkeit* von Erkenntnissen ansehen, dass sie sich in der inneren wie in der äußeren Reichweite ihrer Geltung nichts von den Lebensbedingungen des erkennenden Menschen anmerken lassen. Sie gelten »*a priori*«. Der Ausdruck besagt, dass die in seinem Zeichen stehende Erkenntnis so wirkt, als sei sie noch *vor* aller Individualisierung, ja, *vor* dem Auftritt einzelner Fälle gewonnen worden. »*A priori*« ist der denkbar erste Anfang, der Ursprung überhaupt, dem kein anderer vorhergeht. Schon dadurch ist die Bedingung gesetzt, dass dieser Anfang *aus sich* heraus, also *spontan* erfolgt. Das Wörtchen »vor« darf nicht im *zeitlichen* Sinn verstanden werden. Es bezeichnet vielmehr den *logischen* Vorrang, der *immer schon* erfüllt sein muss, wenn etwas erkannt werden soll.

Für die philosophische Disziplin, die sich mit den ursprünglich im menschlichen Erkenntnisvermögen zeigenden spontanen Leistungen befasst, führt Kant einen neuen Namen ein, dessen philosophische und rhetorische Subtilität unüberbietbar ist. Er spricht von einer »Transzendentalphilosophie«:

> Ich nenne alle Erkenntnis *transscendental*, die sich nicht sowohl mit Gegenständen, sondern mit unserer Erkenntnißart von Gegenständen, so fern diese *a priori* möglich sein soll, überhaupt beschäftigt. Ein *System* solcher Begriffe würde *Transscendental-Philosophie* heißen. (*B* 25)

Der Terminus »transzendental« hat eine scholastische Tradition, die eng mit dem Begriff des »Transzendenten« verbunden ist.[9] Nach dem Schulgebrauch war das »Transzendentale« jener Bereich des Transzendenten, der dem Immanenten der gegenständlichen Welt am nächsten liegt. Als »transzendental« galten die grundlegenden ontologischen Bestimmungen der Dinge – gleichsam im Grenzbereich des »transzendenten« *göttlichen* Fundaments aller Dinge. Die grundlegenden ontologischen Bestimmungen werden nun mit Kants Wortgebrauch des Transzendentalen *in den Menschen*, genauer, in die *Sinnlichkeit* und die *Vernunft* des Menschen verlegt. Nur wenn wir das Göttliche ebenfalls im Menschen suchen, lässt sich erkennen, dass mit der »Revolution der Denkart« Göttliches und Menschliches nicht radikal geschieden werden.

Doch wie dem auch sei: *Transzendental* ist das, was sich mit den *apriorischen* Bedingungen unserer Erkenntnis befasst, *a priori* aber das, was nur *aus uns selber* kommt und wovon auch nur der wissen kann, der es von sich selbst her kennt. Transzendental heißt nicht, wie gern unterstellt wird, vor dem Beginn aller historischen Zeit; es heißt noch weniger: aus Gott. Es heißt lediglich: *aus uns selbst*, so dass wir einfach keinen weiteren Grund angeben können. Denn wann immer wir einen solchen Grund zu finden versuchen, haben wir aus uns selbst bereits einen Anfang gemacht.

15. In der Synthese gehen wir über uns hinaus. In der *Einleitung* veranschaulicht Kant an verschiedenen Beispielen, in welchen Erkenntnisleistungen Apriorität zu finden ist. Da sind, als die für ihn unproblematischen Fälle, die rein *logischen* Aussagen, in denen ein Begriff durch andere Begriffe erläutert wird. Diese »Erläuterungsurteile«, die nur ausdrücklich machen, was in einem von uns gebrauch-

9 Vgl. dazu: Hinske, 1970.

ten Begriff bereits enthalten ist, nennt er »analytisch« (*B* 10). Als Beispiel für ein analytisches Urteil dient der Satz: »Alle Körper sind ausgedehnt« (*B* 11). Die Unterstellung ist, dass der Begriff des Körpers den der Ausdehnung bereits enthält.

Von Interesse sind für Kant jedoch nur die apriorischen »Erweiterungsurteile«, die er »synthetisch« nennt. In ihnen werden zwei unabhängig voneinander gültige Begriffe so miteinander verknüpft, dass auch hier die Geltung »allgemein« und »notwendig« ist. Wie dies aber möglich sein soll, scheint gänzlich unerfindlich. Denn für jede Verknüpfung für sich gültiger Einsichten müsste man doch irgendeinen Beleg über ihre faktische Verbindung vorweisen können. Solche Belege bietet aber nur die Erfahrung vorkommender Fälle. Damit wäre die »Erweiterung« bloß empirisch und nicht apriorisch. Also bleibt die Frage, wie man unabhängig von aller Empirie allgemeingültige Verknüpfungen herstellen kann.

Aus dieser unscheinbaren Frage macht Kant das Kernstück der Vernunftkritik: »Wie sind synthetische Urtheile *a priori* möglich?« (*B* 19) Nachdem bis zu dieser Stelle vom Jahrtausende alten Gegensatz der Schulen, von den ungelösten Problemen der Metaphysik und dem Interesse der Menschheit die Rede war, kommt plötzlich als »eigentliche Aufgabe der reinen Vernunft« eine Frage zum Vorschein, die man in einer logischen Propädeutik, aber nicht im Zentrum eines Buches vermuten würde, das die Philosophie als ganze revolutionieren soll. Doch die Zuspitzung auf ein eng begrenztes Problem gehört zur Methodik wie zur Rhetorik der Vernunftkritik. Sie muss ihr Problem auf einen *entscheidbaren Punkt* zuspitzen. Und der ist mit der Frage nach der »Möglichkeit synthetischer Urteile *a priori*« gegeben. Auch darin zeigt sich die praktische Disposition in Kants Ansatz zur theoretischen Philosophie.

Kant präsentiert sich als Entdecker der Differenz zwischen *analytischen* und *synthetischen* Urteilen *a priori*. Er glaubt, mit ihr die Wasserscheide der intellektuellen Leistungen des Menschen gefunden zu haben und möchte den Punkt freilegen, in dem das Ganze umschlägt: Kann der Mensch *von sich aus* etwas Neues leisten oder nicht? Kann er *von sich aus* zu etwas übergehen, für das es gar keine empirische Grundlage gibt? Gibt es einen originären Akt des Menschen, der nicht schon in der Natur vorgegeben ist und der dennoch als allgemein mitteilbar gelten kann?

Es gibt ihn, sofern es »synthetische Urteile *a priori*« gibt. Denn in ihnen gelangt der Mensch über das faktisch Gegebene hinaus. Nur in ihnen erweitert er sein Wissen aus einem eigenen Impuls. Dieser Impuls aber ist keine ephemere Regung im Herzen oder im Kopf des Individuums, sofern er schlüssig (als »notwendig«) gedacht und für alle vorkommenden Fälle als »allgemein« mitteilbar angesehen werden kann.

Wenn es also »synthetische Urteile *a priori*« gibt, dann gibt es den Geist im Leben, d. h. den menschlichen Intellekt in erwiesener Wirksamkeit in Bezug auf Dinge, über die wir in kommunikativer Einstellung urteilen. Zugleich wird deutlich, wie sehr wir auf ihn angewiesen sind: Denn in der Erweiterung des Wissens liegt der Grundimpuls der Wissenschaft – vielleicht schon der des von der Neugier bestimmten Alltags. In der Erweiterung des Wissens über die mögliche Erfahrung hinaus besteht überdies die Ursprungsintention der Metaphysik. Also führt die so simpel und technisch erscheinende Frage nach den »synthetischen Urteilen *a priori*« ins Zentrum aller szientifischen Bemühungen.

Das führt Kant vor Augen, indem er drei weitere Fragen anschließt, die zugleich die Gliederung der gesamten *Transzendentalen Elementarlehre* (des alles andere überwiegenden Hauptteils der *Kritik der reinen Vernunft*) vorgeben. *Erstens*: »Wie ist reine Mathematik möglich?« Die Antwort wird in der *transzendentalen Ästhetik* gegeben.

Zweitens: »Wie ist reine Naturwissenschaft möglich?« Damit befasst sich die *transzendentale Analytik*. *Drittens*: »Wie ist Metaphysik als Wissenschaft möglich?« Das ist das Problem der gesamten Vernunftkritik, und es wird in der *transzendentalen Dialektik* der Klärung zugeführt.

Nur wenn man im Blick behält, wie eng Kant die für ihn vorrangige Frage nach dem wissenschaftlichen Fundament der *Metaphysik* mit der Bemühung um die Begründung von *Mathematik* und *Physik* verknüpft, wird man gewahr, welche Verbindlichkeit er gerade in den Bemühungen um die äußersten Daseinsprobleme verlangt. Damit schlagen existenzielle Ansprüche selbst noch im System der Wissenschaften durch. Und wenn man entdeckt, dass die synthetischen Leistungen der Urteile, auf die sich nach Kant alle Wissenschaften gründen, auch nur der intelligible Ausdruck der ursprünglich auf Erweiterung angelegten Dynamik des Lebens sind, erkennen wir, wie nahe er mit der Vernunftkritik bei seinen frühen Fragen nach den »lebendigen Kräften« und nach einem Begriff des Lebens bleibt.

16. »Wir kennen nichts als unsere Art.« In der *transzendentalen Ästhetik*, dem ersten Teil der *Elementarlehre*, wird die »kopernikanische Wendung« vollzogen. Wer diese 30 Originalseiten wenigstens in ihrem Anspruch versteht, hat gute Chancen, auch die nachfolgenden, weitaus umfangreicheren Partien zu begreifen. Dabei sind wir nach mehr als 200 Jahren Wirkungsgeschichte ohnehin in einer ungleich besseren Ausgangsposition als die ersten Leser. Ihnen wurde etwas unerhört Neues vorgetragen, das sie zum Umdenken nötigte; für uns hingegen gehört Kants Wendung längst zum wissenschaftlichen und politischen Alltag. Wenn die Verhaltensforscher von der »Merk- und Wirkwelt« der Tiere sprechen, die Historiker ihren Epochen eine »eigene Welt« zugestehen, die Soziologen den gesellschaftlichen Lagen jeweils eigene »Milieus« zuschreiben oder die Ökologen den Begriff der

»Umwelt« selbst noch mit der hochtechnisierten Daseinsweise von Menschen verknüpfen, dann ist im Prinzip eben das unterstellt, was Kant in seiner *transzendentalen Ästhetik* zu erläutern versucht: dass es Eigentümlichkeiten in der Verfassung des Menschen gibt, die darüber bestimmen, wie er sich und seine Welt wahrnimmt.

Dabei sollte man hinzufügen, dass in dieser Besonderheit keine exklusiv-elitäre Selbstauszeichnung des Menschen liegt; Kant hat sich lediglich einzugestehen, dass wir bei anderen Wesen einfach nicht wissen, wie sie sich selbst und die Dinge wahrnehmen: »Wir kennen nichts als unsere Art«, die Dinge »wahrzunehmen«, eine Art, »die uns eigenthümlich ist, die auch nicht nothwendig jedem Wesen, ob zwar jedem Menschen zukommen muß« (*B* 59). Die Bedingung ist nicht zuletzt deshalb so strikt, weil die »Selbstanschauung« des menschlichen »Gemüths« die Voraussetzung dafür ist, dass überhaupt etwas als sicher und verlässlich erfahren werden kann (*B* 69). Diese Form der »Selbstthätigkeit« aber kann man nur von sich selbst her kennen. Also ist Kant genötigt, seine Analyse der Erkenntnis auf den *Menschen* zu beschränken. Er lässt keine Gelegenheit aus, darauf mit Nachdruck aufmerksam zu machen:

> Wir können demnach nur aus dem *Standpunkte eines Menschen* vom Raum [...] reden. (*B* 42)
> [...] *wir* können von den Anschauungen *anderer denkenden Wesen* gar nicht urtheilen [...]. (*B* 43)
> [...] dieses aber ist wiederum *uns Menschen wenigstens* nur dadurch möglich [...]. (*B* 33)
> Alles Denken aber muß sich [...] zuletzt auf Anschauungen, mithin *bei uns* auf Sinnlichkeit beziehen, weil *uns* auf andere Weise kein Gegenstand gegeben werden kann. (*B* 33; Hervorhebung V. G.)[10]

10 Kant gesteht zu, es sei »nicht nöthig, dass wir die Anschauungsart in Raum und Zeit auf die Sinnlichkeit des Menschen einschränken«. Es kön-

Diese Bemerkungen beziehen sich sämtlich auf *Raum* und *Zeit*, die »zwei Formen sinnlicher Anschauung«, die dem Menschen eigentümlich sind. Kant verliert hier kein Wort über die leiblichen Bedingungen der sinnlichen Anschauung – vermutlich weil sie offenkundig sind. Denn dass man einen eigenen (individuierten) Leib mit nur ihm zuarbeitenden Sinnesorganen braucht, um sinnliche Anschauungen haben zu können, versteht sich von selbst. Hier gäbe es, bei allen Unterschieden im Detail, natürlich auch zahlreiche Gemeinsamkeiten mit anderen, nichtmenschlichen Lebewesen. Die *Sinnlichkeit* aber besteht in der Fähigkeit, *Empfindungen* zu haben, die ihrerseits *Anschauungen* vermittelt. Durch sie erhält das Individuum auch in der Sache individuierte sinnliche Eindrücke. Etwas Bestimmtes wird »in uns« wahrgenommen, und zu dieser Wahrnehmung hat nur *der* Zugang, der die Wahrnehmung hat und sich darin *selbst* als bestimmt erfährt.

Die enge Bindung der sinnlichen Anschauung an das »Gemüth« des sich selbst wahrnehmenden Menschen müsste genau genommen eine skeptische Konsequenz nach sich ziehen: Jeder dürfte, da jeder nur über seine eigene »Selbstanschauung« seines Gemüts verfügt, eigentlich nur von seiner privaten Anschauung sprechen. Dann müsste Kant es sich verbieten, von »dem« oder »den« Menschen oder von »wir« und »uns« zu sprechen; strenggenommen dürfte nur von ihm selbst, nur von Immanuel Kant, die Rede sein.

Doch eben dies wird gar nicht erst versucht. Zwar bindet Kant die gesamte Beziehung zu den »äußeren« Dingen

ne durchaus sein, dass auch andere denkende Wesen auf Raum und Zeit angewiesen sind. Doch dies lasse sich »nicht entscheiden« (*B* 72)! So weit reichen die Bedingungen der Endlichkeit und Bedürftigkeit des menschlichen Daseins. Nach sicheren Kriterien geurteilt, bleibt es also bei der Beschränkung auf den Menschen, auch wenn man nicht ausschließen kann, dass wir *de facto* über einen weitaus größeren Kreis von Lebewesen sprechen.

an deren »innere« Empfindung durch das Selbst, das stets ein singuläres Ich sein muss. Und dennoch geht er davon aus, dass alle, die zu einer derartigen Empfindung fähig sind, sich eben darin so gleichartig sind, dass sie alle auf die gleiche Weise mit der gleichen Welt verbunden sind.

Diese weitreichende Voraussetzung wird einfach gemacht. Sie wird nicht benannt, nicht kommentiert und schon gar nicht begründet. Ja, Kant gibt noch nicht einmal zu erkennen, dass er sich bewusst ist, hier überhaupt eine weitreichende Voraussetzung zu machen. Es wird als selbstverständlich unterstellt, dass man bei der Anschauung von Raum und Zeit ohne besonderen Grund vom »Ich« zum »Wir«, von sich selbst zu den Anderen und von denen zu »dem« oder »den« Menschen übergehen kann. Erst später, in den Ausführungen über den *sensus communis* in der dritten *Kritik*, nennt Kant die Prämisse, unter der die vorgängige Gemeinsamkeit der sinnlichen Anschauung steht. Ist sie tragfähig, dann gilt sie freilich nicht nur für die Sinnlichkeit, sondern für alle Leistungen des Verstandes und trägt damit, wie wir noch sehen werden, auch die *Deduktion* der reinen Verstandesbegriffe.

17. Raum für alle und Zeit nur für mich? Die kritische Wendung in der Auffassung von Raum und Zeit hatte Kant schon 1770 in der mit Marcus Herz verteidigten *Dissertation* vollzogen. Deshalb ist er sich über diesen Punkt seiner Vernunftkritik schon lange im Klaren; seine Ausführungen sind daher von äußerster Prägnanz:

Der *Raum*, so legt er dar, ist »kein empirischer Begriff«, der aus der Erfahrung gewonnen ist. Denn die Vorstellung des Raumes liegt jeder äußeren Erfahrung immer schon zugrunde. Jeder vorkommende Gegenstand, wie klein oder groß, wie nah oder fern er auch sein mag, ist im Raum. Das ist mit so bezwingender Selbstverständlichkeit der Fall, dass der Raum eine »nothwendige Vorstellung« genannt werden muss (*B* 38). Hinzu kommt, dass wir ihn uns immer nur als *einen einzigen Raum* vorstellen können. Jeder einzelne Raum, sei es ein Zimmer oder das Weltall, wird immer nur als ein Teil des einen und mit sich einigen (kontinuierlichen) Raums aufgefasst. Jede äußere Grenze, die wir dem Raum im Ganzen zu geben versuchen, verläuft immer wieder nur im Raum. Also kann man ihn nur als eine »unendliche *gegebene* Größe« ansehen (*B* 39). Da diese Größe schlechterdings *alles*, einschließlich unserer eigenen physischen Existenz, in sich enthält, kann sie nicht als von irgendetwas gemacht, sondern muss als (vor-)gegeben aufgefasst werden. Und schließlich meint Kant, dass der Raum, weil er alles »in sich« – und nicht wie die Begriffe bloß »unter sich« – enthalte, *kein Begriff* sein könne, sondern »Anschauung *a priori*« sein müsse, genauer: die »reine Anschauungsform«, in der sich jede mögliche Anschauung eines einzelnen Dings präsentiert.

Mit der *Zeit* verhält es sich entsprechend: Sie ist die reine Anschauungsform für den »inneren Sinn«, durch den alles vermittelt wird, was überhaupt in bestimmter Weise in unser Bewusstsein kommt. Auch alle »äußere«, notwendig räumlich geordnete Anschauung muss durch den »inneren Sinn« hindurch, wenn sie bewusst sein soll. Der Himmel muss mir im Augenblick (oder den ganzen Tag lang) gegenwärtig sein, wenn ich ihn als Raum über mir empfinden können will. Ob mir hingegen etwas nur »innerlich«, also in der Zeit gegenwärtig sein kann, ohne an eine Raumstelle angebunden zu sein, ist eine strittige Frage. Ein Schmerz, ein Unwohlsein oder ein Glaube haben ihre Zeit, ohne präzise lokalisierbar zu sein. Deshalb hält Kant den »inneren Sinn« der Zeit für umfassender als den »äußeren« des Raumes (*B* 50). Geht man jedoch davon aus, dass jede zeitliche Wahrnehmung nicht nur an den (räumlich gegebenen) Leib gebunden ist, sondern auch nach einem räumlichen Schema wahrgenommen werden kann, schwindet der Vorrang der Zeit vor dem Raum. Beide scheinen gleich ursprünglich zu sein; beide verweisen wechselseitig aufeinander.

Auch für die *Zeit* legt Kant dar, dass sie *kein empirischer Begriff*, sondern eine *notwendige Vorstellung* ist, die gar nicht anders als *a priori* sein kann (*B* 46). Auch hier gibt es nur *eine* Zeit, die alle anderen Zeiten als Teile in sich enthält; auch sie muss zwangsläufig als eine *unendliche Größe* vorgestellt werden, in der alle endliche Zeit »nur durch Einschränkung« erkennbar ist (*B* 47). Bemerkenswert ist eine weitere Gemeinsamkeit zwischen Raum und Zeit, die Kant an einem Unterschied kenntlich werden lässt: Die Zeit, so sagt er, »hat nur eine Dimension: verschiedene Zeiten sind nicht zugleich, sondern nach einander (so wie verschiedene Räume nicht nach einander, sondern zugleich sind)« (*B* 47).

Der Unterschied ist deutlich: Räumliche Verhältnisse, die nur erkennbar sind, wo etwas *nebeneinander* liegt, lassen sich allein unter der Bedingung der *Gleichzeitigkeit* bestimmen. Es müssen also mindestens *zwei Momente außereinander* sein, damit eine räumliche Wahrnehmung möglich ist. Ohne sie ließe sich keine räumliche *Identität* bestimmen. Für die Zeit gilt diese Bedingung entsprechend: Auch hier müssen *zwei Momente*, zwei Zeitpunkte oder Zeiträume, *außereinander* sein, damit überhaupt von einer Zeit gesprochen werden kann. Denn ohne diese *Differenz* in der Zeit ließe sich die Gegenwart des *Zugleich* nicht wahrnehmen. Also muss man – gegen Kant – hinzufügen, dass auch die Zeit ohne den Raum nicht auskommt. Denn wie wollten wir auch nur das *Nacheinander* der Zeit ohne räumliche Anschauung, ohne ein Beharrliches im Raum denken?

Hier kommt eine Unsicherheit zum Vorschein, die sich in der Folge als nicht geringe Belastung erweist: Kant macht den Unterschied zwischen Raum und Zeit an einem selbst wieder räumlich erscheinenden Unterschied deutlich: Der Raum ist die reine Form des »äußeren« und die Zeit die des »inneren« Sinns. Je mehr man über diese intuitiv überzeugende Unterscheidung zwischen Innen und

Außen nachdenkt, desto problematischer wird sie. Denn auch der Raum ist, leiblich gesehen, *in* uns; der Innenraum unseres Körpers gehört zur Kontinuität des Raumes insgesamt. Zwar hat das *In-mir* der Zeit mit der Binnensphäre unseres Leibes wenig zu tun; sie ist das reine *Für-mich*, ist also nur in der Selbstbezüglichkeit des Ich gegeben. Die aber kommt ohne die Abgrenzung von meinesgleichen nicht aus; sie ist von den Anderen, die ebenfalls »Ich« sagen können, abgesetzt. Und die Frage ist, ob diese ausdrückliche Wendung von den Anderen weg und hin zu mir selbst (eine Wendung, die nur aus der Perspektive der Anderen wie eine Wendung ins Innere meines Körpers erscheint) ohne die vorgängige Erfahrung der *räumlichen Distanz* zu den Anderen denkbar ist.

18. Erscheinungen und Dinge an sich selbst. Die Hinwendung zum Menschen mit dem unscheinbaren Topos des Für-mich sowie die zugehörige Alternative des Ansich kann man ohne Übertreibung als das größte Problem der Kant-Interpretation bezeichnen. Nicht umsonst machen die Begriffe des »Ansich«, »Fürsich« und »Anundfürsich« bei Hegel eine so erstaunliche Karriere. Denn zum Fürmich gibt es bei Kant zwei Alternativen: zum einen das bekannte »an sich« oder auch »an sich selbst« oder gar »an sich selbst betrachtet«,[11] und zum anderen ein von Kant terminologisch nicht näher ausgewiesenes »Für-alle-anderen«, das den Status der Objektivität einer Erkenntnis kennzeichnen soll und natürlich nichts anderes als »für alle anderen Menschen« heißen kann. In der ersten Oppo-

11 Zu diesen Formeln und ihrer Deutung immer noch unübertroffen: Prauss, 1974a, und Prauss, 1974b. Von Prauss stammt der sinnfällige Vorschlag, die Formel vom »Ding an sich« stets mit dem von Kant gelegentlich gebrauchten Zusatz »an sich selbst *betrachtet*« zu lesen. »Dinge an sich« wären demnach die Dinge in der Form, in der sie sich (gesetzt sie könnten dies tun) *selbst* betrachten würden. Damit wird augenblicklich klar, dass wir davon nichts wissen können. Denn wir können die Dinge nun einmal nur *so* betrachten, wie *wir* es tun, gleichsam nur »von außen«.

sition zum *Für-mich* kommt es zu den berühmt-berüchtigten *Dingen an sich*, in der zweiten zu den *Erscheinungen*.

Der Sinn dieser Unterscheidung liegt auf der Hand: *Erscheinungen* sind Dinge in Raum und Zeit; wir nehmen sie unter den Bedingungen unserer Anschauung wahr und haben sie dementsprechend zu denken. *Dinge an sich* stehen außerhalb unserer sinnlichen Reichweite; sie kommen nicht in der menschlichen Anschauung vor. Streng genommen können wir daher auch gar nicht von ihnen sprechen. Um aber nicht vermessen zu sein und zu behaupten, es gebe gar nichts anderes als nur das, was in unserer raumzeitlichen Anschauung erscheint, ist es eine Frage der intellektuellen Redlichkeit, wenigstens deren Möglichkeit einzugestehen. Denn unser intellektuelles Vermögen ist so beschaffen, dass wir zu allem, was wir in einer bestimmten Weise begreifen können, das Gegenteil immerhin *denken* können. Wenn wir nun glauben, zu der Einsicht kommen zu können, alles, was immer wir erkennen, stehe unter den Bedingungen unserer menschlichen Anschauung, dann können wir damit auch das Gegenteil *denken*. Das Gegenteil aber heißt in diesem Fall: Es mag ein – wie auch immer beschaffenes – Etwas geben, das nicht in unserer Anschauung vorkommt und gleichwohl nicht nichts ist.

Damit haben wir schon etwas konzipiert, das *nicht* den Konditionen von Raum und Zeit unterworfen ist. Und so ist es tatsächlich nur eine Frage der Wahrhaftigkeit des systematischen Denkens, die Möglichkeit von Existenzen einzuräumen, von denen wir nichts Bestimmtes wissen können. Natürlich kann man einwenden, dass wir schon nicht wissen können, ob es sich bei den uns absolut unzugänglichen »Dingen an sich« überhaupt um »Dinge« handelt. Denn als *Dinge* haben sie bereits eine Bestimmtheit, die Kant erst den durch den Menschen konstituierten *Gegenständen* zugesteht. Aber wie soll man anders von dem sprechen, was ohnehin nur eine Unmöglichkeit für uns

Menschen zum Ausdruck bringt? Der Begriff des »Dinges an sich« zeigt an, dass die Grenze unserer Anschauung nicht mit der Grenze der Welt zusammenfallen muss. Kurz: Er deutet an, dass auch das Insgesamt der von uns erkannten Welt nicht mehr ist als eine Umwelt des Menschen.

Missverständlich ist der Begriff des »Dings an sich« allerdings durch die schwer abweisbare Suggestion einer Korrespondenz zum Begriff der »Erscheinung«. Man kann sich kaum der Vorstellung erwehren, die Erscheinung *nicht* als phänomenalen Repräsentanten eines »Dinges an sich« anzusehen. Eine Erscheinung verweist nach dem üblichen Verständnis stets auf etwas, das in ihr erscheint. Gerade so aber möchte Kant seinen Begriff *nicht* verstanden wissen; vor allem soll er nicht als »Schein« verstanden werden (*B* 69).

Das wäre auch deshalb misslich, weil der Begriff ja gerade die Erfahrung der wirklichen Dinge zum Ausdruck bringen soll. »Erscheinung« ist die reale Gegebenheit empirischer Gegenstände, die so, wie wir sie erfahren, nur in Korrelation zu unserem Erkenntnisvermögen vorkommen. Anders ließen sie sich nicht erfahren. Der Ausdruck »Erscheinung« soll deutlich machen, dass hier ein Gegenstand der Erkenntnis unter einschränkenden Bedingungen steht, die durch die Sinnlichkeit des erkennenden Menschen gesetzt sind. Das Etwas im Fokus der Aufmerksamkeit muss anschaulich gegeben sein. Ein Bezug zu einem in der Erscheinung gleichsam sichtbar werdenden »Ding an sich« ist schon deshalb ausgeschlossen, weil wir absolut nichts von diesem »Ding an sich« wissen. Es ist nur ein Grenzwert, mit dem wir uns vor der Totalisierung unserer Weltsicht schützen. Doch obgleich die »Erscheinung« nicht »an sich« gegeben ist, ist sie nicht ausschließlich »für mich« (privat oder persönlich), sondern nur insofern »für mich«, als sie auch für alle anderen ist, die als meinesgleichen gelten können.

19. Die Objektivität des Subjekts. »Erscheinung«, so sagen wir mit Kant, ist nicht dadurch definiert, dass da *etwas* erscheint, sondern dass jemand auf die Bedingungen seiner Anschauung eingeschränkt ist. Dieser Jemand ist der Mensch als das mit Sinnlichkeit und Vernunft ausgestattete lebendige Wesen. Ob es außer den Menschen noch andere Wesen gibt, die über die gleichen Fähigkeiten verfügen, wissen wir nicht. Deren Möglichkeit von vornherein auszuschließen, wäre ebenso borniert wie die metaphysische Verabsolutierung der menschlichen Sicht auf die Welt.

In der transzendentalen Analyse nennt Kant den anschauenden und erkennenden Menschen in der Regel »Subjekt«. Er nimmt damit eine alte terminologische Gepflogenheit auf, in der »Subjekt« soviel heißt wie »Substanz« und damit nichts anderes als den Träger von Eigenschaften meint.[12] In diesem Sinn hat sich der Ausdruck bis heute in der Grammatik gehalten, wo das Subjekt einer Aussage als Bezugsgröße des Prädikats fungiert. Kant belässt es bei diesem Sinn, gibt ihm jedoch die Pointe einer eigenständigen Aktivität: Mit »Subjekt« meint er den durch Selbsttätigkeit ausgezeichneten Träger von Aktivitäten, als den wir uns selbst erkennen.

Es ist nun von erheblicher Bedeutung, dass dieses »Subjekt« bei Kant nicht eigentlich »subjektiv«, sondern vielmehr »objektiv« ist! Als »Subjekt« steht es zwar dem »Objekt« der Erkenntnis gegenüber, aber es sichert in dieser Relation nichts anderes als dessen Objektivität. Das ist schon in der transzendentalen *Ästhetik* offensichtlich, erhält aber erst in der transzendentalen *Deduktion* sein volles systematisches Gewicht. Wenn etwa die Zeit als »subjektiv« bezeichnet wird, dann ist damit, so abwegig es zunächst auch erscheinen mag, ihre *allgemeine* Funktion für

12 »[…]: so ist das letzte Subject desselben das *Beharrliche* als das Substratum alles Wechselnden« (*B* 250).

alle sinnlich gegebenen Anschauungen gemeint. Die Subjektivität von Raum und Zeit ermöglicht die Objektivität sinnlicher Wahrnehmung:

> Die Zeit ist also lediglich eine subjective Bedingung unserer (menschlichen) Anschauung (welche jederzeit sinnlich ist, d. i. sofern wir von Gegenständen afficirt werden) und an sich, außer dem Subjecte, nichts.
>
> (*B* 51)

Das Subjekt ist hier die Gegeninstanz zu den »an sich« bestehenden Dingen, von denen wir gar nichts wissen. Die Zeit ist keine vorgegebene Eigenschaft der Dinge, sondern sie kommt den Erscheinungen erst durch die Disposition des anschauenden Subjekts zu. Und nur insofern ist die Zeit »subjektiv«. Das aber heißt: Sie kommt erst in der Anschauung durch den wahrnehmenden Menschen hinzu und ist dort augenblicklich – allgemein und notwendig. Das Subjekt ist der Träger aller epistemischen Aktivitäten, durch die es überhaupt erst zu einer Erkenntnis kommt – und das ist hier die sinnliche Anschauung in der Form der Zeit. Durch sie wird die *Allgemeinheit* einer Wahrnehmung möglich, so dass sie *jederzeit* und *überall* von *jedem* in der *gleichen* Weise nachvollzogen werden kann. In diesem Sinn ist jeder Mensch in gleichem Maße und mit gleicher Wirkung Subjekt. Also muss man das Subjekt in der von Kant unterstellten Form als *objektiv* bezeichnen. Und nur wenn wir diese Objektivität auch *dem* Selbstbewusstsein beilegen, das als Subjekt der begrifflichen Erkenntnis tätig ist, werden wir das Kernstück der theoretischen Leistungen des Menschen, die *transzendentale Apperzeption* verstehen.

Neben dieser durch und durch *objektiven* Bedeutung der transzendentalen *Subjektivität* gibt es bei Kant noch einen zweiten Sinn von »subjektiv«, der unserem heutigen Verständnis des Wortes näher kommt. In diesem Fall ist das Subjekt in der Singularität gemeint, in der es von seinesgleichen unterschieden ist. Hier kann es bei bestimmten Urteilen nicht erwarten, dass ihm die Anderen zustimmen, weil es erfahren hat, dass es in vielem *anders* fühlt und empfindet als sie. In diesen Fällen kann sich jeder nur auf seine gleichsam private Wahrnehmung stützen, die ihren Grund in der »subjectiven Beschaffenheit der Sinnesart« hat. Die vermittelt dem Einzelnen den Eindruck der »Farben, Töne, und Wärme«, gibt damit aber weniger die »Beschaffenheit der Dinge« als die »Veränderungen unseres Subjects« zu erkennen. Und diese Veränderungen können »bei verschiedenen Menschen verschieden sein« (*B* 45).

Hier charakterisiert »subjektiv« das Privaturteil des einzelnen Menschen, in dem er sich (möglicherweise) von allen anderen Personen unterscheidet. Die »subjektive« Subjektivität ist, wie Kant in der *Deduktion* oder im Beweis der *Grundsätze* deutlich macht, Ausdruck der empirischen Verfassung des jeweiligen Individuums. Als »subjektiv« in diesem Sinn haben bloße Empfindungen oder etwa Träume (*B* 247) zu gelten. Und wir können hinzufügen, dass sich die *Objektivität* gar nicht schätzen ließe, wenn wir nichts von unserer *privativen Subjektivität* wüssten.

Die empirische Bedeutung von »subjektiv« kennzeichnet auch die vom Wissen unterschiedene »Meinung«, die Kant sowohl der Ethik wie auch seiner kritischen Theorie von Leben, Kunst und Kultur zugrunde legt. Die »Meinung« ist eine reflektierte Form der Subjektivität, die zwischen der Subjektivität der bloßen Empfindung und der allgemeinen Form des Selbstbewusstseins vermittelt. Umso nachdrücklicher ist festzuhalten, dass in der Grundlegung des Wissens das »Subjekt« in *objektiver Funktion* tätig ist: Es ist der bereits in sich allgemein und notwendig verfahrende Träger von Leistungen, die wir nur unter der Bedingung dieser objektiven Trägerschaft als allgemein und notwendig rechtfertigen können. Kurz: Das menschliche Selbstbewusstsein, dem Kant die transzendentale Begründung objektiver Erkenntnis zutraut, ist selbst schon objektiv verfasst. Das heißt: Es zeigt sich nur in den allgemeinen Leistungen des Erkennens. Wäre es anders, bliebe die Antwort auf die Frage: *Was kann ich wissen?* gänzlich offen.

20. Wissen: eine mitgeteilte Leistung. »Subjekt« ist bei Kant die allgemeine menschliche Substanz, die etwas *von sich aus tut* und sich im Tun und in dessen Erfolg als Träger von Eigenschaften erweist. Die Eigenschaften aktiver Substanzen sind »Handlungen«, deren allgemeine Wirkungsweise Kant auch gern »Funktionen« nennt.[13] Handlungen treten in ihren *Wirkungen* hervor, die wir im Unterschied zu bloß physischen Wirkungen *Leistungen* nennen. Erkenntnis und ihr über einen gewissen Zeitraum konstanter Effekt, das Wissen, werden von Kant als Leistungen in der Folge menschlicher Handlungen gedeutet. So bestimmt die »kopernikanische Wendung« schon im Zugang das Problem des Wissens, um das es in der ersten *Kritik* geht: Noch ehe eine Antwort auf die Frage: *Was kann ich wissen?* möglich ist, hat Kant das Wissen als eine Leistung des allemal endlichen menschlichen Wesens bestimmt, so dass er sich auf die Frage konzentrieren kann, wie diese Leistung als Handlung des Menschen nachvollzogen werden kann.

Die Leistung des Erkennens zeigt sich in *Urteilen*. Der Mensch äußert sein Wissen entweder in Form von mehr oder weniger verständlichen Sätzen, oder er zeigt es im (gelingenden) Gebrauch, so dass es im Nachvollzug wiederum in Sätzen formuliert werden kann. Kant setzt daher seine

13 Damit ist beiläufig angedeutet, dass Kant in der Analyse der *Funktionen* einer als *aktives Subjekt* verstandenen *Substanz* den später von Cassirer beschriebenen Übergang vom Substanz- zum Funktionsbegriff bereits vorwegnimmt (vgl. Cassirer, 1910).

transzendentale Untersuchung der Erkenntnis bei den Urteilen an. Er ist sich bewusst, damit in einer langen Tradition zu stehen, die er bis auf Aristoteles zurückführt (*B* 107). Tatsächlich hat sich die Logik mit ihrer Analyse stets auf satzförmige Aussagen, auf Propositionen, bezogen.

Gleichwohl hätte es seinen Interpreten zu denken geben müssen, dass Kant die *Funktionen* des Urteilens an den Anfang stellt. Denn die Urteile geben nicht nur zu erkennen, dass sich das Wissen *äußern* muss, um als Wissen kenntlich zu werden; sie lassen auch keinen Zweifel daran, dass der sein Wissen gebrauchende Mensch in einem *kommunikativen Zusammenhang* mit seinesgleichen steht. Wissen ist das, was nur in der *Mitteilung* zur Geltung kommt. Deshalb kann es auch nicht wundern, dass die *Urteilskraft* im Spiel ist, wenn es um Urteile geht. Kant hat dieser Bedingung in der *Kritik der reinen Vernunft* nur eher beiläufige Aufmerksamkeit geschenkt.[14] In anderen Zusammenhängen aber hat er klargestellt, dass unsere intelligiblen Leistungen allein unter der Voraussetzung leiblicher Selbstständigkeit und gesellschaftlicher Mitteilungsfähigkeit möglich sind. Der für das Wissen in Frage kommende Mensch muss »stehen und gehen« und er muss »nach zusammenhängenden Begriffen sprechen« können (8,110).

In der dritten *Kritik* hat Kant die Mitteilungsfähigkeit des Menschen sogar in den Rang einer transzendentalen Bedingung erhoben. Um sich von den »subjectiven Privatbedingungen« seines Meinens befreien und einen »allgemeinen Standpunkt« des Urteilens einnehmen zu können, hat der »gemeine Menschenverstand« drei Maximen zu berücksichtigen:

14 Zu verweisen wäre auf den Abschnitt über den *Schematismus* der Urteilskraft (*B* 176ff. / *A* 137ff.) und auf das vor allem in der ersten Fassung der *Kritik der reinen Vernunft* betonte Zusammenspiel von Einbildungs- und Urteilskraft (*A* 111ff.). Kaulbach, 1978, 48ff., hat nachdrücklich auf die Bedeutung der Mitteilung in Kants Transzendentalphilosophie aufmerksam gemacht.

> 1. Selbstdenken; 2. An der Stelle jedes andern denken; 3. Jederzeit mit sich selbst einstimmig denken. Die erste ist die Maxime der *vorurtheilsfreien*, die zweite die der *erweiterten*, die dritte die der *consequenten* Denkungsart. (5,294; siehe dazu auch unten 5.18)

Auch wenn Kant die drei Maximen der Reihenfolge nach dem *Verstand*, der *Urteilskraft* und der *Vernunft* zuordnet, ist doch klar, dass sie in *jedem* Urteil erfüllt sein müssen, das als allgemein gültig aufgefasst werden soll. Man darf die Maximen daher nicht, wie es im Anschluss an Hannah Arendt immer wieder geschieht, auf die politischen Aussagen beschränken.[15] Sie gelten bereits für die in der transzendentalen *Analytik* behandelten Urteile und bieten ein zusätzliches Argument für die kommunikative Ausgangslage der *Vernunftkritik*. Die Geschichte der Vernunft, ihre durch und durch menschliche Disposition, die vorgängige Allgemeinheit des anschauenden Subjekts sowie der Zugang zum Wissen über die Mitteilung im Urteil sind freilich für sich schon Anhaltspunkte genug, um die seit Jahren umlaufende These von Kants »monologischer« Vernunftkonzeption als ein typisch soziologisches Missverständnis zu durchschauen.[16]

Ein viel schwerer wiegendes Missverständnis liegt freilich darin, die auf ihre Leistungen und Funktionen bezogene Analyse der menschlichen Erkenntnis bloß *logisch* zu verstehen. In der rein logischen Behandlung der Welt hat Kant den gravierendsten Fehler der Leibniz-Wolffschen Metaphysik entdeckt. Denn hier wird übersehen, dass die Logik selbst nur in Handlungen hervortritt, die ihrerseits nur im Wirkungszusammenhang der Welt zu verstehen sind. Die Leistungen der Urteile sind niemals unabhängig von ihrem Träger. Träger eines Urteils kann im Prinzip je-

15 Siehe dazu ausführlich: Gerhardt, 1995, 190ff.
16 Zur Kritik dieses Irrtums siehe: Horster, 1982.

des lebendige Wesen sein. Das in der Analyse unvermeidlich und unablässig vorkommende exemplarische Wesen ist aber der die Analyse selbst betreibende *Mensch*. Und die Frage der *transzendentalen Logik* lautet, wie es möglich ist, dass dieser stets nur *empirisch* auftretende Mensch zu allgemeinen und notwendigen (also: nicht-empirischen) Leistungen fähig ist. Wenn nun Interpreten einen Fortschritt darin sehen, dass sie Kants transzendentale Frage wiederum nur *logisch* deuten, dann verfehlen sie ausgerechnet den Punkt, um den es ihm in seiner Vernunftkritik geht. Die Pointe der Transzendentalphilosophie liegt darin, dass sie die Welt so zu begreifen sucht, wie sie in den Leistungen des Menschen zur Darstellung kommt. Wo sonst sollte sie sich finden lassen?

21. Herkunft und Leistung des Verstandes. Als »bloßen Verstand« bezeichnet Kant die Vernunft, wenn sie nur auf das gegenständliche Wissen bezogen ist. In diesem Wissen geht es um die Erkenntnis von Sachverhalten (Die Sonne scheint. Dies ist ein Stein.) sowie um deren logische Verknüpfung zu weiteren Erkenntnissen (Die Sonne erwärmt den Stein.). So kommt es zur Erkenntnis sachlicher Zusammenhänge, zu denen alles gehört, was wirklich, möglich oder notwendig ist und in die Form der Gegenständlichkeit gebracht werden kann. Alles, was die Wissenschaften von der Mathematik über die Physik bis hin zur Psychologie allgemein verbindlich erkennen können, wird mit Hilfe des Verstandes erkannt.

Wenn der Verstand, den Kant das »Vermögen der Begriffe« nennt, etwas Bestimmtes erkennen können soll, muss er auf etwas bezogen sein, das für den Menschen in der Anschauung vorliegen muss. Zu einer Erkenntnis, die als Wissen von der Welt gelten kann, kommt es also erst, wenn den Begriffen des Verstandes etwas im Raum und in der Zeit entspricht. Denn es gilt:

> Gedanken ohne Inhalt sind leer, Anschauungen ohne Begriffe sind blind. [...] Der Verstand vermag nichts anzuschauen, und die Sinne nichts zu denken. Nur daraus, daß sie sich vereinigen, kann Erkenntniß entspringen. (*B* 75)

Bei dieser Korrespondenz von sinnlicher Anschauung und Verstand kann es nicht überraschen, dass beide Leistungen sich einer gemeinsamen Herkunft verdanken:

> Unsere Erkenntniß entspringt aus zwei Grundquellen des Gemüths, deren die erste ist, die Vorstellungen zu empfangen (die Receptivität der Eindrücke), das zweite das Vermögen, durch diese Vorstellungen einen Gegenstand zu erkennen (Spontaneität der Begriffe); durch die erstere wird uns ein Gegenstand *gegeben*, durch die zweite wird dieser im Verhältniß auf jene Vorstellung (als bloße Bestimmung des Gemüths) *gedacht*. (*B* 74)

Die dem Menschen über die Sinnlichkeit »gegebenen« Eindrücke werden also durch die Begriffe des Verstandes zu bestimmten Erkenntnissen »gemacht«. Der Verstand verarbeitet (gleichsam im Inneren des Leibes), was ihm die Sinne an Eindrücken liefern, so dass daraus (unabhängig von allen leiblichen Grenzen, wenn auch in sinnlicher Einkleidung)[17] allgemein mitteilbares Wissen werden kann. Auch wenn sich Kant nicht näher über die gemeinsame »Wurzel« der beiden »Stämme« der Sinnlichkeit und des Verstandes äußert, so ist doch ihr anthropologischer Ursprung ebenso offenkundig wie ihre kommunikative Leistung: Die physiologische Individualisierung wird im Medium der Sinnlichkeit zur Anschauung gesteigert; damit kommt es zu einem auch für andere zugänglichen Bild, in

17 In den *Träumen* (1766) spricht Kant davon, dass die Begriffe »gleichsam ein körperlich Kleid« annehmen (2,339). Sie bedürfen also sprachlicher Zeichen, um mitteilbar zu sein.

dessen Zeichen die Selbstbewegungen der Individuen einheitlich werden können. In der Vergewisserung dieser jeweils aus eigenem Impuls erzeugten Einheit wird die Allgemeinheit der eigenen Leistung bewusst. So spielen Individualität und Universalität bereits im »Schema« des Übergangs vom Bild zum Begriff ineinander (*B* 179). Aber auch im Übergang von Begriff zu Begriff ist das Individuum gegenwärtig, indem es die »Notwendigkeit« dieses Vorgangs an sich selbst erfährt.

Die Universalisierung ist der Effekt der Stammbegriffe des Verstandes, die Kant, im Anschluss an Aristoteles, *Kategorien* nennt. Er gewinnt sie aus einer Systematisierung aller denkbaren menschlichen Urteilsformen, die er auf zwölf elementare begriffliche Leistungen bringt, denen zwölf Kategorien entsprechen. Diese Kategorien bilden das begriffliche Fundament für die gesamte menschliche Erkenntnis. Da Kant die Tafel der Kategorien für »vollständig« hält,[18] kann er auch den Anspruch erheben, dass *alle* unsere Erkenntnis durch die Kategorien geordnet wird. Sie verdient aber nur dann den Titel einer Erkenntnis, wenn die Kategorien auf die Bedingungen der *Sinnlichkeit* bezogen werden. Geschieht dies lediglich in der allgemeinen Form reiner Anschauung, ist eine *mathematische Erkenntnis* möglich. Werden die Kategorien auf einzelne, in der Anschauung gegebene Daten bezogen, kommt es zur *Erfahrung*. Wird der Gebrauch der Kategorien jedoch von den Bedingungen der Sinnlichkeit gelöst, dann geht er über alle Grenzen gegenständlicher Erkenntnis hinaus und bewegt sich im Feld einer *spekulativen Metaphysik*.

22. Das Problem der Deduktion. Die schwierigste Aufgabe der *Vernunftkritik* hat Kant nach eigenem Urteil in der *transzendentalen Deduktion* der reinen Verstandesbegriffe zu lösen. Da er den entsprechenden Abschnitt der *Analy-*

18 Dazu inzwischen klassisch: Reich (1932), 1986; siehe ferner: Heckmann, 1997.

tik in der zweiten Auflage der *Kritik der reinen Vernunft* besonders gründlich überarbeitet hat, seine Interpreten also gleich zwei Versionen zu deuten haben, hat das Theoriestück besondere Aufmerksamkeit auf sich gezogen – dies vornehmlich bei Lesern in der zweiten Hälfte des 20. Jahrhunderts. Dabei ist fast alles in Zweifel gezogen worden, was Kant als geklärt ansah und letztlich auch für bewiesen hielt. Selbst Aufgabe und Ziel der Deduktion sind bis heute strittig. Dazu konnte es kommen, weil man unter dem Einfluss Fichtes und Hegels (und am Ende auch Heideggers) den einfachen, auf *alle* Menschen bezogenen, *objektiven* Status des von Kant zugrunde gelegten *Subjekts* nicht mehr zu sehen vermochte.

Kant erinnert zunächst an die Herkunft des Begriffs der »Deduction« aus der richterlichen Praxis. Wenn in einem Rechtsstreit ein Rechtsanspruch strittig sei, habe man darzulegen, was »Rechtens« sei (*quid sit iuris*); man habe also den Rechtsgrund vorzutragen, der den Rechtsanspruch belegt. Eine solche Darlegung vor Gericht werde »Deduction« genannt (*A* 84 / *B* 116).[19] Und in eben diesem Sinn will Kant den Realitätsgehalt der Kategorien aufweisen. Es soll sich zeigen, dass sie, obgleich sie nicht aus der Erfahrung gewonnen sind, dennoch mit der Erfahrung – und zwar notwendig – verbunden sind.

Die Herkunft des Begriffs der »Deduction« wird neuerdings so gewertet, als besage sie etwas über das Beweisverfahren selbst. Davon ist im Text jedoch nichts erkennbar. Eine Deduktion ist, wie der Name sagt, die logische Ableitung einer Erkenntnis aus einer anderen. Die Erinnerung an die juridische Herkunft kann man als Hinweis auf die in allen derartigen Beweisen selbstverständlich unterstellte interindividuelle Verständigung werten. In einer Deduktion wird nicht nur *allgemein* und logisch *zwin-*

19 Zur Gerichtsmetaphorik: Sommer, 1977, 160f., 233ff.; Kaulbach, 1978, 110ff.

gend, sondern im Prinzip auch *öffentlich* vorgeführt, was aus einer als zweifelsfrei angenommenen Einsicht mit Blick auf einen vorliegenden Sachverhalt folgt. Die Deduktion wäre somit widersinnig, wenn sie von einem vollkommen auf sich selbst bezogenen, von aller Gemeinschaft isolierten Ich ausgehen sollte, um von ihm aus herzuleiten, dass es dennoch als Träger aller Erfahrung begriffen werden muss.

Kant setzt die zweifelsfrei gegebene Einbindung in einen *sensus communis* voraus. Das Ich, an das er die den Beweis tragende Einsicht knüpft, ist bereits *Teil einer Gemeinschaft*, in der die Tatsache einer gemeinsamen, alle anderen ich-sagenden Wesen einbeziehenden Realität gar nicht strittig sein kann. Die Deduktion hat nicht das Ziel, die Position des radikalen Skeptikers, der so tut, als kenne er nur sich selbst, zu widerlegen. Sie behandelt vielmehr die »transzendentale Idealität« der Kategorien unter den Bedingungen der »empirischen Realität« des menschlichen Daseins.

Kant rechtfertigt die notwendige Verbindung von Ich und Vorstellung: Was immer als Anschauung des inneren wie des äußeren Sinns gelten können soll, muss auf ein Ich bezogen sein, das diese Vorstellung *hat*. Im Haben dieser Vorstellung ist aber das Ich stets mehr als selbst wieder nur eine Vorstellung. Es muss selbst ein *Gedanke* sein, der nur in Form einer begrifflichen Verknüpfung zum Träger von Vorstellungen werden kann. Es ist also nicht bloß das »Ich«, das als unerlässlicher Bezugspunkt aller Vorstellungen fungiert, sondern das »Ich denke«, das alle Vorstellungen begleiten können muss (*B* 131).

Das »Ich denke« kann nur als ein originärer Verstandesakt aufgefasst werden, als ein »Actus der Spontaneität«, in dem sich eine »Synthesis« aus bloßen Begriffen vollzieht (*B* 132). »Ich denke« ist die rationale Tätigkeit schlechthin; sie ist der Ursprungsakt von allem, was immer als verständig oder vernünftig aufgefasst werden kann. Kant spricht auch von der »reinen Apperzeption« (*B* 132). Das ist die vor jeder empirischen Wahrnehmung bereits erfolgte Selbstwahrnehmung des selbsttätigen Subjekts, in der es seine in eigener Aktivität erzeugte Einheit erfährt. Darin liegt die »Einheit des Selbstbewußtseins«, die immer nur die Einheit der Aktivität eines bestimmten Ich (also »meine« Einheit) sein kann und dabei die Grundlage für ein »allgemeines [sic!] Selbstbewußtsein« ist (*B* 132).

In diesem Selbstbewusstsein, das nur *individuell* sein kann – dies aber nur, sofern es sich *universell* versteht –, werden Begriffe, die aus keiner vorgängigen Erfahrung stammen, ursprünglich miteinander verknüpft. Wenn es nun richtig ist, dass keine sinnliche Anschauung den Status einer Erkenntnis haben kann, ohne auf ein »Ich denke« bezogen zu sein, dann sind es tatsächlich reine Verstandesbegriffe, unter denen alle Erfahrung steht. Darin liegt der *erste* Beweisschritt der Deduktion.

Der *zweite* kehrt die Begründungsrichtung um und zeigt, dass die im »Ich denke« ursprünglich verknüpften reinen Verstandesbegriffe, also die Kategorien, für unsere Erkenntnis ohne Bedeutung sind, wenn sie nicht auf sinnlich Gegebenes angewandt werden. Das im Selbstbewusstsein hervortretende »Ich denke« benötigt sinnlich vermittelte Vorstellungen, um überhaupt auf etwas Reales bezogen zu sein. Tatsächlich bleiben die reinen Begriffe »leer«, wenn sie nicht im Medium der Sinnlichkeit zur Anwendung kommen. Jede auf Wirklichkeit ausgerichtete Erkenntnis muss an sich selbst *die* Einheit von Sinnlichkeit und Verstand vollziehen, die den Menschen auszeichnet.

Die Deduktion zieht somit ein elementares Kriterium der Einheit menschlicher Leistungen heran, um daran deutlich zu machen, dass eine Erkenntnis der Welt nur möglich ist, sofern der Mensch von sich aus als sinnlich-verständiges Wesen tätig ist. Welt- und Selbstkenntnis vorausgesetzt, kann man diese Deduktion als einen hinreichenden Beweis dafür ansehen, dass Erkenntnis nur dort möglich ist, wo sich der Mensch im Bewusstsein seiner rationalen Kräfte auf die jeweils vorgefundenen Bedingungen des ihm nur sinnlich gegenwärtigen Lebens einlässt. Er muss sich auch in der Erkenntnis als die jeweils aktiv erzeugte Einheit von Leib und Seele erweisen, wenn seine Leistungen reale Bedeutung haben können sollen.

23. Substanz, Kausalität und Existenz. In den auf die Deduktion folgenden Abschnitten der *Analytik* entwirft Kant den Grundriss unseres Erfahrungswissens. Er zeigt, wie sich die zwölf Kategorien in zwölf Grundsätzen ausprägen, auf die sich alle empirische Weltkenntnis gründet. Das ist bei den Grundsätzen der *Quantität* und *Qualität* wie auch bei denen der *Modalität* naheliegend. Denn alles, was in der Erfahrung vorkommt, muss, um überhaupt erfahren werden zu können, ein bestimmtes *Quantum* (nach *Einheit*, *Vielheit* und *Allheit*), eine elementare *Qualität* (nach *Affirmation*, *Negation* und *Limitation*), eine unverzichtbare *Relation* zu ihren *Eigenschaften*, ihren *Folgen* und zu den sie *umgebenden Kräften* haben. Sie muss also als *Substanz*, als *Kausalität* und als *Korrespondenzphänomen* verstanden werden können. Schließlich muss sie auch einen *Modus* (nach *Möglichkeit*, *Wirklichkeit* oder *Notwendigkeit*) haben.

Es ist vergleichsweise leicht einzusehen, dass wir nur urteilen können, wenn sich unsere Aussage *erstens* auf *etwas* bezieht, das entweder *eines*, *vieles* oder *alles* ist; wenn damit *zweitens* etwas *bejaht*, *verneint* oder in Grenzen *offen gelassen* wird; wenn dieses Etwas *drittens* eine Beziehung zu anderen Vorkommnissen hat, sei es, dass es sie *trägt*, *bewirkt* oder *wechselweise* mit ihnen zusammenhängt; schließlich muss *viertens* dieses ausgesagte Etwas entweder *möglich* oder *wirklich* und/oder *notwendig* sein. Damit haben wir die zwölf Urteilsformen, aus denen die zwölf Kategorien folgen, beisammen.[20]

20 Erläuterungen mit Beispielen für einzelne Urteile finden sich bei Kaulbach, 1981, 90ff.

Einer gewissen Anstrengung bedarf es, um die drei Kategorien der *Relation* (*Substanz*, *Kausalität* und *Wechselwirkung*) als konstitutive Elemente der Erfahrung auszuweisen. Wenn wir einsehen, dass wir tatsächlich nichts – auch die flüchtigste Empfindung nicht – ohne einen »Wechsel der Erscheinungen« erfahren können, dieser »Wechsel« aber ein »Beharrliches« voraussetzt, an welchem er sich zeigt, dann ist auch die *Substanz* als Bedingung der Erfahrung erwiesen (*B* 224 f.). Die Pointe liegt darin, dass ausgerechnet die *Veränderung* die *Substanz* verbürgt.

Ungleich schwieriger ist es, Kants Beweis für den »Grundsatz der Zeitfolge nach dem Gesetze der Causalität« nachzuvollziehen. Um zu zeigen, dass alle Veränderungen »nach dem Gesetze der Verknüpfung von Ursache und Wirkung« geschehen (*B* 232), ist er genötigt, sich so ausdrücklich auf die Bedingungen der empirischen Realität einzulassen, dass fraglich ist, ob der transzendentale Begriff der Kausalität tatsächlich stark genug ist, den empirischen Zusammenhang von Ursache und Wirkung zu tragen. Gerade die Analyse unserer empirischen Wahrnehmung, die immer nur einen Eindruck nach dem anderen aufnehmen kann und somit vollkommen abhängig ist von der jeweiligen Situation und ihrer Vorgeschichte, von den externen Bedingungen unseres jeweiligen Standorts und den internen Konditionen unserer Aufmerksamkeit, scheint es ganz dem Zufall anheim zu geben, in welcher Reihenfolge die Ereignisse[21] auftreten. Woher wissen wir, dass nicht alles nur ein »Spiel der Vorstellungen« (*B* 239) und insofern gänzlich »subjektiv« (im empirisch-privaten Sinn des Wortes) ist?

Kants Antwort ist aus drei Elementen zusammengesetzt: Sie stützt sich *erstens* auf die *logische* Geltung des

21 Kant verwendet hier den älteren Ausdruck des »Eräugnisses« (*B* 244). Dadurch tritt die Bindung des Ereignisses an den optischen Sinn des Wahrnehmenden besonders anschaulich hervor. Das Ereignis ist, wie gleich deutlich werden wird, etwas, das vor und in den Sinnen wirkt.

Satzes vom zureichenden Grund; danach muss alles, was geschieht, eine Bedingung haben (*B* 246). Mit Blick auf die Erfahrung ist das eine apriorische Prämisse unseres Verstandes. Die logische Kondition bedarf allerdings der Umsetzung in das Medium der *sinnlichen* Anschauung, wenn sie in der Erfahrungsrealität gelten können soll. Deshalb wird *zweitens* die »*Ordnung* der Zeit« (*B* 248) hinzugezogen. Die freilich muss Kant vom bloßen »Ablauf« der Zeit, der empirischen »Zeitfolge« unterscheiden, wenn darin eine transzendentale Bedingung eines Ereignisses wirksam werden soll. Aber wie kommen wir zu einer derartigen apriorischen »Ordnung« der Zeit? Die empirischen Ursache-Wirkungsrelationen vollziehen sich in den meisten Fällen in einem einzigen Augenblick. Die Wirkung ist, wie bei der Kugel, die das Kissen eindrückt, oder dem Ofen, der das Zimmer heizt, zeitgleich mit der Ursache (*B* 248). Dennoch fassen wir den Übergang zwischen Ursache und Wirkung in der Regel so, als finde er »zwischen zwei Augenblicken« statt (*B* 253).

Um den nicht-empirischen Übergang von Augenblick zu Augenblick begreiflich zu machen, vollzieht Kant eine für die Transzendentalphilosophie höchst charakteristische Wendung: Er versteht ihn nach dem Vorbild der »Handlung« (*B* 249) und geht damit auf ein Modell zurück, das der Mensch nur aus der Selbsterfahrung seiner Selbsttätigkeit kennt. An der abstraktesten Stelle der Rekonstruktion unserer Naturerkenntnis, der Relation von Ursache und Wirkung, ist Kant einmal mehr genötigt, auf das *Selbstbewusstsein des handelnden Menschen* zurückzugreifen.[22] Gleichwohl ist dies konsequent, denn die Selbsttätigkeit des Handelnden tritt bereits im »Actus der Spontaneität« hervor, von dem die ganze kategoriale Organisation unserer Erfahrung getragen wird. Die »Ordnung der Zeit«, nach der wir den Übergang von der Ursa-

22 Mehr dazu bei: Willaschek, 1992.

che zur Wirkung als so notwendig wie den Satz vom zureichenden Grunde begreifen können, ist die in die Sinnlichkeit transponierte Abfolge unserer eigenen Tätigkeit.

Aber was hat das mit den »Eräugnissen«, den Ereignissen vor unseren Augen zu tun? Wie wird aus der inneren Ordnung unserer bewussten Aktivität ein Gesetz, das die gesamte Natur bestimmt? Darauf soll der Hinweis auf ein *drittes* Element die Antwort geben: Es ist nichts anderes als das Geschehen selbst, die Tatsache, dass »etwas geschieht« (*B* 251), das »Eräugnis« oder, um es mit dem Begriff zu bezeichnen, auf den Kant einfach nicht verzichten kann, wenn es um die »Wechselwirkung« geht: die *Existenz* (*B* 257 ff.; *B* 276). Die transzendentalen Bedingungen mögen noch so allgemein und von jedem konkreten sinnlichen Eindruck abgehoben sein: Alle Wirkung besteht in dem, »was da geschieht« (*B* 250). Da dieses Geschehen nach Kant aber stets Veränderung impliziert, wäre es vollkommen verfehlt, die Geltung des Grundsatzes der Kausalität von einem einzigen Ereignis abhängig zu machen. Wir müssen vielmehr von fortgesetzten Veränderungen ausgehen, die dem erkennenden Subjekt immer neuen Anlass geben, die transzendentale Ordnung der Zeit durch spontane Selbsttätigkeit zur Geltung zu bringen, so dass alles, was immer uns unter dem Eindruck der Ereignisse bewusst wird, zu einer Erkenntnis werden kann.

Die Pointe dieses dritten Elements tritt erst im Beweisgang für den dritten Grundsatz der Erfahrung hervor, in dem Kant dafür argumentiert, dass »alle Substanzen, so fern sie im Raume als zugleich wahrgenommen werden können, [...] in durchgängiger Wechselwirkung« stehen (*B* 256). Denn man sieht, dass die »dynamische Gemeinschaft« der wirkenden Kräfte keineswegs auf die Substanzen im Raume beschränkt ist, sondern sich auch auf die Wahrnehmungen »in unserem Gemüthe« erstreckt (*B* 261). Wie aber sollte es dazu kommen, wenn nicht auch die organischen Träger unserer Wahrnehmungen, die Sinne und der Leib, in die »Wechselwirkung« der Erscheinungen eingebunden wären? Zur Existenz der Dinge gelangen wir nur, indem wir mit ihnen in *Wechselwirkung* existieren. Dass diese Wechselwirkung eine empirische Bedingung unserer Existenz als Naturwesen ist, bedarf keiner besonderen Betonung, auch wenn sie uns kenntlich macht, wie weit Kants »empirischer Realismus« reicht.

Welche Folgen dies für seinen »transzendentalen Idealismus« hat, lässt sich ahnen, wenn wir uns vor Augen führen, dass auch die transzendentale Handlung, der apriorische »Actus der Spontaneität«, nicht ohne *Wirkung* gedacht werden kann und somit die Wechselwirkung von existierenden Substanzen einschließt, denen sich selbst noch das »Ich denke« zurechnen muss. Kurz: Die Wechselwirkung kann nur dann als Kategorie gedacht werden, wenn sich das handelnde Ich selbst als Element in Wechselwirkungen erfährt. Nach Kant aber ist schon das Denken ein Handeln. Also ist das Denken Teil der Welt, die es begreift.

24. Schematismus und Reflexion. Wie wenig Kant sich scheut, Geistiges und Leibliches in *communio* und in *commercium* zu denken (vgl. *B* 260), zeigt sein Versuch, einen Übergang zwischen den Leistungen von Sinnlichkeit und Verstand zu ermitteln. Beide müssen aufeinander bezogen sein, wenn Begriffe nicht leer und Anschauungen nicht blind sein sollen. Das »Vermögen«, dem er die Vermittlung zutraut, ist die *Urteilskraft*. In ihr kommt ein Doppeltes zum Ausdruck: zum *einen* die Fähigkeit, eine Erkenntnis überhaupt in die abschließende Form eines Urteils zu bringen; schon darin liegt eine (stets nur aus situativen Bedingungen zu rechtfertigende) Einlassung auf die raumzeitliche Kondition des Lebens. Zum *anderen* ist das Urteil, wenn es sich denn auf die endliche Verfassung des Daseins einlässt, eine Anwendung von Begriffen auf sinnliche Gegebenheiten. Wenn Kant die Leistung der Urteilskraft mit dem *Mutterwitz* in Verbindung bringt (*B* 172), wird augenblicklich klar, was hier gemeint ist.

Mit Blick auf ihre Dienstleistung gegenüber Verstand und Sinnlichkeit definiert Kant die Urteilskraft als »das Vermögen unter Regeln zu *subsumiren*« (*B* 171). Das jeweils *Besondere* einer gegebenen sinnlichen Anschauung muss unter die *allgemeine* Ordnung eines Begriffs gebracht werden. Sein erstes Beispiel ist der *Begriff* eines Tellers, der, auf einen konkreten *Gegenstand* angewendet, dann vielleicht tatsächlich als »Teller« (und nicht als Löffel) identifiziert werden kann. Wie kommt man von dem auf alle möglichen Teller der Welt bezogenen Begriff zu diesem *einen* Teller auf dem Tisch, den man zuvor vielleicht noch nie gesehen hat?

Die Antwort lautet: Man sucht nach einem Medium der *Gleichartigkeit*, in dem sich allgemeiner Begriff und konkreter Gegenstand begegnen. Dieses Medium muss »einerseits *intellectuell*, andererseits *sinnlich*« sein (*B* 177). Geist und Sinnlichkeit sind zwei Seiten *einer* Medaille. Im Fall des Beispiels (gesetzt, man hat an einen *runden* Teller gedacht und der Gegenstand auf dem Tisch ist ebenfalls *rund*) könnte dieses Gemeinsame ein geometrischer *Zirkel* sein (*B* 176). Gelingt es mit Hilfe des vorgestellten Zirkels tatsächlich, den Gegenstand auf dem Tisch als Teller zu bestimmen, hat sich der *Kreis* als »Schema« für die Beziehung zwischen Begriff und Gegenstand bewährt. Da der Gegenstand, um überhaupt erkennbar zu sein, in einer Vorstellung gegeben sein muss, in der er gleichsam wie ein *Bild* erscheint, spricht Kant auch vom »Schema« als dem Vermittler zwischen *Begriff* und *Bild*. Und da man, um zum Bild (oder auch nur in das Medium der Bildlichkeit) zu gelangen, *Einbildungskraft* benötigt,[23] ist das Schema

23 Der schöne Begriff der *Einbildungskraft* spricht für sich selbst. Er wird hier nur im Zusammenhang der Leistungen der Urteilskraft erwähnt, spielt aber natürlich in jeder Vorstellung eine Rolle. In der ersten Fassung der Deduktion (*A* 84 ff.) hatte Kant ihr eine herausragende Rolle in der

das »Verfahren der Einbildungskraft, einem Begriff sein Bild zu verschaffen« (*B* 180).

Der Einbildungskraft in der Konzeption Kants gelingt es, den einzelnen Kategorien jeweils spezielle Schemata zuzuweisen, die jeweils eine spezielle Form der Versinnlichung von selbsttätigen Handlungen in der Zeit zum Austrag bringen. Doch die Einzelheiten sind weniger wichtig als der generelle Versuch, den *Schematismus* im Spektrum der menschlichen Produktivität zu verorten. Kant spricht von einer »verborgenen Kunst in den Tiefen der menschlichen Seele, deren wahre Handgriffe wir der Natur schwerlich jemals abrathen« werden. So viel aber glaubt er sagen zu können: Das *Bild* ist ein Produkt der empirischen Einbildungskraft; das *Schema* hingegen entstammt der »reinen Einbildungskraft *a priori*« und schafft »gleichsam ein Monogramm«, also ein Kürzel, mit dessen Hilfe viele Bilder – unter der Anleitung eines Begriffs – aufgefunden werden können (*B* 180 f.). Das »Monogramm«, die Verdichtung einer Vorstellung zu einem *Verfahren*, belegt einmal mehr, dass Kant sich den Vorgang der Erkenntnis auch in seinen verschiedenen Instanzen und Organen nach Art handelnder Individuen vorstellt, die alle nach der Analogie eines auf Zeitgewinn, treffsicheren Gebrauch und allgemeine Verständigung ausgerichteten Menschen begriffen werden. Die Handlung wäre aussichtslos, wenn Vernunft und Sinnlichkeit nicht zwei sich wechselseitig aufladende Momente ein und derselben Leistung wären, mit der sich der Mensch seine Erfahrung von der Welt verschafft.

Am Ende der *transzendentalen Logik* bestärkt Kant diesen Eindruck, indem er verrät, wie er zu den Einsichten seiner Vernunftkritik gelangt, nämlich durch *Reflexion*. Sie wird auch *Überlegung* genannt (*B* 316). In ihr vermag der Mensch sich als Ganzer selbst zu betrachten. Er

Vermittlung zwischen dem reinen Verstand und der Sinnlichkeit zugedacht, die er in der zweiten Auflage abschwächt, ohne in der Sache auf sie zu verzichten.

tritt gleichsam aus sich heraus und nimmt sich in seinen Leistungen wahr, um sie im Zusammenhang zu bewerten. Um es mit dem metaphorischen Gehalt der Begriffe zu sagen: Er stellt sich über sich selbst und spiegelt sich von allen Seiten. In dieser Formulierung ist noch zu erkennen, dass die Reflexion bei der Außenwahrnehmung eines leibhaftig in sozialen Kontexten lebenden Wesens ansetzt.

Gewiss: Die organischen Bedingungen des stets in Gemeinschaften lebenden Menschen sind geschenkt, wenn es um die Reflexion der prinzipiellen Leistungen des menschlichen Wissens geht. Trotzdem ist es gut, an die sinnlichen Vorbedingungen der Intellektualität zu erinnern, weil man in der Parallele zu den äußeren Konditionen des menschlichen Daseins genauer erkennt, dass Kant in der transzendentalen Analyse zu den inneren Konditionen (im Bewusstsein ihrer äußeren Wirksamkeit) übergeht: Was immer er an Bedingungen und Leistungen, Handlungen und Verfahren aufzählt, ist nur zu verstehen, wenn das Objekt der Analyse das menschliche Individuum ist, das in seiner räumlichen und zeitlichen Begrenzung, in der unaufhebbaren Spannung zwischen Sinnlichkeit und Verstand sowie unter dem stets nur kurzfristig gemilderten Druck, *selbst zu handeln*, genötigt ist, über sich hinauszugehen, dabei aber niemals vergessen darf, mit welch knappen Ressourcen es gerade als vernünftiges Wesen ausgestattet ist. Aus der Vergewisserung dieser dramatischen Lage stammt der Impuls zur Kritik. Gerade weil der Mensch alles für ihn Wesentliche aus sich heraus zu bewegen hat, muss er sich vor der Selbstüberschätzung seiner Kräfte schützen. Auch dies hat er *selbst* zu tun.

25. Metaphysik: die unverzichtbaren Leistungen der spekulativen Vernunft. In der alle sinnliche Anschauung hinter sich lassenden Metaphysik kommt der stets auf anderes vor Anderen angewiesene *Verstand* an seine Grenze. Die *Vernunft* geht zur Selbstbeschäftigung über. So scheint es. Doch bei genauerem Hinsehen ist es die Selbstbeschäftigung eines die bloßen Gegebenheiten der Erfahrung hinter sich lassenden *vernunftbegabten Wesens*, das – *sinnliche Motive* hat. Die vitalen Kräfte sind so stark, dass dieses auf seine Selbsttätigkeit setzende Wesen kein isoliertes Bruchstück in dem von seiner Vernunft gedachten Ganzen sein will. Die Vernunft nimmt die Erkenntnisse des Verstandes *als ganze* und versteht sie als eine *Einheit*, um sie in dieser Einheit auf den Menschen zu beziehen, der sich, mit ihrer Hilfe, *selbst als Einheit* begreift. Das geschieht mit dem uns jederzeit verständlichen, aber gleichwohl über alle Erfahrungen hinausgehenden Anspruch eines jeden Individuums, ein – in seinem Ursprung wie in seinen Zielen – zum Ganzen passendes *Element der Welt* zu sein.

Man sieht: In allen Bezugspunkten dieser Konstruktion hat die Vernunft es nur mit ihren eigenen Begriffen zu tun. Ob sie das Ganze der Erfahrung als *Natur* oder *Welt* begreift; ob sie die Einheit des Menschen im Vollzug seiner Handlungen als *Selbst* oder *Seele* oder vom Ursprung dieser Handlung her als *Freiheit* versteht; oder ob sie die Einheit von Mensch und Welt im Begriff *Gottes* zu fassen sucht: Stets geht sie mit ihren eigenen, sich selbst einbeziehenden Begriffen um. Aber man darf nicht vergessen, dass diese Selbstbeschäftigung der Vernunft nur in Gang kommt, weil das ungestillte *Bedürfnis des Menschen* dahinter steht. Ihm kann die bloße Naturerfahrung schon deshalb nicht genügen, weil er aus eigenem Impuls und möglichst mit dem von ihm angestrebten Erfolg handeln will. In beidem ist der Mensch über die Gegebenheiten der bloßen Empirie hinaus. Deshalb reicht bereits dieser das alltägliche Tun tragende und treibende Anspruch aus, um der Vernunft die stärksten Motive zu geben.

Hat man aber erst das Verlangen des Menschen, sich in seinen Handlungen als eigenständige *Einheit* in begrifflich erschlossenen *Zusammenhängen* zu verstehen (so dass er sich letztlich *selber* einer *in sich verständlichen Ganzheit – gänzlich* – zurechnen kann), als die Triebkraft der Vernunft erkannt, dann ist auch klar, dass die Vernunft, so sehr sie mit nichts anderem als ihren eigenen Begriffen umgeht, die Grenzen des Verstandes nicht grundlos überschreitet. Es ist vielmehr so, dass der Mensch allein dadurch, dass er sich als *selbstbezüglich*, *selbsttätig* und dennoch *unvollkommen* erfährt, die Grenzen der bloßen Naturerkenntnis bereits überschritten hat. In seinem Selbstverständnis ist er immer schon über einen reinen Erfahrungsbegriff von Mensch und Wirklichkeit hinaus. Und er ist schon dort, wo er einen Sinn seines Daseins unterstellt – bei *Gott*. Insofern folgt ihm seine Vernunft in ihren grenzüberschreitenden Spekulationen auch nur dorthin, wo er nach seinem in Theorie und Praxis wirksamen Selbst- und Weltbegriff längst ist.

Vor diesem Hintergrund wird klar, dass die Vernunft im Ganzen gar nicht anders kann, als dem Menschen in seinem konkreten Selbstverständnis zu folgen. Nur so wird sie ihrem Anspruch auf Gründlichkeit und Vollständigkeit genügen; nur so bleibt sie das »Organ«, das »Sensorium der Seele« (2,339), das ihm ein möglichst umfassendes *Verstehen seiner Lage*, eine möglichst verlässliche *Orientierung* in der Welt und die verbindliche Kenntnis seiner *Rechte und Pflichten* zu erschließen erlaubt. Diese ihre Leistungen sind aber nur zu rechtfertigen, wenn die mit der Grenzüberschreitung einsetzende *Metaphysik* als eine *kritische* Wissenschaft betrieben wird.

Auf diesen Nachweis beschränkt sich die erste *Kritik*. In ihr legt Kant allen Nachdruck auf die Abrechnung mit der dogmatischen Metaphysik. Die Destruktion fällt so gründlich aus, dass flüchtige Leser bis heute den Eindruck haben, nach Kant sei alle Metaphysik erledigt. Tatsächlich aber wird in der transzendentalen *Dialektik* nur vorgeführt, dass man über die *Seele*, die *Welt* und über *Gott* nicht so sprechen darf, als seien sie (wie die einzelnen Gegenstände der Natur) in der Erfahrung gegeben. Kant macht zugleich deutlich, dass wir in unserem unverzichtbaren Anspruch auf die *Einheit* unserer selbst, auf den konsistenten *Zusammenhang* der Welt sowie auf eine in sich stimmige Einstellung unserer selbst zum *Ganzen des Daseins* auf den Vernunftbegriff der *Seele* ebenso wenig verzichten können wie auf die korrespondierenden Begriffe von *Welt* und *Gott*. Also bleibt, auch wenn sie grundsätzlich andere Aufgaben zu erfüllen hat als *Mathematik* und *Physik*, die *Metaphysik* als wissenschaftliche Disziplin bestehen.

Die Propädeutik der Metaphysik liegt in der kritischen Prüfung ihrer Prämissen. Darüber wird in der *Dialektik* der *Kritik der reinen Vernunft* Rechenschaft gegeben. Das philosophische Ziel aber liegt in der Grundlegung jener Handlungsformen, in denen sich der Mensch auf sich selbst und auf die Welt bezieht. Deshalb bleiben wir auf der Linie der Vernunftkritik, wenn wir die positiven Erträge der Metaphysik im Kontext der praktischen Fragen nach dem *Sollen*, dem *Hoffen* und – dem *Menschen überhaupt* behandeln. Denn mit Blick auf die Beantwortung der Frage nach dem *Wissen* bleibt nur die Antwort, dass die Metaphysik unverzichtbar ist. Sie kann sogar *wissenschaftlich* sein, wenn sie *kritisch* betrieben wird. Kritisch aber ist sie nur, solange bewusst bleibt, dass sie die Grenzen möglicher Erfahrung überschreitet und deshalb nur jenen als vernünftig einleuchten kann, die sich in ihrer Lebenspraxis selbst als vernünftig verstehen. Die Kritik, die der Metaphysik vorausgeht, hat auch die individuelle Lebenspraxis einzubeziehen. Ohne den Anspruch auf Wahrhaftigkeit kann sie lediglich ein »Blendwerk« sein – nicht nur gegenüber den Anderen, sondern auch für jeden Einzelnen selbst.

4. Was soll ich tun?

Ethik und Recht aus dem Prinzip der Vernunft

Die Moral muß mit der Erkenntnis der Menschheit verbunden werden.

(Kant, 25,471)

1. Der praktische Impuls der Metaphysik. In der bisherigen Darstellung fehlt von der *Kritik der reinen Vernunft* nur noch die *Dialektik*. Das ist jener Teil des Buches, der Kant bei seinen Zeitgenossen den Titel eines »Alleszermalmers der Metaphysik« eingetragen hat. Hier werden die Grenzen des menschlichen Wissens durch Destruktion seiner vornehmsten Themen vor Augen geführt: *Seele*, *Welt*, *Gott* – die alles andere überbietenden »absoluten« Begriffe des spekulativen Denkens, von denen sich die Menschheit letzten Aufschluss über ihre Bestimmung erhofft – werden als Gegenstände täuschender Vernunftschlüsse vorgeführt. Dadurch werden sie zwar nicht gänzlich hinfällig – andernfalls wäre die Metaphysik als Wissenschaft definitiv gescheitert; aber sie können nicht länger so behandelt werden, wie das die Schulphilosophie vor Kant getan hat: Für ihn sind *Seele*, *Welt* und *Gott* lediglich »Vernunftbegriffe«. Sie stellen keine Gegenstände vor. Sie bezeichnen nichts, was in der Welt der Dinge selbst als Ding vorkommen kann. Sie bezeichnen keine ersten oder letzten Substanzen und verweisen doch auf etwas, das für den Menschen von unverzichtbarer Bedeutung ist.

So gesehen, gehört auch die *Dialektik* der *Kritik der reinen Vernunft* unter die Frage nach den Grenzen des Wissens. Aber wenn wir sehen, wie Kant die Beschäftigung mit den Vernunftbegriffen motiviert und welche Erwartungen er mit dem ausdrücklich von Platon entlehnten

Begriff der *Idee* verbindet, dann ist klar, dass schon der zweite große Teil der *Transzendentalen Logik* der Beantwortung der Frage *Was soll ich tun?* gewidmet ist.

Das Loblied Platons, das Kant hier über Seiten hinweg und mit bemerkenswerter Kennerschaft singt (*B* 368–376), zielt vornehmlich auf die praktische Leistung der *Ideen*: »Plato fand seine Ideen vorzüglich in allem, was praktisch ist, d. h. auf Freiheit beruht, welche ihrerseits unter Erkenntnissen steht, die ein eigenthümliches Product der Vernunft sind.« (*B* 372) Als mehrfach herangezogenes Beispiel gilt dabei das »Urbild« einer politischen Gesetzgebung, und manches Missverständnis des »Vernunftbegriffs«, also der *Idee*, ließe sich vermeiden, wenn man diese ihre praktische Funktion im Auge behielte:

> Eine Verfassung von der *größten menschlichen Freiheit* nach Gesetzen, welche machen, *daß jedes Freiheit mit der andern ihrer zusammen bestehen kann*, [...] ist doch wenigstens eine nothwendige Idee, die man nicht bloß im ersten Entwurfe einer Staatsverfassung, sondern auch bei allen Gesetzen zum Grunde legen muß [...]. (*B* 373)

Man hat eine Idee, um unter deren Anleitung etwas zu tun. Sie ist das selbst entworfene Bild am Ende eines selbst gewählten Weges. Die Vernunft, die hier deutlich vom Verstand unterschieden und als »Vermögen der Principien« definiert wird (*B* 356), erschließt ein »Prinzip«, nach dem man aus eigener Einsicht handeln kann. Das ist bei der Idee einer Staatsverfassung sofort einleuchtend. Vielleicht verstehen wir es auch bei der Idee eines *Gottes*. Was aber könnte mit der Idee von *Seele* oder *Welt* gemeint sein?

2. Der praktische Begriff des Selbst. Nichts scheint den Interpreten Kants schwerer zu fallen, als die »Reinheit« begrifflicher Leistungen zu verstehen. Also haben sie auch

Schwierigkeiten, den »reinen« Ursprung »reiner« Leistungen zu fassen. Wer damit scheitert, aber doch gern einen Reputationsgewinn erzielen möchte, behilft sich mit der »Quasi-Transzendentalität«.[1] Wer sich aber entschieden hat, die von Kant exponierten apriorischen Konditionen von Denken und Handeln zu akzeptieren, der scheint in der Folge nicht mehr fähig zu sein, das Lebensfundament der apriorischen Leistungen anerkennen zu können. Wenn es nach ihnen geht, fällt alles rein Begriffliche unmittelbar vom Himmel in die Lehrbücher der Philosophie.

Kant dachte vollkommen anders, wie man sich an seiner These vom empirischen Realismus oder an seiner Kosmologie klar machen kann: Alles, was immer wir als gegenständlich empfinden, bezeichnen und begreifen können, gehört in den empirischen Zusammenhang der Natur. Alles Geschehen, jedes »Eräugnis« steht im lückenlosen Netz der Kausalbeziehungen, die nicht nur in der jeweiligen Kette von Ursache und Wirkung ineinander greifen, sondern auch mit Blick auf die in allem als handelnde Substanzen angesehenen Träger untereinander in einem unübersehbaren Geflecht von Wechselwirkungen stehen. Hier ist alles immer schon in Bewegung, alles entsteht und vergeht.

Das gilt auch für den Menschen, der, wie Kant zu betonen nicht müde wird, ein »Naturwesen« ist. Seine Ausstattung und seine Lebensweise entsprechen ganz den Bedingungen des Planeten, auf dem er entstanden ist und mit dem er eines Tages (vorausgesetzt, es gibt ihn noch) in die Sonne stürzen und verglühen wird (1,326 f.). Das gilt nicht allein, wie man vielleicht meinen könnte, für den Körper des Menschen, sondern auch für seine »Lebenskraft«, also für das ganze System seiner in ihm angelegten und von ihm entwickelten Antriebe. Die »Tierheit« des Menschen zeigt sich nicht nur in seiner physischen Konstitution,

1 So J. Habermas in: *Erkenntnis und Interesse*, Frankfurt a. M. 1968, 240.

nicht nur in der *facultas sexualis* oder der *vaga libido* (*VorEth*, 178), sondern in der Gesamtheit seiner psychischen Dispositionen, seiner »Gefühle«, »Triebe«, »Leidenschaften« und »Neigungen« (7,230ff. und 7,251ff.). Ja, nachdem sie nun einmal im Entwicklungsgang des Menschen entstanden sind, gehören auch die »Erkenntnisvermögen« dazu und mit ihnen die »Einbildungs-«, »Vorstellungs-«, »Urteilskraft« oder, nicht zu vergessen, das »Gedächtnis«. »Denken« ist eine Art des »Sprechens zu und von sich selbst« (7,167); es lässt sich sogar empirisch an Anderen beobachten, etwa wenn sie beim Rechnen die Lippen bewegen oder die Finger zu Hilfe nehmen. Kurz: Die Natur durchdringt uns ganz.

Nur weil dies so ist, bewegen wir uns. Nur weil dies so ist, wollen wir befriedigt oder wenigstens zufrieden sein, wollen wir die Aussicht auf ein gutes Ende, letztlich sogar »Glückseligkeit«. Nur weil dies so ist, verstehen wir auch die entsprechende Disposition bei unseresgleichen, so sehr uns gerade die Natur dabei hilft, die beträchtlichen Unterschiede zwischen uns und den Anderen zu begreifen.

Der Geist des Menschen tritt erst in Erscheinung, wenn alles dies gegeben und zur leibhaftig-lebendigen Gegenwart geworden ist. Dann zeigt sich »plötzlich« (Kant spricht mit Lukrez von *spontan*) die Fähigkeit des Individuums, sich *als Ganzes* auf seine Naturbedingungen zu beziehen, um der Naturbewegung eine bestimmte Richtung, einen selbstbestimmten Ausdruck zu geben. Erst hier haben wir einen reinen, »apriorischen« Impuls, dessen Eigenart darin liegt, dass er vom *ganzen* Individuum her dieses auch *ganz* zu regulieren sucht. Der Mensch begreift sich, obgleich er als Naturwesen in zahllosen physischen, psychischen und sozialen Beziehungen steht, *als für sich bestehende Einheit*, um sich *als diese Einheit* in einer selbst wieder *als Einheit* begriffenen Welt eine *eigene* Position zu geben. Derartige Einheiten kommen in der empirisch gegebenen Natur nicht vor, denn sie entspringen der spontanen Begriffsbildung des Menschen. In ihnen gibt er sich selbst eine Form, in der er sich als Ganzes gegenüber anderen Ganzheiten kenntlich zu machen und zu erhalten sucht.

Die erste und alles andere bedingende Form intelligibler Einheitsbildung liegt im unscheinbaren Begriff des *Selbst*. Aber man braucht nur hinzuzufügen, dass dieses Selbst nicht nur als »Ich«, sondern auch als »Seele« oder »Person« figurieren kann, um zu erkennen, dass hier tatsächlich eine bemerkenswerte begriffliche Leistung vorliegt. Ihre unüberbietbare Bedeutung liegt darin, dass sie den perspektivischen Ausgangspunkt für jede selbstbewusste Wahrnehmung der Welt festlegt. Das ist der intelligible »Standpunkt« des Menschen, den es in der physischen Welt nicht gibt, auch wenn er nur unter physischen Bedingungen eingenommen werden kann. Nur mit Bezug auf ihn können die Kategorien ihre »Funktionen der Einheit« von Naturvorgängen ausüben. Nur ein Selbst kann sich als *Seele* fühlen, sich als Teil einer *Welt* begreifen oder sich einem *Gott* gegenübersehen. Da wir unterstellen dürfen, dass sich der Begriff des Selbst letztlich aus *praktischen Gründen* – nämlich in der Absicht einer Bestimmung des Selbst durch sich selbst – ausbildet, haben wir auch den praktischen Ursprung der metaphysischen Fragen nach *Seele, Welt* und *Gott* zumindest plausibel gemacht.

3. Seele als Idee. Kant ist sich zu Beginn der *transzendentalen Dialektik* nicht sicher, ob er das »Ich denke« überhaupt einen »Begriff« nennen soll, da es ja nur »ein bloßes Bewußtsein [ist], das alle Begriffe begleitet« (*B* 399 und 404). Wenn er aber darangeht, jene Vernunftbegriffe vorzuführen, die uns Gegenstände der Erfahrung nur vorspiegeln und somit jenen »Schein« erzeugen, den die dogmatische Metaphysik für bare Münze nimmt, dann steht das Selbst des »Ich denke« an erster Stelle: Wer dieses (jedem nur von sich selbst her bekannte) Ich nicht in der Rolle einer bloßen Einheit stiftenden Funktion belässt und es zu einem übersinnlichen Gegenstand macht, der begeht einen formalen Fehlschluss, einen so genannten »Paralogismus«. Schon damit verfällt er der *Dialektik der reinen Vernunft* (*B* 399ff.).

Kants erster Beweisgang innerhalb der *Dialektik* zielt auf die Destruktion einer jeden »rationalen Psychologie«, in der die Seele nach Art einer gegenstandsanalogen metaphysischen Substanz behandelt wird. Wer die Seele als »einfach« oder als »numerisch-identisch« bezeichnet oder ihr Verhältnis zu möglichen Gegenständen im Raum bestimmen will, der sitzt einem Missverständnis auf. Das Unerhörte dieses Fehlers aber ist, dass die Vernunft selbst es ist, die den *Paralogismus* erzeugt. Der Mensch wird durch seine eigene Vernunft getäuscht. Darin liegt die »Demütigung«, aus der wir die Lehre der kritischen Selbstdisziplin zu ziehen haben.

Die Täuschung kann man auch als Folge einer Selbstüberschätzung der Vernunft ansehen: Die Vernunft traut sich zu viel zu und glaubt Wirklichkeiten »constituiren« zu können, über die sie doch nur »reflectiren« kann. Sobald sie versucht, sich zum Urheber der von ihr gedachten Dinge zu machen, sobald sie sich jeder Bindung an Sinnlichkeit und Verstand entledigt und dabei vergisst, dass auch sie in der Erkenntnis der Realität auf erfahrungsgesättigte Verstandesbegriffe angewiesen bleibt, ergeht sie sich in bloßen »Luftgefechten«, erzeugt »Blendwerke« und »Chimären« (*B* 783f.). Dann behauptet sie, nur weil sie den Menschen in seinen unterschiedlichen Erscheinungen notwendig als eine »Einheit« begreift, es müsse diese Einheit auch – gleichsam wie eine Sache – wirklich geben. Die selbstkritische Vernunft entdeckt jedoch, dass die lediglich durch die Reflexion der Vernunft erschlossene Einheit eines menschlichen Wesens nicht mehr darstellt als ein bloßes Vernunftprinzip, also eine *Idee*.

Was aber ist mit dieser Einsicht gewonnen? Zunächst haben wir den Vorteil, eine Wissenschaft weniger betreiben zu müssen. Wenn wir die Seele oder das Selbst nicht nach Art eines intelligiblen Gegenstands betrachten dürfen, wird jede darauf bezogene Wissenschaft überflüssig. Als Psychologie bleibt nur noch die empirische Wissenschaft zur Analyse der erfahrbaren Verhaltensweisen des Menschen übrig. Damit entfällt auch jede Mutmaßung darüber, was mit der Seele nach dem Tod des Körpers geschieht. Schon die Opposition zwischen Seele und Körper, so als handele es sich um zwei eigenständige Substanzen, ist falsch. Das Gleiche gilt für die Frage, was von der Seele bleibt, wenn der Körper nicht mehr existiert. Der *Paralogismus* bedeutet nicht, dass wir die Antwort nicht wissen, sondern dass schon die Frage sinnlos ist.

Angesichts des nach wie vor bestehenden Interesses am Leib-Seele-Problem ist dies gewiss ein beachtliches Ergebnis. Man spart viel Zeit, die man nicht länger auf zwar naheliegende, aber abwegige Fragen verwenden muss. Man weiß von vornherein, wovon man nichts wissen kann. Doch es gibt auch einen positiven Effekt, sobald man die Seele als praktisch leitende *Idee* zu fassen sucht. Dann nämlich ist sie eben das, was man im eigenen Tun von sich selbst zur Geltung bringen kann – und das ist in allgemeiner Form nichts anderes als die *Person*.

Die *Person* ist ein Vernunftbegriff, der als Prinzip dadurch wirksam wird, dass wir ihn allen unseren Handlungen zugrunde legen. Indem wir dies tun, haben wir in ihm zugleich eine »Richtschnur« aller auf uns und unseresgleichen bezogenen Entscheidungen. Eben dadurch wirkt er als *Idee*. – Hier also liegt der praktische Gewinn des ersten Abschnitts der *Dialektik* der reinen Vernunft. In der *Grundlegung* (4,428 ff.) wird daraus die Bestimmung des Menschen als *Person*. In ihr wird sich jedes vernünftige Wesen selbst zur *Idee*, denn es hat sich als »Zweck an sich selbst« zu begreifen. Das erscheint als unüberbietbare

Selbstabstraktion des Menschen. Tatsächlich aber wird jeder dadurch, dass er seinen eigenen Zweck in sich selber hat, uneinholbar *individuell*.

4. Die Totalität der Vernunft. Die Vernunft im engeren Sinn führt Kant nicht nur als »Vermögen der Principien«, sondern als das »Vermögen mittelbar zu schließen« ein (*B* 355): Über zahlreiche Mittelglieder kann die Vernunft von einer gegebenen Erfahrung über alle denkbaren Bedingungen hindurch *erste Ursachen* oder *letzte Wirkungen* erschließen. Aber eben das genügt ihr nicht, weil es damit noch keinen Bezug zum Ganzen gibt. Erst wenn das Erste oder Letzte in Verbindung mit dem Ganzen der erschlossenen Reihe begriffen wird, wenn es als »Grund« oder »Zweck« (des Ganzen) verstanden werden kann, ist die Vernunft befriedigt. So gelangt sie zu ihrem »Princip«, ein Wort, das Kant mit »Quelle« oder »Ursprung« übersetzt; es kann aber auch »Idee« oder »Abschluss« bedeuten. In jedem Fall stellt das erschlossene *principium* ein *Maximum* dar (*B* 374), in dem sich die in allem Begreifen gesuchte Einheit »vollendet«. Während der Verstand unter den gegebenen Bedingungen sinnlicher Anschauung damit beschäftigt ist, die »Einheit der Erfahrung« zu gewährleisten, sucht die auf das *Maximum* gerichtete Vernunft »zu dem bedingten Erkenntnisse des Verstandes das Unbedingte zu finden, womit die Einheit desselben vollendet wird« (*B* 364).

Die Vernunft geht, das darf man wörtlich nehmen, aufs Ganze. Darin liegt ihre unüberbietbare Größe, und die lässt sich nicht dadurch schmälern, dass man auf die natürlich auch darin liegenden Gefahren verweist. Die Risiken, die schon mit jedem Verstandesbegriff, erst recht mit jedem Urteil gegeben sind und die sich erhöhen, sobald man von *einem* auf *alle*, von *diesem* auf *jeden* oder vom *Einzelnen* auf das *Ganze* schließt, lassen sich nur durch einen erhöhten Einsatz der Vernunft vermindern. Die

»Totalität der Bedingungen«, wenn sie fehlerhaft erschlossen ist, setzt buchstäblich alles ins falsche Licht.

Aber solange wir nicht darauf verzichten können, von »allem« zu sprechen (seien es nun alle Menschen, alle Lebewesen oder alle Dinge), bleibt auch die Gefahr extremer Missverständnisse unter dem maximalen Anspruch der Vernunft. Kants »Dialektik« der Vernunft gibt davon einen genaueren Begriff als alle Warnungen vor den Abstraktionen der Vernunft.[2] Denn Kant führt die Trugschlüsse und Gegensätze vor, die sich historisch aus reiner Vernunft ergeben haben. Überdies ist im Begriff der *Dialektik* die Unverzichtbarkeit von These und Gegenthese aufbewahrt, zwischen denen nur *dialogisch* zu vermitteln ist. Wäre Kants Vernunftbegriff wirklich »monologisch« angelegt, hätte es zur »Dialektik« gar nicht kommen können. Gänzlich undenkbar wäre es, dass die Entdeckung des Scheins durch die kritische Vernunft eine (uns aus der *Methodenlehre* bereits bekannte) dialogische Bewegung erzeugt, die zur Überwindung der Selbsttäuschung der Vernunft beitragen kann.

Eine Form der Überwindung des Scheins haben wir in der Verwendung des Begriffs der *Seele* als einer praktisch leitenden *Idee* schon kennen gelernt: Tatsächlich wäre die Bedeutung des *Paralogismus* der rationalen Psychologie verkannt, wollten wir ihn im Übergang zu einer empirischen Psychologie einfach als historischen Irrtum beiseite tun. Er hat gleichwohl, auch wenn er abwegige epistemische Konsequenzen nahe legt, seinen Ernst darin, dass er der *Seele eines jeden einzelnen Menschen* eine unüberbietbare und unaufhebbare Bedeutung gibt. Diese Bedeutung

2 Wir fügen nur den Hinweis an, dass die gegen Kant gerichtete Vernunftkritik zu ihren Thesen *gegen* die Vernunft natürlich nur *mit deren Hilfe* gelangt. Wer wirklich ohne Vernunft auskommen wollte, müsste seine Erkenntnis auf die Registration von Tatbeständen beschränken. Er müsste von sich selbst und seinen Lebensumständen schweigen und dürfte sich vor allem keine kritischen Gedanken erlauben, auch keine gegen die Vernunft.

liegt aber nicht in einem vorgegebenen gegenstandsanalogen Sein, sondern in einer *Aufgabe*, der wir aus eigenem Anspruch zu entsprechen haben.

5. Die Welt als unser Problem. Auf den *Paralogismus* folgt im zweiten und größten Buch der *Transzendentalen Dialektik* die *Antinomie der reinen Vernunft*. Das ist eine der berühmtesten Partien der Vernunftkritik, ja, der Philosophiegeschichte überhaupt. Kant exekutiert hier nicht nur mit stringenter Logik, sondern auch mit bezwingender Rhetorik den Beweis von vier *Thesen* über *Anfang*, *Zusammensetzung*, *Notwendigkeit* und *Sinn* der Welt, um ihnen auf der gegenüberliegenden Buchseite vier nicht weniger gut bewiesene *Antithesen* gegenüberzustellen. Das Buch präsentiert also vier vollendet bewiesene Thesen und gleich daneben deren nicht weniger schlüssig bewiesenes Gegenteil.

Die Rhetorik dieser vierfachen Opposition wird buchtechnisch so unterstützt, dass man im aufgeschlagenen Text auf der einen Seite das genaue Gegenteil dessen lesen kann, was auf der anderen bewiesen wird. Links steht die *Thesis*: »Die Welt hat einen Anfang in der Zeit und ist dem Raum nach auch in Grenzen eingeschlossen.« (*B* 454) Ihre Gültigkeit wird klar und knapp durch den Ausschluss des Gegenteils demonstriert: Wenn die Welt keinen zeitlichen Anfang und keine räumlichen Grenzen hätte, dann könnte es die Welt nicht geben.

Parallel dazu steht auf der rechten Seite die *Antithesis*: »Die Welt hat keinen Anfang und keine Grenzen im Raume, sondern sie ist sowohl in Ansehung der Zeit als des Raums unendlich.« (*B* 455) Und auch für sie wird in drucktechnisch abgestimmter, streng logischer Parallele (erneut durch die Widerlegung des Gegenteils) dargetan, dass eine Welt in zeitlichen und räumlichen Grenzen zwar alles Mögliche wäre, aber keine Welt. »Welt« wäre nicht mehr als eine unendliche Erstreckung in Raum und Zeit.

Links und rechts begegnet uns die kosmologische Metaphysik in ihrer besten argumentativen Verfassung: Links haben wir die theorationalistische Variante, rechts die eher von Empiristen und Skeptikern aufgegriffene Alternative – schade nur, dass die Position auf der einen Seite das genaue Gegenteil dessen besagt, was auf der anderen Seite steht. Links wird in bravouröser Vollendung dargetan, dass *A* richtig sein muss, weil *non-A* absurde Konsequenzen zeitigt; rechts wird bewiesen, dass nur *non-A* zutreffen kann, weil die Annahme von *A* vollkommen abwegig ist – und das gleich viermal hintereinander! Kein Wunder, dass die ersten Leser dieser Passagen den Bankrott der Metaphysik als besiegelt ansehen mussten.

Doch Kants Absicht ist nicht, die Metaphysik zu destruieren. Er will nur eine bestimmte naive Form, die Substanzmetaphysik dogmatischer und empiristischer Provenienz, als bodenlos erweisen. Er führt vor, in welche ausweglosen Widersprüche es führt, wenn man die Welt wie einen Gegenstand behandelt und ihr Eigenschaften nach der Art eines Steins, eines Planeten oder eines Sonnensystems zuspricht. Die »Welt« hingegen ist in keiner möglichen Erfahrung auch nur nach Art eines Sachverhalts gegeben. Wir kommen auf ihren Begriff nur durch einen Schluss über die zahlreichen Elemente einzelner Erfahrungen, die wir zum »Ganzen« der Welt totalisieren. So unverzichtbar die sich dabei ergebende Vernunftidee auch sein mag: Sie verweist noch lange nicht auf ein erfahrbares Ding, auch wenn wir uns die Welt als das Insgesamt aller erfahrbaren Dinge vorstellen mögen. Nur bei Erfahrungsgegenständen wäre es angebracht, nach deren *Anfang*, *Zusammensetzung*, *Notwendigkeit* und *praktischem Wert* zu fragen.

Damit ist auch schon die »Auflösung« der vierfachen Antinomie der Vernunft angedeutet. Auf die einfachste Formel gebracht, lautet sie: Man hat auf dem Unterschied zwischen Erfahrungs- und Vernunftbegriff zu bestehen.

Die maximierende und totalisierende Einheitsleistung der Vernunft führt nicht auf Dinge und Ereignisse in der Welt, sondern nur auf etwas, das wir im Bewusstsein unserer vernünftigen Einsichten selber tun. Und ob uns dies schadet oder nützt, hängt von dem *Gebrauch* ab, den wir selber davon machen. Damit ist auch schon der positive Effekt der Universalisierung durch die Vernunft angezeigt: Sogar die *Welt* ist eine *Idee*, mit der sich der Mensch eine *Aufgabe* stellt. Schon in ihrer Exposition hat er die Kraft aufzubringen, sich alles, was er als *möglich*, *wirklich* und *notwendig* vorstellen kann, nach Art eines *Problems* zu exponieren, dem er sich gewachsen sieht. Im Vernunftbegriff der Welt legt sich der Mensch das Ganze nach seinen eigenen Fähigkeiten und Fertigkeiten zurecht, um das Bewusstsein haben zu können, darin nicht scheitern zu müssen.

6. Der existenzielle Ausweg aus der Antinomie. Im Anschluss an die Darlegung der Antinomie der Vernunft lässt Kant sich viel Zeit in der Betrachtung des von ihm angerichteten metaphysischen Scherbenhaufens. Dabei variiert er seinen Standpunkt mehrfach und erörtert die möglichen Stellungnahmen des Dogmatikers, des Empiristen oder des Skeptikers. Er nimmt sich sogar des Mathematikers an, der eigentlich nur verzweifelt sein könne, weil er, so Kant, wohl »gerne seine ganze Wissenschaft dahin« gäbe, wenn er die Antinomie vermeiden könnte: Denn seine eigene Wissenschaft »kann ihm doch in Ansehung der höchsten und angelegensten Zwecke der Menschheit keine Befriedigung verschaffen« (*B* 491 f.). Die antinomische »Veruneinigung der Vernunft mit sich selbst« (*B* 492) führt ihm jetzt vor Augen, dass ihn auch die spekulative Metaphysik nicht besser stellt.

Bei alledem wird deutlich, dass es zwar verschiedene »Interessen« der Vernunft »bei diesem ihrem Widerstreite« mit sich selber gibt, Interessen, die alle, je nach »Standpunkt«, auch ihre Berechtigung haben. Aber das letztlich entscheidende praktische Interesse der Vernunft bleibt so lange unerfüllt, als die Antinomie unaufgelöst bestehen bleibt. Die Vernunft, so groß der Vorteil auch ist, der ihr allein durch die Befreiung von der dogmatischen Metaphysik zufällt, zielt auf eine »Weltidee« (*B* 517), die sich nach Maßgabe der Wahrheit (*B* 350; *B* 675), also nach den Kriterien der Logik und in Übereinstimmung mit der Erfahrung denken lassen muss; doch für die Option der Vernunft sind Widerspruchsfreiheit und empirische Bestätigung lediglich notwendige Bedingungen; entscheidend ist, dass sie dem *praktischen Interesse des Menschen* genügt.

Wir werden noch sehen, dass darin keine willkürliche Parteilichkeit der Vernunft zum Ausdruck kommt. Es ist im Gegenteil so, dass sich erst in der metaphysischen Entsprechung von Mensch und Welt das Bedürfnis der Vernunft erfüllt. Die Vernunft ist bereits in ihren »mittelbaren Schlüssen«, in ihrer Suche nach Abschluss und Vollendung – gleichsam aus eigener Logik – auf eine Zweckmäßigkeit aus, die ihren Impuls nur in der Selbstbestimmung des Menschen haben kann. Nur deshalb liegt kein Widerspruch darin, dass Kant die Vernunft in praktischer Absicht mit dem *Willen* des Menschen identifiziert. Doch das wird erst auf den Begriff gebracht, nachdem der Übergang zur praktischen Vernunft vollzogen ist.

Der entscheidende Schritt dahin erfolgt allerdings schon in der Auflösung der *dritten Antinomie*. Deren *Thesis* räumt ein, dass die »Kausalität nach Gesetzen der Natur« nicht die einzige sei; wer die Erscheinungen der Welt vollständig erklären wolle, brauche außerdem noch eine »Kausalität durch Freiheit« (*B* 472). Die *Antithesis* behauptet dagegen: »Es ist keine Freiheit, sondern alles in der Welt geschieht lediglich nach Gesetzen der Natur.« (*B* 473) Da beide Thesen nach allen Regeln logischer Kunst gleich überzeugend bewiesen werden, könnte man das metaphysische Problem der Freiheit auf sich beruhen lassen. Wie immer man es auch angeht: Jedes Ergebnis ist so konsequent wie sein Gegenteil. Determinismus und Indeterminismus haben gleich gute Argumente für sich.

Rein theoretisch lässt sich das Dilemma gar nicht lösen – auch das ist eine Lehre der transzendentalen Dialektik! Sie verlangt einen *praktischen* Ausweg, der durch die Reflexion der reinen theoretischen Vernunft auf ihre eigene Funktion gefunden werden muss. Hierbei genügt es nicht, deren Stellung im Zusammenhang der anderen Erkenntnisvermögen wie Sinnlichkeit, Verstand und Urteilskraft zu klären. Es kann erst recht nicht befriedigen, die kosmologischen Ideen einfach als bloßes Gedankenspiel auf sich beruhen zu lassen. Das würde dem existenziellen Charakter des Freiheitsproblems diametral entgegenstehen. Denn man will, ja, man *muss* wissen, was es mit der Freiheit auf sich hat. Wer im eigenen Handeln auf die Freiheit setzt oder wer mit ansieht, dass andere für den Missbrauch ihrer Freiheit verurteilt werden, dem kann die Alternative zwischen Determinismus und Indeterminismus nicht gleichgültig sein – es sei denn, er nimmt noch nicht einmal ein Interesse an sich selbst.

7. Der Beweis der Freiheit im eigenen Tun. Tatsächlich ist es dieses elementare Interesse am eigenen Tun, durch das Kant einen Ausweg aus der antinomischen Lähmung eröffnet. Zur ersten Veranschaulichung kann ein unscheinbares Beispiel aus der Erläuterung der *Thesis* dienen:

> Wenn ich jetzt (zum Beispiel) völlig frei und ohne den nothwendig bestimmenden Einfluß der Naturursachen von meinem Stuhle aufstehe, so fängt in dieser Begebenheit sammt deren natürlichen Folgen ins Unendliche eine neue Reihe schlechthin an [...]. Denn diese Entschließung und That liegt gar nicht in der Abfolge bloßer Naturwirkungen und ist nicht eine bloße Fortsetzung derselben [...]. (*B* 478)

Warum ist meine »Entschließung und That« mehr als eine Folge vorausgehender Naturereignisse? Antwort: Weil mein Selbstbewusstsein – *sit venia verbo* – »dazwischen« liegt! Einfacher: Weil *ich* es bin, der vom Stuhl aufsteht. Genauer: Weil ich durch nichts anderes als durch *meinen eigenen Willen* ausschließe, den stets und auch in diesem Fall vorausliegenden Naturursachen »subordinirt« zu sein (4,347). Ergo: Die Freiheit liegt in nichts anderem als im eigenen, willentlichen Tun. Die eigene Entscheidung, und nur sie, überwindet die »subalternen« Natursachen und setzt souverän – aus dem bloßen Bewusstsein, etwas »*von selbst* anzufangen« (*B* 474) – ihren eigenen Anfang. Durch diesen Akt einer selbstbewussten Tat ist die Freiheit gesetzt. Und wer Selbstbewusstsein hat, der kann es in eigener Kompetenz auch für sich selbst beweisen.

Das ist die Freiheit, von der Kant in der *Kritik der reinen Vernunft* nur noch zu zeigen versucht, dass sie *denkmöglich* ist. Auch wenn man die unter dem lückenlosen Gesetz der Kausalität stehende Natur als so determiniert begreifen muss, dass hier kein Platz für eine Ursache aus Freiheit bleibt, kann ich *zu mir selbst* doch eine andere Stellung einnehmen, in der ich auf diese Freiheit Anspruch erhebe – in der ich mich selbst als frei erkenne (*B* 574 ff.). Wäre dies anders, könnte ich mich gar nicht als handelndes Wesen begreifen, das ich aber doch bereits in jeder eigenen Erkenntnis bin – sogar noch in der Erkenntnis einer vollkommenen Determiniertheit der Natur.

Der Wechsel der Perspektive, den Kant schon in seiner ersten Schrift über die *lebendigen Kräfte* zu nutzen versteht, der seiner *Kosmologie* zugrunde liegt, ihm später die Eigentümlichkeit der *Leiberfahrung* vor Augen führt (2,378 ff.; 8,134) und der schließlich auch die »kopernikanische Wende« ermöglicht, eröffnet hier die wichtigste systematische Weichenstellung innerhalb der Kritischen Philosophie. Man kann die »Causalität« des Menschen

»auf zwei Seiten betrachten« (*B* 566) und kommt so zu »zweierlei Causalität«, nämlich *Natur* und *Freiheit*: Mit Blick auf die »unauflösliche Naturkette« mag die Freiheit wie eine »Selbsttäuschung« erscheinen. Aus der Sicht des eigenen Handelns aber kann ich gar nicht anders, als mir die Freiheit zuzugestehen. Andernfalls ließe sich der Begriff des eigenen Tuns gar nicht fassen.

Strenggenommen bliebe auch vom »Ich denke« nichts mehr übrig, wenn nicht die Spontaneität, mit der ich von mir aus einen Anfang mache, als ursprünglicher Akt gedacht werden könnte. Das, was in der eigenen Handlung einfach von mir aus geschieht (nämlich dass ich aus eigenem Antrieb etwas tue, ganz gleich, ob ich vom Stuhl aufstehe oder ein Urteil äußere), kann theoretisch durch einen Perspektivenwechsel eingeholt werden: Mein eigenes Handeln kann ich, wie jedes Vorkommnis in der Natur, unter dem Anspruch der Objektivität betrachten, um allgemeine Aussagen machen zu können; auf diese Weise kann ich den *empirischen* Charakter meiner Person erfassen. Ich kann mich jedoch auch als den selbstbewussten Urheber meines eigenen Tuns ansehen; und in dieser Perspektive zeigt sich mein *intelligibler* Charakter, der in nichts anderem liegt als darin, meine »Wirkungen in der Sinnenwelt *von selbst*« anzufangen (*B* 569). Der *intelligible* Charakter erschließt sich in der *Selbsterkenntnis*; er kann also nur *mein eigener* sein. Damit ist er *individuell* – obgleich er, angesichts seiner allgemeinen Wirksamkeit, nur *als ein Allgemeines* durch einen *allgemein gültigen Begriff* erfasst werden kann.

Die intelligible Spontaneität, die ich von der Perspektive meiner selbstbewussten Selbsterfahrung als handelndes Wesen gar nicht trennen kann, nennt Kant die »transscendentale Idee der Freiheit« (*B* 561). Da ich mich mit meiner Selbsttätigkeit stets als Teil der nach strengen Gesetzen vorgestellten Natur erfahre, denke ich Freiheit und kausale Notwendigkeit als *an mir selbst* vereint. Hier also besteht keine faktische Exklusion des einen durch das andere. Durch die perspektivische Unterscheidung zwischen dem bloß empirischen und dem in der Selbsttätigkeit liegenden intelligiblen Charakter des Menschen ist die *Antinomie* zwischen Naturkausalität und Freiheit neutralisiert: Im »praktischen Interesse der Vernunft« optiert der Mensch für die Freiheit, die in seinem Erkennen und Handeln immer schon wirksam ist. Der Selbstwiderspruch der spekulativen Vernunft steht der Begründung einer ethischen Lehre von der menschlichen Freiheit nicht im Wege. Die Frage *Was soll ich tun?* muss nicht als sinnlos verworfen werden.

8. Die Destruktion der Gottesbeweise und das Ideal des höchsten Wesens. Die vierte Antinomie der Vernunft beweist und widerlegt mit gleicher Stringenz die Existenz eines »schlechthin nothwendigen Wesens« (*B* 480 f.). Damit ist jede Hoffnung auf einen Gottesbeweis zerstört. Die Existenz Gottes lässt sich durch kein noch so aufwändiges Beweisverfahren demonstrieren. Die spekulative Philosophie steht vor dem Nichts: »Die unbedingte Nothwendigkeit, die wir als den letzten Träger aller Dinge so unentbehrlich bedürfen, ist der wahre Abgrund für die menschliche Vernunft« (*B* 641). Kant liegt offenkundig sehr daran, sich und seinen Lesern diesen Abgrund in seinem ganzen Schrecken vor Augen zu führen. Es genügt ihm nicht, den »ontologischen« Gottesbeweis zu destruieren, der von der höchsten Vollkommenheit eines göttlichen Wesens (zu der auch die *Realität* gehören muss) auf dessen Existenz zu schließen sucht. Er skizziert darüber hinaus eine »kosmologische« Beweisführung, die von der faktischen Existenz der Dinge auf deren notwendige Absicherung in der Realität schlussfolgert (*B* 631).

Wie weit er dabei geht, zeigt sich daran, dass er bereit wäre, *die eigene Existenz* als Beweisgrundlage zu akzeptieren: »Nun existire zum mindesten ich selbst: also existirt ein absolut nothwendiges Wesen« (*B* 632). Nichts könnte die radikale Existenzialität, die Kants Denken prägt, besser illustrieren. Zum Tragen aber kommt sie natürlich erst unter den Bedingungen der Praxis. Im Kontext bloßer Theorie richtet sie schon deshalb nichts aus, weil sie für ihre Beweisabsicht ein Argument in Anspruch nimmt, an dem bereits der ontologische Gottesbeweis scheitert: »Sein« ist »kein reales Prädicat« (*B* 626). Also lässt sich weder von der Notwendigkeit auf ein Dasein Gottes noch von einem Dasein der Welt auf die Notwendigkeit ihres absoluten göttlichen Grundes schließen.

Und selbst wenn es gelungen wäre, rein theoretisch auf ein höchstes göttliches Wesen zu schließen: Worin wäre es denn in sich selbst begründet? Um auch hier bewusst zu machen, dass die bloße Tatsache der Existenz zu gar nichts führt, treibt Kant die Existenzialität auf die Spitze und lässt den Gott »gleichsam zu sich selbst« sagen:

> Ich bin von Ewigkeit zu Ewigkeit, außer mir ist nichts ohne das, was bloß durch meinen Willen etwas ist; *aber woher bin ich denn?* Hier sinkt alles unter uns, und die größte Vollkommenheit, wie die kleinste schwebt ohne Haltung bloß vor der speculativen Vernunft, der es nichts kostet, die eine so wie die andere ohne die mindeste Hinderniß verschwinden zu lassen. (*B* 641)

Nur die Praxis kann eine Verbindlichkeit erzeugen, die der Existenz Notwendigkeit gibt. Und ehe Kant die Herleitung der theologischen Verbindlichkeit aus der praktischen Selbstverpflichtung des Menschen skizziert (dargelegt wird sie in der *Postulatenlehre* der *Kritik der praktischen Vernunft*), präsentiert er eine dritte Beweisvariante, die er mit schönster Anschaulichkeit und größtem Wohlwollen vorführt – um sie mit gleicher Entschiedenheit zu verwerfen. Es ist der »physikotheologische Beweis« (*B* 648), der »jederzeit mit Achtung genannt zu werden« verdient, weil er »der älteste, klärste und der gemeinen Menschenvernunft am meisten angemessene« ist (*B* 651). Er schließt von der sinnfälligen Ordnung und Zweckmäßigkeit der Natur, wenn nicht auf das Wirken das eines »Weltschöpfers«, so doch zumindest auf das eines »Weltbaumeisters« (*B* 655). Doch so überzeugend die Hinweise auf eine höchste Weisheit bei der Einrichtung der Natur auch sein mögen: Sie reichen nicht, um als Beweis gelten zu können. Die theoretische Vernunft hat am Ende einzugestehen, dass sie die Existenz Gottes unter keinen Umständen beweisen kann. Wer die Weltkenntnis nur auf theoretische Gründe zu stützen sucht, hat sich auf den »Abgrund der menschlichen Vernunft« einzustellen. Es kann daher nicht überraschen, dass schon wenige Jahre nach der Publikation der *Kritik der reinen Vernunft* die Diagnose des »Nihilismus« in Umlauf kam.

Kants eigener Vorschlag ist von dieser Zumutung weit entfernt. Er gibt der Gottesfrage (die einzig mögliche und einzig sinnvolle) *praktische* Wendung, indem er sie (mit erneutem Rückgriff auf Platon) dem *Ideal* der Vernunft unterstellt. Gott ist die Idee »nicht bloß *in concreto*, sondern *in individuo*« (*B* 596), die wir adäquat nur unter der Bedingung unserer praktischen Verbindlichkeit fassen können. In ihr haben wir einen uns bestärkenden Grund für die Notwendigkeit, die bereits in unserem Sollen wirksam ist. Dieser Grund wirkt von Individuum zu Individuum: Die individuelle Einzigartigkeit des Gottes, der »als ein Individuum unter allen möglichen Dingen« ausgezeichnet ist, gibt auch mir als Individuum eine Perspektive über alles berechenbare Handeln hinaus (*B* 640). Ich (als Subjekt) kann die Welt so ansehen, »*als ob* sie aus einer allgenugsamen nothwendigen Ursache entspränge« (*B* 647). – Was dies für das individuelle Handeln heißt, kann erst deutlich werden, wenn wir sehen, welche Kraft der Mensch aus der Hoffnung zieht, die Kunst und Leben in ihm nähren.

9. Das System als Prospekt des Handelns. Das nachromantische Denken, das heute noch weite Teile der Philosophie, vor allem aber ihre öffentliche Bewertung dominiert, hat wenig Sinn für den Systemgedanken in Kants Werk. Nietzsches Urteil, das darin nur eine abartige Form altchinesischer Vergreisung zu erkennen vermochte, wirkt bis heute nach. Adorno wollte sogar eine subtile Form des Terrors darin entdecken. Mit mechanischen Vergleichen dieser Art kann man den Geist für schlechterdings alles verantwortlich machen – zum Glück auch für die eigene Dummheit.

Für Kant ist die Philosophie ein »baulustiges« Unterfangen, das stets darauf aus ist, große, bewohnbare Gebäude zu errichten, in denen alles Platz hat, was überhaupt gedacht werden kann. Ließe man die Dogmatiker gewähren, wäre gleichsam schon alles verbaut. Die Skeptiker sind dagegen darauf aus, alles zum Einsturz zu bringen. Das setzt den Kritiker in Stand, sein neues Bauwerk auf geprüften Fundamenten zu errichten, und zwar mit einem Bewusstsein für den Unterschied zwischen Begriff und Wirklichkeit. Das Systemgebäude muss sein Maß überdies darin haben, vom Menschen bewohnbar zu sein, wenn auch nicht für alle Ewigkeit (*B* 789 und 863).

Von der Kritik erwartet Kant, dass sie ihre »Baupläne« offen legen und ihre »Architektonik« ausweisen kann. Darüber gibt der vorletzte Abschnitt der *Methodenlehre* Auskunft (*B* 860ff.). Im Schlussabschnitt wird dann deutlich gemacht, dass auch diese rein systematisch verfahrende Planung ihre historischen Implikationen hat (*B* 880ff.). Der Systemgedanke ist somit bei Kant nicht gegen die Geschichte gerichtet.

Die Kritiker des Systems übersehen kurioserweise eben das, was ihnen angeblich das Wichtigste ist. Dazu muss man wissen, dass ihre Opposition nur eine Variation auf die von Kant selbst exponierte Differenz zwischen *Genie* und *Schule* ist. Sie meinen, die unerschöpfliche Produktivität des Genies zu verteidigen, wenn sie das System mit dem Schulzwang identifizieren. Die Parallele ist naheliegend. Aber es ist ein Unterschied, ob man sie von innen oder von außen erfährt. Ein von außen auferlegtes System wird immer als Oktroy erfahren werden; doch ein sich aus eigner Logik entfaltender gedanklicher Zusammenhang ist Ausdruck und Hilfsmittel der Produktivität. Wir sehen an Kant, dass er sich durch seinen eigenen Systementwurf antreiben lässt. Durch die regulativen Ideen der individuellen Angemessenheit (*Specification*), der evolutionären Verwandtschaft (*Homogenität*) und der durchgängigen Verbindung (*Continuität*) kommt der philosophische Gedanke nicht zur Ruhe (*B* 686 f.), denn das Individuum wird immer wieder auf Individuelles treffen, das seine Neugier reizt.

Der Systematiker jagt aber nicht dem unerfüllbaren Ideal quantitativer Vollständigkeit nach. Er ist wesentlich um die sachlich angemessene Ergänzung und Unterscheidung bemüht. Außerdem obliegt es ihm, sich um die Prüfung der Konsistenz zu kümmern. Daraus ergeben sich dann die Anlässe zur Revision und Innovation, die zu den Einfällen und zufälligen Entdeckungen, auf die der unsystematisch verfahrende »Rhapsode« (nach eigenem Urteil) allein angewiesen ist, hinzukommen. Insofern braucht der Systematiker auf nichts von dem zu verzichten, worauf sein Kritiker Anspruch erhebt; nur hat er zusätzlich noch sein System als Quelle von Erkenntnissen, die in der Konsequenz seiner bisherigen Einsichten liegen. So verdanken wir nicht nur den Fortgang des kritischen Gedankens zur Naturphilosophie, zur Theorie von Kunst und Leben sowie zur Rechts- und Religionsphilosophie dem Systemwillen Kants, sondern auch der Reichtum seiner kleinen Schriften zur Geschichte, zur Aufklärung, zur Menschwerdung, zur Politik, zur Universitätsreform oder zu den Problemen der Orientierung und der Sinngebung des Lebens folgt aus der beharrlich festgehaltenen systematischen Absicht.

10. Moral als Kompensation unserer Unzulänglichkeit. Wem die stilistische Brillanz in den veröffentlichten Schriften entgeht, der kann sich heute durch Lektüre der nachgelassenen Reflexionen davon überzeugen, dass Kant es ohne Mühe zu einem Aphoristiker von Rang hätte bringen können. Doch für ihn ist das Fragment nicht mehr als ein Fragment: ein Bruchstück, mit dem sich nur zufrieden geben kann, wer selbst nicht mehr bauen will. Wer aber davon überzeugt ist, dass der Mensch nur unter selbst geschaffenen Bedingungen menschlich leben kann, der wird nicht davon ablassen, auch unter widrigsten Umständen für die Schaffung eigener Verhältnisse zu sorgen. Dazu gehört ein »Wohnplatz«, den man sich selber einrichten kann. »Wohnplatz« und »Wohnhaus« aber setzen voraus, dass man nach eigenen Vorstellungen leben will. Das wiederum kann man nur, wenn man einen Begriff von sich selber hat. Und diesen Begriff hat die Moral zu sichern.

Kants Moralphilosophie ist für ihren Rigorismus berüchtigt. Der wiederum steht für die Herrschaft des Prinzips, für kalte Abstraktion und unbedingte Opposition gegenüber dem Leben. Alles Empirische, so lesen wir nach 1781 auf Schritt und Tritt (4,389ff.; 5,10ff.; 5,176ff.), ist der kritischen Ethik von Grund auf fremd. Daraus haben Kantianer immer wieder den irreführenden Schluss gezogen, Kants Ethik sei von empirischen Bedingungen unabhängig. Dieses Missverständnis fügt der kritischen Moralphilosophie bis heute schweren Schaden zu. Deshalb ist es im Übergang zur Moralphilosophie unerlässlich, zunächst und vor allem anderen die *empirische Bedingung* zu benennen, aus der Kants Ethik ihren Sinn bezieht! Es ist dies eine Bedingung, die man nicht erst durch eine kritische Deutung aufdecken muss; vielmehr legt Kant selbst größten Wert darauf, das Lebensfundament seiner Ethik kenntlich zu machen.

Dies geschieht mit besonderem Nachdruck im letzten Abschnitt der Dialektik der praktischen Vernunft: Kant rekapituliert mit einem einzigen Wort die Grundthese der alteuropäischen Anthropologie: Die Natur, so heißt es, versorge den Menschen »*stiefmütterlich*« (5,146). Zwar sei die menschliche Natur dazu bestimmt, »zum höchsten Gute zu streben«, doch die Mittel, die ihr dafür zur Verfügung stehen, weisen »die größte Unzulänglichkeit« auf. Wie groß die Mängel wirklich seien, habe die Analyse der theoretischen Vernunft gezeigt.

Nach dieser Feststellung folgt eine für Kant typische stilistische Volte: Er nimmt hypothetisch das Gegenteil an und fragt, was daraus folgt. Gesetzt, es wäre alles ganz anders: Was würde das für uns bedeuten?

> Gesetzt nun, sie [die Natur] wäre [...] unserem Wunsche willfährig gewesen und hätte uns diejenige Einsichtsfähigkeit oder Erleuchtung ertheilt, die wir gerne besitzen möchten [...], was würde allem Ansehn nach wohl die Folge hievon sein? (5,146)

Die Folge wäre vernichtend. Denn entweder wären wir ganz andere Wesen (und somit keine Menschen mehr) oder wir hätten zumindest das nicht mehr, was uns als Menschen wichtig ist. Und dazu gehört an erster Stelle die Moral. Gesetzt, wir hätten eine vollständige Einsicht in unsere Lebensbedingungen, dann gäbe es keinen »Streit« mit den Neigungen. Folglich gäbe es keinen Anlass für die Seele, eine eigene »moralische Stärke« zu entwickeln. Entfiele aber der »Widerstand« gegen die Neigungen, hätte die Vernunft keinen Grund, sich »empor« zu arbeiten. Die Handlungen verlören ihren »moralischen Werth«. Damit aber wäre nicht nur der »Werth der Person«, sondern auch jeder mögliche Wert der Welt (5,147) dahin.

Die Bedeutung dieser von den Kant-Interpreten nur selten gewürdigten Passage[3] kann gar nicht hoch genug ge-

3 Eine der wenigen Ausnahmen: Recki, 2001, 329f.

schätzt werden. Denn hier steht, dass die Moral ihren Sinn und ihren Wert allein aus der *Unvollkommenheit des Menschen* bezieht. Ferner steht hier, dass die Moral mit dem *Streit* und der *Steigerung* der Seelenkräfte verknüpft ist. Der empirisch gegebene Gegensatz befördert eine »lebendige Vorstellung der Würde des Gesetzes«. Ja, wo er fehlt, geht sogar die Lebendigkeit verloren: Denn ohne die Unzulänglichkeit der menschlichen Natur entfiele der Widerstreit in uns selbst; alles Handeln würde zum bloßen »Mechanismus« und unser Dasein zum »Marionettenspiel«, in dem »kein Leben anzutreffen sein würde« (5,147). Demnach ist die Moralität nicht nur eine Konsequenz unserer empirischen Konstitution, sondern zugleich ein Ausdruck unserer gesteigerten Lebendigkeit. Sie kompensiert unsere Unzulänglichkeit, indem sie uns ermöglicht, nach dem Ideal der Vollkommenheit zu streben.

11. Die humane Disposition der Ethik. Kant stellt seiner ersten Abhandlung zur kritischen Ethik eine entschiedene Abgrenzung von aller Anthropologie voran (4,389). Er will von vornherein deutlich machen, dass die Sittlichkeit nicht auf zufällig vorliegende empirische Tatsachen gegründet werden kann. Wenn das Prinzip moralischen Handelns mit Notwendigkeit gelten können soll, dann muss es auf »universellen« (und nicht bloß auf »generellen«) Gründen aufruhen. Folglich kann es weder aus den Besonderheiten einer individuellen Disposition noch aus den jeweiligen Umständen einer geschichtlichen Lage abgeleitet werden. Es muss vielmehr *allein in der Vernunft* begründet sein. Um diesen Umstand zu betonen, spricht er davon, dass die sittlichen Prinzipien für alle »vernünftigen Wesen« gelten (4,401 und 4,447).

Offenkundig ist, dass sich der Mensch als »vernünftiges Wesen« zu begreifen hat. Wie anders könnte er überhaupt von sich sprechen? Wie anders könnte er von sich aus handeln? Und wer anders könnte Anspruch auf den Titel eines

»vernünftigen Wesens« erheben als allein der Mensch? Kant nennt gelegentlich »Gott« und die »Engel« als Beispiel. Dagegen wird niemand einen Einwand erheben wollen. Es fragt sich nur, was mit dieser Weiterung gewonnen ist. Denn für die Ethik sind diese Beispiele, wie Kant selber sagt, ohne Belang. Mit Blick auf die ethischen Fragen kommen nur solche »vernünftigen Wesen« in Betracht, die als »abhängig« angesehen werden können (4,415). »Abhängig« meint hier die Angewiesenheit auf sinnliche Neigungen. Nur wo sie gelenkt oder überwunden werden, hat die für Kant so wichtige Rede von »Pflicht«, »Gesetz« oder »Imperativ« einen Sinn (4,425).

Die »vernünftigen Wesen«, die in der Ethik unterstellt werden, sind also dem Menschen auch darin ähnlich, dass sie Bedürfnisse, sinnliche Antriebe und Probleme haben wie er. Sie sind dem Widerstreit ihrer eigenen Kräfte ausgesetzt und haben sich sowohl mit Blick auf eigene Ansprüche wie auch auf äußere Anforderungen zu entscheiden. Die »vernünftigen Wesen« müssen vor allem »lebende Wesen« sein (4,446). Damit sind sie so organisiert, wie wir es nur von uns selber, also vom Menschen her kennen. Deutlicher: Wenn diese Wesen, wie es die Sittlichkeit fordert, ein Bewusstsein der »Pflicht« und der »Verbindlichkeit« haben können sollen, müssen sie so sein »wie wir« (4,449).

»Wir« aber verstehen uns gerade als »vernünftige Wesen« immer auch als Menschen. Dass dies bei Kant nicht anders ist, dafür gibt es einen eindrucksvollen Beleg am Ende der Einleitung in die *Metaphysik der Sitten*, wo er den übersinnlichen Status der Freiheit auf die »Menschheit« bezieht: Das »Freiheitsvermögen, welches ganz übersinnlich ist«, kann »bloß nach seiner *Menschheit*, als von physischen Bestimmungen unabhängiger Persönlichkeit, (*homo noumenon*) vorgestellt werden« (6,239). Also ist das sowohl der Ethik wie auch dem Recht unterstellte freie Vernunftwesen als »Persönlichkeit« gedacht. Wenn aber diese Persönlichkeit sich moralisch ernst zu nehmen sucht, hat sie, wie wir noch sehen werden, die »Menschheit« als Zweck in sich selbst zu wahren (vgl. im vorliegenden Band 4.19). *Freiheit*, *Vernunft*, *Mensch*, *Menschheit* und das sich selbst bildende *Individuum* (»Persönlichkeit«) stehen in einem sich wechselseitig bedingenden Zusammenhang.

12. Der Wille als Prinzip. Durch und durch »menschlich« ist auch der Träger aller praktisch-moralischen Leistungen, den Kant gleich zu Beginn seiner *Grundlegung* mit dem größten rhetorischen und systematischen Nachdruck exponiert, nämlich der *Wille*. Dass es so etwas wie einen Willen »gibt«, weiß der Mensch nur aus dem Umgang mit sich und seinesgleichen. Nur mit Blick auf seine eigenen Handlungen hat es einen Sinn, von »wollen« oder »nicht wollen« zu reden. Nur sofern er Bedürfnisse und sinnliche Wahrnehmungen hat, nur weil er den Widerstand von Objekten und anderen Subjekten kennt, kann er seinen eigenen Impuls als »Willen« exponieren. Reine Vernunftwesen, wie die Engel oder Gott, brauchen keinen Willen, weil sie ihre Einsicht weder gegenüber anderen noch gegenüber sich selbst durchzusetzen haben. Wenn dennoch vom »heiligen Willen« der reinen Vernunftwesen die Rede ist, so wird damit dem menschlichen Willen ein Ideal der Entschiedenheit und Festigkeit gesetzt (4,439). Die gedachte Heiligkeit des sittlichen Wollens hat den Effekt, »uns die Erhabenheit unserer eigenen übersinnlichen Existenz spüren« zu lassen (5,88).

Die Erfahrung des Wollens jedenfalls ist durchgängig auf *humane Konditionen* gegründet. Da sich die nur unter empirischen Gegebenheiten einstellen, ist die Grunddisposition der praktischen Vernunft in allen ihren Funktionsweisen an Voraussetzungen gebunden, die man *anthropologisch* nennen muss. Wie anders ließe sich der Wille als ein »Begehrungsvermögen« verstehen, das nur durch Begriffe, genauer: durch die »Vorstellung eines Zwecks« bestimmbar ist (5,220)?

Wenn dies alles nach Kants eigenen Aussagen so ist: Warum grenzt er sein Vorhaben dann so entschieden von jeder Anthropologie und Psychologie ab? Hätte es zu seiner Zeit die Soziologie schon gegeben, hätte er gewiss keinen Augenblick gezögert, die kritische Ethik auch von ihr entschieden abzusetzen. Warum? Die Antwort klingt einfach: Weil der Wille kein empirisches Vermögen ist! Das Wollen ist mit *Einsichten* verbunden. *Einsichten* aber sind *intellektuelle* Größen. Sie entspringen Leistungen der Disposition, sie sind begrifflicher Art, und es gibt sie nur in Form einer *Beziehung* auf empirische Vorkommnisse. Schon deshalb können sie selbst keine empirischen Faktoren sein. Und entsprechend ist es mit dem Willen, der selbst eine »intelligible« Instanz darstellt, die nur dem verständlich ist, der das Wollen aus seinen eigenen »intelligiblen« Vollzügen kennt.

Kant geht so weit, davon zu sprechen, dass sich der Mensch den Willen nur »anmaßt«, denn in empirischer Sicht gibt es keinen Beleg dafür, dass er einen Willen hat. Also ist es aussichtslos, nach physikalischen, (neuro-)physiologischen oder biologischen Beweisstücken für den Willen zu suchen. Auch eine bloß auf beobachtbare Daten gestützte Psychologie kann den Willen nicht ermitteln, denn er kommt nur im Selbstverhältnis des Menschen vor. Wenn aber der Wille das alles Handeln allererst ermöglichende menschliche Vermögen ist, ist auch die Moral auf nichts anderes als auf das begriffliche Selbstverhältnis des Menschen gegründet. Und vom Willen lässt sich festhalten, dass er das »Prinzip«, den »intelligiblen« (also auf die Selbstkenntnis des Menschen angewiesenen) »Ursprung« der Ethik darstellt.

13. Das Prinzip des guten Willens. Es ist ein häufig anzutreffendes Missverständnis, dass Kants praktische Begrifflichkeit nur für *moralische Handlungen* gelten soll.[4] Demzufolge habe auch der Terminus des Willens nur im Rahmen seiner Moralphilosophie Gültigkeit. Doch das ist eine perspektivische Täuschung, die dadurch entsteht, dass sich Kant thematisch auf Moral und Recht konzentriert. Und das geschieht, weil sie die praktisch vorrangigen Leistungen des Menschen sind. Tatsächlich aber könnte er seine Theorien von Moral und Recht gar nicht entwickeln, wenn er nicht über eine alles menschliche Handeln einbeziehende Konzeption des Willens verfügte (Willaschek, 1992, 224 ff.; Beck, 1974, 169 ff.). Nur weil das Wollen *allen* ausdrücklichen Tätigkeiten des Menschen unterstellt werden kann, gelingt es in der Darstellung der »hypothetischen Imperative« beiläufig auch, eine systematische Ortsbestimmung der *Technik* vorzunehmen.

In allen Fällen ist der Wille der von uns selbst »angemaßte«, also nur von uns und für uns selbst beanspruchte Ursprung einer jeden bewussten Tat. Wenn ich, wie das bereits diskutierte schlichte Beispiel lautet, »von meinem Stuhle aufstehe« (*B* 478), kann ich dies immer auch als Zeichen oder Folge meines Wollens ansehen – und jeder, der seine eigenen Handlungen auch in Konsequenz seines eigenen Willens begreift, wird mich darin verstehen. Insofern liegt jeder bewussten Handlung der Wille des Handelnden zugrunde.

Doch mit dieser handlungstheoretischen Funktionsbestimmung des Willens hält Kant sich gar nicht auf. Nachdem er in der Auflösung der dritten *Antinomie* gezeigt hat, dass es (gleichsam mitten in der durchgängigen Kausalität der Natur) für den Menschen gleichwohl so etwas wie *Handlungen* gibt, dass wir in ihnen die *Spontaneität* eines ursprünglichen Anfangs erfahren und somit tatsächlich berechtigt sind, von eigener *Freiheit* und eigenem *Wollen* zu sprechen, richtet er seine ganze Aufmerksamkeit auf jene

4 Zuletzt bei Nida-Rümelin, *Strukturelle Rationalität*, Stuttgart 2001, 37.

Handlungen, die dem Menschen in praktischer Hinsicht wichtig sind. Und das sind die Leistungen, in denen wir »gut« sein wollen. »Gut« aber ist das, was der zwecksetzenden Vernunft entspricht. Und so brauchen wir nur die geläufigen Kategorien menschlicher Zwecksetzung herzunehmen, um zu erkennen, dass ein so bestimmtes »gut« entweder eine *technisch-pragmatische* Bedeutung hat oder aber eine *moralisch-rechtliche*.

Im ersten Fall ist der Zweck vorgegeben, und die Bewertung einer Handlung als »gut« beschränkt sich auf die beste Realisierung des Zwecks; hier ist die Handlung selbst nur ein *Mittel* zum Zweck. Im zweiten Fall wird der *Zweck selbst* als »gut« bewertet, und alles kommt darauf an, dass er sich bereits in der Handlung erfüllt; hier muss die Handlung selbst das Optimum sein. Das aber ist dann und nur dann der Fall, wenn der sie tragende Wille ein »guter Wille« ist. Und so lautet der erste und wichtigste Satz der kritischen Ethik:

> Es ist überall nichts in der Welt, ja überhaupt auch außer derselben zu denken möglich, was ohne Einschränkung für gut könnte gehalten werden, als allein ein *guter Wille*. (4,393)

14. Der Anfang im einsichtig wollenden Ich. Nur wer die Radikalität des ersten Satzes der *Grundlegung* erkennt, wird die Pointe von Kants kritischer Ethik verstehen. Gegenüber dem unbedingten Anfang aller Moralität im *individuellen Wollen* des Menschen sind alle anderen Aussagen der kritischen Ethik sekundär. Denn hier haben wir den Ursprung der *Freiheit*, die nach Kant im Bewusstsein der *Selbstbestimmung* besteht und sich als *Autonomie* selbst eigene Schranken setzt; hier haben wir das *spontane, auf Tätigkeit gerichtete Selbstbewusstsein*, das sich in seinen *Maximen* stets schon von selbst auf allgemeine Einsichten richtet (Recki, 1998); und nur von den *Maximen* her wird die Funktion des *kategorischen Imperativs* verständlich, mit dem sich der einzelne Mensch wiederum *von selbst* den Zugang zur *allgemeinen Geltung* eröffnet. Schließlich lässt sich nur vom absoluten Primat des individuellen Wollens her begreifen, warum Kant in *Pflicht* und *Achtung* – am Ende auch in den *Postulaten* von *Gott* und *Unsterblichkeit* – nach einer so starken Versicherung in allgemeinen Instanzen der Natur, der Gesellschaft und der Welt im Ganzen verlangt. Das alles aber heißt, dass Kant bis zum Ende bei der im ersten Satz der *Grundlegung* exponierten These vom Ursprung alles Guten im *Willen des einzelnen Menschen* bleibt.

Um diese These zu veranschaulichen, führt Kant zunächst an einigen der am meisten geschätzten menschlichen Güter (Intelligenz, Tugend, Gesundheit, Glückseligkeit und Macht) vor Augen, dass sie lediglich in Abhängigkeit von jeweils gegebenen Bedingungen als »gut« bezeichnet werden können (4,393f.). Sie haben ihren Wert stets nur in Relation zu bestimmten Konditionen, die teils im handelnden Individuum, teils in wechselnden Faktoren der Handlungslage zu suchen sind. Im Vergleich zu ihnen geht ein »guter Wille« über alle einschränkenden Umstände hinaus; er allein hat einen »innern unbedingten Werth« (4,394).

Tatsächlich ist der Wille die Bedingung dafür, dass eine Handlung überhaupt als »gut« bezeichnet werden kann. Denn fehlte er, so könnte eine Tat noch so hoch in Ansehen stehen, sie könnte noch so vorteilhafte Folgen haben: Ohne willentliche Ausrichtung auf einen Zweck fehlt ihr die moralische Qualität. Denn anders kann sie dem Einzelnen gar nicht zugerechnet werden. Erst durch seinen Willen wird sie wirklich zu *seiner* Tat. Man kommt also ohne eine bewusste Zielsetzung des einzelnen Menschen nicht aus, wenn man moralisch werten will.

Die rein aus sich selbst stammende »Güte« des Willens wäre freilich gefährdet, wenn er in dem, was er aus eigener

Kompetenz als »gut« bestimmt, nur die Funktion einer umfassenden Einheit wäre. So könnte es sein, dass der Wille nur als Funktionär der Vernunft agierte; dann würde er nur das ausführen, was die Vernunft ihm zu tun vorgibt. Doch zu dieser Konsequenz einer Fremdbestimmung des Willens durch die Vernunft kann es nicht kommen, weil Wille und Vernunft in ihrer praktischen Funktion zusammenfallen. Das reine Wollen ist so eng an die Einsicht des Individuums gebunden, dass es mit dem Ratschluss der Vernunft zur Deckung kommt.

In dieser Verknüpfung liegt keine zusätzliche systematische Annahme über die Natur des Willens, sondern nur eine analytische Konsequenz aus seiner Intelligibilität: Wenn jemand wirklich etwas will, dann muss dies Ausdruck einer Einsicht sein, über die er nach besten Kräften selbst verfügt. Nur durch die eigene Vernunft hat ein Wille seinen eigenen Zweck. Unter der Bedingung der jeweils besten Einsicht gehen Wille und Vernunft praktisch ineinander über. Mit einem Wort: Der Wille in seiner strikten Fassung ist der Wille eines »vernünftigen Wesens«.

Kant steht hier in einer großen Tradition, die in Sokrates ihren ausdrücklichen Anfang hat und die zu den impliziten Bedingungen einer jeden lehrbaren (oder beispielgebenden) Ethik gehört. Diese implizite Bedingung ist, dass man vernünftigerweise nicht gegen seine eigene Einsicht wollen kann. Die Abweichungen, die wir gleichwohl kennen, stammen entweder aus einer mangelnden Einsicht oder aus der Tatsache, dass jemand nicht wirklich, nicht »ernsthaft«, nicht »ernstlich« oder nicht »wahrhaft« will. Es gilt also die Bedingung der *Ernsthaftigkeit* (2,349; 5,85 und 5,157f.), die dem Begriff der menschlichen *Existenz* allererst seine Bedeutung gibt.

15. Die Vernunft als Zweck in sich selbst. Es gibt noch einen zweiten Verdacht, dem Kant vor der Darlegung seiner ethischen Grundsätze Beachtung schenkt: Da der

Mensch ein Naturwesen ist, das in allen Lebensvollzügen durch die Natur bestimmt ist, könnte es selbst noch in seinen vernünftigen Impulsen von der Natur geleitet sein. Ja, warum sollte nicht auch die Vernunft das Organ eines Organismus sein, der seine Aufgaben an seine Teile delegiert und der Vernunft die Leitung im Dienst der Erhaltung und Entfaltung des Lebens überlässt? Die Erwägung, der Geist könne als »Organ« – und zwar als »Sensorium der Seele« – verstanden werden (2,339), kennen wir bereits (vgl. oben 3.25). Sie wird von Kant sowohl in der *Grundlegung* wie auch in der *Kritik der praktischen Vernunft* mit großen Konzessionen an die Vernunft als »Naturanlage« durchgeführt: Die Vernunft muss immer auch als eine »Naturanstalt« begriffen werden (5,61 f.; entsprechend 4,395).

Und dennoch wird die Vermutung, die Vernunft könne das natürliche Mittel zur Erlangung der natürlichen Ziele des Menschen sein, entschieden zurückgewiesen! Wäre es der Natur tatsächlich um eine sichere Leitung des Menschen zu natürlichen Zielen gegangen, hätte sie bestimmt nicht die Vernunft gewählt, sondern hätte weiterhin auf den bei den Tieren so bewährten »Instinkt« gesetzt. Denn ein Instinkt könne allemal besser für die »Erhaltung«, das »Wohlergehen« und die »Glückseligkeit« des Menschen sorgen. Die Vernunft ist nicht nur viel zu schwach, um sich wirksam gegen die übermächtigen Neigungen zu behaupten. Sie hat überdies einen Hang, »in der Naturabsicht zu pfuschen« (4,395), weil sie ihr konstitutionell entgegensteht. Deshalb hätte die Natur, wäre es ihr nur um das Wohlergehen des Menschen gegangen, gewiss alles daran gesetzt, um zu verhindern, dass die Vernunft praktisch wird (4,395).

Wer diese tollkühne Stelle versteht, kommt der Grundeinsicht der kritischen Ethik schon sehr nahe. Dabei hat er natürlich davon abzusehen, dass Kant strenggenommen so gar nicht reden dürfte. Denn was sollte einen Kritiker der

Vernunft dazu berechtigen, von einer »Naturabsicht« – von der Absicht »der« Natur – zu sprechen? Wodurch sollte er in der Lage sein, diese Absicht sogar zu kennen? Und wie könnte er sein abschätziges Urteil über die Vernunft begründen, demzufolge sie sogar dem Instinkt unterlegen sein soll? Geringer hat selbst Nietzsche nicht von der Vernunft gedacht.

Doch anders als Nietzsche entwertet Kant die Vernunft als natürliches Organ nur, um damit ihren Status als einer *allein der Einsicht* zugänglichen Instanz zu erhöhen. Ganz gleich, aus welchen Naturbedingungen die Anlage zur Vernunft entspringen mag: Was sie zu leisten imstande ist, stammt einzig und allein aus ihrem *Bezug auf sich selbst.* Als Vernunft kann sie nur *ihrer eigenen Einsicht* folgen, und als Wille setzt sie sich das zum Ziel, was durch diese Einsicht gerechtfertigt ist. Zwar ist sie in ihren Problemen auf die Welt bezogen; sie hat mit den Aufgaben zu tun, die sich ihr im realen Dasein stellen. Aber für welche Lösungen sie optiert, welche Zwecke sie präferiert, das hängt allein von *ihren eigenen Gründen* ab. Wäre dies anders, könnte von Vernunft gar keine Rede sein.

Es ist also eine bloße Funktionsanalyse des vernünftigen Denkens und Wollens, durch die Kant dazu gelangt, die Vernunft grundsätzlich von der Natur abzusetzen. Selbst wenn es erkennbare Zwecke der Natur gäbe, die sich der Vernunft anböten, wären sie aus der Sicht der Vernunft nur akzeptabel, wenn sie ihren eigenen Ansprüchen, den Kriterien der Vernunft, genügten. Jeder mögliche natürliche Zweck, der Gegenstand eines einsichtigen Wollens sein soll, bedarf somit der Anerkennung durch die Vernunft. Also ist sie die letztlich entscheidende Instanz einer jeden menschlichen Praxis. Daher kann nur sie das Fundament einer Ethik sein, die nicht darauf verzichtet, ihre Forderungen allgemein zu begründen. Und indem allein sie es ist, die dem menschlichen Handeln Ziele setzt, wird sie zum Zweck an sich selbst.

16. Autonomie. Die eigenständige und über jede Naturbedingung erhabene Stellung der Vernunft ist die entscheidende Prämisse der kritischen Ethik. Man würde ihr aber nicht gerecht, wollte man darin eine Pointe erkennen, mit der sich Kant effektvoll von anderen Denkern abzugrenzen versuchte. Er selbst ist überzeugt, dass er nur die in allen moralischen Urteilen immer schon wirksamen rationalen Leistungen bewusst macht. Deshalb kann er sich gleichermaßen auf Sokrates wie auf das Urteil eines »jeden Menschen« berufen (4,404). Er hat nicht die Absicht, zu den im Umlauf befindlichen Ethiken, »deren Name Legion heißt« (4,389), eine weitere hinzuzufügen, sondern legt lediglich die Voraussetzungen der menschlichen Urteilsbildung frei und gibt zu erkennen, was jeder Handelnde bereits von sich aus unterstellt, wenn er sich ernsthaft fragt, was getan oder unterlassen werden soll. Und nachdem Kant die basale Annahme im freien, aus sich heraus vernünftigen Wollen des Einzelnen exponiert hat, braucht er nur noch zu zeigen, was daraus vernünftigerweise folgt.

Das kommt auch im Aufbau der *Grundlegung* zum Ausdruck, in der Kant mit dem »Übergang« von der »gemeinen sittlichen Vernunfterkenntniß zur philosophischen« beginnt (4,393 ff.), um dann den »Übergang« von der »populären sittlichen Weltweisheit« zur »Metaphysik der Sitten« anzuschließen (4,406 ff.). In beiden Abschnitten geht er von den empirisch beschreibbaren Verhaltensweisen der Menschen aus, um das darin immer schon wirksame Prinzip der Vernunft aufzuweisen. Den Abschluss bildet der »Übergang«, den Kant selbst von der »Metaphysik der Sitten« zur »Kritik der praktischen Vernunft« zu gehen versucht, um die praktisch gültigen Urteile der Vernunft auch kritisch abzusichern (4,446 ff.).

Das »Prinzip der Vernunft« ist aber nur ein einziges, und das ist ihre *Autonomie*. Sie handelt ursprünglich *aus sich selbst*, und indem sie dies tut, *bestimmt sie sich selbst*, und indem sie eben dies tut, gibt sie sich, kraft ihrer eigenen Einsicht, *ihr eigenes Gesetz*. Wo und wann immer sie sich von ihr äußerlichen Faktoren bestimmen lässt, verfährt sie *heteronom* (4,441). Bei sich selbst aber ist sie nur in der Ausübung ihrer Autonomie. Nach Kant genügt eine bloße Analyse der Eigenart unseres moralischen Wollens, um auf das darin wirksame Gesetz zu stoßen:

> Autonomie des Willens ist die Beschaffenheit des Willens, dadurch derselbe ihm selbst (unabhängig von aller Beschaffenheit der Gegenstände des Wollens) ein Gesetz ist. [...] Allein daß gedachtes Princip der Autonomie das alleinige Princip der Moral sei, läßt sich durch bloße Zergliederung der Begriffe der Sittlichkeit gar wohl darthun. (4,440)

17. Das Faktum der Vernunft. Es ist ein vieldiskutiertes Problem der Kant-Forschung, wie weit die Analytizität der moralischen Grundbegriffe reicht. 1785 legt Kant noch großen Wert auf die synthetische, d. h. nicht aus bloßen Begriffen folgende Verknüpfung von Autonomie und Freiheit. Beide stehen, so sagt er, in einer »Art von Cirkel«: Denn wir nehmen uns als frei an, erfahren uns in dieser Freiheit als autonom, und eben darin sind wir uns bewusst, dass wir eigenen Gesetzen unterstehen. Diese Selbstgesetzgebung hat ihrerseits aber nur Sinn, wenn sich das ihr unterworfene Wesen als frei ansieht. Dennoch geht Kant davon aus, dass die Verbindung zwischen Freiheit und Sittengesetz nicht aus bloßen Begriffen gefolgert wird, sondern eine synthetische Beziehung darstellt, die sich ergibt, sobald wir uns die Freiheit nehmen, uns auf »einen anderen Standpunkt« zu stellen, von dem aus wir uns als uns selbst bestimmende Wesen betrachten (4,450). Hier geht der Akt der Freiheit dem Bewusstsein der Autonomie voraus.

Drei Jahre später, in der *Kritik der praktischen Vernunft*, kehrt Kant die Reihenfolge um und nimmt den

Ausgangspunkt bei der Autonomie, um von ihr aus auf die Freiheit zu schließen. Jetzt spricht er vom Bewusstsein der Selbstverpflichtung als von einem »Factum des Sittengesetzes«. Dieses »Factum«, das natürlich nichts anderes als eine Tatsache des Bewusstseins sein kann, nennt er die *ratio cognoscendi* der Moralität; an ihr also kann *erkannt* werden, was es heißt, sittlich zu sein. Zugleich aber zeigt das »Factum« die *ratio essendi* des moralischen Handelns an. Und die besteht aus nichts anderem als aus der Freiheit des einzelnen Wesens. Die Tatsache der sittlichen Selbstverpflichtung durchbricht somit den »Cirkel«, stellt die Synthese als eine immer schon erbrachte Leistung vor, belässt es aber dabei, Autonomie und Freiheit »wechselweise« aufeinander zu beziehen (5,29).

Diese Darstellung bringt einen beachtlichen Gewinn an Klarheit, denn die Geltung der Gesetze der praktischen Vernunft hängt allein an einer Einsicht, die jeder immer schon hat, sofern er sich als eigenständig handelndes Wesen ernst nimmt. Schon mit dem Bewusstsein der Verpflichtung, das ein Individuum mit seiner Zuständigkeit für sich selber hat, ist die Wirklichkeit der praktischen Vernunft dargetan. Diese für jeden aus eigener Verantwortung handelnden Menschen offenkundige »Exposition« der Autonomie (5,46) tröstet über das Zugeständnis hinweg, demzufolge eine »Deduktion« der Geltung des Sittengesetzes nicht möglich ist (5,47 ff.). Hier weicht Kant vom Programm der *Grundlegung* ab, in der er eine Deduktion in Aussicht gestellt hatte.

Daran wird, nebenbei bemerkt, deutlich, dass Kant sich nicht sklavisch an den Systemgedanken hält. Und solange man nicht auf den kleinlichen Einwand verfällt, die Tatsache eines individuellen Bewusstseins dürfe nicht als »Factum« gelten, weil sie nicht empirisch ist,[5] wird

5 Zur Bedeutung von »Factum« als etwas vom Menschen in seiner Eigenständigkeit selbst »Gemachten« siehe: Willaschek, 1991. Im Übrigen verweise ich auf Beck, 1974, und Kaulbach, 1978.

man die größere Klarheit schätzen, die Kant der Herleitung der Autonomie in seiner zweiten *Kritik* zu geben vermag.

18. Individualität und Allgemeinheit in der Maxime. Woher aber weiß man vom »Factum« der praktischen Vernunft? Für viele Interpreten Kants offenbar erst, wenn man ein irgendwie ausgeprägtes moralisches Bewusstsein hat und dabei mindestens an den »kategorischen Imperativ« denkt. Doch das ist ein die Kant-Rezeption bis heute schwer belastendes Missverständnis. Man muss nicht erst zum begrifflich hochgerüsteten Kantianer werden, um die Grundbegriffe der kritischen Ethik zu verstehen. Man muss sich vor allem nicht *expressis verbis* auf den »kategorischen Imperativ« verpflichten, um unter moralischen Ansprüchen zu stehen. Es genügt vielmehr, einfachste Handlungslagen, in denen man sich befindet, auf ihre Elemente hin zu befragen – und schon benutzt man die tragenden Begriffe der kantischen Ethik ganz von selbst. Dazu muss man lediglich in der Lage sein, sich die Frage *Was soll ich tun*? ernsthaft *selbst* zu stellen. Denn bereits mit der sich einstellenden Frage hat man die begrifflichen und systematischen Elemente in der Hand, aus denen Kants Praktische Philosophie besteht.[6]

Tatsächlich ist Kants eigene Untersuchung als Anleitung zur Selbsterfahrung der sich in einem selbst zeigenden moralischen Erwartungen angelegt. Die *Grundlegung* ist zunächst nicht mehr als eine Exposition der Funktionselemente des ernsthaften Wollens. Wer immer etwas *wirklich will*, kann in diesen Funktionselementen die eigene moralische Disposition erkennen; und wer sich bemüht, in ihrer Konsequenz zu handeln, der hat sich bereits dem Sittengesetz unterstellt.

6 Das wird vorgeführt in: Gerhardt, 1999, Kap. 8.4.

Dabei ist er nicht daran gebunden, ein bereits nach eigenem Urteil (oder nach dem der Anderen) ausgezeichnetes moralisches Wesen zu sein. Es wird auch keine vorab getroffene Unterscheidung zwischen moralisch relevanten und moralisch neutralen Handlungen gesetzt. Die Analyse kann ihren Ausgangspunkt bei *jeder* Handlung nehmen. Folglich ist Kants Phänomenologie des moralischen Bewusstseins nicht auf bereits ausgezeichnete moralische Handlungen beschränkt. Das kann auch schon deshalb nicht sein, weil bei keiner noch so gut gemeinten Tat sicher ist, ob sie wirklich moralisch genannt werden kann. Am empirischen Vollzug einer Handlung können die fragwürdigsten Motive beteiligt sein. Auch deshalb kommt das Prädikat des ohne jede Einschränkung Guten allein dem *reinen Willen* zu.

Jeder versetze sich also selbst in eine Lage, in der er unter einem Handlungsanspruch steht, in eine Situation, in der etwas getan werden muss, genauer: in der *er selber* handeln muss. Schon damit hat er die *Verbindlichkeit*, etwas zu tun oder zu unterlassen, anerkannt. Das Bewusstsein der *Pflicht* ist somit das erste, denn die Pflicht ist nichts anderes als die *Verbindlichkeit*, etwas *von sich aus* zu tun (4,397). Das kommt im Begriff des »Sollens« zum Ausdruck, der nicht mit dem des »Müssens« zu verwechseln ist. Der Grund für ein »Sollen« liegt ausschließlich im Handelnden selbst; wer etwas »muss«, verweist hingegen auf eine ihn zwingende Ursache außerhalb seiner selbst.

Im Bewusstsein der Pflicht hat jeder bereits eine Vorstellung von dem, was er zu tun hat. Zwar mag es Handlungslagen geben, in denen jemand so geschwächt ist, dass er gar nicht eigenständig handeln kann. In einem solchen Fall muss dem Einzelnen geholfen werden. Solange einer nicht von sich aus handeln kann und auf die Hilfe anderer angewiesen ist, gibt es nur das Residuum der Eigenständigkeit: sich helfen zu lassen, bis man wieder handlungsfähig ist.

Ist die Handlungsfähigkeit nicht eingeschränkt, ist schon das bloße Bewusstsein der Pflicht mit Optionen auf optimale Reaktionen verbunden. Kant spricht von *Maximen* (4,421). Das sind, wie er sagt, »subjective Grundsätze«, mit denen ein Problem individuell und dennoch möglichst allgemein angegangen wird. Jeder möchte die Situation, in der er selber handeln will, optimal bewältigen. Und dieses Streben nach einem günstigen Ausgang kommt in »Grundsätzen« zum Ausdruck, in denen sich der Handelnde bewusst macht, was er in dieser konkreten Lage für das Beste hält. So kann man sich bei schönem Wetter sagen, dass man es für einen Aufenthalt im Freien nutzen sollte. Darin ist der »Grundsatz« wirksam, bei sonnigem Wetter nach Möglichkeit nicht im Haus zu bleiben. Schon dies wäre eine »Maxime«, wie Kant sie im Auge hat.

Kant unterstellt, dass letztlich *alle* bewussten menschlichen Handlungen mit *Maximen* einhergehen. In ihnen tritt hervor, dass ein eigenständiges *Individuum* auch auf *konkrete* Lagen bewusst nur reagieren kann, indem es sich *allgemein* auf sie einzustellen sucht. So einzigartig eine Situation auch sein mag: Wenn sich ein Mensch in ihr zu bewähren sucht, dann setzt er notwendig allgemeine begriffliche Mittel ein, ohne die er weder von der Situation noch von seinen Absichten sprechen könnte. So geht jeder Mensch in jeder Lage, in der er bewusst handeln will, von allgemeinen begrifflichen Bedingungen aus. Setzt er sie in eigene Handlungsziele um, werden notwendig »Maximen« daraus. Sie sind die Form, in der ein Individuum bewusst auf situative Herausforderungen reagiert. In ihnen generalisiert es sich auch dann, wenn es nur seinen eigenen Vorsätzen folgt.

19. Individualität und Universalität im kategorischen Imperativ. Was macht ein Mensch, wenn er an sich selbst den Anspruch stellt, dass er nicht nur in dieser einen

Handlungslage ein Optimum erreichen sollte? Wenn er sich nicht nur als spezifisch disponierter Akteur in einer konkreten Herausforderung befindet, sondern sich – *in* und *bei* alledem – *selbst* als handelndes Wesen begreift, das seine stets gefährdete personale Einheit wahren möchte? Was ist, wenn einem Menschen der mögliche situative Erfolg des Handelns nach seiner Maxime nicht genügt, so dass er auch noch für sich selbst *als Person* ein Optimum erreichen möchte? Was muss der Handelnde tun, wenn er neben den Erwartungen, die bereits in seine Maximen eingehen, auch noch den individuellen Anspruch hat, unter allen möglichen Bedingungen seines eigenen Tuns *derselbe Mensch* bleiben zu wollen?

Wenn er dies will, dann hat er seine Maximen darauf zu prüfen, ob sie auch *konsequent* sind. Und erst an dieser Stelle kommt der *kategorische Imperativ* ins Spiel. Denn mit ihm kontrolliert das bereits aus eigenem Anspruch nach Moralität strebende Wesen allein für sich selbst, ob es seinem eigenen Anspruch genügt. Und dieser Anspruch zielt auf nichts anderes als darauf, ein *Mensch unter Menschen* zu sein. Folglich hat jeder seine Maxime daraufhin zu befragen, ob sie auch als *allgemeines* Gesetz gelten könnte. Deshalb sagt Kant:

> Der kategorische Imperativ ist also nur ein einziger und zwar dieser: *handle nur nach derjenigen Maxime, durch die du zugleich wollen kannst, daß sie ein allgemeines Gesetz werde.* (4,421)

Diese Formel hat mit Recht Berühmtheit erlangt. Denn in ihr ist nicht nur die ganze Ethik Kants enthalten, sondern sie ist das eingeschriebene Prinzip einer jeden Moral, die auf Begriffe gegründet ist. Unübersehbar ist der Ansatz beim *Individuum*, das sich hier selbst mit »du« anspricht und die moralische Forderung allein an sich selber richtet; erkennbar bleibt der Ausgang von einem bereits *konkret gegebenen Willen*, dem der situative Erfolg seiner Maxime aber nicht genügt, so dass er »zugleich« ein *höheres Ziel* anstrebt; und deutlich ist die Aussage, dass sich das Maximum nur erfüllen kann, wenn die Maxime das *Optimum einer gesetzlichen Form* erreicht, die für alle vergleichbaren Handlungslagen gültig ist. Und erst, wenn die Prüfung auf die Allgemeinheit der Maxime zu einem positiven Ergebnis führt, kann der Handelnde erwarten, sich selbst als vernünftiges Wesen zu erweisen. Das aber heißt für ihn als *Menschen*, dass er sich dann aus eigenem Anspruch als *Person* bestätigt, die nur dem *eigenen einsichtigen Wollen* folgt und sich somit *als Zweck an sich selbst* erweist. Deshalb lautet eine andere Formulierung eben desselben Imperativs (der, wie gesagt, lediglich *einer* ist):

> *Handle so, daß du die Menschheit sowohl in deiner Person, als in der Person eines jeden andern jederzeit zugleich als Zweck, niemals bloß als Mittel brauchst.*
> (4,429)

Diese kaum weniger berühmte und sachlich gehaltvollere Formel macht offenkundig, dass der Ausgangspunkt beim »reinen Willen« und das methodische Absehen von allen empirischen Besonderheiten Kants Ethik nicht aus der *Handlungsperspektive des Menschen* löst. Da sie in allen ihren einzelnen Schritten bei Dispositionen und Optionen des Menschen bleibt, ja, da sie sich in ihrer Analyse des Begreifens, Wollens und Begründens nur auf dem Feld der humanen Möglichkeiten bewegt, setzt sie dort, wo sie mit dem kategorischen Imperativ ein Optimum des vernunftgeleiteten Handelns formuliert, auch dem Menschen das höchste Ziel: Es liegt in nichts anderem als darin, der Menschheit in der eigenen Person zu genügen. Das Individuum muss sich als der in seinem Denken und Wollen immer schon wirksamen Universalität fähig erweisen.

Das geschieht, indem es die sein eigenes Wollen stets schon anleitende Vernunft zum praktischen Kern seines eigenen Selbstverständnisses zu machen sucht. Dem moralischen Anspruch nach ist das Individuum ganz auf sich allein gestellt. Die moralische Verantwortung hat immer nur der einzelne Mensch, dessen Selbstzweck sich nur im jeweils eigenen Wollen erfüllen kann. Aber der kategorische Imperativ offenbart, dass sich sowohl der Begriff des vernünftigen Wesens als auch der des Menschen nur durch den Bezug zu seinesgleichen einstellt. Selbst wenn man nur für sich allein ein moralisches Wesen sein wollte, wäre es unumgänglich, sich als Teil einer Gesamtheit von Menschen zu denken. Personalität und Humanität stehen in einem sich wechselseitig begründenden Verhältnis. In ihnen konkretisiert sich die prozessuale Einheit von Individualität und Universalität. Der Ausgriff aufs Ganze erfolgt nicht nur im Ich, sondern er ist darin bereits vollständig angelegt. Wie das zu denken ist, illustriert Kants Erläuterung zum kategorischen Imperativ in der Einleitung zur *Metaphysik der Sitten*:

> *Deine* Handlungen mußt *du* also zuerst nach ihrem *subjectiven* Grundsatz betrachten: ob aber dieser Grundsatz auch objectiv gültig sei, kannst *du* nur daran erkennen, daß, weil *deine* Vernunft ihn der Probe unterwirft, durch denselben *dich zugleich* als allgemein gesetzgebend zu denken, er sich zu einer solchen allgemeinen Gesetzgebung qualificire. (6,225; Hervorhebungen V. G.)

20. Das selbstgewirkte Gefühl der Achtung. Geht man die kritische Ethik mit Kant vom Willen her an, erledigen sich viele Interpretationsprobleme von selbst. Man erkennt zum Beispiel, dass die *Normativität* des kategorischen Imperativs aus den Selbstansprüchen des handelnden Menschen erwächst. Also braucht man keine gesonderte Erklärung für die Geltung des *Sittengesetzes*,[7] das immer dann als gültig anerkannt ist, sobald ein Mensch selbstbewusst und ernsthaft von sich aus etwas will. Es kommt also auf die »Triebfeder« an, die hinter seiner Handlung steht.

Die Lehre von den *Triebfedern* gehört zu den subtilsten Theoriestücken der kritischen Ethik (5,71 ff.). Die jedem aus der Konstruktion von Spielzeug und Uhrwerk bekannte Metapher von der »Triebfeder« verweist auf mechanische Kräfte. Die müssen auch beim Menschen gegeben sein, wenn es um sein empirisches Verhalten geht, das physische Zustandsänderungen einschließt. Zugleich aber darf es hier nicht allein um physische und psychische Mechanismen gehen, wenn die vernünftige Einsicht selbst ein Element im Wirkungskonnex moralischer Handlungen sein soll. Die Triebfeder muss für intelligible Impulse empfänglich sein und hat letztlich unter rein vernünftigen Bedingungen zu wirken – also dort, wo man streng genommen gar nicht von »Wirkungen« sprechen darf.

Die Lösung für dieses unlösbar erscheinende Problem findet Kant in einem gesteigerten Selbstbezug des sich als vernünftig begreifenden Menschen. Auch hier geht es um ein Maximum, das darin liegt, dass sich der Mensch nicht nur als Gesetzgeber begreift, sondern darüber hinaus seine eigene Leistung, das Gesetz, verehrt. Äußerlich betrachtet, scheint er damit nur eine Pflichtenlehre zu vertreten, die manche für das moralische Pendant zur preußischen Staatsauffassung halten. Doch die Achtung vor dem »moralischen Gesetz in mir« (5,161) ist ursprünglich auf *mich selbst* bezogen. Das Sittengesetz kann nur als selbstgege-

7 Inhaltlich sind *Sittengesetz* und *kategorischer Imperativ* eins. Sie bezeichnen aber unterschiedliche Stationen der Herleitung: Im *Sittengesetz* erhält der *kategorische Imperativ* die Form eines lehrbaren Satzes. Ihn nennt Kant auch »Grundgesetz der reinen praktischen Vernunft«. Es lautet: »Handle so, daß die Maxime deines Willens jederzeit zugleich als Princip einer allgemeinen Gesetzgebung gelten könne.« (5,30)

benes Gesetz verstanden werden. Also verdankt sich die Achtung vor dem Gesetz einer gesteigerten Achtung vor der eigenen Vernunft. Und die schließt die Selbstachtung ein. Die »Triebfeder der Achtung« stammt also aus einer Selbstüberbietung des Eigeninteresses. Die Achtung vor dem Gesetz ist von der Selbstachtung der eigenen Person nicht zu trennen.

Auch das immer wieder mit größtem Aufwand behandelte Problem der *Verallgemeinerbarkeit* erweist sich nach unserer Deutung als gelöst, sobald erkannt ist, dass Kant von einem Willen ausgeht, der nur dann Zwecke haben kann, wenn er ursprünglich mit der (Zwecke überhaupt erst setzenden und bewertenden) Vernunft verbunden ist. Stellt man in Rechnung, dass die ganze Konstruktion der praktischen Vernunft auf einem reinen, d. h. nicht-empirischen Willen gründet, bedarf es weder einer Induktion noch einer Deduktion, um die Allgemeingültigkeit der Vernunftgebote auszuweisen. Die Allgemeinheit ist dem intelligiblen Willen inhärent.

Mit dieser Deutung fällt auch der von vielen zum historischen *Dualismus* stilisierte Gegensatz zwischen aristotelischer »Strebensethik« und kantianischer »Prinzipienethik« in sich zusammen, wenn man sieht, dass die kritische Ethik von einem zweckgerichteten, willentlichen Streben ausgeht, das sich nach den bereits in ihm wirksamen Prinzipien reguliert. Das hat dann auch Folgen für die Bewertung der vermeintlichen Kluft zwischen Kant und Hegel. Der Unterschied zwischen (kritisch gesicherter) Moralität und (historisch vermittelter) Sittlichkeit wird zur Äußerlichkeit, wenn man entdeckt, dass der kategorische Imperativ ernsthaft nur Maximen prüfen kann, die unter dem Anspruch der Bewältigung einer geschichtlichen Handlungslage entstehen. Moral und Sitte sind bereits auseinandergetreten, wenn sie sich im kategorischen Imperativ entgegenstehen. Und sie können – durch bewusste Handlungen des Individuums – nur wieder zusammenfinden, wenn es sich durch Einsichten leiten lässt, die dem Imperativ nicht entgegenstehen.

Schließlich glauben viele, die kritische Ethik müsse scheitern, weil die Prinzipien der Vernunft doch nur den Status von *Ideen* haben, von denen sich zwar feierlich reden lässt, denen im Alltag aber niemand folgt. Doch diese Realisten übersehen, dass Kant durch die Verknüpfung von individuellem Willen und praktischer Vernunft schon den Impuls einbezieht, der zum Handeln motiviert. Man muss bereits ernsthaft wollen (und nicht bloß wünschen), dass etwas durch eine eigene Leistung geschieht, wenn sich die moralische Frage stellen soll. Also hat der für moralische Probleme empfängliche Mensch eine in ihm wirksame »Triebfeder«, die ihm das moralische Handeln auferlegt.

Auf diese Weise gelingt es Kant, das stärkste Motiv des Menschen, nämlich das Interesse an sich selbst, in die Dynamik moralischer Ansprüche einzubinden. Allerdings ist es ein bis zum Äußersten sublimierter Egoismus, der sich auf das Individuum in seiner besten Verfassung als vernünftiges Wesen richtet und dabei selbst die Form einer intelligiblen Strebung annimmt. Das Gefühl der Achtung ist von der Vernunft *»praktisch gewirkt«* (5,75). Es geht aus der Selbsterziehung des Menschen hervor, muss also erst »gemacht« werden, ehe es zu einer Instanz moralischen Verhaltens werden kann. So sichert Kant die Leistung der vorkritischen Lehre vom »moralischen Gefühl« unter den Bedingungen der Vernunftkritik.

21. Die anthropomorphe Sphäre des Rechts. Die Vernunft gibt nicht nur das individuelle, das »innere« Gesetz, nach welchem jeder Einzelne sich nach seiner eigenen Einsicht zu richten hat. Im gesellschaftlichen Zusammenhang, der für Menschen (und mit ihnen für vernünftige Wesen) immer schon besteht, kann die Vernunft auch »äußere« Gesetze geben, die für den Einzelnen verpflichtend sind. Die Gesamtheit dieser Gesetze ist das *Recht*.

Auch das Recht bezieht seine verbindliche Geltungskraft aus dem apriorischen Prinzip der Freiheit. Niemand aber käme deshalb auf die Idee, das geltende Recht für etwas zu halten, das nicht ursprünglich von Menschen für Menschen gemacht ist. Deshalb kann man auch das Recht für ein Beweisstück der von Kant in allem unterstellten strukturellen Analogie des Geistes mit der Konstitution des Menschen ansehen. Das Recht ist auf die elementaren Bedingungen des menschlichen Daseins bezogen; es nimmt die Leiblichkeit, Zeitlichkeit, Empfindlichkeit, Sprachfähigkeit und Geistigkeit des Menschen in die eigenen Voraussetzungen auf – und setzt zugleich die Allgemeinheit menschlicher Ansprüche in den Vorgriff auf universelle Geltung um. Schon in dieser alle jeweils gegebenen konkreten Geltungsansprüche überschreitenden Dynamik liegt eine Eigentümlichkeit des Menschen, nämlich seine nur durch die eigene Vernunft zu zähmende Unersättlichkeit.

Die Freiheit des Individuums ist der Ursprung des Rechts. Nur aus der Freiheit können Ansprüche erwachsen, die sich mit einem Rechtstitel versehen lassen. Aber anders als in der Moral interessiert die Freiheit im Recht allein in ihrer *äußeren*, d. h. in ihrer physischen Manifestation – und dies eigentlich nur insoweit, als die Freiheit des einen die Freiheit eines anderen *behindert*. Wer diesen auf das faktische Zusammenleben der Menschen zugespitzten Grundgedanken fasst, hat den Leitfaden der kritischen Rechtslehre in der Hand.

Man braucht nur hinzuzufügen, dass der in der Moral alles in Gang setzende *Wille* auch hier den Anfang macht. Dies geschieht jedoch in der dem Recht eigenen *äußeren* Perspektive, so dass der Wille allein in seiner äußeren Konsequenz genommen und »Willkür« genannt wird. »Willkür« ist der Wille, sofern er sich in physischen Ereignissen äußert.[8] Und sobald die Willkür des einen Indivi-

8 Zur Abgrenzung zwischen »Willkür« und »Wille« siehe: Beck, 1974, 169ff.

duums mit der eines anderen in Konflikt gerät, ist das Problemfeld eröffnet, das sich – in allgemein gültiger Weise – nur durch das Recht regeln lässt:

> Das Recht ist also der Inbegriff der Bedingungen, unter denen die Willkür des einen mit der Willkür des andern nach einem allgemeinen Gesetze der Freiheit zusammen vereinigt werden kann. (6,230)

22. Die Befugnis zu zwingen. Die Vereinbarkeit der äußeren Freiheit des einen mit der eines anderen kann natürlich nur nach Kriterien des äußeren Verhaltens bestimmt werden. Sinnvoll ist sie überdies allein mit Blick auf Konflikte, die aus realen Kollisionen und Läsionen bestehen müssen, um rechtsrelevant zu sein. Um sie zu erfassen, verwendet Kant ein negatives Kriterium zur Kennzeichnung der Vereinbarkeit individueller Freiheiten, nämlich die »Verhinderung eines Hindernisses der Freiheit«. Das führt zu einer zunächst kurios erscheinenden und dennoch tragfähigen, überaus weitreichenden Definition des Rechts, die selbst auf nichts anderem basiert als auf der Wechselwirkung individueller Akteure:

> […] wenn ein gewisser Gebrauch der Freiheit selbst ein Hinderniß der Freiheit nach allgemeinen Gesetzen (d. i. unrecht) ist, so ist der Zwang, der diesem entgegengesetzt wird, als *Verhinderung* eines *Hindernisses der Freiheit* mit der Freiheit nach allgemeinen Gesetzen zusammenstimmend, d. i. recht […]. (6,231)

Diese wahrhaft dialektische Konstruktion hat weitreichende Folgen, weil sie eine Analogie zum Gesetz der »Gleichheit der Wirkung und Gegenwirkung«, also zu physischen Relationen erkennen lässt (6,232f.). Das Recht ist in physische Verhältnisse eingelassen, und nur weil dies so ist, kann die in ihm gesetzlich geregelte Freiheit nach

Maßgabe empirischer Kriterien bewertet werden. Gäbe es diese Möglichkeit nicht, wäre jede Bestrafung – jedenfalls aus rechtstheoretischer Sicht – *a priori* inkongruent. Man könnte dann den Missbrauch der Freiheit, der in der Verletzung der Freiheit eines anderen besteht, nicht mit der Einschränkung der Freiheit des Täters beantworten. Es gäbe keinen mit der Prämisse der (ja stets intelligiblen) Freiheit vereinbaren Grund, einen Dieb mit Gefängnis oder, wie Kant es noch für angebracht hält, einen Mörder mit dem Tod zu bestrafen.

Die über die Willkür vermittelte Einbindung des individuellen Willens in die empirischen Verhältnisse erlaubt es also, gegen den Missbrauch der (intelligiblen) Freiheit mit (physischer) Einschränkung der Freiheit vorzugehen. »Das Recht«, so heißt es in unübertroffener Verdichtung, »ist mit der Befugniß zu zwingen verbunden« (6,231). Wäre dies anders, gäbe es keine Möglichkeit, dem Recht in einer mit dem Recht verträglichen Weise zur Wirksamkeit zu verhelfen. »Recht« wäre nur ein Titel, der sich bestenfalls moralisch durchsetzen ließe; eine spezifische Sphäre der Wirksamkeit durch physisch bewehrte Hüter des Rechts gäbe es nicht.

Mit der Bestimmung des Rechts als einer »Befugniß zu zwingen« zieht Kant eine weitreichende Konsequenz aus der Verknüpfung der intelligiblen Freiheit mit der Sphäre physischer Wirksamkeit. Das Recht ist damit von seinem Ursprung her mit der *Gewalt* verknüpft. Nur wo ein Gewaltmonopol ist, kann von einem *geltenden* Recht gesprochen werden; erst unter einem »öffentlich gesetzlichen äußeren Zwange« entsteht die Sphäre einer allgemein gültigen Legalität (6,312). Wer dies übersieht und nach »herrschaftsfreien« Zuständen verlangt, der fordert die Abschaffung des Rechts.

23. Privatrecht: das Eigentum als der sozial erweiterte Leib des Menschen. Kant unterscheidet drei Arten geltenden Rechts: Das *Privat-*, das *Staats-* und das *Völkerrecht*. Sie stehen alle unter dem Titel des »bürgerlichen Rechts«, das vom »Naturrecht« (auch: »natürliches Recht« genannt) abgegrenzt wird (6,242). Die große Tradition des Naturrechts, in der noch das Lehrbuch steht, nach dem Kant seine Vorlesungen gehalten hat,[9] lebt bei ihm als »Vernunftrecht« fort. Es bewahrt die »Idee« des Rechts und enthält die reinen Grundsätze, die aus bloßer Vernunft gefolgert werden können. Doch schon diese Schlussfolgerungen sind so entschieden auf die drei großen Geltungsbereiche des *Privat-*, *Staats-* und *Völkerrechts* bezogen, dass sie kaum von der empirischen Verfassung des menschlichen Daseins zu lösen sind. Kants »Idee« des Rechts ist mit den Gegebenheiten des menschlichen Daseins so eng verflochten, dass sie bereits in ihrer systematischen Ausrichtung auf einen der drei Geltungsbereiche in positives Recht übergeht. Gleichwohl wird in allen einzelnen Bezügen herausgearbeitet, dass schon der Begriff des Rechts auf einer intelligiblen Bedingung, nämlich der *Freiheit* beruht. Die Idee wird zum tragenden Element der Rechtswirklichkeit.

So unterläuft Kant die Unterscheidung zwischen dem natürlich-vernünftigen und dem positiven Recht. Er verzichtet daher auch auf eine für sich bestehende Idee der Gerechtigkeit. Denn das Gerechte ist immer schon in die Sphäre des rechtlich Gültigen eingelassen. Auch das ist eine Folge der durchgängigen Bindung der Vernunft an die Elemente der menschlichen Welt. Welches Gewicht diese Beziehung für ihn hat, kommt nicht zuletzt darin zum Ausdruck, dass er die allgemeinen Rechtsprinzipien, die man bis heute als »Naturrecht« oder »Vernunftrecht« bezeichnet, mit zunehmendem Nachdruck unter den Titel des *Menschenrechts* stellt (8,306; 8,348 ff.; 8,380).

9 A. G. Baumgarten, *Ethica Philosophica*, Halle 1751 und 1763. Heute in *AA* 27.

Das Privatrecht beginnt mit einer »Exposition« des »äußeren Mein und Dein«, dem sich eine »Deduktion« anschließt (6,245 ff.). Diese Rechtfertigung des Eigentums – also die Beantwortung der Frage: »Wie ist ein *bloß rechtlicher* (intelligibler) *Besitz* möglich?« (6,249) – ist Kants knappste und gelungenste Deduktion. Sie führt anschaulich vor Augen, wie eng die Sphäre der Vernunft mit der leiblichen Verfassung des Menschen verbunden ist. Das hat natürlich mit dem hier gegebenen Problem zu tun: Wenn gezeigt werden soll, wie es möglich ist, dass es einen Menschen in seiner intelligiblen Verfassung, nämlich *als Person* verletzt, sobald ihm sein Besitz, also etwas *Physisches*, gewaltsam genommen wird, geht es offenkundig um den Zusammenhang zwischen einer über den Leib vermittelten Beziehung zwischen physischen Gegenständen und reiner Vernunft. Wie kann es sein, dass mich ein Diebstahl (also die Entwendung einer bloßen empirischen Sache) in meiner Freiheit als in meiner geistigen Substanz verletzt?

Kant unterscheidet zwischen dem »empirischen« und dem »intelligiblen Besitz«. Im ersten Fall steht der Besitzer in direkter körperlicher Verbindung mit dem Gegenstand. Dann hat er z. B. einen Apfel in der Hand oder er steht auf dem Boden, den er sein Eigen nennt. Wer ihm das eine oder das andere entwenden will, muss Gewalt anwenden und verletzt mit der physischen auch die personale Integrität. Hier geht Kant von einer so engen Beziehung zwischen der freien Verfügung über den eigenen Leib und der mit ihm verbundenen Sache aus, dass er die Verbindung zwischen Person und Eigentum »analytisch« nennt (6,250). Eine Deduktion ist nicht erforderlich.

Anders im zweiten Fall, bei dem jemand etwas sein Eigen nennt, das gar nicht in seiner unmittelbaren physischen Verfügung steht. Wie kann sich jemand von seinem Acker entfernen und ihn dennoch als sein Eigentum bezeichnen? Weil er ihn, so der Grundgedanke der Deduktion, einen »von allen Raumes- und Zeitbedingungen abstrahirenden Begriff des *Habens*« unterstellen (6,253), ihn mit der bloßen Möglichkeit des *Gebrauchs* verbinden und ihn als in seiner *Gewalt* stehend *denken* kann (6,252f.). Schließlich gilt, dass niemand aufhören kann, »Eigner seiner selbst zu sein« (8,293).

Tatsächlich sind hier nur *begriffliche* Relationen angesprochen, die alle auf der freien (und insofern rein vernünftigen) Willkür von Individuen basieren. Und dennoch hätte es keinen Sinn, von den rein begrifflichen Verhältnissen auch nur zu sprechen, wenn sich die Individuen nicht immer auch als *physische Wesen* unter *physischen Bedingungen* begreifen könnten. Selbst als rein intelligible Rechtssubjekte sind sie ursprünglich auf eine Sphäre physischer Wirksamkeit bezogen. Sie müssen überhaupt etwas gebrauchen und es gegen den Zugriff anderer verteidigen können, damit dieses Etwas wenigstens im Prinzip als ihr *Eigentum* verstanden werden kann. Das Privatrecht sichert daher – aus reiner Vernunft, aber in Gesellschaft und unter den empirischen Bedingungen der Natur – die leibhaftige Verfügung über Dinge, die der Mensch zu seinen Zwecken gebraucht.

Diese Deduktion ist der philosophische Kern des Privatrechts, dem in allen seinen Formen die Fähigkeit des Menschen zugrunde liegt, sich eine Sache, obgleich sie nicht in seiner physischen Gewalt ist, zu Eigen machen zu können. Selbst die Beziehung zu anderen Personen, denen man sich entweder durch einen Vertrag verbunden hat oder denen man aufgrund anerkannter natürlicher Relationen verpflichtet ist, kann nach dem Modell des Eigentums gedacht werden. Also gehören auch die *Ehe* (6,277f.), die rechtliche Zuständigkeit für die *Kinder* (6,280f.) und alle *Arbeitsverhältnisse* (6,282ff.) in diesen Zusammenhang.

24. Öffentliches Recht: die Unverzichtbarkeit des Staates. Die aufwändig hergeleiteten Prinzipien des Privatrechts bleiben rechtlich fragwürdig, solange keine »öffentlich-gesetzgebende Gewalt« wirksam ist, die den privaten Rechtsansprüchen allgemeine Geltung verschafft. Alles Privatrecht bleibt »provisorisch«, solange es nicht durch eine herrschende Macht des Staates garantiert wird. Schon diese eine Funktion genügt, um den Staat wenigstens so lange unverzichtbar zu machen, wie es Rechtssicherheit geben soll. Die seit der Romantik immer wieder erneuerte Hoffnung auf ein »Absterben« des Staates zielt auf eine Epoche jenseits des Rechts.

Der Staat besteht aus einer »Menge von Menschen«, die sich aus grundsätzlicher Einsicht in die wechselseitige Gefährdung, in die sie sich allein durch ihr Zusammenleben bringen, eine für alle gleichermaßen geltende »Verfassung« geben (6,311). Deren Ziel ist die Sicherung der Freiheit der Individuen, die sich unter der Idee der »Gleichheit« und der »Selbstständigkeit« (6,314) vereinen, um voreinander geschützt zu sein. Das klingt paradox. Es ist aber so, dass Kant den öffentlich-rechtlich verfassten *status civilis* – und mit ihm den Staat (*civitas*) selbst – als einen »Zustand der Einzelnen« (6,311) bezeichnet. Stärker kann man die individualistische Prämisse seiner liberalen Idee der öffentlichen Ordnung gar nicht machen. Und die Paradoxie der Formel löst sich auf, wenn man die von Kant mehrfach wiederholte empirische Bedingung des öffentlichen Rechts benennt: Da die Erde eine Kugel ist und somit eine endliche Oberfläche hat, können die Menschen nicht unbegrenzt voreinander ausweichen; es bleibt ihnen daher gar nichts anderes übrig, als in riskanter Nähe zusammenzuleben.

Auch in der Organisation des Staates folgt Kant dem zu seiner Zeit als modern angesehenen liberalen Modell; heute wissen wir, dass die liberalen Elemente des Staatsdenkens bereits für Platon und Aristoteles grundlegend sind und dass sie wohl auch in Zukunft nicht aufgegeben werden können. Um die Rechtmäßigkeit nach den Prinzipien der *Freiheit*, *Gleichheit* und *Selbstständigkeit* durch ein Machtgleichgewicht zu sichern, übernimmt Kant die von

Montesquieu vorgeschlagene Gewaltenteilung zwischen *Legislative*, *Exekutive* und *Jurisdiktion*. Seine Ausdrücke belegen, welches Gewicht er der jeweils ausgeübten Macht zuerkennt: Er spricht von der »Herrschergewalt« eines Souveräns, das ist die rechtsetzende Macht des Volkes, die »untadelig« zu sein hat. Gemeint ist, dass der Wille des Volkes die Grundsätze des Privatrechts (also das »äußere Mein und Dein«) zu achten hat (6,315f.). Dann folgt die »vollziehende Gewalt« der Regierung, die »unwiderstehlich« zu sein hat. Ein Recht auf Widerstand (das Kant für in sich widersprüchlich hält)[10] ist damit ausgeschlossen. Und schließlich ist eine »rechtsprechende Gewalt« erforderlich, deren Spruch »unabänderlich« zu sein hat (6,316); damit soll gesagt sein, dass weder der Souverän noch seine regierenden Vertreter das Recht haben, den Spruch eines Richters zu ändern.

Mit diesen Bestimmungen ist der Grund für ein *republikanisches*, d. h. auf das Recht gegründetes Gemeinwesen gelegt, in dessen Logik es liegt, sich zu einer parlamentarischen Demokratie zu entwickeln. Auch wenn sich Kant in manchen Momenten der Staatsorganisation von den politischen Gegebenheiten der Monarchie, der Unterschiede zwischen den Ständen oder der Ungleichbehandlung von Mann und Frau bestimmen lässt, so ist er doch seiner Zeit politisch weit voraus. 1795 polemisiert er in der Schrift *Zum ewigen Frieden* noch gegen die Demokratie, weil sie

10 Der Ausschluss des Widerstands gegen die Staatsgewalt war noch vor 30 Jahren ein umstrittener Punkt der Kant-Interpretation. Formal ist Kant im Recht, denn wenn das Recht qua Recht gelten soll, kann es kein Recht geben, das diese Geltung bestreitet. Doch Kant hat übersehen, dass er mit dem Prinzip der Gewaltenteilung ein rechtlich sanktioniertes Gegeneinander von Rechten akzeptiert, das es ermöglicht, in grundrechtlich ausweisbaren Fällen ein elementares Recht des Widerstands gegen Rechtsverletzungen durch die Staatsgewalt einzuräumen. Unabhängig davon muss man zugestehen, dass Kant mit seiner These eine beachtliche politiktheoretische Konsequenz verknüpft: Wo der Widerstand verboten ist, da sind *Reformen* geboten (6,372; 8,347f.). Dazu: Gerhardt, *Zum ewigen Frieden*, 1995, 181ff.

notwendig zum Diktat einer Mehrheit über eine Minderheit führe (8,352). Schon zwei Jahre später korrigiert er seine Einschätzung, weil er erkennt, dass der Souverän, nämlich das Volk seinen Willen direkt äußern können muss. Dies aber ist nur durch Stimmabgabe möglich, bei der die Mehrheit den Ausschlag geben muss (6,338ff.). Es gehört dann zur »Untadeligkeit« des Volkes, dass es seine Minderheiten respektiert. So wird Kant zum Anwalt einer repräsentativen Demokratie.

Eine andere bis heute strittige Frage ist, inwieweit Kant an die damals übliche Aufgabenverteilung zwischen gesellschaftlichen Einrichtungen der Familie, der Zünfte oder der Kirchen einerseits sowie dem Staat andererseits gebunden bleibt. Offenkundig ist, dass er die Aufwendungen für die sozial Schwachen, also für »Arme« oder »Waisen«, der privaten Fürsorge sowie den bestehenden Einrichtungen unterhalb der staatlichen Institutionen (z. B. Stiftungen) überlassen möchte (6,326). Eine paternalistische Regierungstätigkeit lehnt er ausdrücklich ab (6,317). Andererseits legt er Wert auf die Feststellung, dass die Unzufriedenheit der Armen die Handlungsfähigkeit des Staates nicht gefährden darf. Sollte diese Gefahr aufkommen, dann gehört es zu den legitimen Aufgaben des Rechtsstaates, zum Abbau der sozialen Spannungen beizutragen. Unabhängig davon hat der Staat die »Freiheit«, Stiftungen »nach dem Bedürfnisse der Zeit einzurichten« (6,369). Von hier aus hat die kritische Rechtslehre Kants – trotz ihres Nachdrucks auf der liberal-individualistischen Zielsetzung der Politik – eine sozialstaatliche Perspektive.[11]

25. Völkerrecht: Kants Antwort auf die Globalisierung. So wie das Gewaltmonopol des Staatsrechts nach *innen* dem *Privatrecht* Geltung verschafft, so legt es nach *außen*

11 Dazu aufschlussreich: Kersting, 1984, 243ff. Eine Differenzierung findet sich in der zweiten Auflage von 1993, 58ff.

den Grund für das *Völkerrecht*. Und beides wird von einem *Weltbürgerrecht* überwölbt, das dem *Menschenrecht* internationale Geltung verschaffen und die Stellung des Einzelnen auch gegenüber den Staaten stärken soll, in denen er keine staatsbürgerlichen Rechte hat. Das *Weltbürgerrecht* ist eine Innovation Kants, deren Bedeutung erst im dichter werdenden Weltverkehr der letzten Jahrzehnte des 20. Jahrhunderts bewusst geworden ist.[12]

Kein Theoretiker vor Kant hat mit vergleichbarer Schärfe gesehen, dass die bis in alle bewohnbaren Gebiete besiedelte sowie durch Handel und wechselseitigen Verkehr immer stärker kultivierte Erde einer *alle* Menschen verbindenden Rechtsordnung bedarf. Die dabei leitende realistische Prämisse ist, dass dies im Interesse aller Völker ist. Denn kein Volk, wie immer es auch leben will, kann auf Beziehungen zu anderen Völkern verzichten. Also ist jede Gemeinschaft bereits durch das Streben, sich selbst zu erhalten, auf eine Verständigung – mindestens mit seinen Nachbarn – angewiesen. Schon das Minimum der Selbsterhaltung einer Gemeinschaft nötigt ihr einen *modus vivendi* mit allen jenen auf, die sie aus eigener Kraft weder vernichten noch eingliedern kann. Also brauchen die existierenden staatlichen Gemeinschaften auf der Erde eine wechselseitig abgesicherte Ordnung, die ihnen die Chance zu eigenen Handlungen lässt.

Auf der Ebene internationaler Beziehungen wiederholt sich somit der ideelle Gründungsakt, der im Verhältnis benachbarter Individuen die Legitimität des Staates fundiert. Im Völkerrecht werden die in gegenseitiger Beziehung stehenden Staaten wie einzelne Individuen betrachtet, die durch ihr je eigenes Interesse an Schutz und Sicherheit dazu genötigt sind, in rechtlich geregelte Beziehungen zu treten. Bei dem von Hobbes bis Rousseau in Variationen beschriebenen und von Kant als »Idee« übernommenen

12 Siehe dazu: Gerhardt, 1995, 104ff.

Übergang vom so genannten »Naturzustand« in den »bürgerlichen Status« stammt die Dynamik der Staatsgründung aus dem Eigeninteresse der beteiligten Individuen. Weil sie ihr Leben nur noch durch Kooperation und wechselseitige Absprachen sichern können, genügt eine Kalkulation ihres individuellen Vorteils, um einzusehen, dass die Rechtsordnung unter dem Gewaltmonopol des Souveräns unabdingbar ist. Deshalb kann, wie Kant sagt, sogar ein »Volk von Teufeln« die Aufgabe lösen, die mit der Errichtung eines Staates verbunden ist (8,366).

Allerdings hat dieser Staat nach Kant nur dann eine Chance, mit dem ernsthaften Wollen seiner ihn gründenden und tragenden Bürger übereinzustimmen, wenn er auf die Ideen von *Freiheit*, *Gleichheit* und *Selbstständigkeit* gegründet ist – und das geht über die Kapazität von Teufeln weit hinaus. Folglich gibt es für jedes Individuum die *moralische* Verpflichtung, den Gesetzen des Staates zu gehorchen – solange sie der Idee des Rechts nicht widersprechen. Vom Standpunkt der Geltung des *Rechts* ist es völlig gleichgültig, aus welchen Motiven sich ein Bürger an die Gesetze hält; im Interesse der politischen Sicherung einer rechtsstaatlichen Ordnung hingegen kommt es sehr wohl auf die freiheitliche Gesinnung der Bürger an.

In Analogie zur Institutionalisierung des öffentlichen Rechts entwirft Kant das System des *Völkerrechts*. An die Stelle der Individuen, der Bürger, treten hierbei die einzelnen Staaten, die auf dem knappen Raum der bewohnbaren Erdoberfläche miteinander auskommen müssen. Auch sie brauchen von nichts anderem als von ihren empirischen Interessen geleitet zu werden. Somit nimmt auch das Völkerrecht seinen Ausgang beim Streben nach Macht, das jeden Staat leiten muss, sofern er seinen Bürgern zumindest den Vorteil von Schutz und Sicherheit gewähren will. So kann es am Ende zu einer Überwindung des von Kriegen bestimmten »Naturzustandes« zwischen den Völkern und zur Gründung einer föderalen Gemeinschaft, eines »Völkerbundes« (6,344) oder eines allgemeinen »Staatenvereins« (6,350) kommen.

Kants dezidiert antikolonialistische Begründung des Völkerrechts weicht am Ende nur in einem Punkt von der Parallele mit der Staatsgründung ab: In der weltweiten, rechtlich geordneten Föderation eigenständiger Staaten bedarf es keines über den Völkern stehenden Gewaltmonopols, das auf der Ebene des einzelnen Staates zur Begründung eines wirksamen Rechts unabdingbar ist. Das führte entweder zu einer Vielzahl von Monopolen, was schon aus logischen Gründen ausgeschlossen ist. Oder es hätte zur Folge, dass sich die einzelstaatlichen Monopole auflösen, so dass aus dem machthabenden Völkerbund ein »Weltstaat« wird. Doch selbst eine auf Rechtsprinzipien gegründete »Weltrepublik« wird von Kant entschieden abgelehnt.

Tatsächlich braucht man im internationalen Verkehr kein Monopol, um die Geltung des Rechts zu sichern. Denn wenn sich Staaten zusammenschließen, gibt es das geltende Recht bereits. Also genügt es, wenn sie mit ihrer bereits gegründeten rechtlichen Macht die Einhaltung der geschlossenen Verträge garantieren. Gegen Rechtsbruch hat man daher mit (im Einzelfall) vereinten Kräften vorzugehen. Damit sind die schon im 18. Jahrhundert umlaufenden Ideen zu einer alles umfassenden »Weltregierung« abgewehrt. Zugleich aber sind hohe Ansprüche an die Rechtssicherheit im Inneren der Einzelstaaten gesetzt. Letztlich, so Kant, ist nur ein Rechtsstaat in der Lage, die föderale Weltordnung zu tragen und den Weltfrieden zu sichern. Das sind weitreichende Perspektiven des menschlichen Handelns. Auf die Frage *Was soll ich tun?* vermag Kant in seiner *Pädagogik* aber auch eine ganz naheliegende Antwort zu geben: »Sich selbst besser machen, sich selbst cultivieren und, wenn er böse ist, Moralität bei sich hervorbringen, das soll der Mensch.« (9,446) – Mit dem Stichwort der Kultivierung sind wir beim Thema der dritten und vorletzten Frage: *Was darf ich hoffen?*

5. Was darf ich hoffen?

Der Sinn als Träger der Kultur

> Diese Hoffnung besserer Zeiten, ohne welche eine ernstliche Begierde etwas zum allgemeinen Wohl Ersprießliches zu thun, nie das menschliche Herz erwärmt hätte, hat auch jederzeit auf die Bearbeitung der Wohldenkenden Einfluß gehabt.
>
> (Kant, 8,309)

1. Worauf unsere Hoffnung zielt. Die dritte große Frage Kants wird in der Regel auf die Unsterblichkeit bezogen. Das ist gewiss im Sinn der Kritischen Philosophie, wenn auch längst nicht mehr nach dem Geschmack der nachfolgenden Theoretiker des 19. und 20. Jahrhunderts. Schon bei Hegel, der sich bereits in jungen Jahren als Denker aus christlichem Geist versteht und gegen eine Religion in den Grenzen bloßer Vernunft polemisiert, schwindet die Empfänglichkeit für die individuelle Aussicht auf überzeitliche Erfüllung. Bei Schopenhauer verkehrt sie sich ins Gegenteil: Alles Sehnen zielt auf die Befreiung vom *principium individuationis*. Und das dionysische Ich in Nietzsches Denken setzt darauf schon im Leben selbst, nämlich in der produktiven Verschwendung aller Kräfte an die Kunst. Seitdem hat sich die Spekulation auf ein Dasein nach dem Tod gründlich verloren – zumindest in der Philosophie der westlichen Welt.

Umso erstaunlicher ist, dass die natürlich auch von Kant als Triebkraft ernst genommene Hoffnung auf Erfüllung der Wünsche im menschlichen Dasein, also im so genannten »Diesseits« des Lebens, kaum Beachtung gefunden hat. Kants Kritiker neigen ohnehin dazu, die sinnlichen Elemente in seiner Lehre zu übersehen. Leider ist diese Einäugigkeit auch bei seinen Anwälten verbreitet. So blieb lange Zeit verborgen, dass die kritische Analyse der ästhetischen Erfahrung das Antriebsmoment einer lebensnahen »Belebung« und »Begeisterung« freilegt. In beiden liegt eine *promesse de bonheur*, ein nicht nur individuell unmittelbar gegenwärtiges, sondern auch Anderen angesonnenes Vorzeichen des Glücks. Somit gibt es ein tragendes Hoffnungselement in den Leistungen der Urteilskraft, das, wie wir sehen werden, nicht nur auf die Ästhetik beschränkt bleibt, sondern dem Leben selber zugehört.

Darauf hat Kant schon früh angespielt. Seine Ästhetik enthält seit den *Beobachtungen* von 1764 ein Versöhnungsmotiv, das er in einer Reflexion auf unnachahmliche Weise mit der Welt, in der wir leben, verknüpft: »Die Schöne[n] Dinge zeigen an, daß der Mensch in die Welt passe« (*R* 1820; 16,127). Aber das Schöne in Natur und Kunst ist nicht das einzige Indiz für eine Verheißung künftigen Glücks. Auch die Ansprüche an die Entwicklung der Kultur sowie die Maßgabe eines ewigen Friedens legen Motive frei, die nicht allein aus sinnlichen Impulsen stammen, sondern auch auf die kommende Erfüllung sinnlicher Erwartungen setzen. Gewiss, man kommt in historischer Zeit niemals bis zu dem Augenblick, der das Glück vollkommen macht – »Glückseligkeit« ist eine Kategorie, die jeden empirischen Rahmen sprengt, obgleich sie sich nur empirisch einlösen lässt. Wohl aber gibt es, wenn auch nur für den Einzelnen, die Hoffnung auf günstigere Umstände. Ein nicht vergessener, ein »unvergesslicher« Wunsch kann den Willen beflügeln.

2. Der Primat der Gegenwart. Wenn man den Begriff der »Utopie« in seiner ursprünglichen Bedeutung nimmt, wird man Kants Konzeption der Politik nicht als »utopisch« bezeichnen können. Zwar kann man es niemandem, der an der Motivationskraft utopischer Ziele hängt, verwehren, in der Idee der »Republik«, also in einem nur nach Rechtsgesetzen geleiteten Gemeinwesen, oder im Entwurf eines »ewigen Friedens« ein starkes Versprechen für die Zukunft anzunehmen. Aber Kant kommt es nicht auf die vorzeitige Verkündigung eines künftigen Zustands an; er beschreibt kein kommendes Zeitalter, in dem die Leiden der Gegenwart überwunden sind. Hoffnung ist kein Logopharmakon, das helfen soll, eine schlechte Gegenwart besser zu ertragen. Kant geht es sowohl in der Idee des Rechtsstaates wie auch in der Konzeption des Völkerbunds um die Wirkung einer *tätig* zur Geltung gebrachten Idee. »Idee« ist für ihn nicht das, was später einmal – sei es als göttliche Offenbarung oder als höchste Stufe einer Entwicklung – realisiert werden soll; von diesen empirischen Kondensaten einer theologischen Heilserwartung ist sein Denken unberührt. »Idee«, »Geist«, »Intellekt« oder »Vernunft« sind vielmehr Ausdruck der empirisch gar nicht fassbaren (und dennoch nur unter empirischen Bedingungen hervortretenden) *tätigen Präsenz* des Menschen. Sie sind die überlieferten Titel für jene Vielfalt von Leistungen, die ohne die Wirksamkeit von Begriffen nicht verstanden werden können und für die unter praktischen Bedingungen ein Wille unabdingbar ist. Kant ist es darum zu tun, dem »Leben durch *Handlungen* einen Werth zu geben« (8,122). Die Handlungen aber haben *jetzt* oder in *nächster Zukunft* zu geschehen.

Die Akzentuierung des »ernstlichen Willens«, der nachdrückliche Handlungsbezug und die Betonung einer Begrifflichkeit, die sich auf eine sinnlich präsente Anschauung bezieht, stellen den fundierenden Aktualitätsbezug des kritischen Denkens heraus. Alles ist darauf konzentriert, dass die *jetzt* bestehende Lage gemeistert wird – dies natürlich nach bestem Wissen und Gewissen. Damit ist alle auf Künftiges gerichtete Erwartung auf die *Bewältigung der Gegenwart* gerichtet. Und selbst noch die Betrachtung der Geschichte wird von einem »Interesse« geleitet, das sich mit Blick auf die derzeit anstehenden Fragen auszuweisen hat. »Hoffnung« ist wichtig, weil sie jetzt motiviert. Das könnte sie zwar nicht, wenn sie nicht einen künftigen Zustand avisierte. Aber dieser Zustand kann auch so beschaffen sein, dass er unter historischen Bedingungen gar nicht erreichbar ist – und dennoch kann er die Kraft geben, im gegebenen Augenblick das zu tun, was die Vernunft gebietet. Die sinnlich gegründete Hoffnung erlaubt dem Menschen, auch bei großen sinnlichen Widerständen von seinem vernünftigen Selbstverständnis auszugehen.

Dies zu verstehen, fällt dem modernen Leser schwer. Deshalb ist er versucht, Kants Ansatz ins Empirische zu ziehen. In der Erwartung, dadurch der Realität näher zu kommen, sucht er das, was Kant beharrlich als »intelligibel« bezeichnet, durch historische, soziologische oder psychologische Faktoren zu ersetzen. Auch die Rede von der »Utopie« hat daran Anteil, weil sie die Zukunft dingfest zu machen versucht. Doch die Hoffnung setzt über die Zeit hinweg, und das Selbstverständnis des Menschen kann nicht empirisch sein. Ganz gleich, ob wir vom Erkennen, Denken oder Handeln sprechen – selbst wenn wir die heute gern beschworene, sich in allem sozial entfaltende Anerkennung hinzunehmen: Stets verdankt sich deren Leistung einem Moment, das nur aus der nicht-empirischen Funktion des individuellen Selbstbewusstseins verstanden werden kann. So bleibt Kants Denken in allem auf den *Primat der Gegenwart* bezogen, zu dem – für das sinnlich-vernünftige Wesen des Menschen – die *Hoffnung* gehört.

3. Das Interesse an der Geschichte. In Kants kleiner Schrift über die *Idee zu einer allgemeinen Geschichte in weltbürgerlicher Absicht* (1784) ist von »Hoffnung«, »hoffen« und »erwarten« die Rede (8,27 f.). Die Begriffe beziehen sich naturgemäß auf die Zukunft, und doch sind sie es, die hier dem Interesse an der Vergangenheit Ausdruck geben. Denn es ist eine auf große Menschheitsziele gerichtete Erwartung, von der aus man den »Standpunkt« gewinnt, den bisherigen Gang des »Weltlaufs« nach einer »Idee« zu erfassen und damit erst eigentlich zur *Geschichte* zu machen (8,29). Der Historiker braucht einen »Leitfaden *a priori*« (8,30), der es ihm erlaubt, die überlieferten Ereignisse »nur aus dem Gesichtspunkte dessen, was [...] interessirt« (8,31), auf eine leitende »Absicht« zu beziehen. Nur wenn er es schafft, in dieser auf die Zukunft bezogenen Absicht einen »besonderen Gesichtspunkt der Weltbetrachtung zu wählen«, eröffnet er sich die Aussicht, die »Last von Geschichte« (8,30) fasslich und erträglich zu machen.

Man könnte meinen, Nietzsche habe sich in seiner zweiten *Unzeitgemäßen Betrachtung* »Vom Nutzen und Nachtheil der Historie für das Leben« an Kants kleinem Aufsatz orientiert. Nur setzt Nietzsche seine Hoffnung ausschließlich auf einige wenige Individuen, nämlich auf die Entfaltung »großer Exemplare«, ohne zu merken, dass er damit gerade das genuin geschichtliche Moment verfehlt. Kant hingegen denkt wahrhaft geschichtlich, indem er sich auf die menschliche »Gattung« bezieht und damit auf jenes kollektive Subjekt, das überhaupt erst Geschichte konstituiert. Nur die von der Natur hervorgebrachte Population des Menschen schafft die Bedingung für eine geschichtliche Kontinuität; nur sie kann sich historisch entwickeln; das Individuum hingegen verbleibt in den engen zeitlichen Grenzen seines Lebens und darf lediglich hoffen, dass sein Tun durch Nachwirkung in der Gattung geschichtlich wird. Wenn also der Einzelne sein Leben in seiner unaufhebbaren Unfertigkeit beschließt, kann er auf Fortführung seines Handelns allein in der Gattung setzen (8,23). Die Zuständigkeit für sein eigenes Dasein fällt ganz in seine eigene Kompetenz. Wenn er hingegen seinen geschichtlichen Erfolg antizipieren will, also noch dort wirksam sein möchte, wo er selbst gar nicht mehr anwesend ist, bleibt ihm nur das Selbstvertrauen sowie die Hoffnung auf einen guten Ausgang.

Man darf freilich nicht vergessen, dass sich die kleine Schrift über die *Idee* gar nicht an das handelnde Individuum richtet. Derjenige, der, wie man später sagen wird, »Geschichte macht«, ist hier gar nicht angesprochen. Der Adressat ist vielmehr ein von Kant herbeigewünschter Historiker, der gleichsam wie ein »Newton« der Geschichtswissenschaft (8,18) in der Lage ist, die ungeheure Masse an historischen Fakten auf eine leitende Absicht zu beziehen, um so zu einer in sich zusammenhängenden Darstellung der politischen Geschichte des Menschengeschlechts zu gelangen. Auch hier denkt Kant an ein »System« (8,29), was einmal mehr anschaulich macht, wie weit dieser Begriff gefasst sein muss, wenn sogar die Mannigfaltigkeit historischer Tatsachen in ihm eine Ordnung finden können soll. Doch ganz gleich, ob die »Idee« einer Geschichte in »weltbürgerlicher Absicht« an den Politiker, den tätigen Bürger oder nur an den Historiker gerichtet ist: Sie hat einen praktischen Ausgangspunkt im Handlungs- und Sinnanspruch des Menschen und zielt vorrangig auf den jetzt lebenden Einzelnen und – auf dessen Zufriedenheit:

> Und so ist der Ausschlag einer durch Philosophie versuchten ältesten Menschengeschichte: Zufriedenheit mit der Vorsehung und dem Gange menschlicher Dinge im Ganzen, der [...] sich vom Schlechtern zum Besseren allmählig entwickelt; zu welchem Fortschritte denn ein jeder an seinem Theile, so viel in seinen Kräften steht, beizutragen durch die Natur selbst berufen ist. (8,123)

4. Die Natur als Ursprung und bleibende Bedingung. Die verständlichen und in vielem auch berechtigten Vorbehalte gegen den »Biologismus« machen es nach 1945 schwer, das Lebensfundament des menschlichen Daseins auch nur anzusprechen. Wir kommen aber an der Tatsache, dass wir Lebewesen sind, auch in der Philosophie nicht vorbei. Wir gehen als Gattungswesen aus Naturvorgängen hervor, werden als Individuum von Individuen gezeugt, durchlaufen Wachstum, Kindheit, Jugend, Reife und Alter in der von der Natur bestimmten Lebenskurve und bleiben in der Wirksamkeit über den eigenen Tod hinaus auf den Fortbestand von Naturprozessen angewiesen. Zwar hat, nach Kant, das Individuum als Person einen unendlichen Wert; es ist »Zweck an sich selbst«. Aber als Naturwesen bleibt es in allem ein »Mittel« seiner Population – so wie die Population ein »Mittel« für seine Individuen ist. Das eine erhält sich nur durch das andere. Zwischen Gattung und Einzelwesen gibt es einen organischen Zusammenhang. Die »Menschheit«, so heißt es in der unten (5.19) zitierten Fassung des kategorischen Imperativs, solle »niemals *bloß* als Mittel«, sondern »jederzeit *zugleich* als Zweck« betrachtet werden (4,429; Hervorhebung V. G.). Das aber heißt: Den Status eines Mittels verliert der Mensch ebenso wenig wie die Gattung, zu der er gehört.

Wer den Population und Individuation organisierenden Lebenszusammenhang nicht leugnet, der wird es auch nicht befremdlich finden, dass Kant die *Natur* zum Urheber der *Geschichte* macht. Dabei räumt er der Natur einen so großen Spielraum ein, dass man sich fragen muss, was denn den aus Freiheit handelnden Individuen überhaupt noch zu tun bleibt? Kants Abhandlung über die Idee beginnt mit dem folgenden Satz:

> Was man sich auch in metaphysischer Absicht für einen Begriff von der *Freiheit des Willens* machen mag: so sind doch die *Erscheinungen* desselben, die menschlichen Handlungen, eben so wohl als jede andere Naturbegebenheit nach allgemeinen Naturgesetzen bestimmt. (8,17)

Die Handlungen der Menschen sind also »Naturbegebenheiten«; folglich bleibt auch die Geschichte, die aus solchen Handlungen besteht, ein Vorgang der Natur. Die Geschichtswissenschaft ist nur ein Zweig der Naturwissenschaft und nicht etwa, wie man 100 Jahre nach der *Idee* (im Anschluss an Dilthey) zu glauben beginnt, deren methodologischer Opponent. Geist und Vernunft sind nach Kant viel stärker in die Erscheinungswelt eingelassen, als die Lehre von den unterschiedlichen Standpunkten der Natur und der Freiheit vermuten lässt. Denn die Freiheit kommt nur über die menschlichen Handlungen zur Wirksamkeit. Die Handlungen aber sind »Erscheinungen« unter den Bedingungen der Naturgesetzlichkeit; sie gehören ohne Abstriche zur empirischen Welt und müssen daher durch die ihr entsprechende empirische Wissenschaft erkannt und erschlossen werden.

5. Die Natur als geschichtlicher Akteur. Kants geschichtsphilosophischer Entwurf beschränkt sich nicht darauf, von der Natur bloß auszugehen. Eine Herkunft aus Natur ließe sich mit den heute vertrauten evolutionären Rekonstruktionen gut vereinbaren, wenn man unterstellen dürfte, dass sich der Mensch im Gang seiner Geschichte aus der Abhängigkeit von der Natur befreit. Doch gerade einer solchen Erwartung schiebt Kant einen Riegel vor. Bei ihm bleibt die Natur vom Anfang bis zum Ende gegenwärtig. Sie setzt nicht nur die anfänglichen Bedingungen, bleibt auch nicht darauf beschränkt, als Träger aller historischen Leistungen zu fungieren; sie setzt der Geschichte sogar ihr Ziel! Die Natur ist es, die Geschichte macht. Sie ist das Subjekt der historischen Entwicklung. Man lese nur die ersten drei Lehrsätze der *Idee*:

> [1.] Alle Naturanlagen eines Geschöpfes sind bestimmt, sich einmal vollständig und zweckmäßig auszuwickeln. (8,18)

> [2.] Am Menschen [...] sollten sich diejenigen Naturanlagen, die auf den Gebrauch seiner Vernunft abgezielt sind, nur in der Gattung, nicht aber im Individuum vollständig entwickeln. (8,18)
> [3.] Die Natur hat gewollt: daß der Mensch alles, was über die mechanische Anordnung seines thierischen Daseins geht, gänzlich aus sich selbst herausbringe [...]. (8,19)

»Die Natur hat gewollt ...« – das ist die den geschichtsphilosophischen Ansatz durchweg tragende Prämisse. Die Natur, also die im Menschen selbst wirksame, lebendige Natur legt den *Grund*, gibt den *Anstoß* und setzt das *Ziel* der menschlichen Geschichte. Ja, mehr noch, sie stellt im »Antagonism« der Individuen und Völker auch noch die *Mittel* für die Entwicklung der menschlichen Gesellschaft bereit. Das muss jeden geschichtsbewussten Menschen kränken – so meinen wir zumindest nach Feuerbach, Marx und Nietzsche, die es zu einer Selbstverständlichkeit haben werden lassen, dass der aus der Natur heraustretende Mensch Geschichte macht. Demgegenüber muss Kants kritische Idee nachgerade als vorkritisch erscheinen.

Doch ehe wir uns über den vermeintlichen Rückfall des Kritikers wundern, gilt es sachlich zu prüfen, ob Kant überhaupt eine Alternative gehabt hätte. Vielleicht liegt ja die Inkonsequenz nicht bei ihm, sondern bei denen, die selbstgefällig daran glauben, dass sie selbst die Urheber und Vollstrecker der Geschichte sind? Tatsächlich fällt die Prüfung zugunsten von Kants These aus:[1] Wenn es stimmt, dass alle äußere Realität der Naturgesetzlichkeit untersteht, dann muss alles, wann und wo immer es tatsächlich geschieht, dem physischen Nexus unterworfen sein. Dann ist jedes Geschehen ein »Eräugnis«, das zum notwendig

1 Siehe dazu: Düsing (1970), 1986.

naturalen Zusammenhang von Ursache und Wirkung gehört. Folglich ist alles, wovon Augenzeugen, Urkunden, Chroniken und Fundstücke berichten können – also alles, was immer zum Bestand des historischen Wissens zählt – ein *physisches* Datum. Damit kommt die Geschichte stets nur als Teil des Naturgeschehens vor. Und was immer in ihr geschieht, muss nicht nur physische Ursachen, sondern auch physische Wirkungen haben. Es steht somit außer Zweifel, dass die geschichtlichen Tatsachen zu den Naturtatsachen des Daseins gehören. Aber ist das gemeint, wenn Kant sagt: »Die Natur hat gewollt …«?

6. Wie aus Natur Geschichte wird. Die Natur kann auf zweierlei Weise betrachtet werden: Man kann sie *zum einen* als eine Folge kausaler Ursachen und Wirkungen ansehen. Dann erscheint sie als ein großer Mechanismus, in dem sich alles in der unausweichlichen Konsequenz des bisherigen Geschehens ereignet. So hat Kant schon 1755 die Welt beschrieben: Man braucht den Gott, damit er Materie gibt; der Rest des Weltgeschehens lässt sich als automatische Folge aus dem anfänglichen Zustand ableiten. Schon dabei ergibt sich eine »Naturgeschichte«; sie hat bestenfalls einen *Anfang* und ein *Ende*, aber kein *Ziel*.

An dieser *ersten* Beschreibungsart hat sich nach der kritischen Wende nichts geändert; man kann nur hinzufügen, dass nun sogar erklärt werden kann, warum es problematisch ist, von Anfang oder Ende der Welt zu sprechen; außerdem kann man begründen, warum es im kausalen Modell vollkommen sinnlos ist, die Natur auf »Ziele« festzulegen. Denn Ziele und Zwecke kommen nur durch den *Willen* in die Welt. Und da über einen möglichen göttlichen Willen keine Aussagen möglich sind, bleibt nur der *menschliche* Wille, der (als ausschließlich der eigenen *Einsicht* zugängliche Instanz – und damit in unmittelbarer Verbindung mit der praktischen *Vernunft*) die Autonomie des Individuums begründet. Strenggenommen kann daher nur ein menschliches Wesen *Ziele* und *Zwecke* haben; nur beim Menschen kann von einem *Sinn* seines Tuns gesprochen werden;[2] und nur durch Übertragung eines solchen Handlungssinns auf die gedachte Handlungsfolge eines menschlichen Lebens lässt sich ein möglicher Sinn des Daseins erschließen.

Doch Kant belässt es nicht bei dem kausalen Beschreibungsmodell der Natur. Er fügt eine *zweite* Betrachtungsart hinzu, die er tatsächlich auf den zwecksetzenden Willen gründet. Nur kann ein die Selbstbestimmung anleitender Wille keine Naturtatsachen schaffen; er kommt über die Begründung, d. h. die einsichtige Verständigung über menschliches Tun nicht hinaus; also dient er auch nur als *Modell* für die Beschreibung von Naturvorgängen, die vollkommen ins kausale Geschehen eingebettet sind – und dennoch durch ihre Form von bloß mechanischen Vorgängen unterschieden sind. Das sind die Vorgänge des *Lebens*. Sie erscheinen dem Betrachter so, *als ob* sie auf ein *Ziel* ausgerichtet seien, *als ob* in ihnen *Zwecke* wirksam wären. Schon das bloße Wachstum einer Pflanze scheint vom Zweck der Reifung bestimmt; jede Bewegung eines Tieres scheint eine durch den Organismus vorgegebene Richtung zu verfolgen; jeder Organismus hat Funktionen, die sich in der zweckmäßigen Organisation des Ganzen erfüllen. Danach begreift man ein lebendiges Wesen so, *als ob* es leitende »Absichten« habe.

Die methodologische Rechtfertigung für diese Beschreibungsform der lebendigen Naturvorgänge gibt Kant erst Jahre nach der Publikation seines Aufsatzes über die *Idee zu einer allgemeinen Geschichte*. Wir kommen darauf bei der Interpretation der *teleologischen Urteilskraft* (vgl. im vorliegenden Band 6.5 ff.) zurück. Hier reicht der Hinweis

2 Dazu: *Über den Gebrauch teleologischer Prinzipien in der Philosophie* (1788; *AA* 8).

darauf, dass die Natur unter bestimmten Bedingungen so betrachtet werden darf, *als ob* sie im Gang ihrer Entwicklung eine Absicht verfolge. Und wenn die spezifische Bedingung ist, dass der Mensch die Natur *in Analogie zu seinen eigenen Handlungszielen* zu betrachten sucht, dann kann sie ihm nicht nur im Einzelnen als *lebendig* und *organisiert*, sondern im Ganzen sogar als die ihn tragende *Geschichte* erscheinen. Dann ist Geschichte jener Aspekt der Natur, der uns erwarten lässt, dass sich das Handeln des Menschen in das Weltgeschehen fügt. Das führt erneut auf die *Hoffnung* des Menschen als Leitfaden seiner Auslegung der Natur.

Diese Deutung der Natur stärkt die Absicht des Menschen, sofern er sich immer auch als Naturwesen versteht. Dann nämlich setzt er notwendig auf den Zusammenhang mit seiner Gattung und sieht sich in der Kette der Generationen, die über jeden Einzelnen hinausgeht und dennoch nur aus Individuen besteht. In der Gattung, so lässt es die geschichtliche Deutung der Natur mutmaßen, könne der Mensch erreichen, was ihm als unvollkommenem Individuum in seiner kurzen Lebensspanne niemals möglich ist (8,23). Mit der Aussicht auf einen zweckmäßigen Fortgang des Menschengeschlechts aber wird dem Einzelnen eine Richtung gewiesen, die er, sofern er zustimmt, als Stärkung seines Willens (und seiner Handlungsziele) begreifen kann.

7. Das Ziel der Geschichte und das Mittel der Natur. Aus Natur wird Geschichte, indem sich der Mensch im physischen Gang der Ereignisse als handelndes Wesen wiedererkennt. Er kann den Prozess der Natur auf sein eigenes Wollen beziehen, ohne damit jedoch behaupten zu dürfen, er selbst sei Träger des Geschehens. Dessen Urheber bleibt stets und in allem die Natur, die, wie Kant zu sagen nicht müde wird, sich des Menschen nur »bedient« (8,20), um ihre Absichten zu erreichen.

Was aber ist das Mittel der Natur, durch das sie den Menschen nötigt, seine eigene Entwicklung so zu forcieren, dass er sie als seine *Geschichte* begreifen kann? Die Antwort steht im 4. Lehrsatz:

> Das Mittel, dessen sich die Natur bedient, die Entwickelung aller ihrer Anlagen zu Stande zu bringen, ist der *Antagonism* derselben in der Gesellschaft, so fern dieser doch am Ende die Ursache einer gesetzmäßigen Ordnung derselben wird. (8,20)

Es ist also der gesellschaftliche Gegensatz, der die Individuen und die Gruppen in Konflikt und Konkurrenz zueinander bringt, so dass sie sich wechselseitig zu übertreffen suchen. Die Natur erzeugt die »ungesellige Geselligkeit« (8,20), die den Menschen zwar zu seinesgleichen treibt, es ihm dann aber unmöglich macht, in Harmonie mit ihm zu leben. Dagegen kann selbst der gute Wille der Einzelnen nichts ausrichten: »Der Mensch will Eintracht; aber die Natur weiß besser, was für seine Gattung gut ist: sie will Zwietracht.« (8,21)

Es würde nicht schwer fallen, hinter dem Antagonismus der menschlichen Natur ein allgemeines Gesetz des Lebens zu entdecken, das in so gut wie allen Populationen herrscht; der Kampf ums Dasein ist allgemein. So ließe sich zeigen, dass Kant nicht nur von seinem schon früh gefassten Entwicklungsgedanken her, sondern auch mit Blick auf die von ihm unterstellten Mechanismen der Evolution jenen Beobachtungen nahe steht, die seit Darwin unwiderstehlich geworden sind (vgl. 7,79ff.). Doch im Geschichtsaufsatz beschränkt er die Betrachtung auf den Menschen und sieht im Antagonismus die entscheidende Produktionsbedingung der humanen Existenz: »Alle Cultur und Kunst, welche die Menschheit ziert, die schönste gesellschaftliche Ordnung sind Früchte der Ungeselligkeit« (8,22).

Damit ist auch das Ziel benannt, zu dem die Natur den Menschen bringen will: Es ist die *Kultur*, also ein vom Menschen selbst erzeugtes und geordnetes gesellschaftliches Ganzes, in dem er seine eigenen Kräfte zur Entfaltung bringen kann. Und dieses hohe Ziel steht unter dem bescheidenen, aber gleichwohl überaus weitreichenden Titel der »bürgerlichen Gesellschaft«:

> Das größte Problem für die Menschengattung, zu dessen Auflösung die Natur ihn zwingt, ist die Erreichung einer allgemein das Recht verwaltenden *bürgerlichen Gesellschaft.* (8,22)

8. Die politischen Ziele der Kultur. Sieht man genauer zu, dann ist der »Antagonism« nicht das einzige Mittel, mit dem die Natur den Menschen zur Entfaltung seiner Anlagen nötigt. Es ist vielmehr seine Konstitution als ganze, die ihn in die Dynamik des geschichtlichen Werdens zwingt: Schon seine sparsam-mangelhafte, anderswo »stiefmütterlich« genannte Ausstattung (8,19; 4,394; 5,146) drängt ihn zu einer stärkeren sozialen Kooperation mit seinesgleichen. Der Mensch muss alles »aus sich selbst herausbringen«, muss seine Lebensmittel selbst erfinden und kann im Rückblick gar nicht umhin, die Elemente seiner inneren und äußeren Kultur als »sein eigen Werk« anzusehen (8,19).

Eine weitere Naturbedingung liegt darin, dass der Mensch sich nur unter den Bedingungen ausdrücklicher Selbstherrschaft entfalten kann:

> [...] der Mensch ist ein *Thier*, das, wenn es unter andern seiner Gattung lebt, *einen Herrn nöthig hat.* Denn er mißbraucht gewiss seine Freiheit in Ansehung anderer Seinesgleichen [...]. Er bedarf also einen *Herrn*, der ihm den eigenen Willen breche und ihn nöthige, einem allgemeingültigen Willen, dabei jeder frei sein kann, zu gehorchen. (8,23)

Während es, wie wir (unter 4.23) gesehen haben, im *Privatrecht* die leibliche Verfassung des gesellschaftlich lebenden Menschen ist, die eine rechtliche Sicherung verlangt, so ist es hier die naturgegebene Schwäche individueller Selbstbestimmung, die das *öffentliche Recht* unabdingbar macht und eine weitreichende Konsequenz zu erkennen gibt. Denn der Herr, den der Mensch nötig hat, kann selbst »nirgend anders als aus der Menschengattung« stammen (8,23). Es kann also nur ein *Mensch* Herr über den Menschen sein. Damit ist nicht nur der politischen Theologie ein Riegel vorgeschoben; es ist ferner mitgesagt, dass es zwischen Herrschenden und Beherrschten keinen prinzipiellen Unterschied in der Abstammung geben darf. Die Rechtfertigung der Herrschaft kann sich allein aus der Ermöglichung des Ziels einer »bürgerlichen Gesellschaft« ergeben. Sie ist folglich allein auf die Erreichung eines allen Menschen gemeinsamen Zwecks bezogen. Daraus ergibt sich bereits im Ansatz eine *universale* Aufgabe der staatlichen Herrschaft, die sich nur auf der Basis des *Rechts* bewältigen lässt und die letztlich nicht anders als *demokratisch* sein kann (vgl. 4.24).

Die politischen Ziele der menschlichen Kultur liegen also in der Errichtung von republikanisch verfassten Staaten, die den historischen Auftrag haben, sowohl auf ihrem Territorium wie auch im föderalen Bund mit allen anderen Staaten einen rechtlich geordneten Frieden zu stiften. Auch dieses große Ziel liegt in der Absicht der Natur, und es steht nicht, wie man vermuten könnte, im Widerstreit mit dem »Antagonism« der »ungeselligen Geselligkeit«. Denn das Recht ist nicht der Ausdruck von zwischenmenschlicher Harmonie. Es hat vielmehr – von Fall zu Fall – den nie endenden Streit zwischen den Menschen zu schlichten.

Das Recht setzt somit Bedingungen für den »Wettstreit« zwischen Menschen und Völkern. Es zielt darauf, dass der auf der dicht besiedelten Erde unausweichliche

Gegensatz zwischen den Menschen vorrangig mit *ökonomischen* Mitteln ausgetragen werden soll. Kampf und Gegensatz verschwinden nicht. Der Krieg bleibt eine ständig gegenwärtige Gefahr. Die Hoffnung ist jedoch, dass er durch das Recht bezähmt werden kann, so dass sich die in Gegensätzen steigernden Energien auch innerhalb der Zivilisation produktiv entfalten können. Darin liegt die größte Leistung der – von der Natur »gewollten« – Kultur.

9. Die Vernunft in der Geschichte. Auch wenn Kant es nicht ausdrücklich betont, so ist doch offenkundig, dass es eine *Hoffnung* geben muss, die das Menschheitsziel eines global gesicherten Friedens trägt. Es ist die Hoffnung, dass sich die der Natur unterstellte Absicht erfüllt. Wenn wir uns die Geschichte so erschließen, *als ob* sie von einer Idee geleitet wäre, hinter der ein Interesse der Menschheit steht, dann muss es tatsächlich auch die Hoffnung auf ein Gelingen im Fortgang des menschlichen Daseins geben. Die weitreichenden Erwartungen sind auf die *Gattung* gerichtet; sie soll sich dem Ziel annähern, das dem Individuum versagt bleibt (8,23).

Aber das setzt voraus, dass der einzelne Mensch die Möglichkeit hat, sich um die Realisierung der von der Natur aufgegebenen historischen Ziele verdient zu machen. Dazu hebt ihn die Naturanlage seiner Vernunft aus dem physischen Naturzusammenhang insofern heraus, als sie ihm erlaubt, die »Idee« der Geschichte zu fassen und sie als Ausdruck seiner eigenen praktischen Interessen zu verstehen. Mehr noch: Es ist seine Vernunft, die ihn in die Lage versetzt, die von ihr entworfenen Absichten der Natur in sein eigenes Handeln umzusetzen. Unter ihrem Anspruch kann der Mensch von sich aus tun, was die Natur von ihm fordert.

Es sieht so aus, als läge in diesem Vernunftgebrauch nur der stoische Vollzug der Einsicht in die Notwendigkeit, der nach Hegel und Marx zu einer stehenden Formel geworden ist. Doch Kants Geschichtsmodell ist von einer solchen theonomen Konstruktion weit entfernt. Denn *erstens* ist die Notwendigkeit, mit der die Natur sich in der Geschichte durchsetzt, keine objektive Gesetzmäßigkeit. Sie geht vielmehr selbst erst aus dem theoretischen Entwurf jener Vernunft hervor, die mit ihrer Einsicht nur zu ihrer eigenen praktischen Konsequenz zu finden hat. Die historisch wirksame Vernunft des Menschen folgt damit ihrem eigenen Gesetz.

Zweitens ist es gar nicht erforderlich, dass die Vernunft zu einer bestimmten Einsicht in die Zielsetzung der Geschichte durchdringen muss. Es genügt vollauf, wenn der Mensch überhaupt von seiner Vernunft Gebrauch macht. Denn dieser Vernunftgebrauch exerziert bereits die Selbstständigkeit des Individuums. Dabei ist zunächst nicht entscheidend, *was* es denkt, sondern *dass* es *selber* denkt. Unabhängig von seiner unaufhebbaren Einbindung in die Natur nimmt es sich damit – vor sich und seinesgleichen – die Freiheit, die es in seiner Selbstbestimmung nach eigener Einsicht (d. h. zugleich: nach seinem eigenen Gesetz) demonstriert. Nur durch die »vernünftige Selbstschätzung« (8,20) vollzieht der Mensch seine Befreiung von der Natur und verpflichtet sich – *vor sich selbst* – zur Verantwortung für die Geschichte, ohne auch nur im Geringsten dadurch eingeschränkt zu sein, dass die Natur, die ihn selbst und seine Vernunft ermöglicht hat, auch das Ziel der Geschichte autorisiert.

10. Aufklärung im Medium der Publizität. Die gesellschaftliche Form des eigenständigen Vernunftgebrauchs ist die *Aufklärung*. Für sie hat Kant eine Formel gefunden, die zum geflügelten Wort geworden ist und somit hätte offenkundig machen können, wie sehr die geschichtliche Erwartung des Menschen auf den individuellen Gebrauch seiner Vernunft gegründet ist:

> *Aufklärung ist der Ausgang des Menschen aus seiner selbst verschuldeten Unmündigkeit. Unmündigkeit* ist das Unvermögen, sich seines Verstandes ohne Leitung eines anderen zu bedienen. [...] *Sapere aude!* Habe Muth dich deines *eigenen* Verstandes zu bedienen! ist also der Wahlspruch der Aufklärung. (8,35; vgl. dazu oben 1.19)

Alles ist hier auf die Eigenständigkeit des Einzelnen gegründet. Und doch sind die von Kant erhofften Leistungen der Aufklärung primär auf gesellschaftliche Effekte berechnet. Er unterstellt einen Zusammenhang von Individuum und Öffentlichkeit, der bereits für die antike Politiktheorie grundlegend ist, den die großen christlichen Lehren schon vor der Renaissance zur ausdrücklichen Voraussetzung erklären, den der moderne Liberalismus zum Programm erhoben hat und der dennoch bis heute nicht die theoretische Aufmerksamkeit gefunden hat, die ihm gebührt. Ihren sinnfälligsten Ausdruck findet diese Parallelität in einer Definition des Staates, die den Akt der individuellen Selbstbestimmung auf die Ebene des politischen Handelns hebt: Der Staat, so heißt es in der *Friedensschrift*, »ist eine Gesellschaft von Menschen, über die Niemand anders, als er selbst zu gebieten und zu disponiren hat« (8,344). So wie der Einzelne ein nach eigener Einsicht über sich selbst gebietender Körper ist, ist der Staat eine über sich selbst disponierende Körperschaft, die aus vielen Einzelnen besteht.

Zu einer körperschaftlichen Verbindung vieler Individuen kann es nur kommen, weil sich die einzelnen Wesen bewusst nach eigenen Zielen zusammenschließen. Diese »Organisation« hat ihr natürliches Vorbild im »Organismus«, den wir uns nur als eine *zweckmäßig* angelegte Funktionseinheit vorstellen können (5,372). Also müssen im politischen Zusammenleben die *Zwecke* der Menschen leitend sein. In der Gattung ist jeder organisch mit seinesgleichen verknüpft (5,371); im Staat hingegen hat er selbst für die »Organisation« zu sorgen (6,152). Dafür kommen nur Ziele und Zwecke in Frage, die sich jemand ausdrücklich vornimmt und die sich in ihrer möglichen Bedeutung für alle mitteilen lassen.

Das Medium, in dem eine viele Menschen organisierende Zielsetzung einzelner Menschen möglich wird, ist die »Öffentlichkeit«. In ihr – und zwar in ihrer aktiven Form der »Publizität« – liegt die Bedingung der Möglichkeit eines gemeinsamen politischen Handelns. Deshalb spricht Kant in erhellender Kontinuität zur transzendentalen Analyse der Erkenntnisfunktionen auch von einem »transzendentalen und bejahenden Prinzip« der Politik. Es lautet: »Alle Maximen, die der Publicität *bedürfen* (um ihren Zweck nicht zu verfehlen), stimmen mit Recht und Politik vereinigt zusammen.« (8,386) Politik und Recht sind damit auf Öffentlichkeit gegründet. Nur was sich in öffentlicher Prüfung bewährt, kann politische Bedeutung beanspruchen. Die Publizität setzt eine notwendige Bedingung, die nur durch eigenes Handeln erfüllt werden kann. Man muss sie selbst wollen (»bejahen«), wenn man politisch tätig sein will.

Der vorgängigen Anerkennung der *Publizität* korrespondiert die konstitutive *Ernsthaftigkeit* in der Moral. Die auch hier mitspielende Hoffnung ist, dass sich die einzelnen Zwecke der Individuen im öffentlichen Austausch der Meinungen zum »allgemeinen Zweck des Publicums« vermitteln, der, politisch gesehen, in nichts anderem als in der »Glückseligkeit« liegen kann (8,386). Und in dieser Beziehung aller Einzelleistungen auf die »Vereinigung der Zwecke Aller« liegt »die eigentliche Aufgabe der Politik«. So ist es ein durch Hoffnung auf das allgemeine Glück angeleitetes Handeln, aus dem die Politik besteht. In eben dieser praktisch wirksamen Hoffnung geht sie über das bloße Recht hinaus, geht neue Entwicklungen pragmatisch an und bedarf in allem der Aufklärung, die sich unablässig neue Aufgaben schafft.

11. Die Vernunft in der Kultur. Die Glückseligkeit, also die in der Befriedigung gegenwärtige Übereinstimmung von sinnlichen und vernünftigen Antrieben, ist der Endzweck des politischen Handelns – und kann dennoch durch Politik niemals wirklich erreicht werden. Hier bleibt dem Menschen am Ende nur die Hoffnung auf eine Erfüllung unter Bedingungen, die sich seiner Macht entziehen. Das klingt theologisch, enthält aber die realistische Aussage, dass Politik notfalls auch ohne die garantierte Aussicht auf Erfolg betrieben werden muss. Eine religiös inspirierte Heilserwartung greift immer zu weit, weil sie den mühseligen, von Individuum zu Individuum, von Generation zu Generation voranschreitenden Naturprozess zum Stillstand zu bringen versucht. Der Mensch aber bleibt immer »nur ein Glied in der Kette der Naturzwecke« (5,430). Folglich wird er auch den Zwang, die Mühe und die Gefahr nicht los. Er ist bis ans Ende seiner Tage zur tätigen Fortführung seines Lebens und dabei zur Selbstdisziplin genötigt.

Das führt zu der paradoxen Lage, dass der Mensch gezwungen ist, seine Freiheit zu gebrauchen. Als Unterworfener der Natur muss er sich zu ihrem »betitelten Herrn« aufwerfen, und es ist eben der Gebrauch seiner Freiheit, der ihn seine Abhängigkeit von den ihn tragenden Kräften umso stärker erfahren lässt. In aller Selbstzwecksetzung der Selbstbestimmung bleibt er ein »Mittel zur Erhaltung der Zweckmäßigkeit im Mechanism der übrigen Glieder« (5,431).

Dennoch gibt es eine gesellschaftliche Form, in der die individuelle und politische Selbstbestimmung des Menschen zur geschichtlichen Realität gelangt. Es gibt eine historische Manifestation der unendlichen Arbeit des Menschen an sich selbst, in der er sich bemüht, das »krumme Holz«, aus dem er besteht und aus dem »nichts ganz Gerades gezimmert werden« kann (8,23), gemeinschaftlich in die Höhe wachsen zu lassen. Es ist die alle Menschen einbeziehende, alle politischen und ethnischen Gliederungen übergreifende und mit ihrer Entstehung unverzichtbar werdende Organisation der Gattung, in der sich allgemeine Natur und individuelle Freiheit überlagern. Dieser der äußeren wie der inneren Anschauung gegenwärtige, nur als lebendig zu begreifende Ausdruck der Selbstbildung des Menschengeschlechts ist die »Cultur«. In ihr arbeitet sich der Mensch aus der »Rohigkeit« heraus; in ihr haben wir ein Maß für den »gesellschaftlichen Werth« des Menschen (8,21).

Die Kultur ist für die Gattung des Menschen das, was die Vernunft für das Individuum ist, nämlich unverzichtbares *Mittel* für alles, was immer mit Gründen gerechtfertigt werden kann, und zugleich höchster *Zweck*, ohne den über kein anderes Ziel auch nur nachgedacht, geschweige denn entschieden werden kann. Wie eng Kultur und Vernunft in dieser Parallele aufeinander bezogen sind, gibt die begriffliche Erläuterung zu erkennen, in der Kant die Kultur ebenso auszeichnet wie in der *Grundlegung* die Vernunft und die Person, nämlich als »Endzweck«:

> Die Hervorbringung der Tauglichkeit eines vernünftigen Wesens zu beliebigen Zwecken überhaupt (folglich in seiner Freiheit) ist die *Cultur.* Also kann nur die Cultur der letzte Zweck sein, den man der Natur in Ansehung der Menschengattung beizulegen Ursache hat [...]. (5,431)

12. Die zwei Kulturen. Kant unterscheidet zwischen einer »Cultur der Geschicklichkeit«, in der sich der Mensch die äußere Voraussetzung zur Entfaltung und Durchsetzung seiner Ziele verschafft, und einer »Cultur der Zucht (Disziplin)«, in der man sich individuell zur höchsten Form der Sittlichkeit steigern kann (5,431f.). Zur *ersten*, naturhistorisch grundlegenden Form gehören alle technischen, wissenschaftlichen und rechtlichen Leistungen der Gattung. Hier suchen die Menschen den gesellschaftlichen Gegensatz zur Steigerung ihrer Fähigkeiten zu nutzen, ohne jemals vollkommene Befriedigung der Bedürfnisse erreichen zu können. So bleiben sie, selbst wenn allen ihren Bemühungen Erfolg beschieden sein sollte, von einem Abschluss der wissenschaftlichen Erkenntnisse oder von der Realisierung der Gerechtigkeit weit entfernt. Gleichwohl haben sie die Aufgabe, den »Druck der Herrschaft« und die »Barbarei der Kriege« durch den Ausbau einer auf das Recht gegründeten »bürgerlichen Gesellschaft« zu mildern.

Zur »Cultur der Geschicklichkeit«, deren Bezug auf das Recht einer pragmatischen Orientierung offenbar nicht im Wege steht, gehört auch die Perspektive auf ein »weltbürgerliches Ganze[s], d. i. ein System aller Staaten, die auf einander nachtheilig zu wirken in Gefahr sind« (5,432). Kants Kulturbegriff zielt auf eine Weltkultur und ist denkbar ungeeignet, die Hegemonie nationaler Kulturen oder gar einen »Kampf der Kulturen« zu rechtfertigen. Auch vor der Stiftung eines Völkerbunds lebt die Menschheit bereits *als ganze* unter kulturellen Bedingungen.

Die von der Natur vorgegebene Universalität wird durch die *zweite* Form der Kultur verstärkt: Die »Zucht« zielt hier ganz auf die Disziplin des einzelnen Menschen, durch die er zwar »nicht sittlich besser, doch gesittet« wird (5,433). Diese zweite Kultur ist die der individuellen Bildung, die nicht nur auf die äußeren Leistungen von Verstand und Vernunft bezogen ist, sondern auch die Bildung des Herzens, also die moralische Selbsterziehung einbezieht.

Der hier nicht aufgekündigte Vorrang der Natur schließt aus, dass es unabhängig von äußeren Bedingungen zur Gesittung des Menschen kommt. Die »Civilisirung« durch das Recht schafft bessere Bedingungen für die »Moralisierung« des Einzelnen; die Entfaltung von Wissenschaft und Kunst fördert das moralische Empfinden und lässt somit erwarten, dass der Mensch empfänglicher für alles ist, was ihm die Sittlichkeit gebietet (5,435 und 296ff.). Zwar kann man aus diesem Zusammenhang kein historisches Gesetz ableiten; es gibt bestenfalls einen juridischen, aber keinen moralischen Fortschritt zum Besseren. Und dennoch bleibt die Hoffnung rege – vor allem wenn es so ermutigende »Geschichtszeichen« gibt wie den Beifall einer aufgeklärten Öffentlichkeit zu den freiheitlichen Bestrebungen des französischen Volkes (7,88).

13. Der Sinn des Lebens. Die kulturelle Einbindung der Moralität, mit ihren physischen, historischen und juridischen Konditionen, darf nicht vergessen machen, dass der *moralische Standpunkt* der letztlich entscheidende ist. Kant erinnert daran in einer knappen Anmerkung, die zu den wichtigsten Textstücken seines *Œuvres* zählt und die deutlich macht, wie nahe er nicht nur in der Ethik, sondern auch in der Natur- und Kulturphilosophie den *existenziellen* Fragen ist:

> Was das Leben für uns für einen Werth habe, wenn dieser bloß nach dem geschätzt wird, *was man genießt* [...], ist leicht zu entscheiden. Er sinkt unter Null [...]. Es bleibt also wohl nichts übrig, als der Werth, den wir unserem Leben selbst geben durch das, was wir nicht allein thun, sondern auch so unabhängig von der Natur zweckmäßig thun, daß selbst die Existenz der Natur nur unter dieser Bedingung Zweck sein kann. (5,434; vgl. 27,1341)

Alle Abhängigkeit von der Natur und den von ihr inaugurierten Mächten der Geschichte und der Kultur ändert nichts daran, dass der Wert des eigenen Daseins allein auf die Selbstbestimmung gegründet ist. Darin liegt keine Missachtung der Natur, keine Überheblichkeit gegenüber Geschichte oder Kultur und, wie wir noch sehen werden, erst recht keine Blasphemie. Kant zeichnet nur die Bedingung aus, unter der wir überhaupt etwas als für uns wert- oder sinnvoll ansehen können, sofern wir uns als *Person* – und damit als *vernünftiges Wesen* – begreifen.

Das mit Vernunft ausgestattete Wesen kann *a priori* nichts als einsichtig annehmen, was nicht den Bedingungen seiner Vernunft genügt. Die Vernunft aber ist auf die Eigenständigkeit ihres Gebrauchs gegründet. Also kann sie nur das als wert- oder sinnvoll begreifen, was dieser Eigentätigkeit entspricht. Es liegt bereits in der bloßen Konsequenz ihres Gebrauchs, dass ihrem Anspruch nur genügen kann, wofür sich vernünftige Gründe geltend machen lassen. Mit diesen Gründen aber bringt sich der Mensch unvermeidlich selbst ins Spiel. Indem er durch sein Tun und Lassen selber wertet, setzt er die Bedingung für jede mögliche Wertung, die ihn überzeugen soll.

Gesetzt, man wollte (wie Hans Jonas) das »Sein« als höchsten Wert etablieren, für den notfalls auch die Freiheit des Menschen geopfert werden muss: Dann hätte man in der Begründung für den Vorrang des Seins bereits die Kriterien der Vernunft in Anschlag gebracht. Also geht die menschliche Vernunft dem Sein als Kriterium voran. Deshalb kann sie in der expliziten Wertung nicht nachgeordnet werden. Und wenn sie über jede mögliche Wertung befindet, gebührt ihrer Sicherung der höchste Rang. Die Überordnung des Seins steht somit im Widerspruch zum ihr methodisch vorausliegenden Vorrang der Vernunft. Vernunft – und die mit ihr unmittelbar verknüpfte Freiheit – kann somit dem Sein nicht nachgeordnet werden.

Das gilt entsprechend für die Natur. Sie mag für die Entstehung und den Gebrauch der Vernunft noch so unerlässlich sein: Aus der Sicht des menschlichen Handelns ist die Vernunft die *conditio sine qua non*. Folglich liegt der »Wert des Lebens« in nichts anderem als im selbstbestimmten Gebrauch der eigenen Vernunft. Auf die Frage nach dem Sinn des Lebens lässt sich somit nur eine individuelle Antwort geben, die vom moralischen Selbstanspruch des Einzelnen nicht zu lösen ist.

Diese Auskunft hat man Kant auch in neuerer Zeit zum Vorwurf gemacht, weil man darin eine Art von Seins- und Naturvergessenheit vermutet.[3] Sieht man jedoch, mit welchem Nachdruck Kant den Menschen in Natur, Geschichte und Kultur verankert, darf es als abwegig gelten, die metaphysische Auszeichnung des Menschen als einen Akt der egozentrischen Selbstisolation anzusehen. Wenn Kant die Existenz des Menschen zum vorrangigen Wert erklärt, bringt er nur die methodologische Einsicht zum Ausdruck, dass der Mensch selbst dort, wo er von sich abzusehen versucht, dies nur mit seinen eigenen Augen nach seiner eigenen Einsicht – also mit Vernunft – zu tun vermag. Gleichwohl wird mit fast schon beleidigender Deutlichkeit klargemacht, dass der Mensch zu seinem bisschen Vernunft nur kommt, weil er ein *Naturwesen* ist, das ohne seine *Geschichte* und unabhängig von seiner *Kultur* nicht existieren kann. Deshalb setzt Kant alle Hoffnung darein, dass die Vernunft nicht nur von ihrem Ursprung her, sondern auch mit Blick auf ihre eigenen Zwecke mit der Natur zur Deckung kommt. Für diese Hoffnung steht die Kultur: Ihr an die Natur gebundenes Ziel ist die »Glückseligkeit«.

14. Der kulturelle Rang des Schönen. In seinem dritten Hauptwerk, der *Kritik der Urteilskraft*, sucht Kant zwischen den Standpunkten der Natur und der Freiheit zu vermitteln, aber nicht um sie aufzuheben, sondern um jenen Phänomenen einen systematischen Ort zu geben, die sich nur aus dem Zusammenspiel von Natur und Freiheit verstehen lassen. Dazu gehören die *Geschichte* und die

3 So insbesondere H. Jonas, *Das Prinzip Verantwortung*, Frankfurt a. M. 1979, 22ff.

Kultur sowie die Formen des sich organisch entfaltenden *Lebens*. Und zu ihnen zählt in erster Linie das *Erleben des Schönen* – mit allen Variationen der ästhetischen Lust bis in die als »hässlich«, »peinlich«, »geistlos« oder »schal« erlebten Grenzlagen hinein. Kants Begriff des Schönen schließt auch den des Tragischen ein und ist weit davon entfernt, harmlos oder harmonistisch zu sein.

Wenn uns das Schöne in den Gestalten der Kunst begegnet, ist offenkundig, dass dies unter *kulturellen* Voraussetzungen geschieht. Denn sowohl die *Produktion* wie auch die *Rezeption der Kunst* setzt eine lange Geschichte der Bildung unserer äußeren und inneren Kräfte voraus. Die Entfaltung der Kunst geht mit der Entwicklung des *Handwerks* einher, und sie bleibt selbst in den singulären Leistungen des *Genies* an den Vorlauf einer »Schule« gebunden (5,303 ff.). Aber auch in der für Kant vorrangigen Erfahrung des *Naturschönen* gibt es Voraussetzungen in der Bildungsgeschichte des Menschen. Ohne sie ließe sich das ästhetische Urteil weder artikulieren noch identifizieren. Und »mehr als das über das Schöne« bedarf das »Urtheil über das Erhabene der Natur [der] Cultur« (5,265)! Da Kants Ästhetik seit Hegel dem Vorwurf ausgesetzt ist, sie sei »subjektivistisch«, ist es nicht überflüssig, an den intersubjektiven Kontext zu erinnern, auf den gerade nach dem Ansatz der Kritischen Philosophie alle ästhetischen Erfahrungen des Individuums angewiesen sind.

Denn auch in der Ästhetik bleibt Kant dabei, seine Analyse bei spezifischen Leistungen der Individuen, nämlich den *Urteilen* anzusetzen. Schon dadurch macht er kenntlich, dass es ihm um Akte geht, die nach ihrem *sachlichen* (»propositionalen«) Gehalt – und nicht nach ihren psychologischen oder politischen Implikationen – bewertet werden sollen. Deshalb geht auch die mehrfach – und zuletzt von sprachanalytischen Interpreten – geäußerte Kritik an den psychologischen Implikationen der Transzendentalphilosophie ins Leere.[4] Sie wäre triftig, wenn Kant zwischen dem epistemischen Anspruch von Urteilen und deren empirischem Vorlauf nicht zu unterscheiden wüsste. Tatsächlich aber hat er gerade diese Differenz zur Prämisse seiner Analyse gemacht. Und wenn er von den physiologischen und psychologischen Konditionen des Erkennens spricht, hat das den unschätzbaren Vorteil, nie vergessen zu lassen, dass auch rein begriffliche Leistungen einen *menschlichen Ursprung* haben und mit *Funktionen des Lebens* verbunden sind. Darauf werden wir noch zu sprechen kommen (6.6ff.).

Das ästhetische Urteil ist vor allem dadurch singulär, dass es *keine* »logische«, d. h. *keine* auf eine objektive Bezeichnung eines Sachverhalts gerichtete Aussage macht. Folglich darf es auch *nicht* als Beschreibung einer empirischen Gegebenheit verstanden werden. Es ist überdies *weder* moralisch *noch* pragmatisch gemeint. Wenden wir diese Abgrenzung (5,204) positiv, muss es bereits ein prägnantes Verständnis von wissenschaftlichen, moralischen und pragmatischen (»nützlichen«) Aussagen geben, ehe den ausdrücklich ästhetischen Urteilen ein Sinn zukommen kann. Folglich ist bereits eine so einfache Aussage wie »Diese Rose ist schön« kulturell voraussetzungsvoll. Es muss bereits Kriterien des Wissens sowie einen Kontext ausgeprägter sittlicher Normen geben, ehe ein Urteil als »ästhetisch« gelten kann. Und wenn das ästhetische Urteil der »Humanität« korrespondieren und einen Anfang der »Civilisirung« anzeigen soll (5,297), muss die Menschheit schon ziemlich weit entwickelt sein, ehe das Urteil »Die Rose ist schön« erstmals sinnvoll geäußert werden kann.

4 Strawson, 1992; Bennett, 1966 und 1974; zur Ästhetik: Kuhlenkampff, 1994.

15. Die Paradoxie der ästhetischen Bestimmungen. Durch die dreifache Abgrenzung von den Urteilen, die auf das logisch *Wahre*, moralisch *Gute* und das pragmatisch *Vorteilhafte* zielen, weiß man zunächst, was die ästhetischen Urteile *nicht* zum Ausdruck bringen. Aber auch in ihrer positiven Bestimmung bleibt ein beachtliches *dialektisches Potential.* Das kommt in den *vier* »Momenten« zum Ausdruck, in denen Kant (in Analogie zu den Urteilstafeln der theoretischen und der praktischen Vernunft) versucht, zu einem Tableau positiver Bestimmungen zu gelangen. Was er auf diesem Weg erhält, sind vier *Paradoxien*, die selbst nicht frei von einer ästhetischen Anmutung sind. Wer sie lediglich als sachhaltige Definitionen versteht, verkennt den ästhetischen Charakter dieser ästhetischen Theorie.

Wenn im *ersten Moment* die Schönheit als das bestimmt wird, was »ohne alles Interesse« gefällt (5,211), kann man das als Zusammenfassung der Abgrenzung des *ästhetischen* von den *epistemischen* (»logischen«), *moralischen* und *pragmatischen* Urteilen verstehen. Alle diese hier nicht gemeinten Aussagen sind – positiv oder negativ – an der *Existenz* des Gegenstandes interessiert, über den sie urteilen. Die alltäglichen Urteile beziehen ihren Sinn daraus, dass es den Sachverhalt gibt oder aber nicht gibt, dass man ihn herbei- oder aus der Welt schaffen kann. Und gerade darauf kommt es im ästhetischen Urteil nicht an. Der existenzielle Handlungsimpuls der theoretischen und praktischen Vernunft, den Kant hier beiläufig eingesteht, ist suspendiert, sobald es um ein ästhetisches Erleben geht. Hier will der Mensch ausnahmsweise einmal nichts von der Welt haben (oder wissen), weil die Welt in der exemplarischen Form des schönen Gegenstands – gleichsam von sich aus – auf ihn zukommt. Sie erweist ihm eine »Gunst«, sofern er sich selbst in einem »freien Wohlgefallen« darauf versteht, sich dem Schönen selbst als günstig zu erweisen (5,210).

Die Paradoxie liegt offen zu Tage, und man verfehlt ihren Sinn, wenn man, mit Adorno, einwendet, die Menschen hätten doch offenkundig ein großes Interesse daran, sich schöne Eindrücke zu verschaffen. In der Tat treiben sie einigen Aufwand, um Gegenstände der Kunst in ihren Besitz zu bringen; sie pflegen ihre Landschaften und Gärten und schmücken ihre Zimmer, damit sie gefallen. Doch diese hoch interessierten Bemühungen gehören schon wieder in den Kontext der Lebenspraxis, wo alles nach »Interessen« bewertet wird. »Ohne alles Interesse« aber heißt, dass man sich mitten im Leben von allen Interessen freistellen kann, um eben dabei ein »Gefühl der Beförderung des Lebens« zu empfinden (5,244). Darin liegt der Zauber des Schönen.

Zutiefst paradox, wenn auch von gänzlich anderer Art ist das Gefühl des Erhabenen vor schlechthin großen Phänomenen der Natur. Hier erfährt man angesichts der schieren Größe des bestirnten Himmels über uns oder der absoluten Überlegenheit einer herannahenden Gewitterfront vor uns eine »Erschütterung« der eigenen Existenz. Aber so unbestreitbar real die Grenzenlosigkeit des Raumes und die Übermacht der Naturkräfte auch sein mögen: Es ist nur *unsere eigene Vorstellung*, die aus den Daten der sinnlichen Wahrnehmung ein Panorama unendlicher Größe und hoffnungsloser Überlegenheit erzeugt. Erst das »Überschwengliche der Einbildungskraft« ist Ursache dafür, dass aus der Natur »gleichsam ein Abgrund« wird (5,258). Und das Gefühl des Erhabenen stellt sich ein, wenn es gelingt, dem Eindruck der existenziellen Bedrohung gelassen zu widerstehen. Das Übermächtige und Schreckliche liegt nicht einfach in den ungebändigten Kräften der Natur. Es liegt wesentlich in uns selbst, weil wir selbst es erst dramatisch steigern und ins Ungeheure überhöhen.

Die Paradoxie ist unüberbietbar. Das Gefühl des Erhabenen ist das lustvoll erlebte Anzeichen dafür, dass wir dem Abgründigen unseres eigenen Daseins gewachsen sind. Wir geben uns selbst ein Exempel unserer moralischen Größe, die sich vor den selbsterzeugten Schrecken unserer eigenen Verfassung bewährt. Es ist der ausgehaltene Widerspruch der eigenen Existenz, der eine ästhetische Selbsterfahrung erlaubt, in der wir die Tatsache genießen, dass der Antagonismus der natürlichen Kräfte in uns und außer uns wirkt, ohne dass wir ihm willenlos ausgeliefert sind. Das Raffinement dieser Erklärung einer ästhetischen Lust des Standhaltens in der Selbstgefährdung des menschlichen Daseins erledigt die seichte Kritik an der angeblich harmonistischen Konzeption der kritischen Ästhetik von selbst – zumal das Erhabene auch angesichts großer Leistungen der Kultur empfunden werden kann und vom Bewusstsein des Tragischen kaum zu trennen ist. Wichtiger dürfte sein, dass ausgerechnet die ästhetische Erfahrung kenntlich macht, von welchen Widersprüchen die menschliche Existenz durchzogen ist und wie elementar die Hoffnung sein muss, wenn man es gleichwohl für möglich hält, nach eigener Einsicht zu leben.

16. Freiwilliger Zwang – vom Ansinnen des Schönen. Das *zweite Moment* des Schönen lautet: »*Schön* ist das, was ohne Begriff allgemein gefällt.« (5,219) Die Paradoxie wird hier zur philosophischen Provokation, denn wie soll etwas *ohne Begriff*, also ohne die unerlässliche logische Zurüstung *allgemein* verständlich sein? Was kann »Allgemeinheit« überhaupt noch besagen, wenn man nicht über Begriffe verfügt? Kants Antwort fällt in der Sache zunächst recht dürftig aus, denn sie wiederholt nur in immer neuen Wendungen, dass zwar jeder seinen eigenen Geschmack hat und insofern nur für sich urteilen kann – und dennoch von der Schönheit so spricht, »als wäre sie eine Eigenschaft der Dinge«, die von »jedermann« anzuerkennen sei (5,212).

Kant verweist also auf die Praxis des ästhetischen Urteils und erläutert, wie es zu verstehen ist, dass man sich zwar nur auf sein subjektives Erleben stützen kann und trotzdem auf Zustimmung von anderen rechnet. Die Allgemeinheit des Urteils werde, so heißt es, »angesonnen« (5,216). Bündiger kann man den freiwilligen Zwang des Geschmacksurteils nicht zum Ausdruck bringen. Der ästhetische Betrachter hat den doppelten Eigensinn, »das Object seinen eignen Augen« unterwerfen zu wollen und dennoch zu glauben, eine »allgemeine Stimme für sich zu haben« (5,216). Dieser kindlich anmutende Trotz, der von sich ausgeht und eben darin verlangt, dass alle Anderen der gleichen Ansicht sind, lässt sich nur aus der Perspektive der ästhetischen Erfahrung verstehen. Auch das unterstreicht den ästhetischen Charakter von Kants ästhetischer Theorie.

Zu einer Erklärung der subjektiven Allgemeinheit kommt es mit dem Versuch, das ästhetische Urteil aus einem »freien Spiel« der Erkenntniskräfte zu erklären (5,217 ff.). Denn wenn es zum Erleben des Schönen nur kommt, weil *Einbildungskraft* und *Verstand* miteinander spielen, wenn also die Bildproduktion des inneren Sinns unablässig in ein verständiges Begreifen übergeht, das sogleich wieder von einer produktiven Phantasie abgelöst wird, dessen der Verstand sich erneut annimmt usw. usf. – dann beruht die Urteilsbildung auf intellektuellen Leistungen, die gar nicht anders als *allgemein* verstanden werden können. Die Subjektivität liegt dann freilich nicht nur in der sinnlichen Präsenz des schönen Gegenstandes, sondern sie ist auch eine Folge der prinzipiellen Unabschließbarkeit des »freien Spiels«: Im Mit- und Gegeneinander der intellektuellen Kräfte kommt es nicht zu einem allgemein mitteilbaren Resultat; das gäbe es nur in der Form des *Begriffs*. Aber – und hier liegt das Ingeniöse des kantischen Vorschlags – das interne Spiel des sich im Medium der Sinnlichkeit selbst anregenden Geistes geht, wie alles Spiel, mit einem »Gefühl der Lust« einher. Diese Lust ist das »Wohlgefallen« (5,210), das als bloßes Gefühl, obgleich es einen Zustand intellektueller Anregung anzeigt, nicht anders als »subjectiv« sein kann. – Überflüssig zu sagen, dass Kant mit dem Begriff des Spiels eines der ältesten ästhetischen Attribute variiert. Es begegnet uns erstmals in Platons *Ion* und ist schon dort mit Kindlichkeit und Leichtigkeit assoziiert.

17. »Zweckmäßigkeit ohne Zweck« – eine Analogie des Lebens. Die paradoxe ästhetische Qualität der vier Grundbestimmungen des Schönen tritt am deutlichsten im dritten *Moment* hervor, das den Kategorien der *Relation* entsprechen soll: »Schönheit ist Form der Zweckmäßigkeit eines Gegenstandes, sofern sie ohne Vorstellung eines Zwecks an ihm wahrgenommen wird.« (5,236) Wie soll etwas »zweckmäßig« genannt werden können, ohne auf einen »Zweck« bezogen zu sein? Kants Antwort, es komme auf die bloße »Form der Zweckmäßigkeit« (5,221) an, ist wenig befriedigend; denn keine Form kommt ohne Inhalt aus, und man wüsste zumindest gern, *woran* sich *welche Art* von Zweck *so* zeigt, dass etwas als »zweckmäßig ohne Zweck« beurteilt werden kann?

Die Antwort hierauf ist nicht einfach: Wir beurteilen einen Gegenstand dann als »schön«, wenn es ihm gelingt, uns in einen Zustand zu versetzen, der als »Belebung der Erkenntniskräfte« erfahren wird (5,222). Dann nämlich sind wir *zu allen möglichen* Zwecken disponiert, ohne freilich auf einen *bestimmten* Zweck festgelegt zu sein. Nehmen wir hinzu, dass die »Belebung« sich nicht nur auf die intellektuellen Kräfte, also nicht nur auf das Zusammenspiel von Verstand und Einbildungskraft beschränkt, sondern durch ein »Gefühl des Wohlgefallens« angezeigt wird, dann ist klar, dass die Zweckmäßigkeit Ausdruck einer *Belebung des Individuums* ist. Dabei handelt es sich um ein *sinnliches* Wohlgefallen, in das der Mensch *als ganzer* – und damit als *intelligible* Person – eingebunden ist. Die »Belebung« wird als Begeisterung erfahren, denn: »Geist in ästhetischer Bedeutung heißt das belebende

Princip im Gemüthe« (5,313). Schon hier nimmt das ästhetische Erleben die Farbe der Hoffnung an.

Für das ästhetische Wohlgefallen kann keine einzelne empirische Ursache angegeben werden. Deshalb ist es auch nicht möglich, das Schöne auf ein bestimmtes Merkmal des schönen Gegenstandes zu beziehen. Er kommt ebenso nur *als Ganzer* in Betracht, wie auch das erlebende Individuum sich *als Ganzes* angesprochen fühlt. Es geht somit auch nicht einfach um irgendein sinnliches Wohlgefühl. Für ein solches (empirisches) Wohlbehagen hat Kant den Begriff des »Angenehmen« (5,210). Das Angenehme zeigt einen *körperlichen* Zustand an: dass etwas schmeckt, wärmt, beruhigt oder erfrischt. Das *ästhetische* Wohlgefallen ist hingegen ein Indiz für die Funktionslust des *Geistes*. In ihm erfährt das vernünftige Wesen, dass es mit seiner Sinnlichkeit zusammenstimmt und über das Exempel des schönen Gegenstandes mit der Welt verbunden ist (5,237). Es erlebt in der Hingabe an eine wilde oder liebliche Landschaft, in der »contemplativen« Betrachtung einer prachtvolle Blüte, eines gepflegten Gartens oder eines prächtigen Bauwerks und selbst noch in der inneren Teilnahme an einem Trauerspiel – dass es in die Welt passt. Und in dieser Einbindung, die in Analogie zu Gesundheit und ungehindertem Wachstum steht (5,241), die man auch als *intellektuelle Einbindung in die Lust zu leben* bezeichnen kann, erfährt der Betrachter eine Zweckmäßigkeit im Gebrauch seiner besten Kräfte, ohne auf einen bestimmten Zweck eingeschränkt zu sein.

18. Sensus communis: der Sinn, in dem wir leben. Von offenkundiger Paradoxie ist auch das *vierte* und letzte *Moment*: »Schön ist, was ohne Begriff als Gegenstand eines *nothwendigen* Wohlgefallens erkannt wird.« (5,240) Hier wiederholt sich das Problem des zweiten Moments: Etwas soll *ohne Begriff* eine allgemein gültige, *bezwingende* Folge haben. Nach der *Kritik der reinen Vernunft* ist eben dies vollkommen ausgeschlossen, denn der Modus der Notwendigkeit ist *a priori* auf eine kategoriale Vorleistung des Verstandes gegründet. Gleichwohl findet Kant auch hier eine Lösung, die allerdings so weitgehend ist, dass sie nachträglich die Darlegungen in der *Kritik der reinen Vernunft* berührt.

Ausgangspunkt ist die mit dem zweiten Moment verbundene *anzeigende* Leistung des Gefühls, die im Verhältnis zu Anderen ja nur etwas bedeutet, wenn sie tatsächlich auch als Indiz für das »freie Spiel« der Erkenntniskräfte verstanden werden kann. Aber die (nur auf das Subjekt bezogene) Indikation der intellektuellen Belebung genügt nicht: Das Gefühl der Lust, das im Geschmacksurteil zum Ausdruck kommt, muss auch »mittheilbar« sein! Wenn diese »Mittheilbarkeit« (5,239) aber nicht als – teils gegebener, teils ausbleibender – empirischer Erfolg nachträglich hinzutreten soll, muss sie bereits in der ästhetischen Lust angelegt sein. Nur so kann man Anderen die Zustimmung ansinnen. Was aber hat das mit der »Nothwendigkeit« des Wohlgefallens zu tun, die sich schließlich ja auch als bloß interner Vorgang – gleichsam »in« einem Subjekt – verstehen ließe?

Nach allem, was wir bis zu diesem Punkt von Kant wissen, gibt es keine Antwort auf diese Frage. Doch im ersten Satz des § 21 der *Kritik der Urteilskraft* trifft er plötzlich eine Feststellung, die ein völlig neues Kapitel der Transzendentalphilosophie eröffnet:

> Erkenntnisse und Urtheile müssen sich sammt der Überzeugung, die sie begleitet, allgemein mittheilen lassen; denn sonst käme ihnen keine Übereinstimmung mit dem Object zu: sie wären insgesammt ein bloß subjectives Spiel der Vorstellungskräfte, gerade so wie es der Skepticism verlangt. (5,238)

Mit dieser These ist jede mögliche Erkenntnis nicht nur notwendig auf ein Objekt, sondern mit gleicher Dringlichkeit auf andere Erkenntnissubjekte gerichtet. Der

Skeptizismus ist nicht nur dadurch überwunden, dass jedes Subjekt (auch wenn es sich bloß auf sich zurückzuziehen suchte) immer schon auf eine Außenwelt bezogen ist;[5] vielmehr ist jedes erkennende Subjekt immer schon auf seinesgleichen eingestellt. Die »Überzeugung« der allgemeinen Mitteilbarkeit gehört notwendig zu einer jeden Erkenntnis. Jedes Selbstbewusstsein ist ursprünglich auf die Außenwelt gerichtet und notwendig auf Mitteilung angelegt. Mit anderen Worten: Reflexion vollzieht sich im Modus öffentlicher Kommunikation.

Kant sucht diesen Ansatz, den man der transzendentalen Deduktion der *Kritik der reinen Vernunft* tatsächlich unterlegen muss, um sie schlüssig zu machen, den er aber weder in der ersten noch in der zweiten Auflage kenntlich macht, zunächst auf das ästhetische Urteil zu beschränken. Die Mitteilbarkeit soll sich nur auf das Gefühl beziehen, das sich im freien Spiel der Reflexion zwischen Verstand und Einbildungskraft einstellt (5,238f.). Aber in § 39 der *Kritik der Urteilskraft* sieht er sich genötigt, *allen* Erkenntnisleistungen von Verstand, Vernunft und Urteilskraft einen »Gemeinsinn« beizulegen, in dem sich jeder intellektuelle Akt in dem Bewusstsein vollzieht, anderen unmittelbar zugänglich zu sein. Da dieses Bewusstsein *jede* Begriffs- und Urteilsbildung begleitet, lässt es sich selbst nicht wieder auf Begriffe beziehen und verbleibt dabei im Status eines »Sinns«, der allen gemeinsam ist. Das ist der *sensus communis*.

Der Begriff des *sensus communis* wird zunächst in der weiten Bedeutung eines »gesunden« oder »gemeinen Verstandes« aufgenommen (5,238; 5,293ff.). Auch in dieser Bedeutung muss er eine Leistung erbringen, in der die Individuen wie von selbst verbunden sind: Man trifft mit seinem Urteil einen von allen anderen ursprünglich geteil-

5 Damit hat Kant in der *Kritik der reinen Vernunft* den Idealismus widerlegt (*B* 274ff.).

ten Sinn. Trotz dieser Selbstverständlichkeit im Vollzug dieses »Gemeinsinns«, den man nicht auf Regeln bringen kann, glaubt Kant drei »Maximen« ausmachen zu können, die den beteiligten Vermögen des *Verstandes*, der *Urteilskraft* und der *Vernunft* zugeordnet sind. Und man braucht die Maximen nur noch einmal zu nennen, um zu erkennen, dass sie bei keinem Urteil, das zur Mitteilung taugen können soll, außer Acht gelassen werden können:

> 1. Selbstdenken; 2. An der Stelle jedes andern denken; 3. Jederzeit mit sich selbst einstimmig denken. Die erste [dem Verstand zugeordnete] ist die Maxime der *vorurtheilsfreien*, die zweite [zur Urteilskraft gehörende] der *erweiterten*, die dritte [der Vernunft zugerechnete] der *consequenten* Denkungsart.
>
> (5,294; Zusätze V. G.; vgl. oben unter 3.20 und 6.15)

In diesen Maximen sind die drei Positionen des Denkens kontinuierlich ineinander überführt: der entschiedene Ausgangspunkt beim *Selbst* des Individuums, die Gemeinsamkeit herstellende Versetzung in die Lage des *Anderen* und die Einbindung beider Standpunkte in eine Individuum *und* Sozialität umfassende Sphäre schlüssiger *Sachlichkeit*. Es bedarf keiner zusätzlichen Beweisführung, um zu zeigen, dass nicht nur Theorie und Wissenschaft, sondern auch Recht und Politik nur unter dem Anspruch dieser drei Maximen möglich sind.[6] Also haben wir ihre Wirksamkeit im Dreieck von Ich, Gemeinschaft und Welt bereits bei allem zu unterstellen, was Kant in den Jahren vor der *Kritik der Urteilskraft* zur kritischen Grundlegung der Theoretischen wie der Praktischen Philosophie entwickelt hat. Insofern kommt durch die dritte *Kritik* wirklich ein Abschluss des Systems in Sicht.

6 Auf diesen letzten Punkt hat Arendt, 1985, aufmerksam gemacht.

Am Ende muss man hinzufügen, dass die drei Maximen für den »gesunden Menschenverstand«, den *sensus communis logicus*, gelten. Der *sensus communis aestheticus* ist auf den Geschmack beschränkt, also auf die Lust, die sich im Wechselspiel von Einbildungskraft und Verstand einstellt und in der wir, unter Bedingungen der Mitteilbarkeit, ursprünglich mit unseresgleichen verbunden sind. Das lässt uns verstehen, warum diese hochindividualisierte, stets »subjectiv« genannte Lust als wahrhaft »gemeinschaftlicher Sinn« (5,295) ausgezeichnet wird. Hier fühlt man *nur für sich*, dass man mit *seinesgleichen* und der *Welt* verbunden ist. Darin liegt die intensive Extension des ästhetischen Erlebens: Es ist ein uns ganz ergreifendes Weltgefühl. Deshalb führt auch die seit Hegel oft wiederholte Rede von der »Subjektivierung« der Ästhetik durch Kant ins Abseits[7] – wenn sie denn mehr sein soll als ein Hinweis darauf, dass die ästhetische Erfahrung in allem ein individuelles Moment exponiert. In den Worten Kants: Das Geschmacksurteil darf »nicht für *egoistisch*« gehalten, sondern muss »nothwendig als *pluralistisch*« angesehen werden (5,278).

In dem nur individuell gegenwärtigen, ganz und gar sinnlichen Gefühl der Belebung unserer besten Kräfte gehören wir dem Leben auch als vernünftige Wesen zu. Der *sensus communis aestheticus* ist der Sinn eines ganz auf sich zurückgezogenen Individuums, das eben darin seine Einheit mit sich und seiner Welt erfährt. In der spielerischen Übereinstimmung mit mir selbst erlebe ich, wie sehr ich gerade in der exemplarischen Vereinzelung ästhetischer Erfahrung mit allen und allem verbunden bin. – Man versteht sofort, warum Kants dritte *Kritik* so anregend auf die Romantik wirkte. Die Einsamkeit des Individuums, das nur im Universum seine Heimat hat, scheint hier als methodologische Prämisse auf. Deren nihilisti-

7 H.-G. Gadamer, *Wahrheit und Methode* (1960), Tübingen 1965, 39ff.

scher Konsequenz steht bei Kant jedoch die empirische Voraussetzung gelingender Verständigung entgegen. Sie nährt unsere Hoffnung auf die Erfüllung eines Glücks, das letztlich nur ein Gott gewähren kann.

19. »Schönheit nur für Menschen«. Mit den vier Momenten des Schönen ist lediglich der Ansatz von Kants Ästhetik geschildert. Wollte man ihr in vollem Umfang gerecht werden, hätte man die *Analytik des Erhabenen* (5,244 ff.), die Lehre von den verschiedenen *Interessen* am Schönen (5,296 ff.) sowie vor allem seine überaus einflussreiche *Theorie der Kunst* (5,303 ff.) zu schildern. Dabei ließen sich manche Vorurteile über die kritische Ästhetik ausräumen. So könnte man (gegen Lyotard) vor Augen führen, dass die Erfahrung des *Erhabenen* das Erleben des Schönen nicht ersetzt. Man könnte (gegen Adorno) deutlich machen, dass die Formel »ohne alles Interesse« die vitale Anteilnahme am Schönen nicht suspendiert. Schließlich ließe sich (gegen Hegel und viele andere) zeigen, dass Kants Präferenz für das *Naturschöne* keine Schwäche seiner theoretischen Aufmerksamkeit für die *Kunst* impliziert.

Natürlich ist nicht zu bestreiten, dass Kants gedrängte Darstellung sich nicht mit dem eindrucksvollen kunsthistorischen Panorama Hegels messen kann. Aber dessen begriffliche Koordinaten der *Geschichtlichkeit*, der *Freiheit*, der *Individualität* und des *Geistes* finden sich auch bei Kant. So hebt Kant den gleichermaßen historischen wie technischen Vorlauf des *Handwerks* hervor (5,304) und bindet die Entwicklung der Kunst an die Entfaltung der *Schulen* (5,310). Die *Freiheit* ist die apriorische Bedingung einer jeden Leistung des *Genies*, auf das die Originalität der schönen Kunst gegründet ist. Im Genie tritt das »freie Spiel« der Erkenntniskräfte in exemplarischer Individualität hervor; in ihm wird das *Spiel*, das Kant für die Ästhetik neu entdeckt, zu einer gesellschaftlich bestimmenden Größe. Man kann es, obgleich wir dies nicht wörtlich nehmen dürfen, als eine Manifestation der Freiheit in Natur und Geschichte bezeichnen. Denn in seiner spielerischen Entfaltung gibt die Natur der Kunst die »Regel« (5,307 und 5,317). Damit tritt auch hier die Freiheit in der Funktion der Gesetzgebung hervor, ist allerdings ganz in die Individualität der ästhetischen Produktion zurückgenommen (5,308). Man beachte, dass Kant der *Natur* auch im Drama der Kunst die tragende Rolle gibt.

Und dennoch exponiert er wie nirgendwo sonst in seinem Werk den *Geist* als das alles bewegende, alles vermittelnde und alles verstärkende Element der menschlichen Tätigkeit. Schöne Kunst, so macht er an mehreren Beispielen deutlich, dürfe nicht geistlos sein. Und er fragt: »Was ist denn das, was man hier unter Geist versteht?« Die Antwort haben wir oben (1.13 und 5.16) bereits angedeutet; sie lautet im Zusammenhang:

> *Geist* in ästhetischer Bedeutung heißt das belebende Princip im Gemüthe. Dasjenige aber, wodurch dieses Princip die Seele belebt, der Stoff, den es dazu anwendet, ist das, was die Gemüthskräfte zweckmäßig in Schwung versetzt, d. i. in ein solches Spiel, welches sich von selbst erhält und selbst die Kräfte dazu stärkt.
> Nun behaupte ich, dieses Princip sei nichts anders, als das Vermögen der Darstellung *ästhetischer Ideen*. […] (5,313 f.)

Wenn wir nun noch hinzusetzen, dass eine *ästhetische Idee* dasjenige ist, was den »Geist des Werks« (5,318) ausmacht und was den Betrachter »viel zu denken veranlasst«, ohne jedoch auf einen adäquaten Begriff gebracht werden zu können (5,314), dann haben wir eine vollkommen eigenständige Konzeption der Kunst, die als anspruchsvolle Leistung der *Kultur* zu begreifen ist und dennoch nur als unmittelbarer Ausdruck des *Lebens* verstanden werden kann. Das ästhetische »Spiel der Vorstellungen« befördert »das ganze Lebensgeschäft im Körper« (5,332) und macht ein »Gleichgewicht der Lebenskräfte« (5,333) möglich.

Der Übergang zwischen Kultur und lebendiger Natur vollzieht sich in der Kunst am Beispiel des Werks, bleibt aber auch hier, wie beim Naturschönen, an die *Selbsterfahrung des Menschen* gebunden. Es ist vor allem dieses Erleben unserer selbst, das sich im Angesicht des Schönen und des Erhabenen auf unausdenkliche Weise gleichermaßen individualisiert *und* universalisiert. In dieser Doppelbewegung wird die Spannung bewusst, in der sich der Mensch als Einheit im Gegensatz von Sinnlichkeit und Vernunft bewegt. In ihr kommt zugleich die Hoffnung zum Ausdruck, das Schöne als einen Übergang zum Guten werten zu dürfen:

> Annehmlichkeit gilt auch für vernunftlose Thiere; Schönheit nur für Menschen, d. i. thierische, aber doch vernünftige Wesen, aber auch nicht blos als solche (z. B. Geister), sondern zugleich als thierische; das Gute aber für jedes vernünftige Wesen überhaupt [...]. (5,210)

20. Das Schöne als Symbol des Sittlich-Guten. Das kulturelle Fundament der ästhetischen Erfahrung macht es zu einer Selbstverständlichkeit, dass der Mensch bereits über viele Fähigkeiten verfügen können muss, ehe sich ihm Augen, Ohren und Mund für das Schöne öffnen. In einem Aufsatz in den 80er-Jahren hat Kant beiläufig erwähnt, woraus das soziologisch inspirierte Denken des 20. Jahrhunderts die Hauptsache zu machen versuchte: Ehe die Vernunft sich regen könne, müsse der Mensch natürlich *stehen*, *gehen*, *sprechen* und *denken* können (8,110). Er muss Fertigkeiten erworben haben, die sich nur in Gemeinschaft mit seinesgleichen ausbilden lassen. Ehe an eine rechtliche Ordnung gedacht werden kann, muss es eine arbeitsteilig organisierte Gesellschaft geben, die Geräte benutzt, Güter tauscht und über Verkehrswege verfügt (8,345). In diesem Sinn setzt auch die Ausbildung des ästhetischen Urteils die Fähigkeit zur bewussten Abgrenzung von logischen, praktischen und pragmatischen Aussagen voraus. Es muss also jeder über ein Bewusstsein moralischer Verbindlichkeit verfügen, ehe er im ästhetischen Erleben die Freisetzung davon zum Ausdruck bringen kann.

Die Freisetzung von allen logischen, pragmatischen und moralischen Interessen rückt das ästhetische Urteil aber nicht in einen Außenbezirk des menschlichen Daseins. Allein die dem Lebensdruck enthobene Mitteilung fördert die »Geselligkeit«, in der Kant eine Bedingung der »Humanität« erkennt (5,297). Wer sich mit seinem freien Urteil gesellig verhält, will aber nicht nur human, »nicht bloß Mensch« sein, sondern möchte als »feiner Mensch« angesehen werden. So kann das ästhetische Urteil allein in seinem empirischen Kontext einen Beitrag zur »Civilisirung« des Menschen leisten (5,297). Die intellektuelle Wirkung des ästhetischen Erlebens setzt jedoch viel weiterreichende Hoffnungen frei: Kant schließt es nämlich nicht aus, dass sich in der Verfeinerung der ästhetischen Erfahrung das Individuum allmählich auch *moralisiert*.

Natürlich kann es hier keinen zwangsläufigen Zusammenhang geben. Schon Schillers Idee einer »ästhetischen Erziehung« zieht aus Kants vorsichtigen Erwägungen eine zu starke Konsequenz. Für Kant ist das Schöne weit entfernt davon, ein Medium oder Instrument der Moralität zu sein. Es ist lediglich ein »Symbol des Sittlich-Guten« (5,351f.), es zeigt an einem *Beispiel* – überdies nur im *übertragenen Sinn* – die Parallelität zwischen dem Schönen und dem Guten.

Das »Symbol«, etymologisch ein markanter *Teil*, der für ein *Ganzes* steht und somit zum *Zeichen* wird, ist ein prägnantes sinnliches »Analogon«, das nur indirekt auf etwas verweist. Es gibt nur die »Regel« an, nach der man etwas nach dem anschaulich gegebenen Muster von etwas anderem vorstellen kann (5,352). Dennoch unterscheidet sich das »Symbol« vom »Schema« durch die innere Einheit seiner sinnlichen Form. Man darf eben nicht vergessen, dass es ästhetische Konfigurationen sind, denen die Qualität des Symbolischen zugesprochen wird.[8]

Im Erleben des Schönen kommt es nun nach Kant zu einer »gewissen Veredlung und Erhebung über die bloße Empfänglichkeit einer Lust durch Sinneneindrücke« (5,353). Im ästhetischen Urteil hat die Lust einen intelligiblen Grund, d. h. in ihr lässt sich der *Mensch als Ganzer* durch den (ihn belebenden) Geist bestimmen. In dieser *Disposition des Geistes über die Sinne* liegt die Verbindung zur praktischen Bestimmung des Menschen durch die Vernunft. Und nur sie wird im Schönen als einem »Symbol« zur prägnanten Anschauung gebracht. Also kann darauf bestenfalls eine *Hoffnung* auf moralische Besserung gegründet werden. Dass wir sie benötigen, kann gar nicht in Abrede stehen. Denn »unvermindert [erschallt es] in unserer Seele«: »wir *sollen* bessere Menschen werden« (6,45). Was wir *sollen*, müssen wir auch *können*. Die Hoffnung hilft uns, es wirklich zu tun.

8 Der Begriff des *Symbols*, der schon im Briefwechsel mit Lambert (Brief von Lambert, 13. Oktober 1770 10,103 ff.) eine Rolle spielt, kommt bei Kant nur beiläufig vor. So spricht er in den *Prolegomena* vom »symbolischen Anthropomorphism« der Gotteserkenntnis. Durch die »Analogie« mit dem Menschen könne, so heißt es, der »dogmatische Anthropomorphism« vermieden werden (4,357). Wenn Kant dem Begriff des Symbols in § 59 der *Kritik der Urteilskraft* eine tragende systematische Rolle zuerkennt, blitzt ein sprachphilosophisches Thema auf, dessen Bedeutung er sogleich anerkennt: »Unsere Sprache ist voll von dergleichen indirecten Darstellungen nach einer Analogie, wodurch der Ausdruck nicht das eigentliche Schema für den Begriff, sondern bloß ein Symbol für die Reflexion enthält.« Diese Leistung der Sprache verdiene, so heißt es, »eine tiefere Untersuchung« (5,352). Wilhelm von Humboldt hat sich ihr unterzogen.

21. Das Ideal der höchsten Einheit. Die historische Wirkung der *Kritik der Urteilskraft* war nicht zuletzt deshalb so folgenreich, weil sie bereits die Elemente einer Kritik an den ersten beiden Kritiken enthält. So hat sie bei den Großen unter den frühen Lesern, bei Schiller, Fichte, Schelling, Hegel, Schleiermacher, Schopenhauer oder bei den Brüdern Humboldt und Schlegel eine Bewegung über Kant hinaus in Gang gesetzt, die aus Kants eigener Sicht noch gänzlich in den Bahnen des Kritizismus hätte verlaufen können. Die *Kritik der Urteilskraft* erweitert die *Analytik* wie auch die *Dialektik* der theoretischen Vernunft, indem sie die *Mitteilbarkeit* als transzendentale Bedingung aufnimmt und die Kluft zwischen intellektueller Leistung und sinnlicher Lust zum herausfordernden Element der Selbsterfahrung macht. Mit der Symboltheorie des Schönen fügt sie der Perspektive der praktischen Vernunft eine ästhetische Dimension hinzu, in der die Postulate *Gott*, *Freiheit* und *Unsterblichkeit* sinnlich weniger entrückt erscheinen. Vor allem aber deckt sie auf, wie eng die Vernunft mit den scheinbar vernunftlosen Vorgängen des Lebens und Fühlens verbunden ist. Sie wird zum Organ für den »Wert« des Daseins. Der *sensus communis* ist der Sinn für das, worin wir alle verbunden sind – das Leben.

Aus der Sicht Kants wäre es widersinnig, mit der Einsicht in die einheitstiftende Leistung der ästhetischen Erfahrung den Vorrang der Vernunft in Zweifel zu ziehen. Denn die »Einheit« (was immer sie umfassen mag und ganz unabhängig davon, ob sie über die anzeigende Leistung der Sinnlichkeit erfahrbar wird) bleibt stets ein *Vernunftbegriff*. Insofern gehören sowohl das Ganze des Daseins wie auch die Einheit des Menschen zum »Übersinnlichen«, das nur durch Vernunft erschlossen werden kann. Davon ist in der *Einleitung* zur *Kritik der Urteilskraft* die Rede (5,171 ff).[9]

9 Kant hat sich offenbar noch vor der Niederschrift des Buches an einer *Einleitung* versucht, die er später, als die *Kritik der Urteilskraft* geschrieben

Das Beharren auf der Vernunft ist, bei allem Vorlauf der theoretischen Einsicht, letztlich aber eine *praktische* Leistung. Man muss der umfassenden Einheit, der man selber zugehört, auch selbst entsprechen wollen, wenn sie als Einheit überhaupt Bedeutung haben soll. Also bleibt es selbst angesichts der sinnlich angezeigten und spekulativ erschlossenen Einheit des Ganzen beim »Primat der praktischen Vernunft«, den Kant in der ersten *Kritik* vorbereitet (*B* 490) und in der zweiten begründet hat (5,119f.). Und auf eben diesen Primat verweist auch das Symbol des Sittlich-Guten.

Aber worauf hofft jemand, dem es vergönnt ist, das Schöne als den ephemeren Widerschein des Guten zu erleben? Angesichts des Schönen, das ihm die Gunst gewährt, in der eigenen Lust die Stimmigkeit seiner geistigen Kräfte als unmittelbar präsent zu erleben, kann die Hoffnung nur auf die uneingeschränkte *Dauer* dieses Zustands gerichtet sein. In ihr wären die Gegensätze, die das menschliche Dasein prägen, treiben und begrenzen, zwar nicht aufgehoben, wohl aber versöhnt. Sinnlichkeit und Vernunft wären zum Ausgleich gebracht. Alles, was den Menschen als sinnliches und zugleich vernünftiges Wesen ausmacht, wäre zu einem übersinnlichen Ganzen verbunden.

Eben das ist es, worauf die *Postulate* der praktischen Vernunft – *Gott*, *Freiheit* und *Unsterblichkeit* – gerichtet sind. In ihnen wird eine Einheit von Sinnlichkeit und Vernunft erhofft, die wir aus eigener Macht weder denkend erschließen noch handelnd erreichen können. Hier können wir nur auf die Güte eines Wesens setzen, das alle sinnlich erfahrbaren Kräfte übersteigt. Gott ist höher als alle menschliche Vernunft – auch wenn wir ihn uns widerspruchsfrei nur als ein vernünftiges Wesen denken können.

war, gekürzt und präzisiert hat. Die gestraffte Fassung steht nun der dritten Kritik voran; die erste Fassung findet sich in AA 20. Zum Problem der beiden Einleitungen siehe: Bartuschat, 1972; Guyer, 1979.

22. Gott, Freiheit und Unsterblichkeit. Wer aus Kants vernichtender Kritik an allen Beweisen für die Existenz Gottes den Schluss zieht, nun brauche von Gott keine Rede mehr zu sein, der täuscht sich gründlich. Auch die Hochschätzung von Erkenntnis und Wissen führt nach der scharfen Grenzziehung zwischen Glauben und Wissen keineswegs dazu, nur noch das Wissen zum Thema zu machen. Im Vergleich der kritischen mit den vorkritischen Schriften zeigt sich vielmehr, dass Kants Interesse am Gottesproblem eher zunimmt. Dafür gibt es einen einfachen Grund: Nach der Destruktion des epistemischen Zugangs zum Glauben steht er vor dem theoretisch gar nicht lösbaren Problem, die Beziehung des Menschen zu Gott aus einer Daseinserfahrung zu begründen, die gar nicht anders als *existenziell* genannt werden kann.

Ausgangspunkt ist die tugendhafte »That« des Einzelnen, der nur so die praktisch gültige »Obermacht über seine Neigungen« behaupten kann. In dieser tätigen Verfügung über widerstreitende Impulse legt das Individuum den Grund für die mögliche »Zufriedenheit mit seiner Person« (5,118). Doch die ist weit entfernt von jener »Selbstgenugsamkeit«, die man einem Wesen zuschreibt, das es gar nicht nötig hat, über seine Neigungen zu herrschen, weil es ohnehin in Übereinstimmung mit seinen originären Impulsen ist. Dieser gedachte Zustand einer vollkommenen Übereinstimmung von Vernunft und Neigung ist der Zustand der »Seligkeit«. Er muss als das »höchste Gut« eines jeden Handelns bezeichnet werden, sofern es nach dem »obersten Gut« der Sittlichkeit strebt. Zwar darf man die »Seligkeit« nicht als das motivierende Ziel der Moralität ansehen. Aber wenn man danach strebt, aus bloßer Achtung vor dem Gebot der Vernunft moralisch zu sein, dann denkt man das »höchste Gut« folgerichtig mit.

Ehe Kant diesen Gedankengang in seine *Postulatenlehre* überführt, behandelt er den »Primat der praktischen Vernunft« (5,119) und hebt mit dieser folgenreichen Formel den praktisch-tätigen Ausgangspunkt seiner Moral-Theologie hervor. Was immer man über ein »höchstes Gut« aussagen kann, hat seinen Grund in einem Mangel, der nur in der anspruchsvollen *eigenen Tat* zum Bewusstsein kommen kann. Eine sinnvolle Rede von Gott kann daher nur *praktische* Bedeutung haben; die wiederum kommt ihr nur zu, wenn sie auf ein bereits in die Tat umgesetztes Streben nach einem persönlichen Optimum bezogen ist. Das ist es, was ich als »existenziell« bezeichne, auch wenn Kant über diesen Begriff noch nicht verfügt.

Verstärkt wird dieser individuell-praktische Ausgangspunkt durch den Hinweis auf die »subjective Nothwendigkeit« der Postulate von Gott, Freiheit und Unsterblichkeit. Unter einem *Postulat* versteht Kant »einen *theoretischen*, als solchen aber nicht erweislichen Satz [...], so fern er einem *a priori* unbedingt geltenden *praktischen* Gesetze unzertrennlich anhängt« (5,122). Und ein solcher Satz wird auf ein »Bedürfniß« gegründet, das sich selbst auf keinerlei objektive Notwendigkeiten stützen kann (5,125).

Alle von der praktischen Vernunft gebotenen allgemeinen Pflichten stoßen hier an eine Grenze; der Mensch kann nur aus einem *individuellen Impuls* heraus tätig sein; und indem ihm dies gelingt, wird aus dem Bedürfnis »*Glaube* und zwar reiner *Vernunftglaube* [...], weil bloß reine Vernunft (sowohl ihrem theoretischen als praktischen Gebrauche nach) die Quelle ist, daraus er entspringt« (5,126). Der Ursprung in der Tätigkeit des Einzelnen schließt nicht aus, dass sich das Ziel nur durch Vernunft vorgeben lässt. So sind Vernunft und Leben längst aufeinander bezogen, ehe der Glaube daraus einen Gegenstand macht, den wir zwar nie erreichen, aber gleichwohl erhoffen können:

> Daher ist auch die Moral nicht eigentlich die Lehre, wie wir uns glücklich *machen*, sondern wie wir der Glückseligkeit *würdig* werden sollen. Nur dann, wenn Religi-

on dazu kommt, tritt auch die Hoffnung ein, der Glückseligkeit dereinst in dem Maße theilhaftig zu werden, als wir darauf bedacht gewesen, ihrer nicht unwürdig zu sein. (5,130)

23. Die Freiheit und das Böse. Die hoffnungsvollen Aussichten auf die reale Wirksamkeit der *Freiheit*, auf die *Unsterblichkeit* sowie auf eine *göttliche Garantie* der Einheit von Sinnlichkeit und Vernunft sind nicht auf objektive Tatbestände gegründet, auch nicht (wenn dies denn möglich wäre) auf solche der Metaphysik. Sie sind vielmehr an die Bemühung des Menschen gebunden, sein Leben nach Maßgabe seiner Vernunft zu führen. Der Mensch muss erst das Gute wollen, ehe es einen Sinn haben kann, von der geschichtlichen Realität oder gar vom endzeitlichen Erfolg des Guten zu sprechen. Folglich ergibt es auch keinen Sinn, den Menschen von Natur aus »gut« oder »böse« zu nennen; er hat lediglich Anlagen – und zwar zu beidem: zum Guten wie zum Bösen (6,44). So wenig der Mensch im Ganzen des Weltlaufs auch vermag, so enttäuschend es ist, dass er noch nicht einmal über sein Glück gebieten kann, so uneingeschränkt ist seine Kompetenz in den Fragen von Gut und Böse. Hier hat er allein zu entscheiden, ob und inwieweit es das eine oder das andere gibt.

Das Gute, so haben wir (im vorliegenden Band unter 4.12f.) gesehen, steht in der alleinigen Macht des menschlichen Willens. Entsprechendes muss auch vom Bösen gelten. Es ist daher nur konsequent, wenn Kant in der *Religionsschrift* den »guten Willen« durch den »bösen« ergänzt. Es ist ihm nicht genug, das Böse nur aus dem Mangel an gutem Willen oder aus dessen Versagen zu folgern. Er sieht sich in Kenntnis der menschlichen Natur zu der Annahme eines ausdrücklich vom Guten ablassenden Willens genötigt (6,17ff.). Wider besseres Wissen schiebt der Wille die vernünftige Einsicht beiseite und begnügt sich, wenn überhaupt, mit dem Anschein einer guten Tat. Das Böse besteht bereits darin, dass der Einzelne – nicht nur vor Anderen, sondern auch vor sich selbst – an vorgeschobene Gründe glaubt. Er gibt das äußere Dasein bereits für das Ganze aus.

Damit kehrt sich der Mensch von seinem eigenen (stets in ihm selbst liegenden) Ursprung ab. Kant spricht von einer »*Verkehrtheit* des Herzens« (6,37). Er hätte auch von einer Perversion der Vernunft sprechen können: Als Vernunft, die ihr Organ im Willen hat, begnügt sie sich mit Gründen, die vor ihr selber nicht bestehen. Nur in diesem Punkt entfernt sich Kant von der sokratischen Überzeugung, nach der das Handeln stets der besseren Einsicht folgt. Für ihn gibt es das »radical Böse« als die berechnende Abweichung von der Einsicht in das Gute. Dieses Böse ist »angeboren« und dennoch kein anthropologischer Tatbestand; zwar hat jeder Mensch den Hang dazu, aber nicht alle geben diesem Hang auch nach (6,32).

Es wäre ein Missverständnis, wollte man der Sinnlichkeit die Schuld am »radical Bösen« geben; man ginge fehl, wollte man mit Rousseau die angeblich zunehmende Verderbnis der Sitten dafür verantwortlich machen (6,35). Kant bleibt auch hier ein entschiedener Individualist; Erklärungen unter Berufung auf »*Erbkrankheit*, oder *Erbschuld*, oder *Erbsünde*« lehnt er ab (6,40). Alles Böse ist »selbstverschuldet«. Und alles Gute verdient seinen Namen nur, wenn es der Autonomie des Einzelnen entspringt.

Es sollte uns zu denken geben, dass Kant seine These vom »radical Bösen« offenbar mühelos in Traditionen stellen kann, die nach landläufiger Meinung weit von seiner Ethik autonomer Selbstbestimmung entfernt sind. Er holt nicht nur die sokratischen und stoischen Lehren der Antike ein, sondern stellt sich ausdrücklich auch in die christliche Überlieferung: So »möchte wohl vom Menschen allgemein wahr sein, was der Apostel sagt: ›Es ist hier kein Unterschied, sie sind allzumal Sünder – es ist Keiner, der Gutes thue (nach dem Geiste des Gesetzes), auch nicht einer‹« (6,39).[10]

Der ausdrückliche Anschluss an Elemente der christlichen Tradition, um die sich die *Religionsschrift* bemüht, kann hier nur als Beispiel dafür dienen, wie offen die kritische Vernunftaufklärung für die abendländische Überlieferung als ganze ist. Kant entwickelt sein System so, als sei die Geschichte des Denkens jederzeit präsent. Er kann von Sokrates und Platon, von Epikur und der Stoa sprechen, als sprächen die Alten auch zu ihm. Er nimmt selbstverständlich in Anspruch, was jede Hermeneutik zur notwendigen Voraussetzung hat, nämlich die Möglichkeit des Verstehens – auch über große Zeiträume hinweg. Wer sich Kants Denken primär von Descartes, Newton oder Leibniz her erschließen will, schränkt ihn ein. Neuzeit und Moderne haben sich von Anfang an in Korrespondenz zur antiken und zur humanistisch-christlichen Tradition entwickelt. Kants kritisches Philosophieren entfaltet sich im Bewusstsein der Kontinuität mit der geschichtlichen Überlieferung.

24. Ethikotheologie: der Mensch als Sinn der Schöpfung. Nach dem Anspruch der *Kritik der praktischen Vernunft* gelangt man zur höchsten Einheit von Sinnlichkeit und Vernunft nur durch eine existenzielle Wendung vom Wissen zum Glauben. Die Postulate erlösen den Einzelnen aus einer Grenzerfahrung der Vernunft, der es aus eigener Kraft unmöglich ist, die Kluft zur Sinnlichkeit zu überwinden. Das Erfahrungswissen hat seine Grenze in dem, was sinnlich gegeben ist. Da Existenzaussagen nur auf etwas bezogen werden können, was Gegenstand der Sinne ist, gibt es auch keinen Beweis vom Dasein Gottes. Den Zugang zum höchsten Wesen finden wir somit nur

10 Röm. 3,22 f; 3,12; dazu: Ricken, 2001.

durch den individuellen Akt des Glaubens. Der Glaube aber kommt über ein subjektives »Fürwahrhalten« nicht hinaus (*B* 848; 5,142 ff. und 5,461 ff.). Das Höchste und Vollkommenste kann dem nach Vollkommenheit strebenden Wesen nicht zur objektiven Gewissheit werden. Auch dies ist eine Kränkung für die menschliche Vernunft; zugleich aber eine unausdenkbare Herausforderung für das Individuum, sich die Gewissheit mit allen seinen Kräften ganz aus sich selbst zu verschaffen. Denn die Vernunft allein reicht nicht aus; das bloße Gefühl hingegen kann den Selbstanspruch eines vernünftigen Wesens nicht befriedigen. Also muss es für sich selbst eine Verbindung aus Gefühl, Vernunft und Erfahrung finden, die den persönlichen Glauben trägt. Nur der nicht beweisbare Gott kann eine existenzielle Herausforderung für den Menschen sein.

Die *Postulatenlehre* führt den das ganze Dasein des Einzelnen fordernden Zugang zu Gott vor Augen. Sinnlichkeit und Vernunft müssen individuell verbunden sein, damit der Gott zum eigenen, zum wahrhaft persönlichen Gott werden kann. Dabei kommt alles auf die Konzentration der eigenen Kräfte an. Jeder hat für sich selbst das Ziel der Einheit von Sinnlichkeit und Vernunft, von Pflicht und wahrer Erfüllung, von Würde und Glück festzuhalten. Der Glaube ist ein individueller Akt, der aus dem Verlangen kommt, die in allem Wissen, Handeln und Erleben unterstellte Einheit von Mensch, Welt und Vernunft auch über die erfahrenen Schranken hinaus festzuhalten. Tatsächlich kann Gott nur dadurch, dass er *keine* feste Größe des Wissens ist, zu einer praktisch wirksamen Macht des Daseins werden.

Diese kühne, jeden Atheismus überbietende Einsicht sucht Kant im Anhang zur Kritik der teleologischen Urteilskraft zu begründen. Nachdem als sicher gelten kann, dass alle Gottesbeweise ihr Ziel verfehlen – auch jene kindlich-naive, gleichsam ästhetische Beweisart der »Physikotheologie« (die aus der Zweckmäßigkeit der Natur auf einen Zwecke setzenden Urheber schließt), bleibt nur noch die »Ethikotheologie«. Sie geht von der moralischen Existenz des Menschen aus. In ihr hat der Mensch einen »Werth, welchen er allein sich selbst geben kann und welcher in dem besteht, was er thut« (5,443). Im Gebrauch seiner Freiheit und unter dem Anspruch des guten Willens erhält »sein Dasein allein einen absoluten Werth«, so dass es als »Endzweck« gelten kann.

Dieser selbstgesetzte Zweck des Menschen wäre die pure Vermessenheit, wenn er sich über das erheben würde, was außer ihm ist. Auch wenn der Ursprung der absoluten Selbstauszeichnung des Menschen allein in seiner Vernunfttätigkeit liegt, so kann er vernünftigerweise nicht unabhängig von dem sein, was die moralische Existenz des Menschen ermöglicht. Folglich haben wir einen Grund, von einem Zusammenhang zwischen der Moralität des Menschen und der Moralität dessen auszugehen, der den Menschen möglich gemacht hat. Also findet der Mensch als moralisches Wesen seine Entsprechung in einem moralischen Wesen, dem sich das Ganze der Welt verdankt. Nur unter dieser Prämisse ist es kein anti-nihilistischer Triumphalismus, wenn Kant behauptet, alle möglichen Welten seien sinnlos, seien »zu nichts da«, »wenn es in ihnen nicht Menschen (vernünftige Wesen überhaupt) gäbe«. Und um sicher zu gehen, dass der ungeheuerliche Satz verstanden wird, setzt Kant die Erläuterung hinzu: »ohne den Menschen [werde] die ganze Schöpfung eine bloße Wüste, umsonst und ohne Endzweck sein« (5,442; vgl. 27,2,2,1321).

So ähnlich spricht später Nietzsches Zarathustra, und er mäßigt das Risiko dieser Einsicht, indem er das Schicksal des Menschen an den »Sinn der Erde« bindet. Wenn es gelänge, den Sinn des Menschen rein physiologisch als Sinn seines Leibes zu fassen, wäre das konsequent. Kant aber bleibt bei der Einsicht, von der sich Nietzsche erfolglos zu lösen versucht: dass wir den Sinn weder vom *Willen* noch von der *Vernunft* des Menschen noch vom Gebrauch seiner *Freiheit* abtrennen können. Also schließt er mit größerer Konsequenz auf einen umfassenden Sinn, dem wir Vernunft beilegen können, solange es möglich ist, von unserer eigenen Vernunft zu sprechen. Für diesen weltumspannenden vernünftigen Zweck haben wir den »Namen Gottes«. Gott ist das »Urwesen«, bei dem wir völlig offen lassen können, wo und wie es ihn gibt, wann und warum er alles gemacht hat. Der Begriff bezieht seine ganze Geltung daraus, dass wir Gott als »gesetzgebendes Oberhaupt in einem moralischen Reiche der Zwecke denken müssen« (5,444). Und wenn wir uns selbst an die hier gültigen Gesetze halten, haben wir ihn für uns selbst eben darin bewiesen. Gott ist dort, wo das moralische Wesen ganz bei sich selber ist. »*Denn sehet,*« so zitiert Kant aus *Lukas* 17,21 f., »*das Reich Gottes ist inwendig in euch!*« (6,136). Die existenzielle Individualität des Glaubens ist offenkundig. Sie exponiert die Bedingung, unter der schon das selbstbewusste Handeln und kritische Wissen des Menschen stehen.

25. Die Kultur als »der letzte Zweck«. Es gibt nicht nur moralische Gründe für die Sicherung des letztlich nur individuell zu fassenden Glaubens an ein höchstes Wesen. Die allgemeinen Momente in der »subjektiven Überzeugung« haben auch geschichtliche und gesellschaftliche Bedingungen, die in der *Kultur* begründet liegen.

Zu diesen äußeren Bedingungen gehören die *Glaubensgemeinschaften*, die für religiöse Traditionen sorgen und Institutionen stiften, in denen der Einzelne Rückhalt und Förderung findet. In der kleinen Schrift über den *Muthmaßlichen Anfang der Menschengeschichte* (1786) hat Kant anschaulich gemacht, wie man die Überlieferungsgeschichte der jüdisch-christlichen Religion als eine großgefasste Didaktik eines von der Vernunft gesicherten Glaubens verstehen kann. Er führt vor, wie die biblische Schöpfungsgeschichte als Parabel der frühen Kulturgeschichte des Menschen gedeutet werden kann (8,107ff.). In der *Religionsschrift* sucht er den Offenbarungsbericht für den aufgeklärten Menschen zu erschließen (6,124ff.). In beidem erweist sich Kant als Vorläufer einer Entmythologisierung der Überlieferung, die sich damit aber nicht auflöst, sondern auf dem Weg der theoretischen Selbstaufklärung des Menschen auch praktische Hilfen gibt. Wer meint, Kants Gesellschaftstheorie ließe sich ausschließlich für die Tradition des liberalen Universalismus in Anspruch nehmen (und nicht schon durch die Ausführungen über Zünfte, Stiftungen und soziale Verbindlichkeiten eines jeden Bürgers in der *Rechtslehre* [6,367ff.] eines Besseren belehrt werden kann), dem seien die Passagen über die Funktion der Gemeinden als »ethische Gemeinschaften« in der *Religionsschrift* zur Lektüre empfohlen (6,96ff.). Kant sucht »Universalität«, ohne dem »Kommunitarismus«, den die Romantik (und in deren Folge auch Hegel) einklagt, den Boden zu entziehen.

Die Kirchen und Gemeinden gehören, mitsamt der von ihnen festgehaltenen Überlieferung, zu den Elementen der Kultur. In ihnen sieht Kant die Garanten für die Erhaltung und Entfaltung des menschlichen Geschlechts. Deshalb lässt er seine Naturteleologie in eine Betrachtung über die Kultur des Menschen münden. Nur in ihr kommen jene vorausweisenden Leistungen zustande, in denen das Individuum seinen Sinn finden kann. Doch der individuelle Lebenssinn gelangt nie zu einem definitiven Abschluss. Wenn er nicht mit dem Ende seines Trägers einfach abbrechen soll, ist er in die Perspektive der Gattung zu überführen. Nur hier, wenn überhaupt, kann er sich »vollenden«.

Die Sicherung des individuellen Wollens im Entwicklungsgang des Menschen ist die eigentliche Aufgabe der Kultur. In ihr schafft sich der Mensch eine Welt, in der er hofft, vernünftig leben zu können. Die Kultur ist somit der praktische Garant des humanen Sinns. Sie geht selbst aus den Naturtrieben des Menschen hervor, verstärkt und zähmt den Gegensatz der Interessen, steigert die Vereinzelung des Individuums und bindet es zugleich mit sublimeren Mitteln an seinesgleichen. Die Kultur trägt und stützt das Denken und Wollen aller. Sie bereitet auch den Boden für Moral, Recht und Religion. Indem sie aber selbst vom Handeln der Menschen getragen und gefördert wird, kann sie Sinnhorizonte eröffnen, in denen der Einzelne sich selbst überschreitet. So darf die menschliche Gattung, die in der Kultur zu ihrer Form der Freiheit findet, als die Gestalt des Lebens begriffen werden, in der das fragmentarische Werk der Individuen sich unter der Idee eines Ganzen zusammenfügt.

Der Hinweis auf den individuellen Zugang kann philosophisch freilich nicht genügen. Auch die reine Individualität hat allgemeine Voraussetzungen theoretischer und praktischer Art. Sie kann nur über ein allgemeines Bewusstsein erkannt, erschlossen und angesprochen werden; somit bleibt sie in allem an *Begriffe* gebunden und außerdem, wie wir gesehen haben, an die *Mitteilbarkeit* eines Gefühls, das als gemeinsamer *Sinn* erfahren wird. Die Allgemeinheit der Verständigung sichert die *Kultur*, mit deren Theorie Kant seine Theorie des *Lebens* abschließt. Die Kultur setzt die Leistung der *Natur* voraus und führt sie im Medium der *Eigenständigkeit* des Menschen fort (5,429ff.). Die sie dabei leitenden Ziele müssen mit dem *höchsten Zweck* des menschlichen Handelns kompatibel sein; also wird sie durch die *Vernunft* organisiert. Die Vernunft aber bestimmt die Menschheit in der Person eines jeden einzelnen Wesens als »Zweck an sich selbst«, als »Endzweck« (5,431). Daraus folgt das übergeordnete Ziel der Kultur: Sie muss den Menschen tauglich machen, »sich selbst überhaupt Zwecke zu setzen« (5,431).

In der Kultur kann der Mensch die äußeren Hilfsmittel zur Entfaltung seiner besten Kräfte, zur Annäherung an die »Vollkommenheit« finden. Sie fördert ihn in seiner Selbstbestimmung durch seine eigene Vernunft. Und da er als sterbliches Wesen mit den eigenen Zielen rasch an ein Ende kommt, kann er hoffen, dass sein Leben als Werk begriffen und von denen, die auf ihn folgen, fortgesetzt wird. Gott ist der dem Menschen seit Urzeiten vertraute Name, der diese Erwartung verbürgt.

6. Was ist der Mensch?

Ein Tier, das sich ein Beispiel gibt

> Es ist merkwürdig, daß wir uns für ein *vernünftiges* Wesen keine andere schickliche Gestalt, als die eines Menschen denken können.
>
> (Kant, 7,172)

1. Annäherung an eine offene Frage. Wir erinnern uns: Mit der Frage *Was ist der Mensch?* fasst Kant die drei Leitfragen der Philosophie in einer einzigen zusammen. Strenggenommen müsste mit dem in den letzten drei Kapiteln unternommenen Versuch, auf diese Fragen einzugehen, auch schon die letzte beantwortet sein – wenn es denn stimmt, dass die vierte lediglich auf den Punkt bringt, worum es in den ersten drei Leitfragen geht. In der Tat bietet Kant in seinen kritischen Untersuchungen nur Variationen auf die Frage des Menschen nach sich selbst. Und dennoch gewinnt die Vernunftkritik im ausdrücklich gemachten Selbstbezug nicht nur die Prägnanz eines für jeden Menschen unmittelbar gegebenen Ausgangspunkts bei sich selbst; sie setzt auch eine existenzielle Dramatik frei. Unter ihrem Eindruck kann man nicht umhin, sich einzugestehen, dass die großen Themen der Transzendentalphilosophie: *Allgemeinheit* und *Notwendigkeit*, *Objektivität* und *Gesetzlichkeit*, *Überzeugung* und *Wahrheit*, *Moralität* und *Legalität*, *Natur* und *Freiheit*, *Welt* und *Gott* ihren Sinn allein daraus beziehen, dass in ihnen der Mensch eine Antwort darauf sucht, *was und wer er selber ist*.

Man muss zugleich aber sehen, dass sich mit der ausdrücklichen Thematisierung des Menschen der extreme Bezug auf das Ich, das die drei Leitfragen (Was kann *ich* wissen? Was soll *ich* tun? Was darf *ich* hoffen?) jeweils für sich selber stellt, entschärft. Es heißt nicht, wie man in Fortsetzung der ersten drei Formulierungen erwarten könnte: Wer bin *ich*?, sondern: Was ist der *Mensch*? Das Ich nimmt sich ausdrücklich in den durch Natur und Kultur erzeugten Zusammenhang zurück, aus dem es nicht nur als kollektive Disposition des Wir, sondern auch als individuelle Exposition des Ich möglich ist. Es ist der Kontext der *Gattung* des Menschen, der sich unter dem Anspruch einer praktisch bedeutsamen Selbsterkenntnis nach Maßgabe der *Menschheit* begreift. So hat die *von* ihm selbst *an* ihn selbst gerichtete Frage nach dem Wesen des Menschen nicht nur die Dimension einer historisch aufgeladenen Natur, sondern auch eine implizite Intelligibilität, der sich keine Antwort, wenn sie denn überzeugen können soll, entziehen kann.

Dadurch ist auch der Duktus unserer Behandlung der abschließenden Frage nach dem Menschen vorgegeben: Wir haben vor allem auf seine *Naturanlage* zu achten und können dabei seine *an* ihm und *für* ihn selbst hervortretende *Lebendigkeit* nicht umgehen. Dieses *an* und *für sich selbst erfahrene Leben* vollzieht sich in *Prozessen individueller Organisation*, die auf *Produktion* und *Expression* hin angelegt sind. Als das sich ausdrücklich *selbst mitteilende Wesen* steigert der Mensch aber nicht nur seine *Individualität*, sondern eröffnet sich zugleich die *Dimension der Universalität*. Die erlaubt es ihm, sich in der *Sphäre der Sachlichkeit* zu bewegen, in der sich auch sein *Selbstverständnis als vernünftiges Wesen* bildet. So hat er einen eigenen Anteil an dem, *wie* und *was* er geworden ist. Und je mehr er davon weiß, umso größer wird seine Verantwortung für das, was künftig aus ihm wird. Damit ist die Perspektive der Humanität eröffnet. Und in ihr ist wesentlich, dass auf die Frage *Was ist der Mensch?* niemals eine abschließende Antwort gegeben werden kann.

Das heißt natürlich nicht, dass man sie auf sich beruhen lassen darf. Man muss sie im Gegenteil stellen, damit sie mit *Gründen* offen gehalten wird. In nichts aber versteht der Mensch sich besser als in seinen *eigenen Gründen*. Hier ist er ganz bei sich und zugleich bei allen Anderen, denen er sich verständlich machen will. In den eigenen Gründen tritt die *Vernunft* in ihrer vermittelnden Funktion zwischen Individualität und Universalität hervor. Vernunft, so viel lässt sich vorab sagen, ist das Spezifikum des Menschen. Sie ist die Fähigkeit, von allem, was man hat und was man ist, einen *einsichtigen Gebrauch* zu machen. Durch die Vernunft kann der Mensch alles, was ihm theoretisch und praktisch zu Gebote steht, seinen *eigenen Zwecken* unterwerfen. Der darin liegenden Gefahr der Maßlosigkeit kann er wiederum nur durch die Vernunft begegnen.

2. Der Mensch als Teil der physischen Natur. Kant hebt in einer selbst seine Anhänger bis heute irritierenden Deutlichkeit hervor, dass der Mensch ein Naturwesen ist. Er schreckt noch nicht einmal davor zurück, den Menschen zu einem aus mechanischen Elementen aufgebauten mechanischen Element in dem von Druck und Stoß bestimmten Ursache-Wirkungs-Komplex der Natur zu deklarieren. Nirgendwo rückt er von der 1755 in der *Allgemeinen Naturgeschichte* vertretenen These einer vollkommenen Zugehörigkeit des Menschen zur Mechanik von Himmel und Erde ab. Mit prometheischem Gestus behauptet er, man brauche ihm, dem Autor, nur »Materie« zu geben, und er werde eine »Welt« daraus bauen. Zu dieser Welt gehört erklärtermaßen auch der Mensch.

Den Beweis für seinen ungeheuerlichen Anspruch sucht Kant in seiner Rekonstruktion des Weltalls zu erbringen, indem er alles, was am Himmel und auf der Erde erkennbar ist, aus mechanischen Prinzipien herleitet. Dazu gehören nicht nur die Sternensysteme, die Sonne und ihre Planeten, sondern alle darauf lebenden Pflanzen und Tiere, einschließlich des Menschen. Dessen intellektuelle Disposition wird, wie alles andere auch, aus der räumlichen Verteilung der bewegten Materie erklärt. Zwar soll der Geist, wie der Ursprung der Materie, selbst etwas Göttliches sein; und schon die einfachste Organisationsform des Lebens wird als etwas unendlich Kompliziertes dargetan. Dennoch gilt die Beweglichkeit des menschlichen Geistes als bloße Funktion aus der Masse des bewohnten Planeten und seiner Entfernung von der Sonne (1,359).

Derart weitläufige Spekulationen werden in den späteren Schriften nicht mehr angestellt. Der Naturbegriff wird unter den Konditionen der Kritik nachhaltig differenziert. Aber eindeutig wird er dadurch keineswegs. Im Gegenteil: Es kommt zu einer den flüchtigen Leser verwirrenden Vieldeutigkeit. Man muss stets auf den *Kontext* – und insbesondere auf die jeweils dominierende begriffliche *Opposition* – Acht haben, um zu erkennen, welches Verständnis von Natur jeweils gemeint ist.[1] So kann »Natur« auch beim kritischen Kant das Weltall, gleichsam die Schöpfung meinen und dabei lediglich »Gott« gegenüberstehen. Hier versteht es sich, wie in der vorkritischen Kosmologie, von selbst, dass der Mensch als Geschöpf Gottes ein »Naturwesen« ist.

Der aufwändig entwickelte Naturbegriff der *Kritik der reinen Vernunft* meint die Natur als Gegenstand der *Erfahrung*, der in seiner raum-zeitlichen Dimension die Naturwissenschaften, insonderheit die Physik beschäftigt. Diesem Begriff widmet Kant unter der Frage: *Wie ist reine Naturwissenschaft möglich?* auch in den *Prolegomena* die größte Aufmerksamkeit (4,294 ff.). Um zu einer Naturerfahrung zu gelangen, müssen sinnliche Eindrücke durch die Kategorien des Verstandes zu allgemeinen Aussagen

1 Zur Vielfalt der Naturbegriffe Kants siehe Falkenburg, 2000; Friedman, 1992.

gebracht werden können. Und wo immer dies auf widerspruchsfreie Weise gelingt, ist ein allgemeiner, auf Notwendigkeit gegründeter Zusammenhang gegeben, den wir als den Bereich *möglicher Erfahrung* benennen können. In ihm ist alles durch den Nexus von Ursache und Wirkung bestimmt.

Diesem Zusammenhang gehört der Mensch als Naturwesen ausnahmslos zu. Nur deshalb kann die vollständige Determination sowohl der äußeren Handlungen wie auch der physiologischen Prozesse im Inneren des Leibes behauptet werden. Es gäbe keine *Antinomie* der Vernunft – und vom Problem der *Freiheit* könnte erst gar keine Rede sein –, wenn nicht der Mensch mit allen seinen Aktionen und Reaktionen fest in den Ursache-Wirkungs-Konnex der erfahrbaren Natur eingelassen wäre. Der Mensch könnte nichts an sich berechnen, brauchte weder auf sein Gewicht noch auf seine Körperkräfte zu achten, wenn er nicht Teil dieses physikalischen Naturzusammenhangs wäre. Nur als physisches Wesen kann er sich auf die ihn in allen Lagen sichernde oder zerstörende Schwerkraft der Erde verlassen. Nur weil er einen den physikalischen Gesetzen vollständig unterworfenen Körper hat, kann er die physische Natur bearbeiten, kann er auf die drohende und zerstörende Macht von Waffen setzen oder erwarten, dass eine Medizin ihm hilft. – Die *erste* Antwort auf die Frage nach dem Menschen lautet demnach, dass er *Naturwesen* ist. Er muss es sich gefallen lassen, immer auch als ein *mechanischer Teil* im großen Mechanismus der Welt begriffen zu werden.

3. Der Mensch als Teil der schöpferischen Natur: Kants metaphysischer Begriff der Natur. Schon in seiner ersten Schrift hat Kant große Hoffnungen auf die Unterscheidung zwischen »toten« und »lebendigen« Kräften gesetzt. Im Gang der Entwicklung seines Denkens tritt seine Skepsis gegenüber einer Philosophie *more geometrico*, einem Denken nach dem Vorbild der Mathematik, immer stärker hervor. In der *transzendentalen Analytik* der *Kritik der reinen Vernunft* hat es zunächst den Anschein, als sei die Unterscheidung zwischen der »toten«, d. h. mechanisch wirksamen, und der »lebendigen« Natur vergessen. Doch in den abschließenden Bemerkungen zur *Analytik*, vor allem in der Erörterung der *Amphibolie der Reflexionsbegriffe* (*B* 316ff.), und erst recht in *Dialektik* und *Methodenlehre* wird offenkundig, dass sämtliche intellektuelle Leistungen einem lebendigen Wesen zugehören, das sich in einem vielfältig gegliederten, wandelbaren und von Gegensätzen bewegten Umfeld bewähren und entwickeln muss.

Am Ende kann es keinem Zweifel unterliegen, dass Anschauung und Begriff, Erkenntnis, Wissenschaft und philosophisches System unverzichtbare Lebensleistungen des Menschen sind, der sich als Teil der Menschheit versteht. Welche »Natur« aber kommt einem Menschen zu, der sich in einem zweckmäßig geordneten Lebenszusammenhang bewegt, sich selbst als Mittel zu großen wissenschaftlichen Zielen begreift und sich dabei eigene Zwecke setzt? Aus bloßer Mechanik lassen sich weder die »Absichten« der Natur noch die dialektische Entfaltung der Theorien und Schulen noch die zielgerichteten Anstrengungen der Individuen begreifen.

Also bleibt nur die Konsequenz, dass hier ein anderer Naturbegriff zugrunde liegt, der dem Modell der göttlichen Schöpfung zum Verwechseln ähnlich sieht. Lediglich der initiale Akt des göttlichen Willens fehlt. Dessen Ratschluss wird, ohne dass wir von Gott etwas wissen können oder wissen müssen, zum integralen Moment einer Selbstschöpfung der Natur, die alle ihre Ziele in sich trägt. Kant spricht von dieser Natur, als sei sie selber göttlich, als habe sie ihre buchstäblich alles regulierenden Zwecke, die noch nicht einmal zulassen, dass etwas umsonst geschieht. Diese »weise«, »vorsorgliche«, in aller Verschwendung »sparsame« und am Ende auch immer »vernünftige« Natur (5,383) setzt die Naturgeschichte in Gang, bringt die politische Geschichte hervor und wird als Träger der Kultur begriffen, in der sie sich vollendet. In Kants Darstellung erscheint sie wie ein singuläres übermächtiges Wesen, das seine wohl überlegten Pläne realisiert. Mit Blick auf diese in sich schöpferische Natur erscheint der Mensch als Teil eines großen Plans, den seine Vernunft nur annähernd und mit ausbleibender Gewissheit erfassen kann.

Wer nur die *transzendentale Analytik* kennt, dem muss die anthropogene und zugleich theomorphe Naturkonstruktion wie ein Rückfall hinter die Einsichten der Vernunftkritik erscheinen. Wer jedoch die *transzendentale Dialektik* hinzunimmt, der entdeckt, dass Kant hier lediglich die Natur nach Maßgabe einer *Vernunftidee* zu denken sucht. Er fasst das Insgesamt des Bestandes und der Bewegung der Natur unter dem Gesichtspunkt ihrer möglichen *inneren Einheit*. Damit muss ihr Geschehen als *Entwicklung* erscheinen, das mit dem Werden und Wollen kongruiert, das zumindest ein Teil dieser Natur, nämlich der Mensch, wiederum von sich selbst her kennt. Unter der (nur vom Menschen gefassten) *Vernunftidee* kommt es daher zu einer (stets nur *gedachten*) Kongruenz zwischen dem Ganzen der Natur und jenem Teil von ihr, der sich verstehend um dieses Ganze bemüht. Und in diesem durchaus kritischen Sinn ist die Natur ein *lebendiges Ganzes*, das dem Selbstbegriff des Menschen entspricht und das somit in der Lage ist, auch das Werden seiner Geschichte und seiner Kultur zu tragen.

In diesem kritischen Sinn lässt sich am Ende sogar verstehen, warum der Vernunftbegriff einer umfassenden Natur dem theologischen Sinn der Schöpfung nahe kommt. Denn auch die Idee eines *Gottes* basiert auf dem Vernunftbegriff des Menschen, der sich selbst als Einheit und eben darin als Teil eines Ganzen begreift, dessen Unbegreiflichkeit ihm dennoch entsprechen können muss, wenn er nicht auf den einheitsstiftenden Begriff seiner selbst verzichten soll. Die Leistung des metaphysischen Naturbegriffs liegt darin, Mensch und Welt innerlich und äußerlich so zu verbinden, dass uns nichts, weder Einzelnes noch Ganzes, als etwas vollkommen Fremdes entgegenstehen muss.

4. Die Verdrängung der lebendigen Natur. Mehr als ein Jahrhundert lang galt Kants kritische Erkenntnistheorie als das philosophische Gegenstück zu Newtons Physik. In der Folge von Hermann Cohens These, die transzendentale Analyse des Erkennens gehe vom »Faktum« der Naturwissenschaften aus (Cohen, 1874), haben sich nicht nur Neukantianer, sondern auch deren Kritiker[2] dazu verleiten lassen, die von Kant selbst exponierte Parallele zwischen neuzeitlicher Physik und Transzendentalphilosophie bereits für die Hauptsache des kritischen Denkens zu halten. Der weitgehend an der Physik orientierten Wissenschaftstheorie des 20. Jahrhunderts, die Kant zu ihrem historischen Kronzeugen machte, kam diese verengte Deutung entgegen. Auch die sprachanalytische Lesart der 60er- und 70er-Jahre blieb weitgehend auf die physikalischen Paradigmen der Kausalität und der Objektivität fixiert.

Angesichts der technischen Dominanz der kausalmechanischen Wissenschaften und der gleichzeitig wachsenden Vorbehalte gegen die Metaphysik kann man verstehen, dass Kants kritische Metaphysik nicht dazu angetan war, dem unter der Vernunftidee stehenden theomorphen Naturbegriff zur Anerkennung zu verhelfen. Dazu bedurfte es erst jener Grenzerfahrungen, die unter dem Titel der ökologischen Krise populär geworden sind.[3] Seitdem gibt es eine wachsende Aufmerksamkeit für die Mensch

2 So z. B. E. Bloch, *Geist der Utopie* (1923), Frankfurt a. M. 1964, 219.
3 F. Kaulbach war darauf durch seine vergleichenden Studien zu Aristoteles, Leibniz und Kant am besten vorbereitet (1961; 1965; 1969).

und Welt nicht nur äußerlich umspannende, sondern auch innerlich verbindende metaphysische Naturkonzeption Immanuel Kants.

Allerdings hätte es der im Zeichen der Krise des kausalmechanischen Denkens einsetzenden Rehabilitierung der kritischen Metaphysik nicht bedurft, um erkennen zu lassen, dass Kant einen weit über die Newtonsche Mechanik hinausgehenden Naturbegriff entwickelt. Von Anfang an sucht er nach einem angemessenen Verständnis der »lebendigen Kräfte«. Auch wenn er daran festhält, dass die Gesetze der Physik den Grund für jede denkbare Erklärung legen, so ist doch bereits 1747 und 1755 deutlich, dass er in einer genaueren Beschreibung der Erscheinungen des Lebens eine besondere Herausforderung der Naturwissenschaften erkennt. Wenn er auf die Schwierigkeiten einer angemessenen Erklärung eines scheinbar so einfachen Gegenstandes wie eines »Grashalms« oder eines »Krauts« verweist (1,230), wenn er die Probleme der organischen Verbindung von Seele und Körper exponiert (2,324 ff.) oder auch nur ein Projekt wie das der *Physischen Geographie* in Angriff nimmt, dann ist schon vor seiner kritischen Hinwendung zum Leben offenkundig, dass er sein Interesse nicht auf die Mechanik der Natur beschränkt.

Aber erst mit der *Kritik der reinen Vernunft* ist der Grund für eine separate Beschäftigung mit dem Naturphänomen des Lebens gelegt. Nachdem (in der *Analytik*) die transzendentalen Bedingungen der Naturerfahrung überhaupt und (in der *Dialektik*) die ideellen Konditionen eines mit unserem praktischen Selbstverständnis kompatiblen Begriffs der Natur als ganzer gelegt sind, nachdem 1786 auch die allein auf die Physik konzentrierten *Metaphysischen Anfangsgründe der Naturwissenschaft* veröffentlicht sind, macht sich Kant an die Grundlegung einer *Theorie des Lebens*. Wir finden sie unter dem unscheinbaren Titel einer *teleologischen Urteilskraft* im zweiten Teil seiner dritten *Kritik* (5,362 ff.). Sie gehört zu seinen größten, ganz und gar originellen Leistungen.

Gleichwohl führt sie in der akademischen Kant-Interpretation ein Schattendasein, das aufzuhellen sich lohnt. Denn beim Erscheinen der *Kritik der Urteilskraft* waren die besten Rezeptionsbedingungen gegeben. Der Begriff des Lebens zog in kurzer Zeit große Aufmerksamkeit auf sich; sogar der Begriff der »Lebensphilosophie« kam damals in Umlauf.[4] Fichte und vor allem Schelling nahmen die Anregung Kants produktiv auf; in Hegels *Logik* findet sich ihre kongeniale Übersetzung in das System des Geistes. Aber mit seiner Ablösung von den zugrundeliegenden Leistungen des Verstandes und der Vernunft durch Schopenhauer geriet der Begriff des Lebens in den Schlagschatten des Widervernünftigen. Das Leben wurde zur Gegeninstanz aller rationalen Leistungen. Und anstatt mit Kant gegen die irrationalistische Verzeichnung des Lebens zu argumentieren, ließ man den Begriff weitestgehend auf sich beruhen. Vielleicht lässt sich die Philosophie durch die Erfolge der Biologie, die inzwischen der Physik den Rang als Leitwissenschaft abgelaufen hat, dazu nötigen, das Versäumte nachzuholen.

5. Die Unzulänglichkeit der Alltagsteleologie. Kant beginnt seine Betrachtung über die Erkenntnis zweckmäßig erscheinender Naturvorgänge mit einer Kritik der Teleologie unserer alltäglichen Wahrnehmung. So widrig die Lebensverhältnisse im Einzelnen auch sein mögen, in vielem erscheinen sie dem Menschen als unmittelbar zweckmäßig: Das Gras, von dem sich die Rinder und Schafe ernähren, ist nicht nur von Vorteil für sie, sondern auch für den Menschen, dem diese Tiere nützlich sind. Der Schnee

4 Spätestens seit 1772 gibt es den Begriff in Buchtiteln. Die Kantianer Krug, Pölitz und Bouterwek steuern eigene Studien bei. Krug stellt in seinem *Allgemeinen Handwörterbuch der philosophischen Wissenschaften* (Leipzig [2]1832–38) die Literatur jener Jahre zusammen.

schützt die Saat vor starkem Frost und macht das Schlittenfahren möglich. Das begreifen die Bewohner in nördlichen Regionen als zweckmäßig, ebenso wie das von den Flüssen aus wärmeren Gegenden angeschwemmte Holz, das ihnen Brennmaterial bietet. Auch das Vorkommen »große[r] mit Öl angefüllte[r] Seethiere« kann man nach Art einer weisen Voraussicht der Natur und insofern »teleologisch« deuten (5,369). Entsprechend könnte man sagen: »das Ungeziefer, welches die Menschen in ihren Kleidern, Haaren oder Bettstellen plagt, sei nach einer weisen Naturanstalt ein Antrieb zur Reinlichkeit, die für sich schon ein wichtiges Mittel der Erhaltung der Gesundheit ist« (5,379).

Kant, der sonst sparsam mit Beispielen ist, schwelgt in einer Fülle von Hinweisen, die sich vornehmlich auf die Grenzregionen der menschlichen Zivilisation (auf Eismeerküsten und Wüstenlandschaften) beziehen. Man erkennt sein Interesse an der Einbindung des Menschen in die Natur. Die Häufung der Beispiele verfolgt den Zweck, die prinzipielle Grenze der natürlichen Teleologie aufzuweisen. Natürlich sind die pragmatischen Vorteile einer teleologischen Betrachtung der vorkommenden Lebensverhältnisse nicht von der Hand zu weisen. Denn diese Deutung im Sinne der eigenen Interessen erleichtert sowohl die Nutzung wie auch die Sicherung günstiger Lebensverhältnisse. Das belegt Kants ökologische Kritik an den Vorfahren »wegen deren unvernünftiger Ausrottung« der »Fichtenwälder« auf dem vom Meer freigegebenen Sandboden, der damit der Erosion überlassen bleibt (5,367). Die Befriedigung aktueller Bedürfnisse des Menschen stört somit die langfristige Zweck-Mittel-Relation der Natur. Wäre Kants Denken derart seins- und naturvergessen, wie es die Ökologen der Gegenwart behaupten (vgl. oben 5.13), hätte er so überhaupt nicht argumentieren dürfen.

Aber man muss gleich hinzufügen, dass Kant dieser Alltagsteleologie philosophisch wenig zutraut. Zwar hat sie für die Lebensführung des Menschen einen unbestreitbaren Vorteil, weil sie seine pragmatischen Belange unterstützt. Doch in ihr ist alles an die Zufälligkeit des Ausgangspunkts geknüpft. So könnte auch die Gans den Menschen als zweckmäßig ansehen, weil er ihr Futter gibt (27,2,2,1321). Alle auf diesem Weg erfassten teleologischen Zusammenhänge sind *relativ* auf einen zufällig gegebenen Zweck eines empirischen Daseins. Sie genügen dem von Kant gesetzten strengen Anspruch an ein teleologisches Urteil nicht.

Für die nachfolgende Argumentation ist dieser Punkt von eminenter Bedeutung, denn er macht deutlich, dass Kant auch mit Blick auf die Selbstorganisation des Lebens nach einem »absoluten« Ausgangspunkt sucht, der gleichwohl mitten im Dasein liegen soll. Er kann nicht schon dadurch gegeben sein, dass er tatsächlich vorkommt. Deshalb reicht auch die faktische Existenz der Menschen nicht aus, den für die Begründung benötigten absoluten Ausgangspunkt zu finden. Denn im Kontext der alltäglichen Zweck-Mittel-Relationen rechnet Kant auch den Menschen unter die zufällig vorhandenen Naturwesen, deren Dasein man, wie das der Rinder und Schafe, als gegeben setzen muss, ohne damit irgendeine Notwendigkeit verbinden zu können:

> Nur *wenn* man annimmt, Menschen haben auf Erden leben sollen, so müssen doch wenigstens die Mittel, ohne die sie als Thiere und selbst als vernünftige Thiere (in wie niedrigem Grade es auch sei) nicht bestehen konnten, auch nicht fehlen; alsdann aber würden diejenigen Naturdinge, die zu diesem Behuf unentbehrlich sind, auch als Naturzwecke angesehen werden müssen. (5,368)

Die weitreichende theoretische Konsequenz wird in den zwei unmittelbar nachfolgenden Sätzen gezogen:

> Man sieht hieraus leicht ein, daß die äußere Zweckmäßigkeit (Zuträglichkeit eines Dinges für andere) nur unter der Bedingung, daß die Existenz desjenigen, dem es zunächst oder auf entfernte Weise zuträglich ist, für sich selbst Zweck der Natur sei, für einen äußern Naturzweck angesehen werden könnte. Da jenes aber durch bloße Naturbetrachtung nimmermehr auszumachen ist: so folgt, daß die relative Zweckmäßigkeit, ob sie gleich hypothetisch auf Naturzwecke Anzeige giebt, dennoch zu keinem absoluten teleologischen Urtheile berechtige. (5,368 f.)

Gesucht ist also ein »absolutes teleologisches Urtheil«, das sich nicht auf die relativen Zweck-Mittel-Relationen im empirischen Lebenszusammenhang bezieht. Erst wenn ein solches Urteil gefunden und gerechtfertigt ist, kann es auf die Frage nach dem Menschen eine philosophisch befriedigende Antwort geben.

6. Der Mensch als »vernünftiges Thier«. Die schon vom jungen Kant gegebene Antwort auf die Frage nach der Natur des Menschen wird in der Kritik der äußeren Teleologie lebendiger Wesen noch einmal bestätigt: Der Mensch hat als *Tier*, genauer: als *vernünftiges Tier* zu gelten. An dieser Antwort hält Kant bis zum Ende fest, und wer ihren Sinn verstehen will, sollte sie auch wörtlich nehmen. Der vornehme Ton, in dem manche Denker Kant zu verbessern meinen, indem sie die Verwendung des Ausdrucks »Tier« rügen (weil das zugrundeliegende *animal* angeblich nur mit »Lebewesen« übersetzt werden dürfe), kann sich weder auf ein besseres Verständnis des Lateinischen noch auf die Logik berufen: Auch wenn *animal* im weitesten Sinn »Lebewesen« bedeutet, so kann es, je nach Kontext, durchaus allein das »Tier« bezeichnen.

Das »Tier« aber ist ein »Lebewesen« spezieller Art: Es besitzt in der Regel die Fähigkeit zu eigener Fortbewegung und hat, im Unterschied zu den Pflanzen, eine zentralisierte, in sich kreisende Form des Stoffwechsels. Damit gehört der Mensch zu den tierischen Lebewesen und wird von Kant ganz zu Recht als »Thier« bezeichnet (8,20 und 8,414).[5]

Das Adjektiv »vernünftig« kann ebenfalls als eine Übersetzung von *rationale* gelten. Es bezeichnet bei Kant, wie schon das entsprechende *logon echon* bei Platon und Aristoteles, ein breites Spektrum von Fähigkeiten, die nicht nur mit dem *Sprechen* und *Denken*, sondern auch mit dem pragmatischen und praktischen *Handeln*, zugleich also mit dem *Wollen* des Menschen verbunden sind. Nehmen wir hinzu, was wir über Kants *Naturkonzeption*, einschließlich ihrer fundierenden Leistung für die *Geschichte* und *Kultur* des Menschen wissen, dann begreifen wir, dass die »Vernunft«, auch wenn sie nur in den Leistungen einzelner Menschen hervortritt, stets an allgemeine Vorleistungen der *Gattung* gebunden ist.

Animal rationale kann somit als lateinisches Äquivalent des griechischen *zoon logon echon* betrachtet werden. Und wenn »vernünftiges« oder »vernunftbegabtes Thier« Kants Übersetzung der klassischen Formel ins Deutsche ist, wofür zahlreiche Belege sprechen (7,321f.; 6,434), haben wir ein ins Zentrum des kritischen Denkens reichendes philologisches Indiz für die Kontinuität zwischen antikem und modernem Sprachgebrauch.[6] Wir werden noch sehen, dass es selbst in der von den antiken Denkern unterstellten Entsprechung zwischen menschlichem und kosmischem *logos* eine Parallele zur Transzendentalphilosophie gibt (vgl. im vorliegenden Band 6.19f.). In der von Kant gewahrten kritischen Distanz zwischen menschli-

5 Vgl. dazu Kant: »*Zoonomie* ist nicht die Lehre des menschlichen sondern eines thierischen Körpers (unter dem der menschliche mit verstanden wird)« (21,99).

6 Neben »Idee« (*eidos/idea*): »Kategorie« (*kategoria*), »Sittlichkeit« (*ethos*), »Pflicht« (*officium*), »Tugend« (*arete, virtus*) u. v. a.

chen Leistungen und weltlichen Strukturen kommt es zu dieser Verbindung freilich nur über das freie Zusammenspiel der intellektuellen Kräfte. Um dieses freie Spiel des sich stets nur individuell ausbildenden Geistes mit der Natur zu verknüpfen, bedarf es eines genaueren Begriffs des *Lebens*. – Doch wie immer der Begriff gefasst werden mag: Die *zweite* Antwort auf die Frage nach dem Menschen lautet, dass er ein *lebendiges Wesen* ist und des Näheren als *Tier* bezeichnet werden muss, obgleich er *niemals bloß* als Tier begriffen werden sollte:

> Der Mensch gehört nun als Thier zur Welt aber doch auch als Person zu den Wesen welche Rechte fahig sind folglich *Freyheit* des Willens haben dessen *habilitaet* ihn von allen anderen Wesen wesentlich unterscheidet [...]. (21,36)

Legt man diese Verbindung von tierischer Existenz und freiheitlicher Essenz der Formel vom *animal rationale* zugrunde, dann muss man das *rationale* ausdrücklich mit der *Freiheit des Willens* verknüpfen. Da die Willensfreiheit aber stets nur bei *Individuen* zum Ausdruck kommt, deren Vernünftigkeit sich darin zeigt, dass sie *Gründe* für ihr Handeln anführen können, lässt sich die klassische Formel in die folgende Fassung bringen: *animal rationale* – das Tier, das seine Gründe hat.[7]

7. Leben aus dem Begriff. Leben im strikten Sinn will Kant nur dort als gegeben ansehen, wo die Zweckmäßigkeit zur »inneren Form« eines Wesens gehört (5,378), wo also der Gegenstand »in sich selbst« als Zweck (5,370) begriffen wird. Von einem solchen »inneren Zweck« (5,384) kann aber nur dann die Rede sein, wenn ein Gegenstand zu seiner Eigenart nicht allein durch äußere Einwirkung,

7 Dazu ausführlich: Gerhardt, 1999, Kap. 8.4.

sondern durch *in ihm selbst* wirkende Ursachen gelangt. Zwar ist nicht zu bestreiten, dass jeder physische Gegenstand seine Form auch durch das Material erhält, aus dem er besteht. Insofern gibt es bei den vom Wind geformten Wolken oder bei den in der Brandung abgeschliffenen Steinen immer auch Bedingungen ihres Materials, aus denen sich ihre Gestalt erklärt.

Aber der materielle Stoff, so sehr er stets dessen Binnenraum füllt, ist nicht schon das »Innere« des Gegenstandes. »Innen« ist hier vielmehr das, was (als Inneres) zum *Ausdruck* kommt. »Außen« ist, wie in der *Widerlegung des Idealismus*, das, woran sich das Innere erweist (*B* 274 ff.), worin es sich für den außenstehenden Betrachter zeigt. »Innere Form« (ein neuplatonischer Begriff) ist also eine in Gestalt und Verhalten des Lebewesens hervortretende Funktion. Bei einem mit dem Wind segelnden Vogel oder einer Muschel am Strand ist offenkundig, dass sich weder ihre Gestalt noch ihr Verhalten allein der Beschaffenheit des Stoffs oder allein der Einwirkung äußerer Kräfte verdankt. Hier müssen wahrhaft »innere« Bedingungen, die das Ganze des Lebewesens als Zweck an sich selbst erscheinen lassen, wirksam sein. Erst sie gelten Kant als wirkliche Anzeichen des Lebens.

Was innere Bedingungen sind, liegt naturgemäß nicht offen zu Tage. Strenggenommen können sie nur durch jemanden erschlossen werden, der von sich selbst den Unterschied zwischen inneren Beweggründen und äußerem Verhalten kennt, weil er sich selbst als Zweck an sich selbst erfährt. Er schließt vom sinnlich gegenwärtigen Äußeren auf ein darin zum Ausdruck kommendes Inneres, das er nur in Analogie zu seinem eigenen (Zwecke setzenden, »inneren«) Willen denken kann. Deshalb behilft sich Kant zunächst mit dem Hinweis auf die Fähigkeit eines kunstfertigen Menschen, der die Form des Gegenstandes nach seiner als »Zweck« fungierenden Idee hervorgebracht hat. So erhält der Stein seine (durch sein Material mitbedingte) Form erst unter den Händen des Bildhauers, der sich bei seiner Arbeit von seiner zwecksetzenden Idee leiten lässt. Die Idee des Künstlers ist mit dem Willen, das Werk nach seinen Vorstellungen zu schaffen, verknüpft.

Auch wenn die Skulptur *de facto* nur durch äußere Einwirkung zustande kommt, so wirkt die den Künstler leitende Idee gleichsam von innen, denn sie ist aus der Kenntnis des Materials, mit Blick auf den ganzen Stein und seine möglichen Effekte entworfen. Und am Ende hat das fertige *Werk* als der *Zweck* der künstlerischen Tätigkeit zu gelten. Denn erst durch den gewollten Zweck des Künstlers wurde der geschaffene Gegenstand möglich. Also kann man sagen, dass mit dem *Zweck* ein *Begriff* zur *Ursache* eines realen *Gegenstands* wird (5,369f. und 5,220).

Das ist der Punkt, auf den Kant mit seiner Theorie des Lebens abzielt: Ein *Begriff*, eine lediglich *gedachte Einheit*, wie sie die Herstellung eines beliebigen Gegenstands anleitet, muss als der letztlich entscheidende Träger des Lebens angesehen werden. Das Leben ist auf den *Begriff* gestellt – und zwar auf den Begriff des *Zwecks*, den nur der Mensch benötigt und den er nur aus dem praktischen Umgang mit sich und seinesgleichen kennt.

8. Die Selbstproduktion des Lebens. Die Entstehung eines Lebewesens denkt Kant zunächst nach Analogie der Kunst. Jeder Organismus kann als ein »*Analogon* der Kunst« begriffen werden (5,374). In beiden Fällen, im Leben wie in der Kunst, wird die »innere Vollkommenheit« mit einem als treibend und lenkend unterstellten, die Einheit organisierenden Zweck in Verbindung gebracht. Der Unterschied ist freilich, dass Lebewesen nicht auf einen außenstehenden Künstler angewiesen sind, der seine Uhren, Bauten oder Statuen nach einer *Idee* entwerfen und hervorbringen muss. Für alle Lebewesen gilt vielmehr, dass sie sich nicht nur *selbst* erschaffen, sondern auch *selbst* erhalten und *selbst* vermehren. Mit dem durch Herders *Ideen* populär gewordenen, von Kant aber schon vorher gebrauchten Wort: Sie »organisiren« sich selbst, sie sind »sich selbst organisirende Wesen« (5,374).[8] Deshalb greift auch die Formel vom »Analogon der Kunst« zu kurz.

Was das bedeutet, wird in einer kleinen Phänomenologie der Lebendigkeit vor Augen geführt. *Erstens*: Ein Lebewesen kann ein anderes Lebewesen derselben Gattung hervorbringen. Ein Baum z. B. erzeugt »sich selbst der *Gattung* nach, in der er einerseits als Wirkung, andrerseits als Ursache, von sich selbst unaufhörlich hervorgebracht und eben so sich selbst oft hervorbringend, sich als Gattung beständig erhält« (5,371). Das ist der Vorgang der genetischen *Reproduktion* durch gleich- oder getrenntgeschlechtliche Vermehrung oder, wovon Kant noch nichts wissen konnte, durch bloße Teilung einzelliger Lebewesen.

Als Nächstes wird der Vorgang der individuellen Reifung benannt:

> Zweitens erzeugt ein Baum sich auch selbst als *Individuum*. Diese Art von Wirkung nennen wir zwar nur das Wachsthum; aber dieses ist in solchem Sinne zu nehmen, daß es von jeder andern Größenzunahme nach mechanischen Gesetzen gänzlich unterschieden und einer Zeugung, wiewohl unter einem andern Namen, gleich zu achten ist. (5,371)

Das Lebewesen, ganz gleich, in wie vielen Exemplaren es vorkommt, ist *individuell*. Sein Wachstum und seine Reifung vollziehen sich nach Art einer fortgesetzten Selbstzeugung, in der alle von außen aufgenommenen Stoffe zu »seinem eigenen Product« verarbeitet werden. Leben

8 Siehe dazu im vorliegenden Band 2.21 und Kants kritische Rezension von J. G. Herders *Ideen zu einer Geschichte der Menschheit* (8,3–15).

ist somit *Selbstproduktion der Individuen.* Daran ändert auch die Tatsache nichts, dass jeder Organismus auf Stoffe angewiesen ist, die er aus dem Material seiner Umgebung aufnehmen muss. Denn was er als lebendiges Wesen ist, ist er nicht durch den Stoff, sondern durch die Besonderheit seiner Organisation. Ja, in der in jedem einzelnen Wesen vollzogenen Umwandlung des »rohen Stoffs« zeigt sich »eine solche *Originalität* des Scheidungs- und Bildungsvermögens [...], daß alle Kunst davon unendlich weit entfernt bleibt« (5,371; Hervorhebung V. G.).

Die Kunst, so lässt sich diese Aussage umkehren, hat im Leben ihr nie erreichtes Ideal. Und das Leben, obgleich ganz und gar Natur, geht durch die »innere Form« seiner Organisation über jeden Naturzwang hinaus. Da es nur in einem »absoluten teleologischen Urtheile« erfasst werden kann (5,369), hat es selbst als »absolut« zu gelten. Was dies für das Verhältnis von Vernunft und Leben bedeutet, wird noch zu klären sein.

Schließlich nennt Kant die Fähigkeit zur individuellen *Regeneration*, bei der ein Teil des Organismus für die Entfaltung oder Ausbesserung des Ganzen sorgt:

> *Drittens* erzeugt ein Theil dieses Geschöpfs auch sich selbst so: daß die Erhaltung des einen von der Erhaltung der andern wechselsweise abhängt. (5,371)

Zu dieser Fähigkeit des Lebens gehören alle Vorgänge der Heilung, der Selbstausbesserung von Schäden sowie des Okulierens oder Pfropfens. In alldem wirkt eine »Selbsthülfe« der Natur, die auch dort bemerkenswert ist, wo es einem in seinem Lebensvollzug gehemmten Individuum nicht gelingt, zur Normalität zu finden: Die »Missgeburten oder Missgestalten im Wachsthum« belegen die wechselseitige Übernahme von Funktionen selbst in den Fällen, wo keine vollständige Ersetzung der gestörten Organe möglich ist. Insofern gehören die Leistungen der »anomalischen Geschöpfe« unter die »wundersamsten Eigenschaften« des Lebens (5,372).

9. Das Prinzip der Selbstorganisation. Nach der exemplarischen Beschreibung der grundlegenden Vorgänge des Lebens, die, trotz ihrer Einfügung in einen Gattungszusammenhang und trotz aller »Naturmechanismen« des Stoffwechsels, stets *Selbstbildungsprozesse von Individuen* sind, sucht Kant deren *Prinzip* zu formulieren. Dazu hält er zwei eng miteinander verbundene Prozesseigenschaften fest:

> Zu einem Dinge als Naturzwecke wird nun *erstlich* erfordert, daß die Theile (ihrem Dasein und der Form nach) nur durch ihre Beziehung auf das Ganze möglich sind. Denn das Ding selbst ist ein Zweck, folglich unter einem Begriffe oder einer Idee befaßt, die alles, was in ihm enthalten sein soll, *a priori* bestimmen muß. (5,373)

Der unscheinbare Begriff des *Ganzen*, den nur die Vernunft fassen kann, benennt die Elementarbedingung für den Begriff des Lebens. Jedes Lebendige ist eine in sich bestimmte Einheit, deren unterscheidbare Teile ihre Leistung in einem sie selbst erst ermöglichenden Bezug auf das Ganze des Organismus erbringen. Die Dynamik des Bezugs kommt im Begriff des *Zwecks* zum Ausdruck, der in seiner praktischen Anlage stets auf den *Willen* verweist. Unter dem Primat des Zwecks erscheint jedes lebendige Wesen so, *als ob* in ihm ein Wille wirke. Dabei ist durch den Zusammenhang des Ganzen klar, dass der Wille nicht als isolierte Kraft, nicht nach Art eines separierten Organs wirken kann. Er muss selbst so gedacht werden, als gehe er aus dem Ganzen hervor.[9]

9 Diese Bemerkung kann hier nur für den *gedachten* Willen gelten, der mit dem *unterstellten* Zweck verbunden ist. Es bietet sich aber an, die in diesem Fall erforderliche Integration des Willens in das Ganze der lebendigen Or-

An *zweiter* Stelle lenkt Kant die Aufmerksamkeit auf den korrespondierenden und gänzlich unscheinbaren Begriff des *Teils*:

> Soll aber ein Ding als Naturproduct in sich selbst und seiner innern Möglichkeit doch eine Beziehung auf Zwecke enthalten, d. i. nur als Naturzweck und ohne die Causalität der Begriffe von vernünftigen Wesen außer ihm möglich sein: so wird *zweitens* dazu erfordert: daß die Theile desselben sich dadurch zur Einheit eines Ganzen verbinden, daß sie von einander wechselseitig Ursache und Wirkung ihrer Form sind. (5,373)

Die *Teile* erweisen sich als Elemente eines *Ganzen*, indem sie sich wechselseitig als Ursache *und* Wirkung aufeinander beziehen. Jeder Teil ist sowohl Ursache wie auch Wirkung der anderen Teile, und eben dadurch »bilden« sie ein Ganzes. Sie wirken der »immer abwärts« gehenden Kausalmechanik (der heute so genannten »Entropie«) entgegen und schaffen die funktionale Einheit der lebendigen Organisation (5,372). Vieles von dem, was im 20. Jahrhundert über die zunehmende »Komplexität der Systeme« gesagt worden ist, ist hier bereits vorgedacht:[10]

ganisation auch auf die ausdrücklich praktische Leistung des Willens zu übertragen. Denn der Wille des praktisch handelnden Individuums ist und bleibt der Wille eines lebendigen Wesens. Damit wird es schwer, wenn nicht gar unmöglich, den Willen der praktischen Vernunft als eine abgehobene, abstrakt über die Sinnlichkeit verfügende Instanz zu denken. Denn seinen Primat kann er nur in Verbindung mit dem erweisen, was ihn als lebendigen Willen trägt: also nur im disponierenden Umgang mit Neigungen, Gefühlen und Leidenschaften. Die »Autonomie« seiner Gesetzgebung ist dann keine von außen kommende Herrschaft, sondern eine von innen erfolgende Bestimmung nach Art einer alle Kräfte einbindenden Leitung, Lenkung oder Direktion. So lassen sich *Selbstbestimmung* und *Selbstorganisation* schon von Kant her aufeinander beziehen.

10 Zum kantischen Hintergrund von Luhmanns Systemtheorie vgl. Gerhardt, 1979.

> Ein organisirtes Wesen ist also nicht bloß Maschine: denn die hat lediglich *bewegende* Kraft; sondern es besitzt in sich *bildende* Kraft und zwar eine solche, die es den Materien mittheilt, welche sie nicht haben (sie organisirt): also eine sich fortpflanzende bildende Kraft, welche durch das Bewegungsvermögen allein (den Mechanism) nicht erklärt werden kann. (5,374)

Ganz analog zur bekannten Formel des kategorischen Imperativs, in der gefordert wird, die Menschheit in der Person des Menschen »niemals bloß als Mittel«, sondern »jederzeit zugleich als Zweck« zu brauchen (4,429; vgl. oben 4.19), wird auch hier davon gesprochen, dass ein Organismus »nicht bloß« Maschine ist, sondern *immer auch* bildende Kraft besitzt.

Damit wird der Ort des Lebens im Kontext der kausalmechanischen Natur verbindlich festgelegt. Die lebendigen Kräfte können nirgendwo gegen die physikalischen Gesetze verstoßen; sie bleiben dem Ursache-Wirkungs-Schema unterworfen. Das kommt in Kants Prinzip der Selbstorganisation als eines ganzheitlichen Zusammenhangs von Ursache und Wirkung zum Ausdruck. Und zugleich zeigt die Formel an, dass mit der streng kausalen Beziehung zwischen den *Teilen* (dadurch dass sie in einem erst durch sie entstehenden *Ganzen* wirksam sind) ein neuartiges, nicht bloß physisches Produkt der Natur entsteht:

> In einem solchen Producte der Natur wird ein jeder Theil so, wie er nur *durch* alle übrige da ist, auch als *um der andern* und des Ganzen *willen* existirend, d. i. als Werkzeug (Organ) gedacht […]. (5,373)

Oder, um die Parallele zur Selbstzweck-Formel des kategorischen Imperativs noch deutlicher zu machen: »*Ein organisirtes Product der Natur ist das, in welchem alles Zweck und wechselseitig auch Mittel ist.*« (5,376)

10. Die Vernunft im Leben. Wenn der Begriff eines organischen Wechselspiels von Ursache und Wirkung ohne den Vernunftbegriff des Ganzen nicht auskommt, so ist bereits der Begriff des Lebens an den der Vernunft gebunden. Aber die Verbindung geht tiefer: Wenn in der Formel von der wechselseitigen Ergänzung aller Zwecke und Mittel der Organismus als Zweck an sich selbst gedacht wird, dann rückt der Vernunftbegriff des Zwecks ins organisierende Zentrum eines jeden lebendigen Wesens. Dann ist der basale Vorgang der belebten Natur auf etwas gegründet, das man nur als »intelligibel« oder, in der Sprache der *Einleitung* in die *Kritik der Urteilskraft*, als »übersinnlich« bezeichnen kann. Unter dem Erkenntnisvorbehalt des *Als-ob* könnte man sagen, dass im Organismus stets schon etwas von dem wirkt, was nur im menschlichen Leben als artikulierte Vernunft hervortritt. Also gilt die Feststellung, dass die menschliche Vernunft in der Betrachtung eines beliebigen belebten Wesens – *sich selbst* begegnet. Jede verständige Anschauung eines Lebensvorgangs ist ein Stück Selbsterkenntnis der Vernunft.

Von hier aus ließe sich verständlich machen, wie es in der Nachfolge Kants zu einem so weitreichenden Überschuss an philosophischen Spekulationen kommen konnte: Fichte fügt schon nach den ersten von ihm nicht als zureichend angesehenen Versuchen die welterzeugende Deduktion des Nicht-Ich aus dem Ich in den Zusammenhang des Lebens ein; dadurch sucht er Leben, Leib und Bewusstsein in eine alles tragende Bewegung zu überführen, die ursprünglich »vernünftig«, ja, »göttlich« sein soll. Schelling geht mit den Mitteln der Anschauung auf das Intelligible zu und fasst das Ganze des erfahrbaren Daseins als organischen Ausdruck eines in allem wirksamen Gottes. Hegel schließlich treibt alles Geschehen aus der Selbstentäußerung eines Geistes hervor, der in seinen dialektischen Oppositionen geschichtlich zu sich selber kommt. Schließlich könnte man noch Schopenhauer einbeziehen, der vom organisierenden Zweck nur noch den Willen übrig lässt und damit dem tragenden Grund des Ganzen das Moment des Vernünftigen nimmt. Kants metaphysischer Impuls, der auf eine Verbindung von Natur und Sittlichkeit im Medium des nur begrifflich zugänglichen Ganzen dringt, ist damit preisgegeben. Der Pessimismus erscheint als notwendige Konsequenz.

Doch Nietzsche schöpft aus eben dem Verzicht auf einen alles tragenden vernünftigen Grund seinen säkularen Stolz, der ganz auf die eigene Leistung – gerade auch im Bewusstsein ihrer Vergeblichkeit – gegründet ist. Um ihr aber die auch von ihm benötigte Beziehung zum Dasein zu geben, fundiert er sie in der Organisation des Lebens. Die »kleine Vernunft« der bewussten Leistung stammt aus der »grossen Vernunft« des sie produzierenden Leibes. Hätte Nietzsche sich gefragt, wie es möglich sein soll, von der »kleinen Vernunft« des Bewusstseins (von der allein man etwas sicher wissen kann) zur »großen Vernunft des Leibes« zu gelangen, hätte er vermutlich nur wie Kant vom eigenen vernünftigen Selbstverständnis auf die immanente Vernunftförmigkeit des Lebens schließen können. – Damit soll wenigstens angedeutet sein, dass die ausgerechnet mit der Romantik einsetzende metaphysische Ernüchterung des europäischen Denkens keine notwendige Distanz zu der von Kant ermittelten Verknüpfung von Vernunft und Leben erzeugt.

Die Überlegenheit Kants gegenüber seinen idealistischen und romantischen Nachfolgern liegt in seiner vermeintlichen Schwäche: nämlich in der so genannten »Subjektivierung« des Zusammenhangs von Vernunft und Leben. Die Vernunft wird bei ihm nicht zum objektiven Fundament des Lebens erklärt; es gibt weder den logischen Zwang einer deduktiven Ableitung noch die Hierarchie zwischen System und Einzelding noch ein Machtgefälle wie zwischen »großer« und »kleiner« Vernunft. Auf den Sinn und Zweck lebendiger Organisation stößt der

Mensch nur unter dem Vorbehalt des *Als-ob*. Damit ist das Urteil über die teleologische Verfassung lebendiger Wesen an eine Unterstellung gebunden, die der Selbstwahrnehmung des Erkennenden entsprechen muss. Das aber heißt: Der Mensch muss sich selbst als lebendig *und* vernünftig begreifen, um in dieser Verfassung die Korrespondenz zu erfahren, in der er sich mit anderen Lebewesen befindet.

11. Teleologische versus kausale Erklärung. In den Schlusspassagen der *Analytik der teleologischen Urteilskraft* geht es Kant um die Vereinbarkeit seiner auf die individuelle Vernunft gegründeten Teleologie mit der Mechanik der Natur. Dazu rekapituliert er die Wahrnehmung des Lebens als *Reflexion* auf ein *Besonderes*, das der Verstand lediglich als etwas *Zufälliges* ansehen kann und das dennoch von der Urteilskraft unter die *Allgemeinheit* der Verstandesbegriffe gebracht wird. Ohne dass irgendeine logisch bestimmende Aktivität des Menschen vorausginge, kommt es zu einer frei hervortretenden Entsprechung zwischen dem sinnlichen Einzelding und der Vernunftidee. Das eine ist dem anderen einfach »angemessen« (5,405). Das ganz und gar Individuelle des Lebens fügt sich von selbst unter die Ideen der Vernunft.

Von hier aus auf einen göttlichen Grund, auf ein »übersinnliches Substrat« zu schließen, ist das eine; das andere ist, die individuelle Besonderheit der lebendigen Einzeldinge einfach auf sich beruhen zu lassen und nur nach dem zu fragen, was ihre physische Präsenz erklärt. Auch die belebten Wesen sind Gegenstände einer Natur, die der Mechanik von Ursachen und Wirkungen unterworfen ist. Und wenn diese Natur als ein lückenloser mechanischer Konnex verstanden wird, dann muss es auch möglich sein, die Lebewesen als Teil dieses Zusammenhangs zu betrachten.

Diese Möglichkeit wird von Kant keineswegs beiläufig oder widerstrebend eingeräumt. Sie ist vielmehr eine von ihm mit Emphase geforderte Option für die strikt naturwissenschaftliche Erforschung des Lebens. Tatsächlich kann er ohne Selbstwiderspruch für eine kausalmechanische Analyse des Lebens eintreten, weil das intuitiv (gleichsam »urbildlich«) erfasste Ganze eines Organismus nicht als Realgrund der Wechselwirkung der organisierten Teile angesehen wird (5,407). Dieser Zusammenhang besteht ja nur für die Urteilskraft, die mit der bloßen »*Vorstellung* eines Ganzen« zur bloßen Idee der Zweckmäßigkeit überleitet. Daher ist der erkennende Verstand frei, auch der »mechanischen Erzeugungsart« des lebendigen Wesens nachzugehen (5,408).

Eine solche Option aber wäre unsinnig, würde man ihr keine materialen Einsichten in den Mechanismus des Lebens zugestehen. Sie kann im Gegenteil nur ausgesprochen werden, wenn man die »mechanische Erzeugung« eines Organismus für denkbar hält. Die teleologische Erklärungsart darf die kausalanalytische nicht ausschließen.

Das wird ausdrücklich zugestanden, und man darf hinzufügen, dass Kant durch die Rede von der Wechselseitigkeit der Ursachen und Wirkungen im Organismus, also noch mit seiner *teleologischen* Deutung der *mechanischen* Erklärung das Feld geöffnet hat. Es muss, so sagt er, möglich sein, »die materielle Welt als bloße Erscheinung zu betrachten« (5,409). Mehr noch: Es spricht nichts dagegen, an einem organisierten Wesen »alle bekannte und noch zu entdeckende Gesetze der mechanischen Erzeugung« zu versuchen, ja, man kann »hoffen dürfen damit guten Fortgang zu haben« – nur dürfe man nicht vergessen, dass man auf diesem Weg die in unserem Urteil dominierende Zweckmäßigkeit nicht erfasst (5,409). Will man auch sie in Übereinstimmung mit der erfahrenen Natur begreifen, kommt man nicht umhin, »den obersten Grund dazu in einem ursprünglichen Verstande als Weltursache zu suchen« (5,410).

12. Der Newton des Grashalms wäre nur als Newton des Menschen möglich. Obgleich Kant zur naturwissenschaftlichen Erklärung des Lebens, wie sie inzwischen durch die Biologie erfolgreich betrieben wird, ermuntert und ihr Erkenntnischancen einräumt, die mit seiner teleologischen Deutung vereinbar sind, bleibt ein methodologischer Vorbehalt, der sich, wie der Hinweis auf den »obersten Grund« einer »Weltursache« zu erkennen gibt, nur metaphysisch deuten lässt. Deshalb wird man auf den »Newton des Grashalms«, dessen Aussichten schon 1755 als gering angesehen werden, gar nicht hoffen dürfen. Das wird in der *Dialektik der teleologischen Urteilskraft* gleichsam für alle Zeiten festgestellt:

> Es ist nämlich ganz gewiß, daß wir die organisirten Wesen und deren innere Möglichkeit nach bloß mechanischen Principien der Natur nicht einmal zureichend kennen lernen, viel weniger uns erklären können; und zwar so gewiß, daß man dreist sagen kann: es ist für Menschen ungereimt, auch nur einen solchen Anschlag zu fassen, oder zu hoffen, daß noch etwa dereinst ein Newton aufstehen könne, der auch nur die Erzeugung eines Grashalms nach Naturgesetzen, die keine Absicht geordnet hat, begreiflich machen werde; sondern man muß diese Einsicht den Menschen schlechterdings absprechen. (5,400)

Das ist in der Tat ein »dreistes« Wort, das jeder von seinem Fach überzeugte Biologe für eine typisch philosophische Borniertheit halten wird. Vielleicht könnte man den Biologen noch davon abhalten, den Philosophen bereits durch Darwin widerlegt zu sehen. Denn Kant hat sowohl die Mechanik der Entwicklung wie auch den durchgängigen Gedanken der Konkurrenz betont. Ihm zufolge kann ein »reales Ganzes der Natur« »nur als Wirkung der concurrirenden bewegenden Kräfte der Theile« verstanden werden (5,407); und was die Konkurrenz im Inneren des Organismus bewirkt, befördert der »Antagonism« im äußeren Verhältnis der Lebewesen (vgl. oben 6.5).

Aber fraglich ist, ob Kants Diktum nicht durch die Erkenntnisse der Molekularbiologie an seine historische Grenze gestoßen ist. Schon Watson und Crick könnten die »Newtons« sein, die Kant für unmöglich hielt. Sie haben bereits vor 50 Jahren die Voraussetzung dafür geschaffen, dass sich die »Bausteine« des Lebens nicht nur beschreiben, sondern auch umsetzen und verändern lassen. Nach der Entschlüsselung des menschlichen Genoms gilt dies alsbald auch für die Biomasse des Menschen.

Und dennoch dürfte Kants Prognose noch heute gültig sein! Sie ist durch den gegenwärtigen Erkenntnisstand jedenfalls nicht außer Kraft gesetzt und kann vermutlich selbst bei fortgesetztem Wachstum der Wissenschaften erneuert werden. Die Begründung folgt aus der Verschränkung von Selbst- und Fremderkenntnis in jedem Fall des Lebens: Ein »Newton«, der fähig wäre, einen Grashalm zu erklären, müsste *uno actu* in der Lage sein, den Menschen zu entschlüsseln. Dazu reichte es nicht, sein Genom zu kartieren; auch mit der ergänzenden Parallelisierung zwischen Hirnfunktionen und Verhalten wäre es nicht getan, weil zum Menschen immer auch seine nur ihm selbst bewusste Einstellung zu sich und zur Welt gehört. Und eben die geht bereits mit in die Beschreibung eines Grashalms ein. Der Zweck, der als »innere Form« dem Organismus seine Einheit gibt, gelangt in diese Stellung nur, weil er *zugleich* das organisierende Prinzip eben dieser Erkenntnis (des Grashalms durch den Menschen) ist. Der Mensch handelt im Urteil über Lebendiges selbst nach Zwecken, und er kann sich nicht zuletzt deshalb auch selbst nur dann als Einheit verstehen, wenn er *sich selbst* als Zweck begreift. Folglich weist jede Zweckmäßigkeit des Lebens auf sein eigenes Selbstverständnis zurück. Nur wenn er seinen Selbstbegriff – zumindest für sich als

Mensch, vielleicht aber auch für sich als Individuum – nach mechanischen Grundsätzen erklären könnte, könnte aus ihm ein »Newton des Grashalms« werden. Fazit: Sollte es dem Menschen gelingen, seine Zwecke kausalanalytisch zu erklären – hätte er sie nicht mehr. Zugleich hätte er sich selbst als Problem und als Aufgabe beseitigt. Der Mensch hätte sich sowohl als theoretischen Gegenstand wie auch als praktische Idee verloren.

Kants »dreiste« Prognose hat daher einen weit über die bloße Erkenntnis des Lebens hinausgehenden Sinn: Den »Newton des Grashalms« kann es nicht geben, weil sich mit seinem Auftritt sowohl die Erkenntnis wie auch das Selbstverständnis des Menschen auflösen würden. Und gäbe es diesen Newton dennoch, könnte er kein Mensch mehr sein.

13. Wir verstehen nur, was wir selber machen können. Wer nur auf das Faktum der Wissenschaft, auf ihre Geschichte, ihre Verfahren und ihre Zukunft blickt, wird nie verstehen, warum Kant sich lebenslang mit ihr auseinandersetzt. Nehmen wir hingegen ernst, dass er in allem eine Antwort auf die Frage nach dem Menschen sucht, erkennen wir sofort, warum ihn die Wissenschaften fesseln: In ihnen greift der Mensch ausdrücklich als Mensch über sich hinaus, schafft sich unter der epistemischen Prämisse der Allgemeinheit eine für alle offene Welt, rechnet sie sich nach Maßgabe der Notwendigkeit zu und legt damit nicht nur die Voraussetzungen für eine technische Sicherung seines globalen Lebensraums, sondern weitet die im *sensus communis* lediglich angenommene Gemeinschaft zur Sphäre der Universalität, die er zur Begründung seines moralischen Handelns benötigt.

Die Wissenschaft sichert das zivilisatorische Fundament der Kultur, indem sie das Wissen durch systematische Ordnung allgemein verfügbar macht. Zu dieser Verfügung gehören nicht nur die Verbreitung und Umsetzung des

Wissens, sondern auch seine kritische Prüfung. So dient die Wissenschaft dem Leben und kann selbst in ihren rein theoretischen Anstrengungen als »nützlich« angesehen werden. Darauf legt Kant bereits in dem Francis Bacon entlehnten Motto zur ersten Vernunftkritik den größten Nachdruck: *ac pro certo habeant, non sectae nos alicuius, aut placiti, sed utilitatis et amplitudinis humanae fundamenta moliri* – »dass sie es für gewiss halten, dass wir nicht die Grundlagen irgendeiner Schulrichtung oder Lehrmeinung schaffen, sondern die der menschlichen Wohlfahrt und Würde« (*B* II).

Dass die Wissenschaft in ihren Effekten so stark auf den Menschen bezogen ist, hat seinen Grund in der Tatsache, dass sie durch ihn hervorgebracht ist. Die Transzendentalphilosophie im engeren Sinn ist die Lehre von der Begründung und Sicherung des Wissens durch menschliche Leistungen. Anschauung und Verstand, produktive Einbildungskraft und systematisierende Vernunft sind »Vermögen«, sind Fähigkeiten und Fertigkeiten des Menschen, die in ihrem natürlichen Gebrauch Wissen erzeugen, sichern und rechtfertigen. Was immer der Mensch als spezifisch menschlich begreift, vollzieht sich im reflexiven Umgang mit diesem Wissen. Auch deshalb kommt er nicht umhin, sich ein »vernünftiges Wesen« zu nennen.

Den stärksten Bezug zur Lebensleistung des Menschen hat das Wissen in seiner Bindung an die zielgerichtete menschliche Tätigkeit: »Wir können aber nur das verstehen und Anderen mittheilen, was wir selbst *machen* können«, so heißt es in einem Brief vom 1. Juli 1794 (11,515); 1796 wiederholt Kant in einem anderen Schreiben: »Denn nur das, was wir selbst *machen* können, verstehen wir aus dem Grunde« (26. Januar 1796; 12,57). In diesem zweiten Brief hätte er nicht nur »machen«, sondern auch »selbst« betonen müssen, denn es geht ihm um die unerlässliche Eigenständigkeit des Lernens, bei dem man nur das wirklich versteht, was man sich *selbst* vor Augen führt.

Die für Kant zentrale These über den Zusammenhang von Machen und Wissen geht freilich über den individuellen Appell, den *eigenen* Verstand zu gebrauchen, weit hinaus. Sie zielt ganz generell auf das tätige Dasein des Menschen: Jede mögliche Erkenntnis geht aus einer aktiven Einstellung zu Problemen hervor, sie erfordert eine »Arbeit«, die mit der des Handwerkers durchaus vergleichbar ist, und sie basiert auf einer unablässigen Leistung des Verknüpfens und Trennens. Die *Synthesis* der reinen und der empirischen Begriffe ist der Grundvorgang, der sich wiederum ohne die unablässige Einbindung *analytischer* Unterscheidung nicht denken lässt.

Beide Leistungen, Verbindung und Trennung, werden von Kant als »Handlungen« apostrophiert (*B* 93 f.). Damit beruht alles Wissen auf einer Tätigkeit des Menschen. Und wie immer man die »Handlung« auch versteht: Sie ist eine zielgerichtete Aktivität im Medium des Selbstbewusstseins. Somit entsteht das Wissen unter den Konditionen eines Bewusstseins, das seinerseits nur unter den Bedingungen des Wissens kenntlich wird. Nun wird sichtbar, wie eng der Konstitutionszusammenhang zwischen dem Menschen und seinen intellektuellen Leistungen ist: Der Mensch *macht* das Wissen und *lebt* in ihm; er bringt etwas hervor, worin er sich allererst erfährt. Mit einer Formulierung aus dem *Streit der Fakultäten*: Der Verstand »ist ein gänzlich actives Vermögen des Menschen; alle seine Vorstellungen und Begriffe sind bloß *seine* Geschöpfe, der Mensch denkt mit seinem Verstande ursprünglich, und er schafft sich also *seine* Welt« (Wilmans in 7,71).

Damit haben wir eine *dritte* Antwort auf die Frage nach dem Menschen: Er ist nicht nur ein Teil der alles tragenden Mechanik der Natur; er ist nicht nur ein lebendiges Wesen im Gesamtzusammenhang des Lebens; er ist vielmehr auch ein Wesen, das sich in seiner intellektuellen Tätigkeit *selbst hervorbringt*. Der Mensch, so wie er sich begreift, ist ein *Produzent seiner selbst*. Dass er dabei auf

Bedingungen angewiesen ist, über die er nicht verfügt, versteht sich angesichts des Ineinanders von Natur und Kultur, von Leben und selbstbewusstem Zweck nicht nur in einem trivialen, sondern auch in einem emphatischen Sinn von selbst.

14. Die Handlungen des Verstandes. Die Selbstproduktion des Menschen im Medium des Wissens ist einem naheliegenden Einwand ausgesetzt: So richtig es ist, von Handlungen natürlicher und rechtlicher Personen zu sprechen, so fragwürdig ist es, auch den Verstand, die Vernunft oder die Urteilskraft als Täter, als »Subjekt« von Handlungen vorzustellen. Denn keines dieser »Vermögen« verfügt über ein eigenes Selbstbewusstsein, das als Träger einer Handlung unterstellt werden kann. Und selbst wenn man zugesteht, dass ihnen separate Leistungen zugeschrieben werden können, sind sie doch nicht in der Lage, etwas von sich aus – gleichsam mit eigener Absicht und in eigener Verantwortung – zu tun.

Die intellektuellen Dispositionen sind vor allem nicht in der Lage, sich alternativ zwischen verschiedenen Zielen zu entscheiden; man kann nicht erwarten, dass sie das, was sie tun, auch ganz anders hätten tun können. Sie können lediglich Fehler machen, sind dafür aber noch nicht einmal selbst verantwortlich. Man wird ihre analysierende und synthetisierende, ihre ordnende, schließende und prüfende Aktivität daher nicht wirklich als »Machen« im Sinne einer zurechenbaren menschlichen Handlung bezeichnen können. Alle Verantwortung bleibt dem denkenden und urteilenden Menschen überlassen. Was also heißt das »Machen«, das Kant als notwendige Bedingung des »Verstehens« auszeichnet?

Um diese Frage beantworten zu können, sind zwei Zwischenbemerkungen nötig: *Erstens* ist daran zu erinnern, dass Kant mit dem Begriff der Handlung großzügig verfährt und ihn sogar zur Bezeichnung elementarer Naturvorgänge verwendet. Hier kann er sich auf den lateinischen Sprachgebrauch stützen, der es erlaubt, die basalen Prozesse der Mechanik unter die Termini von *actio* und *reactio* zu bringen.[11] Alles, was in einem gegebenen Zusammenhang nach festen Regeln geschieht, kann demnach als *actio*, d. i. als Handlung benannt werden. »Handlung« des Verstandes braucht daher nur das Minimum zu bedeuten, dass sich der Verstand in einem bestimmten Kontext nach festen Regeln und mit bestimmten Effekten bewegt. »Handeln« braucht nicht mehr zu heißen, als dass Verstand, Vernunft und Urteilskraft in der Lage sind, etwas zu *bewirken*.

Die *zweite* Bemerkung nimmt eine Einsicht aus der Betrachtung des Lebens auf: Wenn der Organismus als ein Ganzes aus der wechselseitigen Wirksamkeit seiner Teile lebt, dann ist jede Wirkung eines Teils Mittel des Zwecks, der sich im Ganzen realisiert. In diesem begrenzten Sinn steht der Teil für das Ganze. Das einzelne Organ wirkt als Mittel des gesamten Organismus und kann insofern als dessen Vertreter angesehen werden. Folglich lassen sich die Leistungen eines Organs als Repräsentanten des Lebensvollzugs eines lebendigen Wesens begreifen.

Es bedarf nur einer Verknüpfung beider Einsichten, um die Rede von den »Handlungen« des Verstandes nicht länger abwegig zu finden: Wenn Kant in der Lage ist, selbst einfachste Ursache-Wirkungs-Stränge als »Handlung« (*actio*) zu bezeichnen, kann man jeden unterscheidbaren Teil eines lebendigen Wesens als Träger einer Handlung benennen. Das gilt auch für die intelligiblen Dispositionen (die so genannten »Vermögen«). Also lässt sich durchaus von »Verstandeshandlungen« sprechen. Sieht man nun den Verstand – mit Blick auf seine Leistungen – als Organ des Menschen an, kann man ihn durchaus – und zwar in dem, was er an Leistungen erbringt – als Repräsentanten des

11 Vgl. dazu: Gerhardt, 1986.

Menschen ansehen. Auch er ist ein Teil, der das Ganze eines vernünftigen Wesens vertritt. Im Sinne einer solchen Vertretung kann dann das Handeln des Verstandes nach Art der Tätigkeit des ganzen Menschen angesehen werden. Diesen vollen Sinn einer menschlichen Tätigkeit kann es aber nur so lange beanspruchen, wie es als Element im Lebensvollzug des Menschen verstanden wird! Die arbeitsteilige Analyse der transzendentalen Vermögen des Menschen bleibt allemal an die physische und intellektuelle Präsenz des ganzen Menschen gebunden.

15. Jede Erkenntnis zielt auf anderes vor Anderen. Seit Hegel wird darüber geklagt, dass Kant das Subjekt, also den genuinen Träger menschlicher Handlung, isoliere. Davon zeigt sich die Kant-Interpretation bis heute beeindruckt, obgleich sie sich mühelos klarmachen könnte, dass Hegels Vorwurf ins Leere geht. Sie brauchte sich nur daran zu erinnern, dass es eines »Gemeinsinns« nach Art des *sensus communis* bedarf, um zu intellektuellen Leistungen zu kommen, die dem einzelnen Mensch zugerechnet werden können. Man muss also auch nach Kant erst im Wasser sein, um schwimmen zu können. Jede Verstandeshandlung setzt nicht nur, wie soeben skizziert, den Lebensvollzug des ganzen, von ihr vertretenen Menschen voraus, sondern sie partizipiert an einem gemeinschaftlichen Sinn, in dem sie sich in einzelnen Urteilen mitteilt. Und nur in dieser Mitteilung erhält und wahrt sie ihren spezifischen Sinn.

Betrachten wir die zuletzt zitierte Stelle noch einmal im Zusammenhang: Man könne, so heißt es im Brief an Jacob Sigismund Beck, nicht eigentlich sagen,

> [...] daß eine Vorstellung einem anderen Dinge *zukomme* sondern daß ihr, wenn sie Erkenntnisstück werden soll, nur eine *Beziehung* auf etwas Anderem (als das Subject ist, dem sie inhärirt) *zukomme*, wodurch sie

Anderen *communicabel* wird; denn sonst würde sie blos zum Gefühl (der Lust oder Unlust) gehören, welches an sich nicht mittheilbar ist. Wir können aber nur das verstehen und Anderen mittheilen, was wir selbst *machen* können, vorausgesetzt, daß die Art, wie wir etwas *anschauen*, [...] bey Allen als einerley angenommen werden kann. (1. Juli 1794; 11,515; vgl. oben 3.20 und 5.18)

Das Erkenntnissubjekt, so erfahren wir hier, ist ein Handlungssubjekt, das sich dadurch mitteilt, dass es etwas macht. Dieses »Machen« liegt in der intellektuellen Beziehung auf etwas, das vom Subjekt verschieden ist. Das Subjekt hat also, wenn es zu einem »Erkenntnisstück« gelangen will, aus sich heraus auf »etwas Anderes« seiner selbst zu gehen und weist eben damit etwas vor, das »Anderen communicabel« wird. Es wäre somit vollkommen unsinnig, von einer epistemischen Isolation des transzendentalen Subjekts der Erkenntnis auszugehen. Es ist im Gegenteil zu betonen, dass dieses Subjekt seine Funktion überhaupt *nur in Beziehungen* ausfüllt: Es ist Subjekt nur, sofern es sich auf anderes vor Anderen – auf andere Dinge vor anderen Menschen – bezieht. Die Sachhaltigkeit seiner Erkenntnis von etwas gewinnt und sichert es nur in der ursprünglichen Ausrichtung auf seinesgleichen.

Das Subjekt lebt in der Mitteilung, auch dann, wenn es etwas allein für sich selbst durchdenkt. Denn Denken ist die innere Tätigkeit nur, sofern der Gedanke den Status des Urteils hat und insofern jederzeit mitteilbar wäre. Die eine Zeit lang populäre These vom »solipsistischen« oder »monologischen« Subjekt der kritischen Erkenntnistheorie[12] ist ein soziologisches Missverständnis, das Gesellschaftliches nur dort wahrhaben will, wo es empirisch

12 K. O. Apel, »Das Apriori der Kommunikationsgemeinschaft und die Grundlagen der Ethik«, in: K. O. A., *Transformation der Philosophie*, Frankfurt a. M. 1973, Bd. 2, 414; vgl. im vorliegenden Band 3.20).

messbar ist. Von Kant lässt sich hingegen lernen, dass die »Association« von Vorstellungen nicht nur auf ihren sachlichen Zusammenhang, sondern auch auf ihre ursprünglich gegebene kommunikative Disposition bezogen ist. Wenn es ein »Naturberuf der Menschheit« ist, »einander mitzutheilen« (8,305), dann wird man annehmen dürfen, dass die Gedanken und Vorstellungen der Menschen ursprünglich auf Mitteilung hin angelegt sind.

16. Das Machen im Kontext des menschlichen Lebens. So wenig man vom erkennenden Individuum begreift, wenn man es in seinen reflexiven Selbstbezug verbannt, so unverständlich muss jedes »Erkenntnisstück« erscheinen, wenn es nicht auf das Andere des Subjekts und somit nicht zugleich auf ein Objekt bezogen wird.[13] Erkenntnis ist ursprüngliche Ausrichtung auf das, was man selber nicht ist.

Damit ist bereits klargestellt, dass sich das »Machen«, das Kant als Bedingung des »Verstehens« exemplifiziert, nicht allein im Medium der eigenen Vorstellungen bewegen kann. Zwar kann man das Handeln des Verstandes nur auf intellektuelle Operationen beziehen; hier werden, nach dem kantischen Sprachgebrauch, Vorstellungen zu Begriffen verknüpft, Begriffe in ihre Bestandteile zerlegt, Bilder für die Anschauung erzeugt und Schemata der Anschauung auf singuläre Vorstellungen zur Anwendung gebracht. Alles das sind geistige Vorgänge, die, nach dem skeptizistischen Generalverdacht, auch ganz und gar in der Binnensphäre des Subjekts verbleiben könnten. Dann wäre das seine Gedanken verfertigende Subjekt ausschließlich bei sich selbst, und das »Machen« wäre eine bloße Betriebsamkeit der intelligiblen Kräfte, unter Umständen nur eine leerlaufende Beschäftigung von Verstand,

13 Im Unterschied zum frühen Fichte, dem insbesondere Dieter Henrich in seinen Untersuchungen zum Selbstbewusstsein folgt (1974; 2000).

Vernunft, Einbildungs- und Urteilskraft. Das »Machen« wäre eine bloße »Selbstgebärung«, die noch nicht einmal die realitätsanzeigende Lust des »freien Spiels« der Erkenntniskräfte für sich hätte.

Alles das aber kann nicht gemeint sein, wenn von der das Verstehen begründenden Selbsttätigkeit des Menschen die Rede ist. Es muss vielmehr ein reales *Bewirken* sein, wenn der Ausdruck des »Machens« einen Sinn haben soll. Und tatsächlich haben wir mit dem *Organismus* einen Begriff für einen Ursache-Wirkungs-Komplex, in dem auch die Aktivität der intellektuellen Kräfte ihren Ort hat. Und wenn das Ganze der organischen Wechselwirkung unter der Vernunftidee des Zwecks steht, wird es umso leichter, dem Ganzen die vom Organismus getragenen intellektuellen Leistungen zuzurechnen. Hier also müssen sie verankert sein; hier muss sich das »Machen« in tatsächlichen Effekten erweisen.

Es ist nicht zu bestreiten, dass die Kant-Deutung hier vor einem Abgrund steht: Durch die Einbindung intellektueller Leistungen in den organischen Zusammenhang des Leibes könnte die methodische Eigenständigkeit des Geistes verloren gehen. Es ist auch unverkennbar, dass Kants Aussagen zu diesem Punkt äußerst zurückhaltend sind. So sehr Verstand und Vernunft nach dem Modell des Lebens angelegt sind und so fraglos es ist, beide Vermögen als Fähigkeiten von lebendigen Wesen anzusehen, so spärlich sind Kants Aussagen über die Art, in der sich die reine Intellektualität in die Organisation des Leibes fügt. Immerhin leugnet er nicht, dass »*Vergnügen* und *Schmerz* zuletzt doch [immer] körperlich« seien,

> […] weil das Leben ohne das Gefühl des körperlichen Organs bloß Bewußtsein seiner Existenz, aber kein Gefühl des Wohl- oder Übelbefindens, d. i. der Beförderung oder Hemmung der Lebenskräfte, sei; weil das Gemüth für sich allein ganz Leben (das Lebensprincip

> selbst) ist, und Hindernisse oder Beförderungen außer demselben und doch im Menschen selbst, mithin in der Verbindung mit seinem Körper gesucht werden müssen. (5,277f.)

Kant müsste sich fragen lassen, was denn, angesichts seines eigenen Existenzkriteriums, ein »Bewußtsein seiner Existenz« bedeuten soll, das ohne Bezug auf einen sinnlich gegebenen Körper auskommt. Zwar verstehen wir seine Vorsicht, »Geist« und »Gemüth« direkt mit einem bestimmten körperlichen Zustand zu verknüpfen. Denn jede Behauptung über eine Verbindung zwischen physischen und intelligiblen Kräften müsste eine immer auch physische Relation vor Augen haben. Sie würde das, was gleichberechtigt einbezogen wird, nämlich das Geistige, zu etwas Körperlichem machen. Aber wenn die Regeln der menschlichen Erkenntnis als diejenigen bezeichnet werden, »die er [der Mensch] selbst macht« (7,197), und wenn diese Erkenntnis wirklich etwas bedeuten soll, dann kann sich auch Kant der Frage nach dem Zusammenhang von Körper und Geist nicht entziehen. Wie sollte der Mensch »aus sich selbst ein *vernünftiges* Thier (*animal rationale*) machen« können (7,321), wenn sein Geist nicht in der Natur wirken kann?

Die Frage lässt sich nur positiv beantworten. Und so finden sich denn auch zahlreiche Andeutungen, die zu erkennen geben, wie die Selbsttätigkeit des Geistes in den organischen Komplex des Lebens eingelassen sein könnte: Wir müssen sie als Wirkung eben jenes Ganzen verstehen, das unter dem leitenden Zweck seine Einheit hat. Das »Machen« ist eine Leistung des »Selbst«, in dem »Seele« und »Körper« so verbunden sind, dass sie insgesamt unter dem Gesetz der Freiheit stehen: »Unser Körper gehört zu unserem Selbst und zu den allgemeinen Gesetzen der Freiheit, nach denen uns die Pflichten zukommen.« (*VorEth* 170) Insofern kann man sagen, dass jenes alles Verstehen fundierende »Machen« als echtes Tun zu begreifen ist, in welchem sich der Mensch aktiv zur Welt verhält.

17. Physik mit menschlichem Antlitz. Noch mitten in der Überarbeitung der ersten Auflage der *Kritik der reinen Vernunft* nimmt sich Kant ein vermutlich schon in den 60er-Jahren skizziertes und vielleicht schon in den 70er-Jahren geschriebenes Manuskript vor, um es mit der Kategorienlehre der transzendentalen Analytik zu verknüpfen und 1786 unter dem Titel *Metaphysische Anfangsgründe der Naturwissenschaft* zu veröffentlichen. Darin sieht er den ersten systematischen Schritt zu einem »Übergang« von der *Transzendentalphilosophie* zur *Physik*. Zwischen die apriorische Transzendentalphilosophie auf der einen und die empirische Physik auf der anderen Seite schiebt er eine Lehre von den Körpern überhaupt, so wie sie einerseits vom Verstand gedacht werden müssen, wenn sein empirischer Gebrauch möglich sein soll, und wie sie andererseits von der Physik benötigt werden, wenn ihre empirischen Aussagen überhaupt einen begreifbaren Gegenstand haben sollen.

Das könnte als ein ziemlich unspektakuläres Unterfangen erscheinen, denn Kant komplettiert hier sein System, indem er die Leerstelle zwischen den reinen Verstandesbegriffen (etwa der *Kausalität* oder der *Wechselwirkung*) auf der einen und den empirischen Begriffen der Physik (wie etwa der *Bewegung* oder der *Kraft*) durch eine zusätzliche systematische Untersuchung zu schließen sucht. Irritieren könnte lediglich, dass er dieses ergänzende Unternehmen als »metaphysisch« bezeichnet. Doch diese Verlegenheit lässt sich leicht beheben. Denn Kant bewegt sich hier in den Bahnen der *metaphysica generalis*, also der *Ontologie*, deren Aufgabe in der Beschreibung der allgemeinen Verfassung von Gegenständen und ihren wechselseitigen Beziehungen besteht.

Diese Aufgabe hat sich durch die kopernikanische Wende nicht erledigt; sie bleibt bestehen, solange wir etwas *als etwas* erkennen. Unter den neuen Bedingungen der Vernunftkritik ist lediglich in Rechnung zu stellen, dass die Gegenstände »Erscheinungen« sind. Das ändert aber nichts daran, dass auch sie als etwas Seiendes begriffen werden, das wiederum auf die allgemeinen Elemente seiner Seinsweise hin untersucht werden kann. Eben darum bemühen sich die *Metaphysischen Anfangsgründe der Naturwissenschaft* mit Blick auf *den* Begriff, der nach Kant die Physik konstituiert: Und das ist der Begriff der *Materie*.

In direkter Anlehnung an die vier Momente der Kategorientafel werden in vier Hauptstücken die ontologischen Bestimmungen der Materie entwickelt. Sie entstammen, so ist die Unterstellung, allein aus der Anwendung der reinen Verstandesbegriffe auf das empirische Minimum, dass überhaupt etwas Gegenständliches in einer Anschauung gegeben wird. Gesetzt, in der äußeren Anschauung ist ein sinnlicher Eindruck gegeben, dann kann er des Näheren nur als *Materie* erfahren werden, die *erstens* etwas *Bewegliches*, *zweitens* etwas *Raumfüllendes*, *drittens* etwas real *Wirkendes* und *viertens* etwas modal *Wirkliches* einschließt. Dementsprechend gibt es vier Lehrstücke, die sich in der Bezeichnung eng an das System anlehnen, das Lambert bereits in den 60er-Jahren vorgeschlagen hat: Kant spricht von *Phoronomie*, *Dynamik*, *Mechanik* und *Phänomenologie*.[14]

Als systematisches Brückenstück, als »Übergang« zwischen zwei Disziplinen verdient diese Ontologie der Natur Beachtung. Sie belegt, wie ernst es Kant mit seiner Idee von einer Einheit der Wissenschaften ist. Die methodologische Differenz zwischen transzendentalen und empirischen Wissenschaften steht dem Streben nach systema-

14 Lambert, *Neues Organon*, Leipzig 1764 (Neudr. Hildesheim 1965).

tischer Verbindlichkeit allen Wissens nicht entgegen. Zu ihr aber kann man nur gelangen, wenn unterstellt werden darf, dass auch die sinnlich gegebenen Phänomene der Natur ihre Form durch die *Eigenleistung des Menschen* gewinnen. Selbst an den Grundbegriffen der Physik, deren Gegenstände uns in übermächtiger Objektivität entgegentreten, muss noch der Anteil des »Machens« zu erkennen sein. Dieser menschliche Anteil kommt durch die »Principien der Construction der Begriffe« in die Natur (4,472).

»Construiren« heißt hier: »*a priori* in der Anschauung darstellen« (4,486). Dazu gehört, dass die Bedingungen der Darstellung »nicht von der Erfahrung entlehnt« sind. Man muss das, was man sich durch Anschauung aneignet, ganz aus dem eigenen intelligiblen Fundus nehmen. Die Selbstproduktion der Anschauung nennt Kant eine *Einbildung*; d. h. die sinnliche Gestaltung erfolgt zu den vom erkennenden Subjekt vorgegebenen Konditionen. Wenn diese Konditionen nicht eben die wären, die uns die Einsicht in den anschaulich gegebenen Gegenstand ermöglichen, könnte man, mit Nietzsche, von »Einverleibung« sprechen. So aber können wir nur festhalten, dass Kant den unerhörten Versuch macht, auch noch die anschaulich gegebenen Grundtatsachen der Natur auf eine Leistung des Menschen zu gründen.

18. Die Suche nach einer alle Gegensätze umspannenden Einheit. So leicht es Kant offenbar fällt, seine vorkritische Naturmetaphysik auf das Niveau seiner kritischen Philosophie zu heben, so schwer wird es ihm am Ende, die damit unterstellte Einheit der Natur als realen Zusammenhang zu denken. Denn dazu reicht es nicht, die Grundbegriffe der physischen Naturerkenntnis in der Anschauung zu konstruieren, sondern man muss auch kenntlich machen, wie es sein kann, dass die besonderen Naturerscheinungen zu den allgemeinen Begriffen passen. Dabei darf vor allem nicht vergessen werden, dass der Erkennende als sinnliches Wesen (das nur, weil es *sinnlich* ist, *Anschauung* braucht) selbst *Teil der Natur* ist, um deren Einheit es geht. Also ist die Frage des »Übergangs« zwischen der Physik und der Transzendentalphilosophie auch eine Frage nach der Stellung des Menschen in der Natur – wobei zu berücksichtigen ist, dass der erkennende und handelnde Mensch ein Vernunftwesen ist. Letztlich sucht Kant nach dem »Übergang« zwischen Natur und Freiheit.

Systematisch ist dieses Problem in der *Einleitung* zur *Kritik der Urteilskraft* exponiert (5,174 ff.). Aber die im Werk entworfene subjektive Lösung genügt Kants wachsenden Ansprüchen nicht. Denn gerade im subjektiven Spiegel der Urteilskraft kommt es zu einem Zusammenspiel von Geist und Leben, das eine tiefere Einbindung des Menschen in die Natur aufscheinen lässt. Für sie müsste man auch objektive Gründe nennen können. So verschärfen *Ästhetik* und *Teleologie* die Frage nach dem »Übergang« von der Transzendentalphilosophie zur Physik – und damit nach der Brücke zwischen Freiheit und Natur. Nun sieht man, dass es auch um das Verbindungsstück zwischen dem System der universellen Begriffe und dem der individuellen Erscheinungen geht.

Seit Beginn der 90er-Jahre ist Kant mit diesem Problem beschäftigt. Ab 1792 beginnt er mit Notizen zu einem neuen Werk, dem er sich noch vor Abschluss seiner letzten großen Publikationen, der *Metaphysik der Sitten* (1797) und dem *Streit der Fakultäten* (1798), widmet. Er steht an der Schwelle zum 70. Lebensjahr und befindet sich durch die Arbeiten von Reinhold und Fichte sowie durch Rückfragen seiner Schüler Beck und Kiesewetter unter Erwartungsdruck. Mit größter Energie arbeitet er an dem neuen Text, für den er mehrfach Titel entwirft, die den äußersten Anspruch ahnen lassen. Ein Entwurf lautet:

Der Transscendentalphilosophie höchster Gegenstand
Gott, die *Welt*, und dieser ihr Inhaber, *der Mensch*
in der Welt
in Einem das All der Wesen vereinigenden System
der reinen Vernunft vorgestellt
(21,38)

Kant spricht von seinem Hauptwerk, seinem *chef d'œuvre* – eine angesichts der drei großen *Kritiken* schier unverständliche Wertung. Aber man kann sie nachvollziehen, wenn man das Problem erfasst, um das es geht: Mit den ersten philosophischen Publikationen hatte Kant nach der durchgängigen Einheit mechanischer, organischer und intelligibler Kräfte gesucht, war aber durch die Vernunftkritik zu einer methodologisch gesicherten Aufspaltung der Welt in ein *Reich der Natur* und ein *Reich der Vernunft* gelangt. Gewiss: Er hatte gezeigt, wie empirischer Realismus und transzendentaler Idealismus in der Fundierung der Erkenntnis von Natur, Welt und Selbst ineinander greifen. Aber er hatte dies lediglich für die Elementarbegriffe der Naturwissenschaft deduziert und war im Übrigen nur bis zur Demonstration der logischen Vereinbarkeit mechanischer und moralischer Gesetzgebung gelangt. In beiden Fällen hatte er sich auf die Doppelperspektive der Erkenntnis berufen, die es dem Menschen erlaubt, nicht nur über die allen gemeinsame Erfahrung gegebener Dinge, sondern dabei auch über den nur dem Individuum zugänglichen Anteil des jeweils eigenen Selbst zu sprechen.

Nun aber hatte die *Kritik der Urteilskraft* sowohl im Erleben des Schönen wie auch in der Kennzeichnung des Lebendigen dargetan, wie beide Seiten, die gegebenen Dinge und das erkennende Selbst, zusammenpassen. Der von der Urteilskraft zwanglos eingespielte Nachweis einer durchgängigen Lebendigkeit in der empirischen Natur und im korrespondierenden geistigen Wesen hatte eine Einheit erschlossen, die nicht bloß im Gefühl gegenwärtig ist, sondern auch die Begriffe einbezieht.

Und so macht sich der greise Philosoph daran, für das von ihm in lebenslanger Arbeit entworfene System einen Abschluss zu suchen, der weit über das hinausgeht, was er bereits in der *Architektonik* der reinen Vernunft (*B* 860), in der *Postulatenlehre* der praktischen Vernunft (5,122 ff.) und schließlich in der *moralischen Teleologie* der dritten Kritik (5,447 ff.) entworfen hatte. Schon immer war Kant um Einheit und Abschluss seines Denkens bemüht gewesen. Nun aber will er auch die alle seine Einsichten formatierende Polarität von Mechanik und Teleologie, Sinnlichkeit und Vernunft, von Natur und Freiheit, schließlich auch von Welt und Gott in einer einzigen Realität begründen, ohne die alles ohne Bedeutung bliebe. Dieser Anspruch steht hinter dem Altersproblem des »Übergangs«.[15]

19. Opus postumum: Äther und Selbstaffektion. Es sind im Wesentlichen zwei neue Theoriemomente, die zum »höchste[n] Standpunct« führen (21,32), von dem aus das »vollständige System« (21,155) überschaubar wird: Das *erste* ist die Annahme eines den ganzen Weltraum durchgängig erfüllenden energetischen Materials, das alles mit allem von innen her verbindet und zugleich die Bildung der physischen Körper stimuliert. Durch diese intelligible Materie wirkt in allem Äußeren eine »innere Kraft«. Das Insgesamt der physischen Außenwelt wird innerlich verbunden und kann nur dadurch als eine wirkliche Einheit gelten. Kant spricht vom »Wärmestoff«, den er nach antikem Vorbild »Äther« nennt und der nur nach Art einer alles durchwirkenden, alles anregenden, allem Form gebenden Spannkraft – nach Analogie des Geistes – begriffen werden kann. Die innere Kohärenz der Dinge, durch wel-

15 Dazu grundlegend: Förster, 1993 und 1998; Mathieu, 1989.

che sie zu individuellen Gestalten werden, ist Folge der inneren Bildungskraft des Äthers.

»Aether«, so heißt es, »ist das was den Raum zum Sinnengegenstande macht, so wohl durch Anziehung als Abstoßung (Licht, Wärme)« (22,115). Auf diese Weise kann es nicht nur »Eine Welt als mein Sinnenobject«, sondern auch einzeln für sich abgegrenzte Gegenstände geben. Der Äther, so könnte man im Vertrauen auf den Doppelsinn des Begriffes sagen, ist der *Sinn* der physischen Natur. An welche Effekte für Sinn und Gestalt Kant denkt, mag ein von ihm auf Mitte gesetztes Beispiel deutlich machen:

Keine tropfbare Flüssigkeit ist möglich
ohne lebendige Kräfte eines alle Materie
durchdringenden Stoffs.
(21,521)

Die *zweite* theoretische Innovation liegt in der Annahme einer die Sinnlichkeit einbeziehenden *Eigentätigkeit* des menschlichen Intellekts unter dem Titel der »Selbstaffection«. Hier haben wir die Spontaneität des individuellen Geistes, der sich in jedem Akt nicht nur auf (dinglich gegebenes) »Anderes« so bezieht, dass es »Anderen *communicabel*« wird (vgl. oben 6.15), sondern sich in allen seinen Akten auch auf sich selbst bezieht. Der *Gegenstand*, die *Anderen* und *ich selbst* – das sind die drei Topoi des Selbstbewusstseins, von denen schon Platon handelt und die Kant in der Transzendentalphilosophie zugrundelegt. Die »Selbstaffection« aber geht darüber hinaus. Sie darf nicht als ein ausschließlich intelligibler Akt verstanden werden. Denn in ihr liegt eine die Sinnlichkeit (sowohl als Gefühl wie auch als Empfindung) mitreißende Kraft, die sogar die leibhaftige Individualität des sich selbst stimulierenden Geistes gegenwärtig hält. Wenn dargetan werden könnte, dass die »Selbstaffection« die grundlegende Leistung des menschlichen Selbstbewusstseins ist, dann wäre das Bewusstsein ursprünglich mit der Sphäre leibgebundener Sinnlichkeit verknüpft. Die »Bildungskraft« des sich organisierenden menschlichen Körpers würde zu einem Teil der sich selbst organisierenden Kraft des Geistes.

Immer wieder setzt Kant den Begriff der »Weltseele« ein, die als immaterielles Prinzip »das ganze *Univers*« umfasse (22,100), aber nicht mit dem Geist, den er an die bewussten Leistungen des Menschen bindet, verwechselt werden dürfe. Die Terminologie ist nicht einheitlich; sie kann es nicht sein, weil das, was Kant »Weltseele« nennt, durch den ihr innewohnenden Zweck auf dem Selbstbegriff eines wollend-tätigen Geistes beruht. So tastend und schwankend viele Aussagen auch sind und so sehr sich Kant immer wieder genötigt sieht, die Ausgangsbedingungen seiner älteren Lehre zu rekapitulieren und somit Altes und Neues zu vermischen: Das unzweifelhaft Neue liegt in der Suche nach einem Prinzip, das als tätige, lebendige Kraft in Mensch *und* Natur wirksam ist.

20. Selbsttätiger Geist in lebendiger Organisation. Mit dem Begriff der Selbstaffektion geht es Kant in erster Linie um die Selbsttätigkeit des menschlichen Bewusstseins. Es bleibt wie in der ersten Vernunftkritik beim Vorrang der Spontaneität. »Ich, das *Subject*, mache mich selbst zum *Object* (*apprehensio simplex*)« (22,93) – das ist und bleibt der Ursprungsakt einer jeder Erkenntnis. Aber indem Kant den von seinen ersten produktiven Lesern eingebrachten Begriff der »Setzung« aufnimmt und auch von »Selbstsetzung« spricht (21,85 ff.), bindet er die individuellen sinnlichen Momente der bestimmten anschaulichen Präsentation in den Akt der Erkenntnis mit ein. Das führt nicht allein, wie der Terminus der »Selbstaffektion« offenlegt, zu einer selbstreferenziellen *Steigerung der Individualität*; folgerichtig kommt auch die *leibliche Vorgeschichte* der reinen intellektuellen Leistungen in den Blick:

Das Wort *Anschauung* (*intuitus*) deutet aufs Sehen. Der *Begriff* (*conceptus*) auf Zusammenfassung des Berührens. Lauter subjective Bestimmungen des Erkentnisvermögens. Das dritte ist die *Begründung* der Erscheinungen gleichsam in einem unbeweglichen festen Boden errichtet. Ein fundirter Besitz. (22,97)

Das brauchte nicht mehr als eine Erinnerung an die Etymologie der Wörter zu sein, mit denen wir die intellektuellen Akte bezeichnen. Aber im Kontext der Notizen zum ungeschriebenen Spätwerk kommt der Erinnerung sachliche Bedeutung zu. Kant entdeckt, dass es nicht ausreicht, die Selbstsetzung allein als einen logischen Akt zu verstehen. Denn die Selbstsetzung konstituiert auch Raum und Zeit, die als selbstgeschaffene Anschauungen allein dem Subjekt zugehören. Sie werden von der »Vorstellungskraft des Subjects [...] selbst gemacht« (22,86).

Doch bereits die reine Anschauung des Raumes lässt sich nicht von den ihn aufspannenden physischen Kräften trennen. Diese liegen »hier schon«, wie es heißt, »in der Raumesvorstellung« (22,84). Also sind die bewegenden physischen Kräfte Elemente dessen, was durch einen rein intelligiblen Akt hervorgebracht wird. Damit greift die logische Leistung des Verstandes unmittelbar auf Physisches aus. Und angesichts dieses *Ineinanders von Intelligibilität und Sensibilität* hat auch die Erinnerung an die Etymologie von »Begreifen« und »Begründen« systematisches Gewicht. Die organisierenden Kräfte des Leibes melden sich in den reinen Verstandesakten zu Wort.

So fragmentarisch seine Überlegungen bleiben, in einem Punkt ist Kant ganz entschieden: Die beiden metaphysischen Reiche, also die Gesamtheit der physischen Dinge unter dem Titel der *Welt* und das Ganze der intelligiblen Einsicht unter der Gesetzgebung der *Vernunft*, sollen durch die Lehre vom »Übergang« nicht in ein kohärentes Ganzes überführt werden. Da wird nach keinem »Sein«

gesucht, das alles umfängt. Vielmehr bleibt es bei der Trennung zwischen physischer und intelligibler Sphäre, ja sogar einer »Kluft«, die nicht geschlossen, sondern eben nur überbrückt werden kann. So geht Kant, von Fichte angeregt, ein Stück des Weges, den Schelling und Hegel in Abgrenzung gegen Kant und Fichte einschlagen. Seine Überlegenheit besteht unverändert darin, keine Einheit des Ganzen zu unterstellen. Es bleibt auch im *Opus postumum* bei den metaphysisch getrennten Sphären der Vernunft und der Natur, deren Verbindung durch den erkennenden Menschen herzustellen ist. Die Einheit der Welt ist also eine Aufgabe, für die niemand anders als der Mensch empfänglich und zuständig ist.

21. Der Mensch als »Mittelbegriff« zwischen Gott und Welt. Die Theorie des Übergangs bleibt, wie das ganze immer wieder von neuem in Angriff genommene letzte Werk, Fragment. Immer wieder werden die Voraussetzungen des gesuchten »System[s] der reinen Philosophie in ihrem ganzen Inbegriffe« (21,146) referiert und seine möglichen Konsequenzen vorgestellt. Aber der neue Gedanke kommt nicht zum Abschluss. Das Manuskript des *Opus postumum* dokumentiert, wie ein großer Geist an seinen physischen Konditionen scheitert. Dennoch ist die Richtung des neuen Weges unverkennbar: Kant kommt auf den Gedanken der »lebendigen Kraft« zurück und möchte demonstrieren, wie sie in allem so wirksam ist, dass ein Ganzes immerhin denkbar wird. Auch wenn die Theorie des Äthers und die gleichermaßen theoretische wie praktische Selbstsetzung durch Selbstaffektion weit voneinander entfernt zu sein scheinen: Sie haben ihr Gemeinsames in der *lebendigen Tätigkeit*, die – um zur Erkenntnis des Ganzen zu gelangen – immer die des *Menschen* sein muss. Und sie treffen sich in einer These, die den Menschen zum »Mittelbegriff« zwischen Gott und Welt erklärt.

Eine der vielen systematischen Expositionen der Hauptthemen des geplanten Werkes lautet: »*Gott*, die *Welt*, und (der *Mensch*) das denkende Wesen in der Welt« (21,32). Diese einfache Reihung wird auf der nächsten Seite durch Hinzufügung der Funktion des Menschen spezifiziert: »*Gott*, die Welt, und das beyde Objecte verknüpfende Subject das denkende Wesen in der Welt« (21,34). Sogleich ist deutlich, dass dem Menschen zwischen den beiden größten denkbaren »Gegenständen«, nämlich Gott und Welt, eine gar nicht anders als *zentral* zu nennende Stellung zukommt, denn er hat sie, wie es wenig später wieder heißt, zu »verknüpf[en]« (21,36). Diese Verknüpfung der »beyden Objecte« Gott und Welt wird auch nach Art einer grammatischen Beziehung vorgestellt, worin der »denkende *Mensch*« als »*Subject*, *Praed*[*icat*] u. *copula*« fungiert (21,37). Der Mensch ist der »Mittelbegrif« zwischen Gott und Welt (21,38).

Wenn wir nach einer Antwort auf die Frage nach dem Menschen suchen, dann haben wir hier die umfassendste Auskunft, zumal Kant Gott und Welt nirgendwo stärker verselbstständigt als in den Konvoluten des *Opus postumum*. Die *Welt* wird immer wieder als das gleichermaßen materiale wie formale Ganze ausgezeichnet, dem der Mensch ganz zugehört und mit dem er durch den geist- oder sinnanalogen Äther innerlich verbunden ist: »der Mensch ist selbst ein Weltwesen« (21,43). *Gott* hingegen ist das »*Maximum*« der gesetzgebenden Gewalt (21,35); er wird zwar, weil »kein Actives Gegenverhältnis von Gott und der Welt« gedacht werden kann (21,36), von allen Lasten der Erschaffung, Verwaltung und Erlösung der Welt entbunden, aber er ist höchste legislative Instanz. Alle Verbindlichkeit, der denkende Wesen aufgrund ihrer sich selbst steuernden Selbstbezüglichkeit unterworfen sind, hat ihren Grund in ihm. Mit einer Strenge, die der Postulatenlehre fern zu stehen scheint, wird Gott als objektives Prinzip der moralischen Gesetzgebung präsentiert. Auch das ist eine Konsequenz der Tatsache, dass mit der engeren Verknüpfung von Geist und Leib die Aussicht auf Würde und Glück näher zusammenrücken. Gleichwohl bleibt der Glaube eine ganz und gar individuelle Haltung des Menschen. Man kann ihn weder theoretisch (durch Gottesbeweise) noch praktisch (durch Kirchen) erzwingen.

Doch wie dem auch sei: Der Mensch steht in der Mitte und hat als »Weltwesen« und »Weltbürger« die physischen und die göttlichen Gesetze zu repräsentieren. Diese Mitte ist kein kosmologisch ausgezeichneter Standpunkt, kein vorgegebenes ontologisches Zentrum, sondern nur Kennzeichen einer *Funktion* zwischen Natur und Vernunft, der durch *Selbsttätigkeit* zu genügen ist. Natur und Vernunft erheben den gleichen formalen, auf gesetzmäßiges Handeln abzielenden Anspruch an den selbsttätigen Menschen. Dem kann er nur durch »Selbstgesetzgebung«, durch »Autonomie« entsprechen. So verlangt sogar die Natur, mit der er organisch verbunden ist, eine Regelhaftigkeit, eine Gesetzmäßigkeit von ihm, die er allein unter der Maßgabe der Vernunft erfüllen kann. Und der von dieser Vernunft notwendig als deren Maximum zu denkende Begriff Gottes verleiht der Autonomie den existenziellen Ernst, ohne den sie keine innere Verbindlichkeit hätte. Die aber braucht sie, um für alle zumutbaren Lagen des Daseins gültig zu sein.

22. »Wir machen alles selbst.« Der »Übergang«, den der greise Kant von der konstruierenden Leistung des theoretischen Verstandes, von der Imagination der Einbildungskraft sowie von der auf ideale Konsequenz gerichteten Produktivität der Vernunft erwartet und dem er durch die bis in die Sphäre des Leibes hineinreichende Selbstaffektion ein sinnliches Fundament zu geben versucht, lässt sich durch keine Automatik der Natur und keine göttliche Fügung sichern. Der »Übergang« bleibt eine Leistung des

Menschen, die er aus sich heraus zu erbringen hat. Sucht er für sie einen Grund, stößt er wiederum nur auf sich selbst.

Das bringt Kant gegen Ende seines Lebens auf die lapidare Formel: »Wir machen alles selbst« (22,82). Erst dadurch kann die in der *dritten* Antwort exponierte *Selbstproduktion* des Menschen (vgl. im vorliegenden Band 6.13) als ungeheuerlich, bodenlos oder frevelhaft erscheinen. Denn es wird klar, dass der Mensch qua Mensch ohne Maß und ohne Vorbild operiert. Er macht sich selbst und mit sich selbst die Welt. Und niemand wird behaupten können, die Selbstproduktion sei im Ganzen dadurch abgesichert, dass sie mit der Weltproduktion zusammenfällt. Gewiss, das eine kann nur im anderen gelingen. Aber die metaphysische Ortlosigkeit im All, von der Novalis noch zu Kants Lebzeiten spricht,[16] ist definitiv: Überall auf der Welt hat der Mensch immer erst sich selbst zu schaffen, um in seiner Welt zu sein. Zugestanden: Er ist das »*Thier*, das, wenn es unter andern seiner Gattung lebt, einen Herrn nöthig hat«. Aber dieser Herr kann nur er selber sein! (8,23) Er ist das Thier, das sich selbst zu erziehen hat; er ist das Wesen, das »nur durch Menschen erzogen wird, durch Menschen, die ebenfalls erzogen sind« (9,443). Und da er sich nicht nur die praktischen, sondern auch die theoretischen Mittel zur Selbsterziehung selbst beschaffen muss, ist er in der unüberbietbaren Lage, sein (nur von ihm benötigtes) *eigenes Vorbild* zu sein. Der Mensch hat sich selbst *ein Beispiel zu geben*, und er hat es in allem auch zu *sein*.

Damit haben wir die *vierte* Antwort auf die Frage *Was ist der Mensch?* Er ist das *individuelle Wesen schlechthin*. Er ist in jeder Hinsicht *singulär*. Und da man dies – strenggenommen – von jedem Wesen sagen könnte, muss man er-

16 Zur »Stimmung« der Romantik: K. H. Bohrer, *Ästhetische Negativität*, München 2002.

gänzen: Der Mensch hat eine *metaphysische Einzigartigkeit*, denn er hat nicht nur alles aus sich heraus und auf sich hin zu schaffen, vielmehr hat er alles dies noch nach *seinem eigenen Maß* zu tun. Die Formel dafür kann man ebenfalls aus dem *Opus postumum* beziehen: Wenn die philosophische Selbstbeschreibung der grundlegenden Leistungen des Menschen ein »transsc[endentaler] Egoism« ist (21,53), dann ist der Mensch ein *transzendentaler Egoist*.

Die Formel klingt wie eine gezielte Provokation. Zum einen scheint sie dem humanitären Selbstverständnis des Menschen zu widersprechen. Jeder Einzelne ist Anderen verpflichtet; jeder hat aus eigenem Anspruch die Position Anderer mitzubedenken, und er ist allein um der Wahrheit willen genötigt, von sich selber abzusehen. Zum anderen muss man sich fragen, welchen Sinn die Rede von »Gott« und »Natur«, von »Leben«, »Kunst« und »Kultur« noch haben soll, wenn der Grund von allem im Menschen selber liegt? Kant ist so offenkundig an den allgemeinen Instanzen der Vernunft, an »Grund«, »Regel« und »Gesetz«, an »Maxime«, »Imperativ« und »Postulat« interessiert, dass man ihm noch nicht einmal die Aufmerksamkeit für das Individuelle des epistemischen und praktischen Subjekts zutraut. Georg Simmel, der im Anschluss an Schopenhauer und Nietzsche große Verdienste um die theoretische Auszeichnung des Individuellen hat, glaubt noch, sein »individuelles Gesetz« *gegen* Kant behaupten zu müssen.[17]

Doch ohne es zu wissen, bleibt Simmel wie Schopenhauer und Nietzsche, die sein »individuelles Gesetz« inspirieren, in der von Kant gelegten Spur. Er nimmt den systematischen Impuls von dessen Ästhetik auf, die er zutreffend mit Elementen der kritischen Theorie des Lebens verknüpft. Allein ihm entgeht, dass Kant sowohl im Begriff der *Maxime* wie auch im kategorischen Anspruch des

17 »Das individuelle Gesetz« (1913), in: G. Simmel, *Das individuelle Gesetz*, Frankfurt a. M. 1968.

nur individuell wirksamen *Imperativs* den Begriff des individuellen Gesetzes vorweggenommen hat. Er übersieht die unhintergehbare Individualität des *Willens*, nimmt das »Ich denke« des *Verstandes* fälschlich als reine Formalität und macht sich nicht klar, dass die *Vernunft* auf das Ganze stets nur aus der Perspektive eines Einzelnen schließen kann. Die *Gründe*, zu denen sie auf diese Weise kommt, können zunächst nur die Gründe eines Individuums sein. Obgleich die sich nur im Medium der Universalität entfalten, haben sie ihren Ursprung und ihr Ziel stets in der *»activen* Existenz« (Wilmans in 7,70) des einzelnen Menschen. Simmel hätte auch die moralische Zuspitzung im Begriff eines Gottes bedenken müssen, der als Postulat nur individuell verbindlich ist.

Aber ganz unabhängig von den Affiliationen der Rezeptionsgeschichte stellt sich der Zweifel ein, was mit Kants Formel vom *transzendentalen Egoimus* philosophisch erreicht sein soll. Haben nicht schon die Sophisten mit einer ähnlichen Ansicht aufgewartet? Wird nicht bereits dem Protagoras die These zugeschrieben, der Mensch sei das Maß aller Dinge? Und hat nicht das philosophische Denken im engeren Sinn erst mit der sokratisch-platonischen Widerlegung dieser abgründigen Behauptung begonnen? Ist nicht tatsächlich alles, was dem Menschen wichtig ist, preisgegeben, wenn er alles aus sich selber schöpft?

Kants Zeitgenossen wussten vermutlich von der Formel vom *transzendentalen Egoismus* nichts. Sie konnten auch den Satz »Wir machen alles selbst« noch nicht im Wortlaut lesen. Aber sie hätten darin gewiss die treffende Selbstbewertung der Transzendentalphilosophie erkannt; schließlich wussten sie von der These, dass wir nur das verstehen, was wir selber machen können (vgl. 7,197).[18]

18 Der junge Kantianer Karl Arnold Wilmans macht daraus 1797 die von Kant wohlwollend referierte These über den Menschen: »er schafft sich also *seine* Welt« (7,71) – siehe oben 6.13.

Doch keiner, vom frühen Fichte abgesehen, wagt es, sein Denken allein auf diese Einsicht zu gründen. Alle sind fasziniert von der kopernikanischen Wende, in der sich der Mensch zum Grund seiner Welt habilitiert. Aber sie alle sehen sich herausgefordert, das damit vermutete Defizit zu beheben. Man ist aufs Tiefste durch das beunruhigt, was dem Menschen fehlt, wenn er sich nur auf sich selber gründet. Nicht von ungefähr kommt der Begriff des »Nihilismus« in der Debatte über die Folgen des kritischen Denkens noch zu Kants Lebzeiten in Umlauf. Der »Nihilismus« aber soll überwunden werden. So wird Kant zum Lehrer einer ganzen Generation von Denkern, die seine Diagnose übernimmt, aber mit Macht über sie hinausgehen will: Schiller, Schleiermacher, Hölderlin, die beiden Humboldt und die beiden Schlegel, Fichte, Schelling, Hegel, Kleist und Schopenhauer bis hin zu dem sie alle rhetorisch übersteigernden Nietzsche sind auf der Suche nach einer neuen Verbindlichkeit für den Menschen – heiße sie nun Geschichte, Religion, System, Mythos oder Kunst. Davon ist die Philosophie nach Kant, durch Dilthey und Heidegger nachhaltig verstärkt, bis heute geprägt.

Warum aber bleibt Kant selbst, der die Gefahren der absoluten Relativierung durch die Verabsolutierung des Menschen doch am ehesten hätte erkennen können, von alledem so merkwürdig unberührt? Ist er, wie Hegel nahe legt, naiv? Ist er vielleicht doch nur ein optimistischer Aufklärer, der sich aus Lust am erfahrenen Fortschritt des Wissens um Anfang und Ende des Weges nicht kümmert? Oder will er einfach nicht erkennen, welche Verunsicherung sein Denken notwendig mit sich bringen muss? – Es gibt noch eine *fünfte* Antwort auf die Frage nach dem Menschen. Indem wir sie abschließend exemplifizieren, soll deutlich werden, dass Kant die Risiken und Nebenwirkungen seines Denkens sehr wohl kannte. Aber er hatte eine Sicherheit, die noch zu den Voraussetzungen seiner

Diagnose gehört. Die könnte zu einer Antwort taugen, die auch nach Nietzsche nichts von ihrer systematischen Kraft verloren hat.

23. Der Mensch als vernünftiges Wesen. Die *fünfte* und letzte Antwort auf die Frage nach dem Menschen scheint im Widerspruch zu allen vier zuvor gegebenen Antworten zu stehen: Sie scheint auszuschließen, dass der Mensch Teil der *Naturmechanik* ist, dass er zu den *lebendigen* Wesen gehört, *sich selbst hervorbringt* und in dieser Produktion vollkommen *auf sich selbst gestellt*, *individuell* und *ohne verbindliches Vorbild* ist. Nach alledem ist der Mensch, im Vergleich zu anderen Tieren, nicht nur als Gattung in einer exzeptionellen Lage, sondern er kommt auch als Individuum in eine exzentrische Position, weil ihm die produktive Einzigartigkeit seines Daseins nur bewusst wird, sofern er sie an sich selbst erfährt. Nur durch ein existenziell fundiertes *Ich denke*, *Ich will* und *Ich urteile* (und zwar immer auch: *aus der Position eines Anderen*) erhält die Singularität des menschlichen Individuums ihre metaphysische Reichweite. Denn erst im Medium des Selbstbewusstseins steht die *Individualität* in unmittelbarer Beziehung zur *Universalität*, erst in ihm gelangt das Einzelne in direkte Verbindung zum (stets mitgedachten) *Ganzen*.

Die *fünfte* Antwort besteht in der Auskunft, dass der Mensch ein *vernünftiges Wesen* ist. Sie wurde schon oft erwähnt und in mancher Hinsicht erläutert. Wenn es gelingt, abschließend zu zeigen, dass sie sich nicht im Widerspruch zur *mechanischen* oder zur *organischen* Natur des Menschen befindet und überdies sowohl mit der *originären Produktivität* wie auch mit der *metaphysischen Individualität* vereinbar ist, dann haben wir zugleich den Punkt erreicht, von dem aus erkennbar wird, warum Kant den »transzendentalen Egoismus« des Menschen nicht als Anschlag auf das allen gemeinsame Fundament des Daseins begreift. Er braucht das selbstbewusste Ich weder, wie Fichte, als Absolutes zu setzen, um daraus alles andere abzuleiten, noch muss er, wie Schelling, eine intellektuelle Anschauung und mit ihr einen direkten Zugang zu Gott annehmen, noch ist er, wie Hegel, genötigt, eine sich geschichtlich durch die Natur bewegende Vernunft zu behaupten, die sich jederzeit als Wirklichkeit zu erweisen hat. Überhaupt ist die kritische Vernunft, wie dann erneut bei Schopenhauer, Marx und Nietzsche, von der Versuchung frei, sich in ihr Gegenteil zu verwandeln, um als ihr eigener Widersacher erfolgreich zu sein.

Das *vernünftige Wesen* kann nicht dadurch ausgezeichnet sein, dass es *nur* Vernunft hat. Es muss mindestens *auch* über *Verstand* und *Urteilskraft* verfügen, damit die Vernunft (als Teil der »oberen Erkenntnisvermögen«) überhaupt wirksam werden kann (vgl. im vorliegenden Band 3.4). Mit der Angewiesenheit auf Verstand und Urteilskraft ist aber offenkundig, dass die Vernunft untätig bleiben müsste, wenn sie nicht auch einen Zugang zur *Sinnlichkeit* haben würde. Die Sinnlichkeit setzt ihrerseits *Organe* voraus, die sie mit *Empfindungen* versorgen. Bei den Sinnesorganen aber ist der Begriff des »Organs« wörtlich zu nehmen: Sie sind *leibhaftige Elemente* in einer physiologischen Organisation. Mit ihr also ist die Vernunft, zumindest in der Form, in der wir sie vom Menschen her kennen, notwendig verbunden. Im Kontext der praktischen Philosophie hat Kant sich sogar um den Nachweis bemüht, dass die Vernunft funktionslos würde, wenn sie nicht über sinnliche Neigungen zu disponieren hätte (vgl. oben 4.10). Nur weil sie nicht mit sich alleine ist, hat es einen Sinn, sie als moralische Instanz zu inaugurieren; nur weil sie den Widerstand der empirischen Bedingungen gegen sich hat, kann vom Recht die Rede sein. Nur weil die Vernunft so eng mit der Phantasie, mit der »Einbildungskraft« verbunden ist, kann sie das Ganze mit seinen »letzten Dingen« erschließen und uns eigene Gründe geben.

Dennoch hat Kant nie davon abgelassen, die Existenz reiner Vernunftwesen einzuräumen. So sehr er in allen Erläuterungen immer nur die Funktionen der Vernunft beschreibt, die er vom Menschen her kennt, lässt er die Option sowohl auf reine Geister wie auch auf ganz anders organisierte Lebewesen offen. So kommen auch Engel oder mögliche Bewohner von Venus oder Saturn als vernünftige Wesen in Betracht. Mit Blick auf mögliche andere Lebewesen im Weltall, deren Existenz niemand ausschließen kann, mag dies eine weitsichtige Annahme sein. Und da man vernünftigerweise nicht über Existenzen streiten sollte, die niemand kennen kann, ist auch nichts gegen das großzügige Zugeständnis gegenüber den Engeln zu sagen. Gleichwohl kennen wir die Vernunft nur vom Menschen her. Deshalb kommen ihr allein die Funktionen zu, die sie im Erkennen, Urteilen und Handeln des Menschen erfüllt. In allen diesen Funktionen ist sie auf das Material der Sinne, auf die Gegenwart von Empfindungen, die Wirksamkeit von Neigungen sowie auf Lust und Unlust angewiesen.

In Verbindung aber mit den Sinnen setzt sie deren organisierende Leistung mit ihren einsichtigen Mitteln fort. Was damit gemeint ist, macht eine Parallele klar, die sich in der Anthropologie-Vorlesung findet: Jeder könne sich, so heißt es da, vom »Leitseil der Sinnlichkeit« ziehen lassen; besser aber sei es, unter der »Beleuchtung des Verstandes« zu handeln (7,196). In beiden Fällen geht es um das Mittel, dem der Mensch seine Lebensführung anvertraut. Die Sinnlichkeit vermag den ganzen Körper zu lenken, aber sie gibt dem Einzelnen nicht die Souveränität der umsichtigen, die Eigenart der umgebenden Dinge einbeziehenden Selbstbestimmung. Die wird erst unter der Anleitung des Verstandes möglich, der in diesem Beispiel die Stelle der Vernunft vertritt. Man sieht in dieser Parallele, welche beachtliche Leistung der Sinnlichkeit zugestanden wird. Aber sie wird durch die der Vernunft überboten. Die dem Handeln vorangeschickte »Beleuchtung«, die stets einen Raum vor und um den Körper erhellt, ist bereits von der bloß leiblichen Funktion der Sinne abgelöst. Sie hat einen über den einzelnen Leib hinausgehenden Freiraum, der auch von anderen wahrnehmbar ist.[19]

Das kann hier nicht mehr als ein Beispiel dafür sein, wie die Vernunft mit den Lebensfunktionen des Menschen verbunden ist. Insofern reicht sie tief in seine *physische* und *organische* Natur hinein; da sie nach ihrer eigenen Einsicht und nach ihren selbst gemachten Regeln (7,197) verfährt, stimmt sie auch mit der *Selbstproduktion* des Menschen überein. Denn sie kann ja nur ihr *eigenes* Licht auf dem jeweils *eigenen* Weg des Menschen verbreiten, der sich seines *eigenen* Verstandes bedienen muss, um an der Aufklärung teilzuhaben. Über sie ist sie dann allerdings mit allen anderen verbunden, in denen sich der Impuls der Aufklärung rührt. In den Vorlesungen zur *Anthropologie* (*AA* 7 und 25) und zur *Pädagogik* (*AA* 9) sowie in der Beschäftigung mit den *Krankheiten des Kopfes* (*AA* 2) hat Kant immer wieder betont, wie sehr Sinnlichkeit und Vernunft aufeinander angewiesen sind und dabei der Einbindung in einen Gemeinsinn bedürfen.

Wenn aber die Vernunft so eng mit der physiologischen und sozialen Konstitution des Menschen verbunden ist, warum trennt Kant sie so entschieden von allen anthropologischen Konditionen ab? Warum wird sie immer wieder mit größtem Nachdruck von empirischen Bedingungen unterschieden, wenn sie doch in allem in empirische Vollzüge eingelassen ist? Und schließlich: Wie passt die auf *Universelles* gegründete *Intelligibilität* der Vernunft zur unaufhebbar *individuellen* Zurechnung ihrer Leistung?

24. Mundus intelligibilis: eine Welt vernünftiger Wesen. Als Organismus lebt der Mensch aus einer »inneren

19 Siehe auch die Redewendung von der »Fackel« der Philosophie, die zur »Beleuchtung« des Geschäfts der Politik unentbehrlich ist (8,369).

Kraft«. »*Leben*«, so hat Kant bereits in den *Metaphysischen Anfangsgründen der Naturwissenschaft* (1786) definiert, »heißt das Vermögen einer *Substanz*, sich aus einem *inneren Princip* zum Handeln [...] zu bestimmen« (4,544). Bei einer »*materiellen Substanz*« bestehe das Handeln in »Bewegung oder Ruhe«, bei einer »*endlichen Substanz*« in der »Veränderung«. Es ist klar, dass der Mensch als endliche Substanz materielle Substanzen einschließt, also kann er sich auch zur Bewegung oder zur Ruhe bestimmen; aber seine Möglichkeiten zur »Veränderung« sind damit nicht erschöpft. Die Frage ist nur, wie jene »Veränderungen«, die z. B. auch im Erkennen oder Denken liegen, sich in Verbindung mit dem Leben verstehen lassen. Nach Kant einfach dadurch, dass wir den Begriff des »inneren Prinzips« genauer fassen:

> Nun kennen wir kein anderes inneres Princip einer Substanz, ihren Zustand zu verändern, als das *Begehren* und überhaupt keine andere innere Thätigkeit als *Denken* mit dem, was davon abhängt, *Gefühl* der Lust oder Unlust und *Begierde* oder Willen. (4,544)

Das »innere Prinzip« des Lebens ist also das »Begehren«, das jedoch, wenn es denn als ursprünglich »von innen« her bewegende *Tätigkeit* gedacht werden soll, nur als *Denken* gefasst werden kann. Das entspricht auch dem Ergebnis der *Analytik der teleologischen Urteilskraft* (vgl. oben 6.10), und es zeigt uns hier erneut, dass nicht nur die *kausalmechanische* (rein »materielle«) Natur mit dem *Organismus*, sondern auch der (stets individuell verfasste) *Organismus* mit der (die Individualität steigernden) *Intellektualität* vereinbar ist. Wie aber passt das zum *Universalitätsanspruch* der Vernunft?

Zunächst ist daran zu erinnern, dass *Individualität* und *Universalität* sich nicht wechselseitig ausschließen. Vielmehr kann das eine nur *am* und *im* anderen erkannt und aufgewiesen werden. Auch wenn Kant die Termini nicht gebraucht, so geht doch aus der von ihm nachdrücklich betonten Verknüpfung von (individuierender) *Anschauung* und (generalisierendem) *Begriff* hervor, dass zumindest *Besonderes* und *Allgemeines* aufeinander bezogen sind. Wenn nun die Vernunft die Begriffe des Verstandes auf das denkbare *Ganze* ausweitet, steigert sie das Generelle zum *Universellen* und macht aus dem Besonderen ein dem Ganzen korrespondierendes *Individuum*.

Nach Kant ist schon der Verstand in der Lage, das *Einzelne* und die *Allheit* zu denken (*B* 95 und 106). Beide aber gehen aus einer Maximierung des Besonderen in Verbindung mit dem Allgemeinen hervor, und beide sind unmittelbar aufeinander bezogen. Wir lassen offen, ob der Verstand aus eigener Kraft das *Individuelle* (»Einzelne«) in Verbindung mit dem *Universellen* (»Allheit«) denken kann. Uns reicht die Erkenntnis, dass beide im Denken zusammengehören. Also schließt die beispiellose Singularität des Menschen nicht aus, dass er über eine Kompetenz verfügt, die ihn als Individuum auf das Ganze des Daseins ausgreifen lässt. Und die wechselseitige Verweisung von Individualität und Universalität erlaubt darüber hinaus die These, dass nur ein sich selbst als *Individuum* begreifendes Wesen das unüberbietbare *Ganze* eines Zusammenhangs erfassen kann. Also gibt es keinen Widerspruch zwischen der *vierten* und der *fünften* Antwort auf die Frage nach dem Menschen.

Es bleibt aber nicht bei dieser formalen Auskunft zur notwendigen begrifflichen Entsprechung zwischen dem hoch individualisierten Menschen und seiner universalisierenden Beziehung zu sich und zur Welt. Kant versucht vielmehr, den Zusammenhang des vernünftigen Wesens mit dem nur von der Vernunft gedachten Ganzen kenntlich zu machen. Die reale Verbindung, in der jedes einzelne Vernunftwesen sowohl mit der mechanischen und der organischen Natur wie auch mit den aus sich heraus produktiven Anderen steht, bleibt unter den Bedingungen des bloßen Denkens bestehen, indem jedes einzelne vernünftige Wesen eigenständiger Teil einer »Welt vernünftiger Wesen (*mundus intelligibilis*)« ist (4,438). Das ist das »Reich der Zwecke«, die »*intellectuelle* Welt«, in der jedes »Ich« in seiner »reinen Thätigkeit« des Denkens und Wollens (4,451) ursprünglich mit jedem anderen »Ich« (aus der »Gattung der vernünftigen Wesen«) verbunden ist.

Der oft und in verschiedenen Wendungen gebrauchte Topos einer rein intellektuellen Welt vernünftiger Individuen bringt Kant bis heute unter Metaphysikverdacht. Wer Metaphysik für etwas längst Erledigtes, womöglich von Kant selbst endgültig Überwundenes hält, wird damit einen Vorwurf verbinden. Doch wie wir wissen, geht es Kant im Gegenteil darum, die Metaphysik als Wissenschaft zu sichern (vgl. oben 3.12; 4.1). Tatsächlich lässt sich gerade an der Formel vom »Reich der Zwecke« der Sinn und die Leistungsfähigkeit einer rein begrifflichen Erkenntnis zeigen. Denn die Menschen stehen nicht nur über die Natur in Verbindung *miteinander*; sie befinden sich auch durch ihre Fähigkeit zur Erkenntnis in Beziehungen *zueinander*. In jedem Akt des Wissens sind sie bereits durch den Gemeinsinn verbunden. Was ihnen aber in klarer begrifflicher Einsicht zu Bewusstsein kommt, ist als »Erkenntnisstück« sowohl auf Sachverhalte in der Welt wie auch auf mögliche Andere als Adressaten jeder Erkenntnis bezogen. Jede Erkenntnis muss, wie wir gehört haben, »Anderen *communicabel*« sein (vgl. 6.15).

Zu dieser mit jeder Erkenntnis ursprünglich beabsichtigten Kommunikation gehört jedoch nicht, dass man tatsächlich mit jedem andern spricht. Die Kommunikation ist hier nur eine in jedem intelligiblen Akt notwendig mitgedachte Kondition. Sie besagt, dass jedes erkennende Wesen – sofern es erkennt – mit seinesgleichen verbunden ist, ohne dass ein physisch fundiertes Sprechen oder Zeigen dazwischentreten muss. Jedes denkende Wesen – sofern es denkt – ist folglich unmittelbar auf jedes andere denkende Wesen bezogen. Diese Strukturbedingung des Verstandes- und Vernunftgebrauchs bringt Kant unter den Vernunftbegriff des *mundus intelligibilis*.

Ohne jeden Zweifel handelt es sich um einen metaphysischen Begriff, denn er beschreibt keinen empirischen Sachverhalt des menschlichen Daseins. Er verweist auf eine »Welt« (*mundus*), in der alles der vernünftigen Einsicht entsprechend (*intelligibilis*) eingerichtet ist. Diese nur in der Einsicht gegenwärtige Welt wird von Kant auch als das »Reich der Freiheit« bezeichnet. Es ließe sich heute wohl unter den Titel einer »Republik der freien Geister« bringen (vgl. 2,341). In ihr können nur freie, gleiche und selbstbestimmte Individuen unter einem sie universell verbindenden Gesetz beisammen sein. Hier geschieht das, was alle tun, nur aus dem Impuls, den jeder aus seiner eigenen Einsicht hat; hier gehen Individualität und Universalität zwanglos ineinander über. Und wenn wir hinzunehmen, dass jedes vernünftige Wesen einen *Zweck an sich selbst* darstellt, verstehen wir, warum die »intellectuelle Welt« ein »Reich der Zwecke« ist, das nicht nur politische, sondern auch unmittelbar praktische Bedeutung hat. Erst die Unterstellung eines *Reichs der Zwecke* macht es möglich, vom »Menschenrecht« zu sprechen.

Im Ganzen illustriert die Rede von der *intellektuellen Welt*, wie weit der Mensch ausgreifen muss, um sich selbst ein Beispiel zu sein: Er hat das Ganze des Daseins nach dem Begriff zu denken, den er von sich selber hat. Als Individuum kann er sich nur in einem Universum spiegeln, das den Medien seiner Selbsterfahrung entspricht. Ohne den Hintergrund des Ganzen wäre im Vordergrund nichts zu sehen. So gehört sogar die Welt zum Beispiel, das der Mensch sich selbst zu geben hat.

Um unter diesen Bedingungen nicht maßlos zu werden, braucht der Mensch einen Gott, der ihn prinzipiell begrenzt. Diese Macht aber können wir dem höchsten Wesen nur zugestehen, solange wir nichts von ihm *wissen*. Denn wüssten wir von ihm, wäre er nur ein weiteres Produkt unserer selbst. Also muss der übermächtige Gott ein Gegenstand des *Glaubens* sein. Nur im Glauben kann er als etwas angenommen werden, das den Menschen in dessen *eigenen Grenzen* hält. Denn wenn die »Disciplin« die Ursache dafür ist, dass die »Thierheit in die Menschheit« übergeht (9,441), kann die Menschheit nur durch Selbstdisziplin gesichert werden. Es müssen also letztlich *selbstgesetzte Grenzen* sein, denen der Mensch sich fügt. Der Gott kann daher nur die Kraft des Menschen beglaubigen und ihn aus dieser Kraft heraus erfahren lassen, wo seine Grenzen sind. Nur so bleibt Gott die unendliche Größe über der vermessenen Endlichkeit des Menschen.

25. Von der Wissenschaft zur Weisheit. Kant hat das Programm seiner Transzendentalphilosophie mehrfach unter die Frage gestellt, wie Mathematik, Physik und Metaphysik *als Wissenschaften* möglich sind (vgl. oben 4.1). Diese Ausrichtung auf die Wissenschaften dominiert sein Denken nicht erst in der Zeit der Vernunftkritik. Aber darf man daraus schließen, dass er lediglich ein Philosoph der Wissenschaft gewesen ist? Hat er tatsächlich die Philosophie allein in die Perspektive der Wissenschaft gerückt und dabei alles, was sich nicht in ihren Kanon bringen lässt, vernachlässigt oder gar verdrängt?

Es sind nicht nur Kants Kritiker, die das behaupten. Auch viele seiner Anhänger sind davon überzeugt, dass die Wissenschaft der Bezugsrahmen ist, auf den sich sein philosophisches Fragen bezieht. Wenn man Wert auf diese Feststellung legt, dann ist sogleich hinzuzufügen, dass sein philosophisches Interesse an der Wissenschaft vor allem auf deren »Grundlegung« gerichtet ist. Kann aber der Grund der Wissenschaft selbst wieder nur aus Wissenschaft bestehen?

Natürlich wäre es abwegig, eine »Grundlegung« der Wissenschaft ins Jenseits der Wissenschaft verlegen zu wollen. Wenn die Gründe, die man bei einem solchen Vorhaben ermittelt, wirklich vernünftig sein sollen, dann müssen sie im Prinzip auch jenen einleuchten können, die diese Wissenschaft betreiben. Folglich hat sich jede Suche nach den »Anfangsgründen« einer Wissenschaft an den Geist zu halten, aus dem sie betrieben wird. Also muss auch eine »Grundlegung« der Wissenschaft den Prinzipien der Wissenschaft entsprechen. Und dennoch entstammt sie Motiven, die über das hinausgehen, was zu den Momenten bloßer Erkenntnis gehört. Selbst wenn die Neugier der einzige Antrieb wäre, der in den Disziplinen seine jeweilige Form erhält, ließe sie sich nicht gänzlich szientifizieren. Denn der Antriebsüberschuss, der empfundene Mängel und Unsicherheiten des Daseins durch Wissen kompensiert, gehört zur Grundausstattung des Menschen. Das Verlangen, etwas genauer kennen, gut beschreiben, treffend einordnen, allgemein bestimmen und überzeugend mitteilen zu können, ist im Alltag ubiquitär; es gilt für Jagd und Krieg, für Viehzucht und Ackerbau, für Kunst und Technik und bringt erst vergleichsweise spät die Wissenschaft hervor.

Also lenkt auch die Suche nach den »Anfangsgründen« einer Wissenschaft auf die Frage nach dem Menschen zurück. Die »metaphysisch« genannte Fundierung der Wissenschaften reicht in den Grund des menschlichen Selbstverständnisses hinein. Hier muss *Wissenschaft* zur *Weisheit* werden, wenn sie das Ganze ihres Gegenstandsbereichs mit dem Ganzen des Menschen verbinden will. Dort, wo die Erkenntnis nicht eindeutig aus der Sache folgt und der Zweifel das Handeln unsicher macht, hat der Mensch zunächst auf sich selbst zu sehen, um dann von sich aus selbstbestimmt zu handeln. »Alle Philosophie«, so fasst es Kant gegen Ende seines Lebens zusammen, »ist 1. Autognosie 2. Autonomie. Wissenschaft u. Weisheit« (21,106).

Selbsterkenntnis (»Autognosie«) und Selbstbestimmung (»Autonomie«) streben von sich aus auf die Weisheit zu.

Die Weisheit sucht die praktischen Konsequenzen aus dem Wissen im Bewusstsein des Ganzen zu ziehen. Sie hat alles aufzunehmen, was dem Menschen wichtig ist, um es in der stets bedrängten Lage seines Daseins zur Geltung zu bringen. Sollte es beim Wissen noch strittig sein, ob es auf das selbstbewusste Individuum angewiesen ist, steht es bei der Weisheit außer Zweifel, dass sie eine einzigartige Tugend einzigartiger Menschen ist. Wenn aber jemand Weisheit erlangt, dann ist das nicht nur von Bedeutung für ihn selbst; er wird vielmehr zum Exempel für alle, die nach eigener Gewissheit im Interesse ihres eigenen Handelns streben. So macht der Weise nicht nur ernst mit seiner eigenen Vernunft, sondern sein Beispiel begründet die Hoffnung darauf, dass ein Reich vernünftiger Wesen mehr sein kann als bloß eine Unterstellung der Vernunft. Die auf »Autognosie« und »Autonomie« gegründete Weisheit macht dem Menschen bewusst, dass er seine Zuständigkeit für sich und seine Welt gerade dann nicht abweisen kann, wenn seine Unsicherheit am größten ist.

Was ist der Mensch? Nach Kant das Wesen, welches das Schicksal hat, alles selber machen zu müssen. »Alles« meint hier alles, was ihm wichtig ist. Schon zur Bestimmung dessen, was ihm wichtig ist, reicht die Wissenschaft nicht aus. Er bedarf der Weisheit, um zu wissen, was nötig, möglich und zuträglich ist. Erst die Weisheit kann den Einzelnen lehren, in allem seine Chance und seine Grenze wahrzunehmen. Für die Weisheit aber gilt mehr als für jedes andere, dass sich jeder selbst um sie zu bemühen hat. Darin liegt die Last, aber auch das Glück des menschlichen Daseins.

Das Glück, von dem wir wissen, stellt sich nur im endlichen Leben ein. Von der Endlichkeit aber wissen wir nur, weil die Vernunft das Unendliche erschließt. Das Unendliche kann wiederum nur im endlichen Leben Bedeutung erlangen. Es bildet den Hintergrund, vor dem das Endliche einen tieferen Sinn erhält: Wenn das Leben die Bühne ist, auf der sich der Mensch ein Beispiel gibt, dann wird die Unendlichkeit benötigt, damit ein individuelles Dasein exemplarisch für das sein kann, was wir hoffentlich nicht müde werden, das Menschliche zu nennen.

Abkürzungen

AA	Akademie-Ausgabe der Werke Kants, hrsg. von der Preußischen Akademie der Wissenschaften, Berlin 1900 ff.
A	1. Auflage der *Kritik der reinen Vernunft* (1781)
B	2. Auflage der *Kritik der reinen Vernunft* (1787)
R	Reflexionen aus dem Nachlass
VorEth	Immanuel Kant, *Eine Vorlesung über Ethik*, Neuausg. von Gerd Gerhardt, Frankfurt a. M. 1990

Literaturhinweise

Kants Schriften

Kant's gesammelte Schriften. Hrsg. von der Königlich Preußischen Akademie der Wissenschaften. Berlin 1900ff. (Akademie-Ausgabe)

Kant–Lexikon. Hrsg. von Rudolf Eisler. Berlin 1930.

Werke. Hrsg. von Wilhelm Weischedel. 6 Bde. Darmstadt 1959.

Kant im Original. Reprogr. Wiedergabe der Erstausgabe. Erlangen 1984ff.

Metaphysische Anfangsgründe der Rechtslehre. Hrsg. von Bernd Ludwig. Hamburg 1986.

Eine Vorlesung über Ethik. Nach der Edition von Paul Menzer neu hrsg. von Gerd Gerhardt. Frankfurt a. M. 1990.

Bemerkungen in den »Beobachtungen über das Gefühl des Schönen und Erhabenen«. Hrsg. von Marie Rischmüller. Hamburg 1991.

Kant Konkordanz zu den Werken I–IX der Akademie-Ausgabe. 10 Bde. Hrsg. von Andreas Roser und Thomas Mohr. Hildesheim / Zürich / New York 1992.

Opus postumum. Edited, with an Introduction and Notes by Eckard Förster. Cambridge 1993. (The Cambridge Edition of the Works of Immanuel Kant.)

Schriften zur Ästhetik und Naturphilosophie. Hrsg. von Manfred Frank und Véronique Zanetti. Frankfurt a. M. 1996.

Gesamtdarstellungen

Cassirer, Ernst: Kants Leben und Lehre (1918, 1921). (*Werke, Hamburger Ausgabe*, hrsg. von Birgit Recki, Bd. 8.) Hamburg 2001.

Delekat, Friedrich: Immanuel Kant. Historisch-kritische Interpretation der Hauptschriften. Heidelberg 1963.

Fischer, Kuno: Immanuel Kant und seine Lehre. Tl. 1 und 2. (*Geschichte der neueren Philosophie*, Bd. 4 und 5.) Heidelberg ^{6}1928.

Höffe, Otfried: Immanuel Kant. München ^{5}2000.

Jaspers, Karl: Kant. Leben, Werk und Wirkung. München 1975.
Kaulbach, Friedrich: Immanuel Kant. Berlin / New York 1969.
Schmitz, Hermann: Was wollte Kant? Bonn 1989.
Schwartländer, Johannes: Der Mensch ist Person. Kants Lehre vom Menschen. Stuttgart 1968.

Kants Leben

Gerhardt, Volker: Kein harmloses Leben. In: Immanuel Kant und die Berliner Aufklärung. Hrsg. von Dina Emundts. Wiesbaden 2000. S. 19–29.
Groß, Felix (Hrsg.): Immanuel Kant. Sein Leben in Darstellungen von Zeitgenossen. Die Biographien von L. E. Borowski, R. B. Jachman und E. A. Ch. Wasianski. Darmstadt 1993.
Gulyga, Arsenji: Immanuel Kant. Frankfurt a. M. 1985.
Kuehn, Manfred: Kant. A Biography. Cambridge 2001.
Malter, Rudolf (Hrsg.): Immanuel Kant in Rede und Gespräch. Hamburg 1990.
Röttgers, Kurt: Kants Kollege und seine ungeschriebene Schrift über die Zigeuner. Heidelberg 1993.
Vorländer, Karl: Immanuel Kants Leben (1911, 1921). Neu hrsg. von Rudolf Malter. Hamburg 1974.
Weis, Norbert: Königsberg. Immanuel Kant und seine Stadt. Braunschweig 1993.

Vorkritische Philosophie

Carl, Wolfgang: Der schweigende Kant. Die Entwürfe zu einer Deduktion der Kategorien vor 1781. Göttingen 1989.
Gerhardt, Volker: Vernunft und Interesse. Vorbereitung auf eine Interpretation Kants (Phil. Diss. 1974). Münster 1976.
Henrich, Dieter: Hutcheson und Kant. In: Kant-Studien 49 (1957–58) S. 49–69.
– Kants früheste Ethik. Versuch einer Rekonstruktion. In: Kant-Studien 54 (1963) S. 404–431.
Hinske, Norbert: Kants Weg zur Transzendentalphilosophie. Der dreißigjährige Kant. Stuttgart [u. a.] 1970.
– Ursprüngliche Einsicht und Versteinerung. Zur Vorgeschichte

von Kants Unterscheidung zwischen »Philosophie lernen« und »Philosophieren lernen«. In: Das kritische Geschäft der Vernunft. Hrsg. von Gisela Müller. Bonn 1995. S. 7–28.

Jensen, Bernhard: Was heißt sich orientieren? Von der Krise der Aufklärung zur Orientierung der Vernunft nach Kant. München 2003.

Kreimendahl, Lothar: Kant – Der Durchbruch von 1769. Köln 1991.

Kuehn, Manfred: Kant's Conception of Hume's Problem. In: Journal of the History of Philosophy 21 (1983) S. 175–193.

– Scottish Common Sense in Germany, 1768–1800. A Contribution to the History of Critical Philosophy. Klingston/Montreal 1987.

Reich, Klaus: Kant und die Ethik der Griechen. Tübingen 1935.

Schmucker, Josef: Die Ontotheologie des vorkritischen Kant. Berlin / New York 1980.

– Kants vorkritische Kritik der Gottesbeweise. Wiesbaden 1983.

Schönfeld, Martin: The Philosophy of the Young Kant. The Precritical Project. Oxford 2000.

Schwaiger, Clemens: Kategorische und andere Imperative. Zur Entwicklung von Kants praktischer Philosophie bis 1785. Stuttgart-Bad Cannstatt 1999.

Tonelli, Giorgio: Die Umwälzung von 1769 bei Kant. In: Kant-Studien 54 (1963) S. 369–375.

– Die Anfänge von Kants Kritik der Kausalbeziehungen und ihre Voraussetzungen im 18. Jahrhundert. In: Kant-Studien 57 (1966) S. 417–456.

Theoretische Philosophie

Allison, Henry E.: Kant's Transcendental Idealism. An Interpretation and Defense. New Haven / London 1983.

Ameriks, Karl: Kant's Theory of Mind. An Analysis of the Paralogism of Pure Reason. Oxford 2000.

Ameriks, Karl / Sturma, Dieter (Hrsg.): The Modern Subject. Conceptions of the Self in Classical German Philosophy. New York 1995.

Baum, Manfred: Deduktion und Beweis in Kants Transzendentalphilosophie. Untersuchungen zur »Kritik der reinen Vernunft«. Königstein 1986.

Baumanns, Peter: Kants Philosophie der Erkenntnis. Durchgehender Kommentar zu den Hauptkapiteln der »Kritik der reinen Vernunft«. Würzburg 1997.

Bennett, Jonathan Francis: Kant's Analytic. Cambridge 1966.

– Kant's Dialectic. Cambridge 1974.

Brandt, Reinhard: D'Artagnan und die Urteilstafel. Über ein Ordnungsprinzip der europäischen Kulturgeschichte. München 1998.

Cassirer, Ernst: Substanzbegriff und Funktionsbegriff. Untersuchungen über die Grundfragen der Erkenntniskritik (1910). Hamburg 2001.

Cohen, Hermann: Kants Theorie der Erfahrung. Berlin 1871.

Dörflinger, Bernd: Das Leben theoretischer Vernunft. Teleologische und praktische Aspekte der Erfahrungstheorie Kants. Berlin / New York 2000.

Gerhardt, Volker: Handlung als Verhältnis von Ursache und Wirkung. Zur Entwicklung des Handlungsbegriffs bei Kant. In: Handlungstheorie und Transzendentalphilosophie. Hrsg. von Gerold Prauss. Frankfurt a. M. 1986. S. 98–131.

Guyer, Paul: Kant and the Claims of Knowledge. Cambridge / New York 1987.

Heckmann, Reinhard: Kants Kategoriendeduktion. Ein Beitrag zu einer Philosophie des Geistes. Freiburg i. Br. / München 1997.

Heimsoeth, Heinz: Transzendentale Dialektik. Ein Kommentar zu Kants Kritik der reinen Vernunft. Berlin 1966.

Henrich, Dieter: Identität und Objektivität. Eine Untersuchung über Kants transzendentale Deduktion. Heidelberg 1976.

– Selbstverhältnisse. Gedanken und Auslegungen zu den Grundfragen der klassischen deutschen Philosophie. Stuttgart 1982.

– Subjektivität als Prinzip. In: D. H.: Bewußtes Leben. Stuttgart 1999. S. 49–73.

Holzkey, Helmut: Kants Erfahrungsbegriff. Quellengeschichtliche und bedeutungsanalytische Untersuchungen. Basel/Stuttgart 1970.

Horster, Detlev: Der Kantische »methodische Solipsismus« und die Theorien von Apel und Habermas. In: Kant-Studien 73 (1982) S. 463–470.

Horstmann, Rolf-Peter: Die Grenzen der Vernunft. Eine Untersuchung zu Zielen und Motiven des Deutschen Idealismus. Frankfurt a. M. 1995.

Kaulbach, Friedrich: Das Prinzip der Handlung in der Philosophie Kants. Berlin / New York 1978.
– Philosophie als Wissenschaft. Eine Anleitung zum Studium von Kants Kritik der reinen Vernunft. Hildesheim 1981.
Kitcher, Patricia: Kant's Transcendental Psychology. Oxford / New York 1993.
Klemme, Heiner F.: Kants Philosophie des Subjekts. Systematische und entwicklungsgeschichtliche Untersuchungen zum Verhältnis von Selbstbewußtsein und Selbsterkenntnis. Hamburg 1996.
Longuenesse, Béatrice: Kant and the Capacity to Judge. Sensibility and Discursivity in the Transcendental Analytic of the Critique of Pure Reason. Princeton 1998.
Mohr, Georg / Willaschek, Marcus (Hrsg.): Immanuel Kant. Kritik der reinen Vernunft. Berlin 1998.
Neiman, Susan: The Unity of Reason. Rereading Kant. Oxford / New York 1994.
Pippin, Robert B.: Kant's Theory of Form. An Essay on the Critique of Pure Reason. New Haven / London 1982.
Prauss, Gerold: Erscheinung bei Kant. Ein Problem der Kritik der reinen Vernunft. Berlin / New York 1971.
– Kant und das Problem der Dinge an sich. Bonn 1974.
– (Hrsg.): Kant. Zur Deutung seiner Theorie des Erkennens und Handelns. Köln 1974.
Reich, Klaus: Die Vollständigkeit der Kantischen Urteilstafel (1932). Hamburg ³1986.
Röttges, Heinz: Dialektik als Grund der Kritik. Königstein i. Ts. 1981.
Rohs, Peter: Transzendentale Ästhetik. Meisenheim 1973.
– Transzendentale Logik. Meisenheim 1974.
Strawson, Peter F.: Die Grenzen des Sinns. Ein Kommentar zu Kants Kritik der reinen Vernunft (engl. 1966). Frankfurt a. M. 1992.
Sturma, Dieter: Kant über Selbstbewußtsein. Hildesheim 1985.
Vaihinger, Hans: Kommentar zu Kants »Kritik der reinen Vernunft«. 2 Bde. Stuttgart/Berlin/Leipzig ²1912.
Wohlers, Christian: Kants Theorie der Einheit der Welt. Eine Studie zum Verhältnis von Anschauungsformen, Kausalität und Teleologie bei Kant. Würzburg 2000.
Wolff, Michael: Die Vollständigkeit der kantischen Urteilstafel.

Mit einem Essay über Freges *Begriffsschrift*. Frankfurt a. M. 1995.
– Der Begriff des Widerspruchs: Eine Studie zur Dialektik Kants und Hegels. Königstein i. Ts. 1981.
Wood, Allen (Hrsg.): Self and Nature in Kant's Philosophy. Ithaca 1984.

Praktische Philosophie / Ethik

Allison, Henry E.: Kant's Theory of Freedom. Cambridge 1990.
Beck, Lewis W.: Kants »Kritik der praktischen Vernunft« (engl. 1960). München 1974.
Bittner, Rüdiger: Moralisches Gebot oder Autonomie. Freiburg i. Br. / München 1983.
Cohen, Hermann: Kants Begründung der Ethik. Berlin 1877.
Gerhardt, Volker: Selbstbestimmung. Das Prinzip der Individualität. Stuttgart 1999.
Gunkel, Andreas: Spontaneität und moralische Autonomie. Kants Philosophie der Freiheit. Bern/Stuttgart 1989.
Guyer, Paul: Kant and the Experience of Freedom. Essays on Aesthetics and Morality. Cambridge / New York 1993.
– (Hrsg.): Kant's Groundwork of the Metaphysics of Morals. Lanham 1998.
– Kant on Freedom, Law and Happiness. Cambridge 2000.
Himmelmann, Beatrix: Kants Begriff des Glücks. Berlin 2001.
Höffe, Otfried (Hrsg.): Grundlegung zur Metaphysik der Sitten: Ein kooperativer Kommentar. Frankfurt a. M. 1989.
Langthaler, Rudolf: Kants Ethik als »System der Zwecke«. Berlin / New York 1991.
König, Peter: Autonomie und Autokratie. Über Kants Metaphysik der Sitten. Berlin / New York 1994.
Munzel, G. Felicitas: Kant's Conception of Character. The »Critical Link« of Morality, Anthropology, and Reflective Judgement. Chicago/London 1999.
O'Neill, Onora: Constructions of Reason: Explorations of Kant's Practical Philosophy. Cambridge 1990.
Prauss, Gerold: Kant über Freiheit als Autonomie. Frankfurt a. M. 1983.
Reich, Klaus: Kant und die Ethik der Griechen. Tübingen 1935.

Recki, Birgit: Erkennen – Handeln – Fühlen. Die Formen des Selbstbewußtseins bei Kant. In: Deutsche Zeitschrift für Philosophie 6 (1998) S. 887–900.
Rohs, Peter: Die Zeit des Handelns. Eine Untersuchung zur Handlungs- und Normentheorie. Meisenheim 1980.
Schwaiger, Clemens: Kategorische und andere Imperative. Zur Entwicklung von Kants praktischer Philosophie bis 1785. Stuttgart-Bad Cannstatt 1999.
Simmel, Georg: Das individuelle Gesetz (1913). In: G. S.: Das individuelle Gesetz. Frankfurt a. M. 1968.
Simon, Josef: Kants pragmatische Ethikbegründung. In: Archivio di Filosofia 55 (1987) S. 183–204.
Willaschek, Marcus: Die Tat der Vernunft. Zur Bedeutung der These vom »Factum der Vernunft«. In: Akten des 5. Internationalen Kant-Kongresses. Hrsg. von Gerhard Funke. Bd. 2.1. Bonn/Berlin 1991. S. 455–466.
– Praktische Vernunft. Handlungstheorie und Moralbegründung bei Kant. Stuttgart/Weimar 1992.
Wolff, Robert Paul: The Autonomy of Reason. A Commentary on Kant's Groundwork of the Metaphysics of Morals. New York 1973.
Wood, Allen: Kant's Moral Religion. Ithaca/London 1970.
– Kant's Ethical Thought. Cambridge / New York 1999.

Recht, Politik, Gesellschaft

Arendt, Hannah: Das Urteilen. Texte zu Kants politischer Philosophie. Hrsg. von Ronald Beiner. München/Zürich 1985.
Bialas, Volker / Häßler, Hans-Jürgen (Hrsg.): 200 Jahre Kants Entwurf »Zum ewigen Frieden«. Idee einer globalen Friedensordnung. Würzburg 1996.
Blesenkamp, Klaus: »Public Age« – Studien zum Öffentlichkeitsbegriff bei Kant. Frankfurt a. M. 1987. (Pommersfelder Beiträge, Sonderband 4.)
Cavallar, Georg: Pax Kantiana. Systematisch-historische Untersuchung des Entwurfs »Zum ewigen Frieden« (1795) von Immanuel Kant. Wien/Köln/Weimar 1992.
Dilthey, Wilhelm: Einleitung in die Geisteswissenschaften. In: W. D.: Gesammelte Werke. Bd. 1. Berlin/Leipzig 1922.

Gerhardt, Volker: Recht und Herrschaft. Zur gesellschaftlichen Funktion des Rechts in der Philosophie Kants. In: Rechtstheorie 12 (1981) S. 53–94.
– Die republikanische Verfassung. Zum Staatsentwurf Immanuel Kants. In: Philosophie und Revolution. Karl-Marx-Haus Trier. Trier 1988. S. 24–48.
– Immanuel Kant: Zum ewigen Frieden. Eine Theorie der Politik. Darmstadt 1995.
Henrich, Dieter: [Einleitung zu:] Kant – Rehberg – Gentz. Über Theorie und Praxis. Frankfurt a. M. 1967.
Hinske, Norbert (Hrsg.): Was ist Aufklärung? Beiträge aus der Berlinischen Monatsschrift. Darmstadt [3]1981.
Höffe, Otfried (Hrsg.): Immanuel Kant, Metaphysische Anfangsgründe der Rechtslehre. Berlin 1999. (Kommentar i. d. Reihe *Klassiker auslegen.*)
Kersting, Wolfgang: Wohlgeordnete Freiheit, Immanuel Kants Rechts- und Staatsphilosophie. Berlin / New York 1984. Frankfurt a. M. [2]1993.
Kleingeld, Pauline: Fortschritt und Vernunft. Zur Geschichtsphilosophie Kants. Würzburg 1995.
König, Peter: Autonomie und Autokratie. Berlin / New York 1994.
Kühl, Kristian: Eigentumsordnung als Freiheitsordnung. Zur Aktualität der Kantischen Rechts- und Eigentumslehre. Freiburg i. Br. / München 1984.
Saage, Richard: Eigentum, Staat und Gesellschaft bei Kant. Baden-Baden [2]1994.
Saner, Hans: Kants Weg vom Krieg zum Frieden. München 1967.
Sassenbach, Ulrich: Der Begriff des Politischen bei Immanuel Kant. Würzburg 1992.
Seung, T. K.: Kant's Platonic Revolution in Moral and Political Philosophy. Baltimore/London 1994.
Shell, Susan Meld: The Rights of Reason. A Study of Kant's Philosophy and Politics. Toronto/Buffalo/London 1980.
Simmel, Georg: Kant und der Individualismus (1904). In: G. S.: Gesamtausgabe. Bd. 7. Frankfurt a. M. 1995.
– Kant. Die Probleme der Geschichtsphilosophie (1905/07). In: G. S.: Gesamtausgabe. Bd. 9. Frankfurt a. M. 1997.
Williams, Howard Lloyd: Kant's Political Philosophy. Oxford 1983.
Zotta, Franco: Immanuel Kant. Legitimität und Recht. Freiburg i. Br. / München 2000.

Philosophische Ästhetik

Allison, Henry E.: Kant's Theory of Taste. A Reading of the Critique of Aesthetic Judgement. Cambridge / New York 2001.

Bartuschat, Wolfgang: Zum systematischen Ort von Kants Kritik der Urteilskraft. Frankfurt a. M. 1972.

Cohen, Ted / Guyer, Paul (Hrsg.): Essays in Kant's Aesthetics. Chicago/London 1982.

Fricke, Christel: Kants Theorie des reinen Geschmacksurteils. Berlin / New York 1990.

Guyer, Paul: Kant and the Claims of Taste. Cambridge (Mass.) 1979.

Kuhlenkampff, Jens: Kants Logik des ästhetischen Urteils. 2., erw. Aufl. Frankfurt a. M. 1994.

– (Hrsg.): Materialien zu Kants Kritik der Urteilskraft. Frankfurt a. M. 1974.

Makkreel, Rudolf: Einbildungskraft und Interpretation. Die hermeneutische Tragweite von Kants Kritik der Urteilskraft. Paderborn 1997.

Menzer, Paul: Kants Ästhetik in ihrer Entwicklung. Berlin 1952.

Parret, Herman (Hrsg.): Kants Ästhetik, Kant's Aesthetics, L'esthétique de Kant. Berlin / New York 1998.

Recki, Birgit: Ästhetik der Sitten. Die Affinität von ästhetischem Gefühl und praktischer Vernunft. Frankfurt a. M. 2001.

Schlapp, Otto: Kants Lehre vom Genie und die Entstehung der Kritik der Urteilskraft. Göttingen 1901.

Simmel, Georg: Kant und die moderne Aesthetik (1903). In: G. S.: Gesamtausgabe. Bd. 7. Frankfurt a. M. 1995.

Zammito, John H.: The Genesis of Kant's Critique of Judgement. Chicago/London 1992.

Religionsphilosophie

Andersen, Svend: Ideal und Singularität. Über die Funktion des Gottesbegriffes in Kants theoretischer Philosophie. Berlin / New York 1982.

Bohatec, J.: Die Religionsphilosophie Kants in der »Religion innerhalb der Grenzen der bloßen Vernunft« (Hamburg 1938). Hildesheim 1966.

Dierksmeier, Claus: Das Noumen Religion. Eine Untersuchung zur Stellung der Religion im System der praktischen Philosophie Kants. Berlin / New York 1998.

Geisler, Ralf: Kants moralischer Gottesbeweis im protestantischen Positivismus. Göttingen 1992.

Lötzsch, Frieder: Vernunft und Religion im Denken Kants. Lutherisches Erbe bei Immanuel Kant. Köln/Wien 1976.

Picht, Georg: Kants Religionsphilosophie. Stuttgart 1985. (Studienausgabe, Bd. 5.)

Ricken, Friedo: Kant über Selbstliebe: »Anlage zum Guten« oder »Quelle alles Bösen«. In: Philosophisches Jahrbuch 108 (2001) S. 245–258.

– / Marty, F. (Hrsg.): Kant über Religion. Stuttgart/Berlin/Köln 1992.

Sala, Giovanni B.: Kant und die Frage nach Gott. Gottesbeweise und Gottesbeweiskritik in den Schriften Kants. Berlin / New York 1990.

Stangneth, Bettina: Kultur der Aufrichtigkeit. Zum systematischen Ort von Kants »Religion innerhalb der Grenzen der bloßen Vernunft«. Würzburg 2000.

Theis, Robert: »Gott«. Untersuchung zur Entwicklung des theologischen Diskurses in Kants Schriften zur theoretischen Philosophie bis hin zum Erscheinen der Kritik der reinen Vernunft. Stuttgart-Bad Cannstatt 1994.

Wimmer, Reiner: Kants Kritische Religionsphilosophie. Berlin / New York 1990.

Winter, Aloysius: Der andere Kant. Zur philosophischen Theologie Immanuel Kants. Hildesheim 2000.

Theorie des Lebens / Anthropologie

Brandt, Reinhard: Kommentar zu Kants Anthropologie in pragmatischer Hinsicht. Hamburg 1999. (Kant-Forschungen, Bd. 10.)

Düsing, Klaus: Die Teleologie in Kants Weltbegriff. 2., erw. Aufl. Bonn 1986. (Kant-Studien Erg.-Hefte, 96.)

Firla, Monika: Untersuchungen zum Verhältnis von Anthropologie und Moralphilosophie bei Kant. Frankfurt a. M. / Bern 1981.

Gerhardt, Volker: Transzendentale Theorie der Gesellschaft. Philosophische Anmerkung zu einem soziologischen Programm. In: Zeitschrift für Soziologie 8 (1979) S. 129–144.

Jauch, Ursula Pia: Immanuel Kant zur Geschlechterdifferenz. Aufklärende Vorurteilskritik und bürgerliche Geschlechtsvormundschaft. Wien 1988.
Löw, Reinhard: Philosophie des Lebendigen. Der Begriff des Organischen bei Kant, sein Grund und seine Aktualität. Frankfurt a. M. 1980.
Munzel, Felicitas: Kant's Conception of Moral Character. The »Critical« Link of Morality, Anthropology and Reflect. Chicago 1999.
Shell, Susan Meld: The Embodiment of Reason. Kant on Spirit, Generation and Community. Chicago 1996.
Sommer, Manfred: Selbsterhaltung der Vernunft. Stuttgart-Bad Cannstatt 1977.
Wenzel, Uwe-Justus: Anthroponomie. Kants Archäologie der Autonomie. Berlin 1992.

Naturphilosophie und Opus postumum

Adickes, Erich: Kant's Opus postumum dargestellt und beurteilt. Berlin 1920.
Falkenburg, Brigitte: Kants Kosmologie. Die wissenschaftliche Revolution der Naturphilosophie im 18. Jahrhundert. Frankfurt a. M. 2000.
Förster, Eckhart: [Einleitung:] Opus postumum. Edited with an Introduction and Notes by E. Förster. Cambridge 1993.
– Kant's Final Synthesis. Cambridge (Mass.) / London 2000.
– (Hrsg.): Kant's Transcendental Deductions: The Three ›Critiques‹ and the ›Opus postumum‹. Stanford 1989.
Forum für Philosophie (Hrsg.): Übergang: Untersuchungen zum Spätwerk Immanuel Kants. Frankfurt a. M. 1991.
Friedman, Michael: Kant and the Exact Sciences. Cambridge (Mass.) 1992.
Gloy, Karen: Die Kantische Theorie der Naturwissenschaft. Berlin / New York 1976.
Hoppe, Hansgeorg: Kants Theorie der Physik. Eine Untersuchung über das Opus postumum von Kant. Frankfurt a. M. 1969.
Kaulbach, Friedrich: Die Metaphysik des Raums bei Leibniz und Kant. Köln 1960.
Longuenesse, Béatrice: Kant and the Capacity to Judge: Sensibility

and Discursivity in the Transcendental Analytic of the Critique of Pure Reason. Princeton 1998.
Mathieu, Vittorio: Kants Opus postumum. Hrsg. von Gerd Held. Frankfurt a. M. 1989.
McLaughlin, Peter: Kant's Critique of Teleology in Biological Explanation. Lewiston / New York 1990.
Plaass, Peter / von Weizsäcker, Carl Friedrich: Kants Theorie der Naturwissenschaft. Göttingen 1965.
Thöle, Bernhard: Kant und das Problem der Gesetzmäßigkeit der Natur. Berlin / New York 1991.
Tuschling, Burkhard: Metaphysische und transzendentale Dynamik in Kants opus postumum. Berlin / New York 1971.

Vor- und Wirkungsgeschichte

Ameriks, Karl: Kant and the Fate of Autonomy. Problems in the Appropriation of the Critical Philosophy. Cambridge 2000.
Cassirer, Ernst: Rousseau, Kant, Goethe. Hrsg. von R. A. Bast. Hamburg 1991.
Fischer, Kuno: Geschichte der neueren Philosophie. 8 Bde. Heidelberg 1860 ff.
Gerhardt, Volker / Kaulbach, Friedrich: Kant. Darmstadt 1979. ^{2}1989.
Heimsoeth, Heinz: Studien zur Philosophie Immanuel Kants. Metaphysische Ursprünge und ontologische Grundlagen. Köln 1956.
Heintel, Peter / Nagl, Ludwig (Hrsg.): Zur Kantforschung der Gegenwart. Darmstadt 1981.
Hinske, Norbert: Kant als Herausforderung an die Gegenwart. Freiburg i. Br. / München 1980.
Hinske, Norbert / Lange, Erhard / Schröpfer, Horst (Hrsg.): Der Aufbruch in den Kantianismus. Der Frühkantianismus an der Universität Jena 1785–1800 und seine Vorgeschichte. Stuttgart-Bad Cannstatt 1995.
Köhnke, Klaus Christian: Entstehung und Aufstieg des Neukantianismus. Die deutsche Universitätsphilosophie zwischen Idealismus und Positivismus. Frankfurt a. M. 1986.
Liebmann, Otto: Kant und die Epigonen. Eine kritische Abhandlung (1865). Berlin 1912.
Reich, Klaus: Rousseau und Kant. Tübingen 1936.

Rosenkranz, Johann Karl Friedrich: Geschichte der Kant'schen Philosophie (1840). Hrsg. von S. Dietzsch. Berlin 1987.
Ross, G. M. / McWalter, Tony / McDonald, George (Hrsg.): Kant and his Influence. Bristol 1990.
Ruffing, Margit (Hrsg.): Kant-Bibliographie 1945–1990. Begr. von Rudolf Malter. Frankfurt a. M. 1999.
Schönecker, Dieter / Zwenger, Thomas (Hrsg.): Kant verstehen – Understanding Kant. Über die Interpretation philosophischer Texte. Darmstadt 2001.
Schönrich, Gerhard / Kato, Yasushi (Hrsg.): Kant in der Diskussion der Moderne. Frankfurt a. M. 1997.

Personenregister

Sachregister

Zum Autor

Volker Gerhardt, geb. 1944, lehrt nach Professuren in Münster, Köln und Halle seit 1992 Philosophie an der Humboldt-Universität zu Berlin. Er ist Vizepräsident der Berlin-Brandenburgischen Akademie der Wissenschaften, leitet den DFG-Beirat zur Förderinitiative Bioethik und gehört dem Senat der Deutschen Nationalstiftung an. Er ist Vorsitzender der Kommission für die Akademie-Ausgabe der Werke Kants. 1999 hat er mit der *Selbstbestimmung* eine lebenswissenschaftlich fundierte Begründung der Ethik vorgelegt, der 2000 mit der *Individualität* die Skizze eines Systems der menschlichen Welterfahrung folgte. 2001 erschien *Der Mensch wird geboren. Kleine Apologie der Humanität*. Seine historischen Schwerpunkte liegen in der systematischen Auseinandersetzung mit Nietzsche, Kant und Platon.

Immanuel Kant

IN RECLAMS UNIVERSAL-BIBLIOTHEK

Anthropologie in pragmatischer Hinsicht. (W. Becker. / H. Ebeling) 389 S. UB 7541

Grundlegung zur Metaphysik der Sitten. (Th. Valentiner / H. Ebeling) 158 S. UB 4507

Kritik der praktischen Vernunft. (J. Kopper) 272 S. UB 1111

Kritik der reinen Vernunft. (I. Heidemann) 1011 S. UB 6461

Kritik der Urteilskraft. (G. Lehmann) 543 S. UB 1026

Die Metaphysik der Sitten. (H. Ebeling) 408 S. UB 4508

Prolegomena zu einer jeden künftigen Metaphysik, die als Wissenschaft wird auftreten können. (R. Malter) 207 S. UB 2468

Die Religion innerhalb der Grenzen der bloßen Vernunft. (R. Malter) 301 S. UB 1231

Schriften zur Geschichtsphilosophie. (M. Riedel) 264 S. UB 9694

Träume eines Geistersehers, erläutert durch Träume der Metaphysik. (R. Malter) 168 S. UB 1320

Was ist Aufklärung? Thesen und Definitionen. (Kant, Erhard, Hamann, Herder, Lessing, Mendelssohn, Riem, Schiller, Wieland.) (E. Bahr) 85 S. UB 9714

Zum ewigen Frieden. Ein philosophischer Entwurf. (R. Malter) 87 S. UB 1501

Philipp Reclam jun. Stuttgart

Immanuel Kant

[illegible]

Philipp Reclam jun. Stuttgart